Anton-Rudolf Götzenberger

●

Diskrete Geldanlagen

Anton-Rudolf Götzenberger

Diskrete Geldanlagen

Geldanlagen in Privat Secrecy

Steueroptimale Vermögensplanung
Grenzüberschreitendes Vermögensmanagement

5., überarbeitete Auflage

Bibliografische Information Der Deutschen Bibliothek
Die Deutsche Bibliothek verzeichnet diese Publikation in der Deutschen Nationalbibliografie; detaillierte bibliografische Daten sind im Internet über http://dnb.ddb.de abrufbar.

ISBN 3-978-7093-0155-5

Es wird darauf verwiesen, dass alle Angaben in diesem Buch trotz sorgfältiger Bearbeitung ohne Gewähr erfolgen und eine Haftung des Autors oder des Verlages ausgeschlossen ist.

Umschlag: AG MEDIA GmbH
© LINDE VERLAG WIEN Ges.m.b.H., Wien 2007
1210 Wien, Scheydgasse 24, Tel.: 0043/1/24 630
www.lindeverlag.at
Druck: Hans Jentzsch & Co. GmbH.,
1210 Wien, Scheydgasse 31

„Was du ererbt von deinen Vätern,
verbirg es, um es zu besitzen."

(Goethe, leicht abgewandelt)

Vorwort

Diskretion ist nach wie vor der wichtigste Grund für die Einrichtung eines Auslandskontos. Eine im Capital Heft 14/2006 veröffentlichte Umfrage im Auftrag einer österreichischen Bank hat ergeben, dass 86,9 Prozent aller Deutschen des Bankgeheimnisses wegen ihr Geld im Ausland anlegen. Nur 22,3 Prozent aller Befragten führten hingegen eine hohe Rendite als Grund für ein Auslandskonto auf. Eher nebensächlich sind den Deutschen eine individuelle Auswahl der Anlageprodukte (17,2 Prozent) oder gute Testergebnisse (15,7 Prozent). Das Bedürfnis, in Geldanlagesachen Diskretion walten zu lassen, mag vielfältige Gründe haben. Man denke beispielsweise an die persönliche Sicherheit, an die Angst vor neidischen Blicken, an Entführungen und Erpressungen, an die Angst vor Boykottmaßnahmen, an Vermögensauseinandersetzungen bei Ehescheidungen oder an den schlichten Wunsch, Reichtum gerade in der heutigen Zeit, in der hörbare politische Stimmen in Richtung „Umverteilung" immer lauter werden, nicht zur Schau stellen zu wollen.

Die fünfte aktualisierte Auflage habe ich ganz gezielt den neuen Herausforderungen gewidmet, denen diskrete Geldanleger aus Deutschland, Österreich und anderen Hochsteuerländern schon heute ausgesetzt sind und künftig ausgesetzt sein werden. Seit der Anfang 2006 erfolgten Umsetzung des Protokolls vom 16. Oktober 2001 zu dem Übereinkommen über die Rechtshilfe in Strafsachen sind auch diskrete Geldanleger mit Konten in den EU-Nachbarländern vor Kontenabrufen der Behörden nicht mehr sicher. Obwohl dem europaweiten Kontenabruf sehr hohe Hürden gesetzt sind, spüren Vermögensverwalter aus den klassischen Anlageländern bereits einen verstärkten Trend des Kapitalflusses in Richtung Dubai oder Singapur. Die fünfte Auflage enthält daher nähere Ausführungen zu diesen Finanzplätzen.

Das Buch „Diskrete Geldanlagen" versteht sich als Ergänzung zu meinem Buch „Der gläserne Steuerbürger" und richtet sich insbesondere an Einkunftsmillionäre. Als „Einkunftsmillionär" gelten in Deutschland bereits natürliche Personen mit einer Summe der positiven Einkünfte aus nichtselbstständiger Arbeit, aus Kapitalvermögen, aus Vermietung und Verpachtung oder sonstige Einkünfte von über 500.000 EUR. Die Einführung der Reichensteuer zum 1. Januar 2007 sowie die in meinem Buch „Der gläserne Steuerbürger" aufgezeigten neuen Mittel und Wege zur Ausforschung privater Vermögensverhältnisse sind Beispiele dafür, dass die Jagd auf Angehörige der höheren Einkommensgruppen besonders in Deutschland gerade erst begonnen hat. „Diskrete Geldanlagen" soll Ihnen, liebe Leserinnen und Leser, Tipps und Wissen zur Suche nach der passenden Anlageform, dem richtigen Kreditinstitut am geeigneten Finanzplatz oder zur Suche nach einem seriösen Treuhänder oder bewährten Vermögensverwalter vor Ort vermitteln.

In diesem Zusammenhang sei allerdings besonders darauf hingewiesen, dass Diskretion nicht nur eine Sache der richtigen Auswahl von Finanzdienstleister und Finanzplatz ist. Diskretion stützt sich vielmehr auf drei Säulen: den rechtlichen Rahmenbedingungen wie gesetzlich verankertes Bankgeheimnis oder die Rechtshilfebereitschaft eines Landes (Säule I), der Tatsache, wie die entsprechende Bank mit den geheimen Kundendaten umgeht, was angesichts der sich häufenden Fällen von Datenveruntreuung durch Bankangestellte immer größere Bedeutung gewinnt (Säule II), und schließlich stützt sich die Diskretion in Säule III auf ein entsprechendes Verhalten des Geldanlegers selbst. Fangen Sie also gleich mit dem ersten Teil und jener Säule III zu lesen an, die in der Praxis am ehesten bricht!

München und Halfing/Obb.
im Januar 2007   *Anton-Rudolf Götzenberger*

Inhaltsverzeichnis

12

14

Abkürzungsverzeichnis

a.a.O.	am angegebenen Ort
ABBL	Association des Banques et Banquiers Luxembourg
ABl	Amtsblatt der Europäischen Gemeinschaften
Abschn.	Abschnitt
AEAO	Anwendungserlass zur Abgabenordnung
a.F.	alte Fassung
AG	Aktiengesellschaft
AGB-BA	Allgemeine Geschäftsbedingungen der Banken
AktG	Aktiengesetz
Anm.	Anmerkung
AO	Abgabenordnung
ARHG	Bundesgesetz vom 4. Dezember 1979 über die Auslieferung und die Rechtshilfe
Art.	Artikel
AStBV	Anweisungen für das Straf- und Bußgeldverfahren (Steuer)
AStG	Außensteuergesetz
Aufl.	Auflage
AV	Anlagevermögen
BAO	Bundesabgabenordnung
B-VG	Bundesverfassungsgesetz
BaG	Schweizer Bundesgesetz über die Banken und Sparkassen v. 8. Nov. 1934
BayObLG	Bayerisches Oberstes Landesgericht
BB	Der Betriebs-Berater
BewG	Bewertungsgesetz
BDSG	Bundesdatenschutzgesetz
BFH	Bundesfinanzhof
BFHE	Sammlung der Entscheidungen des Bundesfinanzhofs
BFH/NV	Sammlung amtlich nicht veröffentlichter Entscheidungen des Bundesfinanzhofs
BGB	Bürgerliches Gesetzbuch
BGBl	Bundesgesetzblatt
BGE	Bundesgerichtsentscheide
BMF	Bundesminister der Finanzen
BpO	Betriebsprüfungsordnung
BStBl	Bundessteuerblatt
BStP	Bundesstrafprozessordnung
BStrP	Bundesgesetz über die Bundesstrafrechtspflege
Bustra	Bußgeld- und Strafsachenstelle

B-VG	österreichisches Bundes-Verfassungsgesetz
BVerfG	Bundesverfassungsgericht
BWpVerwG	Bundeswertpapierverwaltungsgesetz
BZSt	Bundeszentralamt für Steuern
bzw.	beziehungsweise
CpD	Conto pro Diverse
DB	Der Betrieb (Zeitschrift)
DBA	Doppelbesteuerungsabkommen
DBG	Bundesgesetz über die direkten Bundessteuern (Schweiz)
DStR	Deutsches Steuerrecht (Zeitschrift)
DIFC	Dubai International Financial Centre
EBK	Eidgenössische Bankenkommission
EFTA	European Free Trade Association
EJPD	Eidgenössisches Justiz- und Polizeidepartement
ErbStDV	Erbschaftsteuer-Durchführungsverordnung
ErbStG	Erbschaftsteuergesetz
EStG	Einkommensteuergesetz
EStR	Einkommensteuerrichtlinien
EuRHÜK	Europäisches Übereinkommen über die Rechtshilfe in Strafsachen
EU	Europäische Union
EU-RL	EU-Zinssteuer-Richtlinie
EU-QuStG	Österreichisches EU-Quellensteuergesetz
EWR	Europäischer Wirtschaftsraum
FATF	Financial Action Task Force on Money Laundering
FinStrG	Finanzstrafgesetz
Fn.	Fußnote
GmbH	Gesellschaft mit beschränkter Haftung
GCC	Gulf Cooperation Council
GrEStG	Grunderwerbsteuergesetz
HFR	Höchstrichterliche Finanzrechtsprechung
HGB	Handelsgesetzbuch
i.d.F.	in der Fassung
i.d.R.	in der Regel
i.H.v.	in Höhe von
IRSG	Bundesgesetz über internationale Rechtshilfe in Strafsachen
IRSV	Verordnung über internationale Rechtshilfe in Strafsachen
i.S.	im Sinne
i.V.m.	in Verbindung mit
IZA	Informationszentrale für steuerliche Auslandsbeziehungen

KESt	österr. Kapitalertragsteuer
KSt	Körperschaftsteuer
KStG	Körperschaftsteuergesetz
KWG	Kreditwesengesetz
LGBl	Landesgesetzblatt
MA	Musterabkommen
Mémorial	Amtsblatt des Großherzogtums Luxemburg
MRK	Europäische Konvention zum Schutze der Menschenrechte und Grundfreiheiten vom 4. November 1950
NJW	Neue Juristische Wochenschrift (Zeitschrift)
NWB	Neue Wirtschaftsbriefe (Zeitschrift)
NZZ	Neue Zürcher Zeitung
OECD	Organization of Economic Cooperation and Development
OFD	Oberfinanzdirektion
OGH	Oberster Gerichtshof
PGR	Liechtensteinisches Personen- und Gesellschaftsrecht
RHAbgV	Deutsch-österreichischer Vertrag vom 4.10.1954 über die Rechtshilfe in Abgabesachen
RHG	Liechtensteinisches Rechtshilfegesetz
RHStrV	Deutsch-österreichischer Vertrag vom 31.1.1972 über die Ergänzung des Europäisches Übereinkommen über die Rechtshilfe in Strafsachen
Rz.	Randziffer
SPG	Liechtensteinisches Sorgfaltspflichtgesetz
SR	Systematische Rechtssammlung (Schweiz)
StGB	Strafgesetzbuch
StPO	Strafprozessordnung
Tz.	Textziffer
UStG	Umsatzsteuergesetz
VAE	Vereinigte arabische Emirate
VfGH	Verfassungsgerichtshof
VSB	Vereinbarung über die Standesregeln zur Sorgfaltspflicht der Banken
VStR	Schweizerisches Verwaltungsstrafrecht
VwVG	Bundesgesetz über das Verwaltungsverfahren
WpHG	Wertpapierhandelsgesetz
ZBJV	Zeitschrift des bernischen Juristenvereins
ZPO	Zivilprozessordnung
ZStR	Schweizerische Zeitschrift für Strafrecht

Länderindex

Teil I
Geldanlage ist Diskretionssache

oder

**„Bewahre die Worte sorgfältiger als die Gelder,
die man dir anvertraut."
(Isokrates 436–336 v. Chr.)**

Diskretion fängt zu allererst beim Geldanleger – also bei Ihnen, liebe Leserinnen und Leser – an, und zwar auch im Privatbereich, genauer gesagt im Privatverbrauch. So dürfen diskrete Gelder nicht außerhalb des allgemein tragbaren „finanziellen Rahmens" in den Konsum fließen. Sonst stellt sich schnell die Frage nach bislang unentdeckten diskreten Geldquellen.

Es sei auch entschieden davor gewarnt, den heimischen Finanzbehörden gegenüber Diskretion walten zu lassen. Denn insbesondere die „Hausbanken" in Deutschland sind in steuerlichen Angelegenheiten uneingeschränkt auskunftspflichtig. Fahnder erreichen im Regelfall Zugang zu Kundenkontounterlagen aller Art. In diesem Buch exklusiv veröffentlichte „Fallsammlungen" deutscher Oberfinanzdirektionen lassen erkennen, dass Fahnder besonders auf spezielle diskrete Buchungsabläufe spezialisiert sind.

Diskrete Gelder, die zu Haus aufbewahrt werden, können ganz schnell in die Hände von Steuerfahndern geraten. Ein spezieller „Leitfaden Vermögensabschöpfung" der Oberfinanzdirektion Düsseldorf/Abteilung Köln, welcher in diesem Teil exklusiv für diskrete deutsche Geldanleger dargestellt wird, soll die Fahnder „an die komplexe Materie der Vermögensabschöpfung heranführen und Berührungsängste abbauen sowie Arbeitshilfe sein", wie es in der Einleitung der Dokumentation heißt. Für diskrete Geldanleger gilt es daher, auf der Hut zu sein und die in diesem Teil aufgelisteten Grundregeln zu beachten.

Diskretion fängt zuallererst bei Ihnen an

„Über Geld spricht man nicht, man hat es." So hieß es zu Zeiten Friedrich des Großen, als er im Jahre 1776 den „Banco-Schreibern" im ersten Reglement der Königlichen Giro- und Lehn-Banco zu Berlin Verschwiegenheitspflichten auferlegte, und zwar unter Androhung solch drakonischer Strafen, wie man sie damals nur Meineidigen aufbürdete:

„Wir verbiethen bey Unserer Königlichen Ungnade, allen und jeden, nachzuforschen, wie viel ein anderer auf sein Folium zu gute habe, auch soll niemand von denen Banco-Schreibern sich unterstehen, solches zu offenbahren, weder durch Worte, Zeichen, oder Schrift, bey Verlust ihrer Bedienungen und bey denen Strafen, die Meyneidige zu erwarten haben. Zu dem Ende sollen sie bey Antretung ihres Amtes besonders schwören, dass sie alle die Geschäfte, die sie, als Bediente der Banco, unter Händen haben werden, als das grösste Geheimniss mit in ihre Grube nehmen werden."

Das Reglement Friedrichs des Großen stellte die erste Rechtsgrundlage für ein Bankgeheimnis dar. Das Bankgeheimnis hat also keinen schweizerischen, sondern einen deutschen Ursprung. Diskretion im Bankgeschäft ist also kein Schweizer Patent, sondern vielmehr eine deutsche „Erfindung". Umso verwunderlicher ist es, dass der deutsche Geldanleger seinem Heimatland heute den Rücken kehren muss, wenn er Diskretion sucht. Heute gibt es in Deutschland weder ein gesetzliches Bankgeheimnis, banktechnische Mittel zur diskreten Geldanlage noch Private Secrecy in irgendeiner Form. Der Mangel an diskreten Geldanlageformen, der auf steuerliche Gegebenheiten zurückzuführen ist, namentlich auf den automatisierten Kontenabruf sowie auf § 154 der Abgabenordnung (AO), dem so genannten „Kontenwahrheits-Paragrafen", drängt deutsche Geldanleger ins Ausland.

§ 154 AO ist dabei noch im Gegensatz zum Kontenabruf die harmlosere Form. § 154 AO schützt die *formale Kontenwahrheit* und verhindert lediglich, dass eine Nachprüfung steuerlicher Verhältnisse durch die Verwendung falscher Namen (Pseudonyme[1]) unmöglich gemacht oder gar vereitelt werden kann. Nach dieser Vorschrift hat sich jedes Kreditinstitut vor Errichtung eines Kontos Gewissheit über die Person und über die Anschrift

---

[1] Näheres zu Nummern- und Pseudonymkonten siehe Teil VII, Abschnitt: Diskrete Nummern- und Pseudonymkonten.

des oder der *Verfügungsberechtigten* zu verschaffen. Gewissheit besteht nach dem Gesetz nur dann, wenn der vollständige Name, das Geburtsdatum und der Wohnsitz bekannt sind. Ähnliche Bestimmungen gibt es auch in anderen Ländern und auch internationale und nationale Geldwäschenormen sowie von Verbänden auferlegte Sorgfaltspflichten für Banken und Finanzdienstleister sehen entsprechende Identifizierungs-Standards vor. Das eigentliche Schreckensgespenst für deutsche diskretionsbedürftige Geldanleger hat der deutsche Gesetzgeber zum 1. April des Jahres 2005 aus dem Sack gelassen: Der automatisierte Kontenabruf. Dieser ist Fokusthema des zweiten Teils, in dem es um diskrete Geldanlagen im Windschatten neuester Steuersicherungs- und Geldwäsche-Überwachungsstandards geht.

Worauf es den EU-Steuerfahndern bei Banken besonders ankommt

Das Augenmerk der Steuerfahnder richtet sich bei Durchsuchungen hauptsächlich auf Kundenkontounterlagen aller Art. Auch Zahlungs- und Buchungsbelege über CpD-Konten[2] und Dokumente über bankinterne Sammel- oder Verrechnungskonten, welche sowieso nicht dem Bankgeheimnis unterliegen, stehen in der Gunst der Fahnder. Gemäß einer unter den deutschen Oberfinanzdirektionen bekannten „Fallsammlung Kontrollmaterial bei der Prüfung von Kreditinstituten" kommen „grundsätzlich alle Sachverhalte" für Kontrollmaterial in Betracht, „bei denen in der Buchungskette kein legitimiertes Konto angesprochen wird" wie beispielsweise folgende Fälle:

a) Ein Nichtkunde (Person, die bei der geprüften Bank kein Legitimationskonto unterhält) der Bank lässt sich einen auf die geprüfte Bank oder eine andere Bank gezogenen Scheck bar auszahlen.

b) Ein Kunde (Person mit Legitimationskonto bei der geprüften Bank) lässt sich einen auf die geprüfte oder eine andere Bank gezogenen fremden Scheck bar auszahlen.

c) Für einen Nichtkunden geht ein Geldbetrag ein, den die Bank auf CpD bucht und anschließend bar auszahlt.

---

[2] So genannte Fehlbuchungs- und Restantenkonten zur vorübergehenden Aufnahme von Forderungs- und Verbindlichkeitsbuchungen, die auf Hauptbuchkonten nicht oder noch nicht gebucht werden können.

d) Wie c), aber der Betrag wird vom CpD-Konto auf ein Konto des Empfängers bei einer anderen Bank überwiesen.

e) Ein Kunde reicht Zinsscheine zum Einzug herein. Die Bank bucht zunächst auf CpD und zahlt den Betrag ohne Berührung des Girokontos des Kunden bar aus.

f) Ein Nichtkunde oder Kunde kauft bar einen Sparbrief.

Genauer unter die Lupe nehmen Steuerfahnder auch so genannte Giroausgangskonten. Giroausgangskonten dienen der buchmäßigen Erfassung des Überweisungsverkehrs von Kunden auf Konten bei anderen Banken im In- und Ausland. Solche Konten werden immer angesprochen, egal ob eine Überweisung von einem legitimierten Konto vollzogen wird oder ob der Kunde eine Barüberweisung tätigt.[3]

Das Giroausgangskonto ist für Fahnder interessant, weil in diesem Kontokreis Buchungen abgewickelt werden, bei denen sich die Legitimationskette öffnet (das heißt eine der beiden Buchungsseiten ist nicht kundenlegitimiert). Buchungsbeispiele: „Kasse an Giroausgangskonto" oder „Kasse an Giroausgangskonto/Giroausgangskonto an Festgeldkonto" oder „Kundenkonto an Giroausgangskonto/Giroausgangskonto an Loro- (Konto einer Korrespondenzbank) bzw. Nostrokonto (eigenes Konto der Bank bei einer Korrespondenzbank)".

Nicht minder von Interesse sind die von Kundenbetreuern angefertigten Handakten, in denen jedes vermittelte Kundengeschäft notiert wird, damit die Provisionen auch stimmen. Selbstverständlich lassen sich Fahnder auch sämtliche Schließfachmietverträge und Einlasskarten vorlegen. Anhand von Einlasskarten lässt sich jederzeit feststellen, welche Schließfachinhaber zu welcher Zeit den Tresorraum betreten haben. Und Kassenkontrollstreifen – darauf kommen wir noch näher zu sprechen – verraten sowieso jede Geldbewegung.

---

[3] Banken buchen bei der Kontoüberweisung nämlich wie folgt: „Kundenkonto an Giroausgangskonto" (1. Buchung) und nach Bearbeitung des Auftrags „Giroausgangskonto an Landeszentralbankkonto" (2. Buchung); und bei der Barüberweisung: „Kasse an Giroausgangskonto" bzw. „Giroausgangskonto an LZB-Konto".

Leitfaden „Vermögensabschöpfung" für deutsche Finanzbehörden

„Über Geld spricht man nicht, man hat es" ... aber nicht am eigenen Wohnort. So müsste man den eingangs erwähnten Spruch ergänzen, wenn man sich den Leitfaden „Vermögensabschöpfung" der Oberfinanzdirektion Düsseldorf vor Augen führt. „Vermögensabschöpfung ist der Versuch von Strafverfolgungsbehörden, Tätervermögen für durch die Tat verursachte Schäden heranzuziehen und vorrangig zur Schadenswiedergutmachung zu nutzen", heißt es in der Einführung.

Für den diskreten Geldanleger bedeutet das konkret: Bewahrt er diskrete Gelder zu Hause auf oder lässt er bestimmte Vermögenswerte erkennen, darf er damit rechnen, dass Steuerfahnder die Gelder im Rahmen der so genannten „Rückgewinnungshilfe" zusammen mit beschlagnahmten Bankakten gleich mitnehmen.

Relevant wird es dabei ab der Größenordnung einer möglichen Hinterziehung von 25.000 Euro (Gesamtschaden inkl. Zinsen). Ab diesem Betrag ist laut Leitfaden für die Steuerfahnder „besondere Aufmerksamkeit" geboten.

Maßnahmen zur Vermögensabschöpfung sind in Betracht zu ziehen, wenn der diskrete Geldanleger einzelne dieser Anhaltspunkte erfüllt:

- Der diskrete Geldanleger hat Konten im Ausland (insbesondere in Steueroasenländern).
- Der diskrete Geldanleger hat einen Zweitwohnsitz im Ausland.
- Eine Kontenabfrage führte zu bisher unbekannten Konten des diskreten Geldanlegers.
- Der diskrete Geldanleger hat bereits in größerem Umfang Immobilien veräußert.

Verdächtig machen sich diskrete Geldanleger auch, wenn sie bereits in der Vergangenheit einen großen Teil ihres Vermögens auf unterschiedliche Unternehmen und/oder Angehörige, Bekannte usw. verschoben haben. Letzteres trägt auch nicht unbedingt zur Diskretion bei.

Worauf erfahrene diskrete Geldanleger besonders achten

● **Diskrete Auslandskonten werden langsam aufgebaut.**

Der Aufbau eines diskreten Geldanlagekontos wird als eine langfristige und über Jahre hinweg konsequent zu verfolgende Strategie betrachtet. Mit kleineren Summen testet der Anleger in aller Regel, ob der Service der ausländischen Geschäftsbank die Erwartungen erfüllt und ob die hoch bezahlten Portfolio-Manager Gelder vermehren anstatt vernichten. So genannte „Automated Savings Plans", wie sie beispielsweise auf Jersey angeboten werden, können zum langsamen Aufbau eines diskreten Auslandskontos genutzt werden, aber auch liechtensteinische Sondervermögen. Sondervermögen ist fremd verwaltetes, von einem bestimmten oder unbestimmten Anlegerkreis aufgebrachtes Vermögen, welches von einer bestimmten Stelle (der Bank) verwaltet wird und vom eigenen Vermögen des Verwalters (der Bank) zu trennen ist.[4] Es stellt daher eine als „Sondervermögen" bezeichnete separate und kollektive Vermögenseinheit dar. Sondervermögen ermöglichen niedrigere Börsenkommissionen, günstigere Festgeldsätze und engere Devisenmargen als Einzelanlagen und sie kosten keinen Ausgabeaufschlag, sodass Anlagegelder sozusagen „peux á peux" investiert werden können. Des Weiteren werden Zins- und Dividendeneinnahmen im Regelfall thesauriert, es wird also nichts ausgeschüttet. Das kleine diskrete Auslandskonto wächst langsam, unverdächtig, aber stetig!

● **Wertpapiere werden aus Inland-Depots selten übertragen.**

Banken protokollieren jede Wertpapierübertragung mit so genannten bankinternen „Transportpapieren". Auf diesen Dokumenten ist unter anderem die Referenznummer des Depotinhabers vermerkt, mit der die Bank die Papiere dem richtigen Depot zuordnen kann. Es ist nur eine Frage der Zeit, wann auch das Finanzamt hierzu in der Lage ist.

● **Vermögenszuwachsrechnung deckt diskrete Gelder auf.**

Wenn der Lebensstandard eines deutschen Steuerzahlers nicht so recht ins Bild seiner Einkommensteuererklärung passt, verfügen Außenprüfer und Steuerfahnder über ein effizientes und von der höchstrichterli-

---

[4] Vgl. Teil VII, Abschnitt: Diskrete Sondervermögen „Liechtensteiner Art".

chen Rechtsprechung anerkanntes Rechen- und Schätzverfahren, um diskrete Geldquellen nachweisen zu können: die *Vermögenszuwachsrechnung*.

Bei der Vermögenszuwachsrechnung geht der Prüfer von der Annahme aus, dass auch der diskrete Geldanleger in einem abgegrenzten Zeitraum nicht mehr Geld ausgeben kann, als ihm zur Verfügung stand. War dies aber offensichtlich der Fall, liegt die Vermutung nahe, dass er sich noch anderer dem Finanzamt bisher nicht bekannter Geldquellen bedient haben muss. Da heute fast keine denkbaren Einkunftsquellen mehr unversteuert bleiben, wissen die Finanzämter über die Höhe aller verfügbaren Mittel bestens Bescheid, oder besser gesagt: Sie müssten es eigentlich wissen.

Diskrete Geldanlagen stellen eine für den Prüfer „unsichtbare Vermögensbildung" dar. Dasselbe gilt für alle Gelder, die im Ausland angelegt sind, sofern die Zinsen in keiner Steuererklärung erscheinen. Zum Nachweis solcher diskreter Geldquellen stellt der Prüfer folgende Gleichung auf:

$$\text{Verfügbare Mittel} = \text{Mittelverwendung}$$

Zu den verfügbaren Mitteln zählt alles, was der Steuerpflichtige für die Lebenshaltung und Vermögensbildung zur Verfügung hat (z.B. Vermögen und Zinseinkünfte daraus, sonstige Vermögenszuflüsse, Einkünfte aus Gewerbebetrieb, selbstständiger oder nichtselbstständiger Tätigkeit, aus Vermietung und Verpachtung, Spekulationsgewinne und die in Anspruch genommenen Kredite). Mittelverwendung ist alles, was für Konsum und Vermögensbildung tatsächlich aufgewendet wird.

Der wichtigste und für den Betriebsprüfer nur schwer schätzbare Posten der Mittelverwendung stellt der *Privatverbrauch* dar. Der erfahrene deutsche diskrete Geldanleger gibt sich hier in allen Fällen diskret. Denn gegenüber dem Prüfer besteht keine Mitwirkungspflicht. Ferner kann die Vorlage von Kontounterlagen nicht verlangt werden, weil für private Konto- und Depotauszüge keine Aufbewahrungspflicht besteht. Freilich darf nicht vergessen werden, dass dem Prüfer der Weg zur Bank immer offen steht, wenn es ein inländisches Kreditinstitut ist. Denn die Bank ist, wie der diskrete Geldanleger noch sehen wird, als beteiligte „Dritte" auskunftspflichtig.[5]

---

[5] Vgl. Ausführungen unten Teil II, Abschnitt: Wenn gesetzlich verankerte Bankgeheimnisse nicht halten.

Übrigens: Vor einer Außenprüfung inklusive „Vermögenscheck" nach obigem System der Vermögenszuwachsrechnung sind auch „private" deutsche diskrete Geldanleger, also Arbeitnehmer und nicht selbstständig oder gewerblich tätige Anleger nicht gefeit. Im Fokus der Steuerfahndung stehen insbesondere „Einkunftsmillionäre" mit hohem Gehalt, die nur geringe Kapitaleinkünfte erklären und bei denen eine anderweitige Verwendung des Geldes nicht erkennbar ist.

Als „Einkunftsmillionär" gelten in Deutschland natürliche Personen mit einer Summe der positiven Einkünfte aus nichtselbstständiger Arbeit, aus Kapitalvermögen, aus Vermietung und Verpachtung oder sonstige Einkünfte von über 500.000 EUR, wobei die Finanzverwaltung keine Saldierung mit negativen Einkünften vornimmt. Einkunftsmillionäre werden in der Betriebskartei der Außenprüfer als „Fälle mit bedeutenden Einkünften (bE)" wie Großbetriebe erfasst und geführt.[6]

Im Fokus der deutschen Steuerfahnder stand in einem Fall des FG Düsseldorf[7]ein Arbeitnehmer, der vor seinem Umzug in die USA wegen der Höhe seiner Einkünfte (sog. Einkunftsmillionär) Liquidität zur Verfügung gehabt hat, die er nicht zur Lebensführung benötigte. Die Beamten hatten den Verdacht, der Steuerverdrossene hätte möglicherweise nicht erklärte Einkünfte aus Kapitalvermögen und Einkünfte aus Spekulations- bzw. privaten Veräußerungsgeschäften erzielt. Über die Rechtmäßigkeit einer Außenprüfung, wenn diese allein auf die Zuordnung des diskreten Geldanlegers zur Klasse der „Einkunftsmillionäre" begründet und somit als „ins Blaue hinein" zu werten ist, beschäftigt sich gerade das oberste deutsche Finanzgericht, der Bundesfinanzhof.[8]

- **Diskrete Geldanleger verwenden diskretes Geld auf keinen Fall zum inländischen Immobilienkauf.**

Die deutschen Finanzbehörden erhalten regelmäßig Kenntnis vom Kauf und Verkauf von inländischen Grundstücken durch eine so genannte *Unbedenklichkeitsbescheinigung*. Dieses Dokument ist nach dem Grunderwerbsteuergesetz Voraussetzung für die Eintragung in das Grundbuch und muss von jedem Notar unter Beifügung einer Kaufvertragsabschrift beim

---

[6]   Abgrenzungsmerkmale für den 18. Prüfungsturnus vom 1. Januar 2004 deutsches BMF vom 19.8.2003.
[7]   1 K 2437/02 AO.
[8]   Für interessierte diskrete Geldanleger: Aktenzeichen VI R 68/04.

Finanzamt für Grundbesitz und Verkehrsteuern beantragt werden. Zusätzlich teilt das Grundbuchamt dem Finanzamt für Grundbesitz und Verkehrsteuern die Eigentumsübertragung mit.

- **Bei Kreditgesprächen geben sich diskrete Geldanleger nicht allzu großzügig!**

Kredit- und Handakten sind eine besondere Fundgrube für Steuerschnüffler. Denn jeder Kunde, der einen Kredit beantragt, offenbart seine Vermögensverhältnisse nicht nur „der Wahrheit entsprechend". Vielfach werden komplette Aufstellungen über alle diskreten Auslandskonten vorgelegt. Die Bank fertigt danach ein penibel genaues Verzeichnis über Vermögensgegenstände an, die zur Sicherheit verpfändet werden können.

Kreditakten werden vom Kunden in aller Regel nicht eingesehen; er weiß also nicht, was die Steuerfahnder über ihn in Erfahrung bringen können. Vorsichtige Geldanleger erweitern den möglichen Spielraum für Zufallsfunde nicht, indem sie während eines Kreditgesprächs zu viele Unterlagen aus der Hand geben. Vorsichtige Geldanleger verzichten auch darauf, Kreditunterlagen und Vermögensaufstellungen im Schließfach der Kreditbank aufzubewahren.

- **Unterlagen über diskrete Auslandskonten werden nicht zu Hause aufbewahrt.**

Die heimische Steuerfahndung ist nach dem so genannten „Territorialitätsprinzip" in ihren Ermittlungen auf heimisches Hoheitsgebiet beschränkt. Notwendiges Beweismaterial zur Einleitung eines Steuerstrafverfahrens wird also in aller Regel in der Wohnung des diskreten Geldanlegers gefunden. Zu Hause aufbewahrte Kontounterlagen bringen Fahnder auf die Spur. Ist aber alles bei der Auslandsbank geblieben und nach Durchsicht in den Reißwolf gelangt, gelingt der Nachweis über die Existenz diskreter ausländischer Vermögenswerte äußerst selten.

- **Wenn diskrete Gelder über einen Trust oder über eine liechtensteinische Verbandsperson angelegt werden.**

Trusts oder Stiftungen sind in Organisation und Ausgestaltung so verschwiegen, dass Gefahren im Regelfall nur vom Geldanleger selbst ausgehen können. Was den Fahndern die Arbeit so schwer macht ist, dass Gründungsdokumente oder schriftliche Zeichnungsvollmachten über Stiftungs-, Anstalts- oder Trustkonten selten zu Hause aufbewahrt werden. Erfahrene diskrete Geldanleger verzichten bei einer liechtensteinischen Verbandsperson außerdem auf eine Mitgliedschaft des Gründers/Stifters im Stiftungs- oder Verwaltungsrat.

● **Diskrete Gelder gelangen nicht mehr an ihren Ursprung zurück.**
So schmerzlich es auch klingen mag: Profis verwenden diskrete Gelder in Deutschland kaum noch offiziell. Wird aber dennoch dringend einmal Geld benötigt, greifen Profis zum Kredit. Für Kredite müssen diese allerdings Sicherheiten bieten, und zwar nur solche, von denen auch die Finanzverwaltung erfahren darf. Von Vorteil ist hierbei eine unbelastete Immobilie: Wird eine Grundschuld eingetragen, fällt Steuerfahndern der Nachweis schwer.

Schweizer Banken leisten Täuschungsmanövern ihrer Kunden gegenüber ausländischen Behörden durch unvollständige oder irreführende Bescheinigungen keinen Vorschub. Der Schweizbanker wird daher jedes Wirtschaftsgut, das zur Besicherung des Kredits dient, im Vertrag einzeln aufführen. Reicht die Wohnung nicht (im Allgemeinen liegt die Beleihungsquote der Eidgenossen bei selbst genutzten Immobilien bei 60 bis 70 Prozent), gerät unter Umständen das diskrete Wertpapierdepot in die Kreditunterlagen. Deutsche Steuerschummler mag bedenklich stimmen, dass die Steuerfahndungsdienste in den vergangenen Jahren „ungesicherte" Kredite in etwa 150 Fällen aufdeckten.

● **Diskrete Geldanleger überweisen von ihrem diskreten Konto keinen Euro an Freunde oder Geschäftspartner**
Denn sie wollen nicht, dass solche Geldbewegungen in diversen Buchungsunterlagen erscheinen. Und bei Freunden und Bekannten spricht sich sicher schnell herum, dass jemand ein diskretes Konto hat. Man macht sich dadurch erpressbar, was der vernünftig denkende diskrete Geldanleger vermeiden will. Er verwendet diskrete Konten nur zur Vermögensanlage und beachtet stets die Einkommensteuerpflicht für Kapitalerträge.

● **Diskret reisen!**
Diskrete Geldanleger fahren grundsätzlich mit einem Mietwagen, der ein grenznahes Kennzeichen aufweist, über die Grenze. Sie stellen

hierzu ihren Wagen bei einem grenznahen Autoverleiher ab, mieten sich einen nicht allzu auffälligen Mittelklasse-PKW und passieren die Grenze nur im intensiven Morgen- und Abendverkehr. Die Wahrscheinlichkeit, in keine Kontrolle zu geraten, schätzen erfahrene diskrete Geldanleger auf fast 100 Prozent.

Diskrete Geldanleger, die sich auf eine Anlegerinsel begeben, tun dies gerne mit dem Schiff. Reist das Anlegerpublikum in die Karibik, schätzt es vor allem die Karibikkreuzfahrten. Denn das ist diskreter, als mit dem Flugschein mit Destination „Nassau" in der Tasche zu reisen. Bis zu acht Kreuzfahrtschiffe kommen täglich im Nassau Harbour, der „Prince George Wharf", an. Jedes Schiff bringt dabei um die 2.000 Passagiere mit. Die Mehrzahl nutzt den Landgang, um für wenige Stunden die entlang der Bay Street in Bahamas Hauptstadt Nassau zahlreich etablierten Schmuck-, Uhren- und Modegeschäfte zu besuchen. Doch mit jedem Schiff dürfte auch der eine oder andere Geldtourist anreisen. Wer mit Koffer und Anzug bekleidet den Nassauer Hafen verlässt, ist meistens ein Europäer, der direkten Kurs ins British Colonial Hilton am Ende von Nassaus Prachtstrasse, der Bay Street, nimmt. Und dort geht er entweder an den Taxistand oder er begibt sich in Richtung Hotelhalle. Was dort drin geschieht, untersteht dem Bankgeheimnis![9]

Diskrete Geldanleger, die von Europa aus mit dem Flugzeug in die Vereinigten Arabischen Emirate reisen, fliegen nicht mit Destination „Dubai", sondern lieber nach Abu Dhabi. Von dort aus sind es wenige Autostunden in die viel begehrte „steuerfreie Umgebung". Der Hinflug kann bequem „über Nacht" erfolgen; die Zeitverschiebung (im Winter drei Stunden, im Sommer zwei Stunden) verkürzt die rund sechsstündige Flugzeit zurück nach Europa faktisch um die Hälfte. Wer also am Abend von Deutschland aus startet, kann am nächsten Tag bereits im Büro seines Bankers, beispielsweise im Dubai International Financial Centre, sein. Dubai ist somit die nächstgelegene international ausgerichtete Offshore Jurisdiction außerhalb Europas.

---

[9] Zum bahamesischen Bankgeheimnis vgl. Teil III, Abschnitt: Das Bankgeheimnis auf den Bahamas.

● **Übrigens: Bankübliche Geldgeschäfte im Ausland sind nicht grundsätzlich verdächtig!**

Eine Auslandsgeldanlage ist nicht grundsätzlich „verdächtig". Dies hat der deutsche Bundesfinanzhof[10] im Auftrag einer deutschen Geschäftsbank entschieden. Dieser Grundsatz gilt allerdings nur für solche ausländische Geld- oder Kapitalanlagen, *die von den Anlegern über ein deutsches Kreditinstitut „in banküblicher Weise" abgewickelt werden.* Nur solche Auslandsaktivitäten sind in Anbetracht der *Gewährleistung der Freiheit des Kapital- und Zahlungsverkehrs zwischen den Mitgliedstaaten* sowie zwischen den Mitgliedstaaten und dritten Ländern nicht geeignet, einen steuerstrafrechtlichen Anfangsverdacht zu begründen. Diskrete Geldanleger, die ihr Vermögen „banküblich" ins Ausland überweisen, sind mehr geschützt als jene, die den Empfehlungen mancher Banker zur verdeckten Transferierung folgen!

Der Entscheidung lag folgender Fall zugrunde: Die Staatsanwaltschaft Frankfurt hatte ein Ermittlungsverfahren gegen Verantwortliche und Mitarbeiter einer deutschen Großbank wegen des Verdachts der Beihilfe zur Steuerhinterziehung eingeleitet. Das Verfahren wurde Ende 1999 auf „bekannte und noch nicht bekannte Anleger" erweitert, die als Kunden der Antragstellerin Geld und/oder Wertpapiertransfers von und nach Luxemburg, Liechtenstein, Österreich und der Schweiz durchgeführt hatten. Aus Selbstanzeigen und anderen Ermittlungsverfahren war der Staatsanwaltschaft bekannt geworden, dass im Inland der Besteuerung unterworfene Personen Geld und Wertpapiere zum Zwecke der Steuerhinterziehung ins Ausland verbrachten, wobei ihnen Mitarbeiter der Bank offenbar Hilfestellung leisteten, in dem sie ihnen namentlich bekannte Bankkunden die bankeigenen Geschäftseinrichtungen zur anonymen Verbringung der Vermögenswerte ins Ausland zur Verfügung stellten. Zur Gewährung von Anonymität der Auslandstransfers nutzten die Angestellten alt bekannte Tricks wie die Verwendung von Pseudonymen und Fantasieanschriften oder fingierte Barabhebungen mit nachfolgender Bareinzahlung auf dem Auslandskonto (was eine Rückverfolgung der Herkunft der Gelder regelmäßig erschwert oder verhindert). Die Transaktionen erfolgten alle über ein internes Konto der Bank auf die ebenfalls dort geführten Konten der ausländischen Bankgesellschaften. Nach außen wurde dabei buchungstechnisch

---

[10] Beschluss v. 6. Februar 2001, VII B 277/00, BStBl. 2001, II S. 306.

vorgetäuscht, es handle sich bei den Transfers um bankeigene Vorgänge. Nach einigen Ermittlungserfolgen war die Steuerfahndung im Besitz umfassender Unterlagen im Zusammenhang mit den besagten Auslandstransfers. Diese waren teils anonym gefasst, teils wiesen sie die Anleger mit konkreter Namensangabe und Anschrift aus, wobei ungeklärt war, ob es sich um Namen wirklicher Anleger oder um frei erfundene Namen handelte. Das Finanzamt hat angekündigt, auch den Inhalt der nicht anonymisierten Belege (Name und Anschrift des Anlegers sind enthalten) von den örtlich zuständigen Steufa-Stellen zur weiteren Aufklärung des Sachverhalts überprüfen zu lassen. Das Ausmaß der Steuerhinterziehung sei derart erschreckend, dass eine komplette Aufklärung des Zahlungsverkehrs der Bank mit den betreffenden ausländischen Bankgesellschaften geboten erschien, um neue Haupttäter zu ermitteln. Letzteres ging der Bank zu weit. Das Geldinstitut beantragte beim Finanzgericht, im Wege der einstweiligen Anordnung bis auf Weiteres zu untersagen, insbesondere sog. Kontrollmitteilungen zu fertigen bzw. weiterzuleiten, soweit die weitergegebenen Informationen nicht anonyme, sondern „offene" Anleger betreffen, d.h. unmittelbar oder jedenfalls für die Bank aufgrund ihrer bankmäßig angelegten Unterlagen identifizierbare Bankkunden. Die Bank konnte letztendlich die Ermittlungen der Finanzbehörden stoppen, weil sie sich ausschließlich gegen die unmittelbare oder mittelbare Weitergabe von Kontrollmaterial an die Wohnsitz-Finanzämter solcher Anleger wendete, die offene Anlagen im Ausland, und zwar in banktypischer Weise, getätigt hätten. Banktypisch sind nach Auffassung des Senats vor allem solche Anlagen, die im Wege direkter Überweisung vom legitimationsgeprüften Konto eines namentlich bekannten Kunden der Bank auf ein Konto der Auslandsbank durchgeführt werden. Es versteht sich hier aber von selbst, dass sich aus den gesamten Umständen der Transaktion keine Anhaltspunkte für eine verschleierte bzw. anonyme Anlage ergeben dürfen wie etwa Pseudonyme oder Anhaltspunkte für fingierte Barabhebungen vom Girokonto zur nachfolgenden Einzahlung auf das Anlagekonto zwecks Transfers ins Ausland usw.

Teil II
Diskrete Geldanlagen unter besonderer Berücksichtigung von EU-weiter Kontenüberwachung (Kontenabruf) sowie neuester Steuersicherungs- und Geldwäsche-Überwachungsstandards

Teil II sollten diskrete Geldanleger aus Deutschland und den Mitgliedsländern der Europäischen Union aufmerksam lesen. Die neuesten Entwicklungen bei den nationalen Kontenabrufen, dem Prüfungsrecht der Finanzbehörden für die alle Kapitalerträge enthaltenden Jahresbescheinigungen deutscher Banken (Prüfungsrecht nach § 50b EStG) und weiteren Überwachungsstandards hinsichtlich der Einkünfte aus Kapitalvermögen drängen besonders bei deutschen Geldanlegern einen verstärkten Bedarf nach „private Secrecy" auf. Aber auch diskrete Geldanleger aus Ländern der Europäischen Union sollten mögliche Kontenabrufe in ihre Vermögensanlagepolitik mit einbeziehen: Seit Umsetzung des Protokolls vom 16. Oktober 2001 zu dem Übereinkommen über die Rechtshilfe in Strafsachen sind weder deutsche Geldanleger noch Geldanleger aus den EU-Nachbarländern vor Kontenabrufen der Behörden sicher, obwohl einem europaweiten Kontenabruf – und das sei betont – hohe Hürden gesetzt sind. Dargestellt anhand einer „Checkliste" erfährt der diskrete Geldanleger, wann er sich für einen automatischen Kontoabruf verdächtig machen kann.

Die Gefahren der Aufdeckung von Auslandsgeldern haben sich in den letzten Jahren jedoch nicht nur wegen der neuen Möglichkeiten eines grenzüberschreitenden Kontenabrufs stark erhöht. Die Bemühungen der Organisation für wirtschaftliche Zusammenarbeit und Entwicklung (OECD), klassische außereuropäische Steueroasenländer zu mehr Kooperation in der Bekämpfung von unfairem Steuerwettbewerb zu bewegen, nehmen immer konkretere Formen an. Diskrete Geldanleger erfahren hier, wann sie in die Maschen der Geldwäschefahnder geraten und was passiert, wenn gesetzliche Bankgeheimnisse nicht mehr halten.

Der automatisierte Kontenabruf: eine deutsche Spezialität

Allgemeines

Zur Aufspürung diskreter Gelder in Deutschland haben die deutschen Finanzbehörden seit dem 1. April 2005 ein auf § 24c des Kreditwesengesetzes (KWG) gestütztes automatisiertes Verfahren zum Abruf von Konteninformationen eingeführt.[11] Die Vorschrift,[12] welche im Rahmen des 4. Finanzmarktförderungsgesetzes zum 1. Juli 2002 in Deutschland in Kraft getreten ist, besagt, dass Kreditinstitute grundlegende Informationen zu ihren Kunden (Kontoinhabern) zum automatisierten Abruf vorhalten müssen. § 24c Abs. 1 Satz 1 KWG bestimmt dazu, dass ein Kreditinstitut eine Datei zu führen hat, in der folgende Kontostammdaten (jedoch keine Kontobewegungen oder Kontostände) zu speichern sind:

- Namen und Geburtsdatum des Kontoinhabers (bei natürlichen Personen) und ggf. eines Verfügungsberechtigten,
- Name und Anschrift eines abweichend wirtschaftlich Berechtigten (gem. § 8 Abs. 1 des Geldwäschegesetzes),
- Nummer eines legitimierten Kontos oder eines Depots,
- Tag der Errichtung und der Auflösung des Kontos oder Depots.

Deutsche Kreditinstitute sind verpflichtet, den Zugriff zu gewähren und für einen aktuellen Datenbestand inklusive einer Datenhistorie von drei Jahren zu sorgen. Bis vor dem 1. April des vergangenen Jahres durfte ausschließlich die Bundesanstalt für Finanzdienstleistungsaufsicht (BAFin) diese Informationen jederzeit und ohne Kenntnis des Kreditinstituts online abfragen. Nun geht die Steuerüberwachung des Geldanlegers in Deutschland schon so weit, dass die Kreditinstitute die nach § 24c KWG zu führenden Dateien auch für Abrufe der Finanzbehörden bereithalten müssen.[13] Das *Bundeszentralamt für Steuern (BZSt)* ist hierzu ermächtigt, auf Ersuchen der für die Besteuerung zuständigen Finanzbehörden – also der jeweiligen Wohnsitzfinanzämter diskreter Geldanleger – bei den Kreditinstituten obige Kontodaten im automatisierten Verfahren abzurufen und sie an die ersuchende Finanzbehörde zu über-

---

[11] Zum automatisierten Kontenabruf in Deutschland ausführlich: Götzenberger, Anton Rudolf, Der gläserne Steuerbürger, 1. Aufl., Herne, 2006.
[12] § 24c „Automatisierter Abruf von Kontoinformationen", abgedruckt im Anhang.
[13] Rechtsgrundlagen: § 93b i.V.m. § 93 Abs. 7, 8 AO, abgedruckt im Anhang.

mitteln. Die Finanzbehörden können auf diesem Weg zwar keine Informationen über Kontostände und Kontoumsätze erlangen, da solche Informationen wie erwähnt gem. § 24c KWG nicht zum Abruf bereitgehalten werden müssen. Die Wohnsitzfinanzämter können jedoch feststellen lassen, bei welchem der rund 2.400 Kreditinstitute in Deutschland ein diskreter Geldanleger in- oder ausländischer Herkunft eines von rund 497 Mio. Konten oder Depots unterhält oder darüber abweichend wirtschaftlich berechtigt ist. Als „wirtschaftlich Berechtigter" wird der eigentliche Eigentümer der auf dem Konto verwalteten Vermögenswerte bezeichnet. Der „wirtschaftlich Berechtigte" ist regelmäßig gegenüber dem Kontoinhaber im Innenverhältnis weisungsbefugt. Hinsichtlich einer abweichenden wirtschaftlichen Berechtigung verlangt das deutsche Geldwäschegesetz von jedem inländischen Kreditinstitut, vor Errichtung eines neuen Kontos abzuklären, ob der Antragsteller das Konto zur Verwaltung von eigenem Vermögen verwenden will oder als Treuhänder fungierend Vermögen für fremde Rechnung einzuzahlen gedenkt. Erklärt der Antragsteller, nicht für eigene Rechnung zu handeln, ist Name und Adresse desjenigen festzustellen und aktenkundig zu machen, für den der Betreffende tätig ist oder wird. Das Kreditinstitut hat hierfür den das Konto Eröffnenden nach Name und Anschrift des *wirtschaftlich Berechtigten* zu befragen.

Die angeordnete Feststellungspflicht des wirtschaftlich Berechtigten nach § 8 GwG tritt neben die Vorschrift über die Kontenwahrheit (§ 154 AO)[14]. Beide Vorschriften existieren selbstständig und ergänzen sich nicht. So beschränkt sich § 154 AO allein auf die formelle Kontenwahrheit, während sich § 8 GwG auf die materielle Kontoinhaberschaft konzentriert.

Betroffen vom automatisierten Kontenabruf sind danach auch Treuhand- und Anderkonten[15], die von Berufsgeheimnisträgern als Kontoinhaber unterhalten werden. Das deutsche Bundesfinanzministerium genehmigt den automatisierten Kontenabruf auch, um Konten oder Depots zu ermitteln, hinsichtlich derer der Steuerpflichtige zwar nicht Verfügungsberechtigter, aber *wirtschaftlich Berechtigter* ist.[16] Begründet wird dies damit, dass ein Kontenabruf bei dem betreffenden Kreditinstitut erfolgt und nicht bei dem Berufsgeheimnisträger und dass das Kreditinstitut kein Auskunftsverweigerungsrecht habe und daher Auskunft darüber geben müsse,

---

[14] Zu § 154 AO siehe Teil I, Abschnitt: Diskretion fängt zuallererst bei Ihnen an.
[15] Zum Begriff siehe Teil XI, Abschnitt: Verdeckte und offene Treuhandkonten.
[16] Vgl. BMF a.a.O. Ziff. 2.5.

ob bei festgestellten Konten eines Berufsgeheimnisträgers eine andere Person wirtschaftlich Berechtigter ist.

Kontenabfragen stehen grundsätzlich im „Ermessen" der Finanzbehörde. Bei Ausübung dieses Ermessens soll die Finanzbehörde die Grundsätze der Gleichmäßigkeit der Besteuerung, der Verhältnismäßigkeit der Mittel, der Erforderlichkeit, der Zumutbarkeit, der Billigkeit und die Grundsätze von Treu und Glauben sowie das Willkürverbot und das Übermaßverbot beachten. Damit soll der automatisierte Kontenabruf für die Finanzbehörden kein Instrument für breitflächige Kontenrasterungen darstellen. So soll der Kontenabruf nur „im Einzelfall bei Bedarf zielgerichtet Überprüfungen ermöglichen".[17] Das Verfahren soll also nur im Einzelfall anlassbezogen und zielgerichtet erfolgen und muss sich auf eine eindeutig bestimmte Person beziehen. Darüber hinaus muss der Kontenabruf zur Festsetzung oder Erhebung von Steuern erforderlich sein und ein Auskunftsersuchen an den Steuerpflichtigen muss nicht zum Ziele geführt haben oder ohne Erfolg gewesen sein.[18]

Vom Kontenabrufverfahren betroffen sein dürften daher insbesondere „Auskunftsunwillige", die das vorhergehende Auskunftsersuchen ihres Wohnsitzfinanzamtes nicht oder unglaubwürdig beantwortet haben. Die Finanzbehörde soll nämlich bei entsprechendem Anlass dem diskreten Geldanleger immer zunächst selbst Gelegenheit geben, Auskunft über seine Konten und Depots zu erteilen. Hier erhält der diskrete Geldanleger regelmäßig Gelegenheit ggf. entsprechende Unterlagen wie etwa Konto- und Depotauszüge oder die zusammenfassenden Jahresbescheinigungen nach § 24c EStG vorzulegen, die sämtliche steuerrelevanten Kapitaleinkünfte enthalten.[19] Hierbei soll der diskrete Geldanleger auch bereits darauf hingewiesen werden, dass die Finanzbehörde einen Kontenabruf durchführen lassen kann, wenn die Sachaufklärung durch den Beteiligten nicht zum Ziel führt.[20]

---

[17] Vgl. deutsches BMF, Fragen und Antworten zur aktuellen Kritik am steuerlichen Kontenabrufverfahren, vom 9. Februar 2006.

[18] Vgl. BMF Anwendungserlass zu Auskunftsersuchen und dem Kontenabruf IV A 4 S 0062-1/05, BStBl. 2005 I S. 422, Tz. 2.3.

[19] Zu den Jahresbescheinigungen und dem Prüfungsrecht nach § 50b EStG vgl. in diesem Teil Abschnitt: Jahresbescheinigungen und das Prüfungsrecht der Finanzbehörden.

[20] BMF a.a.O Ziff. 2.6. Dieses von den Finanzbehörden zu beachtende Subsidiaritätsprinzips wird jedoch, wie die Untersuchungen des Landesbeauftragten für Datenschutz und Informationsfreiheit Nordrhein-Westfalen zeigten, vielfach mit der lapidaren Begründung „Erfolglosigkeit eigener Ermittlungen" umgangen. Die Ergebnisse der Untersuchung sind veröffentlicht in Götzenberger, Der gläserne Steuerbürger, 1. Auflage, Herne 2006.

Die Erforderlichkeit eines Kontenabrufs wird von der Finanzbehörde im Einzelfall im Wege einer Prognose beurteilt. Hierfür genügt es, wenn aufgrund konkreter Momente oder aufgrund allgemeiner Erfahrungen ein Kontenabruf angezeigt ist, nicht mehr und nicht weniger. Daher müssen diskrete Geldanleger in Deutschland auch mit „heimlichen" Kontenabfragen der Finanzämter rechnen.

Laut Auskunft des Bundesfinanzministeriums[21] waren im Jahr 2005 8.669 Kontenabfragen durchgeführt worden, die Bundesanstalt für Finanzdienstleistungsaufsicht hat im selben Zeitraum 62.410 Anfragen bearbeitet. Die Zahl der möglichen Kontenabrufe soll in den nächsten Jahren stark ausgebaut werden. Der BMF will das Verfahren „künftig effektiver" gestalten. Um eine „ausreichende Verifikationsmöglichkeit" zu gewährleisten, soll die Zahl der je Arbeitstag technisch möglichen Kontenabrufe „auf eine vierstellige Höhe ausgebaut werden".[22] Ab August 2007 sollen nach einer Einigung des Bundeszentralamtes für Steuern (BZSt) und der Bundesanstalt für Finanzdienstleistungsaufsicht (BaFin) alle technischen Voraussetzungen für Kontenabfragen im großen Stil geschaffen sein.

Der automatisierte Kontenabruf hat bereits und wird auch in Zukunft zu einer massiven Kapitalflucht führen. Besonders die bayerischen Genossenschaftsbanken beklagten einen massiven Kapitalabfluss von mindestens 434 Mio. Euro von Ende 2004 bis Anfang 2006.[23] Das Bundesfinanzministerium (BMF) betrachtet hingegen einen „Zusammenhang des Kapitalabflusses mit der Einführung der steuerlichen Kontenabfragemöglichkeit" als „rein spekulativ". „Objektiv ist ein solcher Zusammenhang nicht verifizierbar". Im deutschen BMF geht man stattdessen davon aus, dass „Kapitalanleger fundierte wirtschaftliche Gründe für ihre Entscheidungen haben".[24]

---

[21] BMF, Fragen und Antworten zur aktuellen Kritik am steuerlichen Kontenabrufverfahren, vom 9. Februar 2006, Antwort auf Frage 6.
[22] Vgl. BMF v. 9. Februar 2006, a.a.O., Antwort auf Frage 7.
[23] Quelle: Süddeutsche Zeitung vom 10. März 2006.
[24] Vgl. BMF v. 9. Februar 2006, a.a.O., Antwort auf Frage 1.

Zusammenfassung/Checkliste: Wann diskrete Geldanleger für Kontenabrufe verdächtig sind

- Deutsche Finanzbehörden könnten sich zu einem Kontenabruf veranlasst sehen, wenn der diskrete Geldanleger aus laufender Berufstätigkeit hohe Einkünfte erzielt, aber keine Einkünfte aus Kapitalvermögen erklärt. Umgekehrt fällt den Beamten auf, wenn der diskrete Geldanleger zwar ein niedriges Einkommen erklärt, aber hohe (für das Finanzamt erkennbare) Ausgaben macht.

- Verdächtigt sind auch erklärte umfangreiche Einkünfte aus Kapitalvermögen, wenn diese vonseiten des Finanzamts nur schwer nachvollziehbar sind. Anlass für einen Kontenabruf sind auch Vermögenszuflüsse aus Veräußerungen, Erbschaften oder Schenkungen, die keinen einkommensteuerlichen Einkunftstatbestand erfüllen und somit ohne Auswirkungen auf die laufenden Einkünfte bleiben. Anlass für einen Kontenabruf können auch erhebliche Schwankungen bei den erklärten Einkünften aus Kapitalvermögen sein. Solche Schwankungen können auf bisher nicht erklärte Einnahmen oder Vermögensabflüsse in das Ausland hindeuten.

- Bei dem Abschluss von Renten- oder Lebensversicherungen gegen Einmalbeträge stellt sich regelmäßig die Frage, woher die eingezahlten Beträge stammen. Auch das ist Anlass für einen Kontenabruf. Eine Kontenabfrage kann auch anlässlich einer bevorstehenden Betriebsprüfung erfolgen.

- Des Weiteren werden Kontrollmittelungen regelmäßig für einen Kontenabruf sorgen. Dies insbesondere dann, wenn größere Abweichungen oder Lücken Nachforschungen des Finanzamts nach sich ziehen.

- Schließlich führen Anzeigen von Denunzianten aus dem privaten oder beruflichen Umfeld immer wieder zu Kontenabrufen. Der diskrete Geldanleger sollte daher unbedingt die Ausführungen im ersten Teil lesen.

Auskunftspflichten deutscher Kreditinstitute im Anschluss an den Kontenabruf

Wie oben gesehen, können deutsche Finanzbehörden mittels Kontenabruf keine Informationen über Kontostände und Kontoumsätze erlangen, da solche Informationen nicht zum Abruf bereitgehalten werden müssen. Neben dem automatisierten Kontenabruf können deutsche Finanzbehörden jedoch Auskünfte jeder Art von Banken einholen.[25]

Die Finanzbehörde wird das tun, nachdem sie einen Kontenabruf durchgeführt und dabei herausgefunden hat, dass ein diskreter Geldanleger bei einer inländischen Bank ein Konto oder Depot unterhält oder unterhalten hat,[26] welches der Finanzverwaltung bislang unbekannt war. Die deutschen Finanzbehörden sind angehalten, den diskreten Geldanleger vor einer Befragung seiner Bank über die Möglichkeit eines Auskunftsersuchens gegenüber dieser (seiner Bank) zu informieren, damit dieser das Ersuchen gegebenenfalls abwenden kann.[27] Der Einholung einer Bankauskunft gehen also im Regelfall ein Auskunftsersuchen der Finanzbehörde direkt beim steuerpflichtigen diskreten Geldanleger, ein anschließender Kontenabruf und, sofern auf diesem Weg bislang unentdeckte Konten ans Tageslicht geraten, ein – nicht zum Ziel führender – Aufklärungsversuch der Finanzbehörde gegenüber dem diskreten Geldanleger voraus.

Die Sachaufklärung durch den diskreten Geldanleger hat nicht zum Ziel geführt, wenn sie zwar versucht, aber letztlich nicht gelungen ist. Unerheblich ist dabei, ob der Kontoinhaber den Sachverhalt nicht aufklären konnte oder wollte. Die Sachaufklärung durch den diskreten Geldanleger verspricht keinen Erfolg, wenn sie nach den Umständen des Einzelfalles oder nach den bisherigen Erfahrungen der Finanzbehörde mit dem Steuerpflichtigen nicht zu erwarten ist oder aufgrund konkreter Umstände von vornherein als unwahr zu werten wäre.[28] Nur wenn der Ermittlungszweck durch eine vorhergehende Information des Geldanlegers gefährdet erscheint oder sich aus den Umständen des Einzelfalles ergibt, dass eine Aufklärung durch den

---

[25] Rechtsgrundlage: § 92 Satz 2 Nr. 1 AO i.V.m. § 93 AO.

[26] Wie oben gesehen, beträgt die Datenhistorie drei Jahre.

[27] BMF Anwendungserlass a.a.O. Tz. 1.7.

[28] Vgl. BMF Anwendungserlass zu Auskunftsersuchen und dem Kontenabruf IV A 4 S 0062-1/05, BStBl. 2005 I S. 422, Tz. 1.4.

Beteiligten selbst nicht zu erwarten ist, kann unmittelbar an die betreffenden Kreditinstitute herangetreten werden bzw. andere erforderliche Maßnahmen ergriffen werden. In diesen Fällen ist der Beteiligte nachträglich über die Durchführung des Kontenabrufs zu informieren.[29]

Auskunftsersuchen „ins Blaue hinein" sind unzulässig. Um ein solches kann es sich aber niemals handeln, wenn dem Auskunftsersuchen eine Kontoabfrage vorangegangen ist und diese zum „Erfolg" geführt hat.

Weitere Voraussetzung für die Heranziehung der Bank des diskreten Geldanlegers ist, dass die Auskunft zur Sachverhaltsaufklärung geeignet und notwendig ist, die Pflichterfüllung für den Betroffenen (die Bank) möglich und dessen Inanspruchnahme geeignet, *erforderlich* und zumutbar ist. Nach dem Anwendungserlass zum Auskunftsersuchen und dem Kontenabruf des Bundesministeriums der Finanzen (BMF)[30] ist die Erforderlichkeit eines Auskunftsersuchens von der zuständigen Finanzbehörde nach den Umständen des Einzelfalles und unter Berücksichtigung allgemeiner Erfahrungen wie der Kontenabruf selbst im Wege der Prognose zu beurteilen. Die Bank des diskreten Geldanlegers muss schon dann Informationen liefern, „wenn aufgrund konkreter Momente oder aufgrund allgemeiner Erfahrungen ein Auskunftsersuchen angezeigt ist", wie es in dem BMF-Schreiben heißt. Ein Bankgeheimnis steht der Auskunftspflicht nicht entgegen, ein solches gibt es in Deutschland gegenüber den Finanzbehörden nicht[31].

Jahresbescheinigungen und das Prüfungsrecht der Finanzbehörden

Seit 2005 sind inländische Geschäftsbanken und Finanzdienstleistungsinstitute verpflichtet, ihren Kunden eine so genannte zusammenfas-

---

[29] BMF a.a.O. Tz. 2.7.

[30] A.a.O.

[31] Die in der deutschen Abgabenordnung verankerte Rechtsvorschrift für den „Schutz von Bankkunden", § 30a AO, steht dem nicht entgegen, denn § 30a Abs. 5 Satz 1 AO erwähnt ausdrücklich die Auskunftspflicht der Kreditinstitute durch Bezug auf § 93 AO und stellt damit klar, dass das „schutzwürdige Vertrauensverhältnis" zwischen Bank und Kunde nicht so weit geht, dass Kreditinstitute in Besteuerungsverfahren ihrer Kunden gestellte Auskunftsersuchen von Finanzbehörden ignorieren dürfen. Die Auskunftspflichten bestehen nicht nur im Steuerermittlungsverfahren (Besteuerungsverfahren), sondern auch im Rahmen einer Außenprüfung (§§ 90 Abs. 1, 93 Abs. 1, 97, 200 Abs. 1 AO) und auch im Vollstreckungsverfahren.

sende Jahresbescheinigung über Kapitalerträge und Veräußerungsgeschäfte aus Finanzanlagen auszustellen. Diese Bescheinigung enthält sämtliche steuerrelevante Daten aus allen geführten Wertpapierdepots und Konten, welche der unbeschränkt steuerpflichtige diskrete Geldanleger in seine Steuererklärung aufnehmen muss. Im Einzelnen handelt es sich hierbei um Einkünfte aus Kapitalvermögen aller Art sowie um Einkünfte aus privaten Wertpapierveräußerungsgeschäften, aus Future-(Terminkontrakt-)Geschäften sowie aus sonstigen Termingeschäften aller Art[32].

Die zusammenfassende Jahresbescheinigung sollte ursprünglich dem diskreten Geldanleger als Ausfüllhilfe bei seiner Einkommensteuererklärung (insbesondere der Anlagen KAP, AUS und SO) dienen. Für das Finanzamt waren diese Bescheinigungen tabu; eine gesetzliche Vorlagepflicht des diskreten Geldanlegers gegenüber dem Finanzamt bestand nicht, wobei die Nichtvorlage auf Verlangen des Finanzamtes nach höchstrichterlicher Rechtsprechung bereits einen automatisierten Kontenabruf rechtfertigte.[33] Auch eine Überprüfung der Jahresbescheinigungen beim ausstellenden Kreditinstitut war ursprünglich nicht vorgesehen.

Mit dem Jahressteuergesetz 2007 wurden die seit jeher umfassenden Prüfungsrechte der Finanzbehörden nach § 50 b EStG gegenüber deutschen Kreditinstituten um die Jahresbescheinigungen erweitert.[34] Danach können die Finanzbehörden also auch alle dem diskreten Geldanleger bescheinigten Kapitaleinkünfte einsehen und nachkontrollieren. Dieses Prüfungsrecht ist nach Ansicht des Gesetzgebers wegen der Bedeutung des § 24c [Anm. des Autors: § 24c stellt die Rechtsgrundlage für die zusammenfassenden Jahresbescheinigungen der Banken dar] sowie der Anlagen KAP, AUS und SO bei der Einkommensteuererklärung geboten[35]. Es gilt zudem für alle bislang ausgestellten Jahresbescheinigungen, also rückwirkend. Da die deutschen Kreditinstitute Jahresbescheinigungen erstmalig in 2005 für Erträge aus 2004 ausstellen mussten, erlangen die Finanzämter ab 2007 Kenntnis über alle nach dem 31.12.2003 bescheinigten und zugeflossenen Kapitalerträge bzw. Veräußerungsgewinne aus Wertpapiergeschäften.

---

[32] Jedes private Veräußerungsgeschäft bescheinigt die Bank dabei gesondert, es sei denn, gleichartige Wertpapiere wurden innerhalb der einjährigen Behaltensfrist gemeinsam erworben und veräußert.
[33] BFH, Urt. v. 29.11.2005, II R 49/04, BStBl. 2006 II S. 178.
[34] § 50b EStG i.d.F. des Jahressteuergesetzes 2007 abgedruckt im Anhang.
[35] Referentenentwurf vom 10.7.2006.

Erweiterte Auskunfts- und Meldepflichten nach dem Wertpapierhandelsgesetz

Deutsche Kreditinstitute sind ebenfalls verpflichtet, die Übertragung von Wertpapieren sowie Merkmale zur Identifizierung des Auftraggebers und Depotinhabers zu melden[36]. Diese Vorschrift sollte eigentlich dem Insiderhandel entgegenwirken. Doch die Erfassung dieser Identitätsmerkmale führt nicht nur zur Übermittlung insiderhandelsrelevanter Informationen. Erfasst werden beispielsweise auch Bezugsrechte, Gratisaktien, Aktiensplitts oder Umtauschaktionen.

Meldepflicht nach § 45d des deutschen Einkommensteuergesetzes

Auch diese Vorschrift[37] kann diskreten Geldanlegern, die mit ihren Kapitalerträgen in Deutschland der Steuerpflicht unterliegen, zum Verhängnis werden. Die Meldevorschrift sollte ursprünglich verhindern, dass Steuerunehrliche ihren für Kapitaleinkünfte geltenden Steuerfreibetrag dadurch mehrmals nutzen, dass sie mehrere Depots eröffneten und für jedes Depot einen Freistellungsauftrag in voller Höhe erteilen. Zur Verhinderung solcher Steuerspartricks mussten deutsche Kreditinstitute dem Bundeszentralamt für Steuern (BZSt) ursprünglich jene Beträge mitteilen, bis zu denen sie bei einem Kunden vom Steuerabzug Abstand nehmen sollten. Die Meldung der Banken war ursprünglich also eine reine Soll-Meldung, d.h. es wurde das beantragte Freistellungsvolumen mitgeteilt ohne Rücksicht darauf, ob und in welchem Umfang Kapitalerträge wirklich zugeflossen sind. Aus diesen Soll-Meldungen konnten die Finanzbehörden nicht ersehen, ob der Steuerpflichtige den beantragten Steuerfreibetrag tatsächlich ausschöpfte oder ob sich nähere Nachforschungen lohnen. So wurde die Vorschrift später geändert und die „Höhe des Betrags, für den aufgrund des Freistellungsauftrages vom Steuerabzug Abstand genommen ... worden ist" der Mitteilungspflicht unterworfen. Die deutschen Kreditinstitute teilen jetzt also statt des erteilten Soll-Freistellungsvolumens das tatsächlich in

---

[36] § 9 WpHG abgedruckt im Anhang.
[37] § 45d EStG abgedruckt im Anhang.

Anspruch genommene Ist-Freistellungsvolumen dem Bundeszentralamt für Steuern (BZSt) mit.

Dies bedeutet konkret: Bescheinigten die Kreditinstitute in ihren Meldungen genau den gesetzlichen Höchstfreibetrag, hieße das, der Steuerpflichtige hätte Kapitaleinkünfte genau in dieser Höhe erzielt. Dies galt freilich als sehr unwahrscheinlich. Wahrscheinlicher war eher, dass dem diskreten Anleger Kapitalerträge über diesen Sparer-Freibeträgen zugeflossen sind, sodass diskrete Geldanleger, für die solche Meldungen ergangen sind und die bislang keine Kapitalerträge erklärt hatten, ausgesondert werden konnten.

Im Einzelnen teilen deutsche Banken dem Bundeszentralamt für Steuern (BZSt) Folgendes mit:

1. Vor- und Zunamen sowie das Geburtsdatum der Person – gegebenenfalls auch des Ehegatten –, die den Freistellungsauftrag erteilt hat (Auftraggeber),

2. Anschrift des Auftraggebers,

3. bei den Kapitalerträgen, für die ein Freistellungsauftrag erteilt worden ist,

   a) die Zinsen und ähnliche Kapitalerträge, bei denen vom Steuerabzug Abstand genommen worden ist,

   b) die Dividenden und ähnliche Kapitalerträge, bei denen die Erstattung von Kapitalertragsteuer und die Vergütung von Körperschaftsteuer beim Bundeszentralamt für Steuern (BZSt) beantragt worden ist,

   c) die Kapitalerträge im Sinne des § 43 Abs. 1 Nr. 2, bei denen die Erstattung von Kapitalertragsteuer beim Bundeszentralamt für Steuern (BZSt) beantragt worden ist,

   d) die Hälfte der Dividenden und ähnlichen Kapitalerträge, bei denen nach § 44b Abs. 1 in der Fassung des Gesetzes vom 23. Oktober 2000 (BGBl. I S. 1433) die Erstattung von Kapitalertragsteuer beim Bundeszentralamt für Steuern (BZSt) beantragt worden ist,

4. Namen und Anschrift des Empfängers des Freistellungsauftrags.

Die Mitteilungen dürfen auch zur Durchführung eines Verwaltungsverfahrens oder eines gerichtlichen Verfahrens in Steuersachen oder eines Strafverfahrens wegen einer Steuerstraftat oder eines Bußgeldverfahrens wegen einer Steuerordnungswidrigkeit verwendet werden.

Was diskrete Geldanleger über den europaweiten Abruf von Bankkonten wissen sollten

Allgemeines[38]

Seit 2006 sind Kontenabrufe keine ausdrückliche deutsche Spezialität mehr. Am 2. Februar des vergangenen Jahres 2006 ist das Gesetz zur
Umsetzung des Protokolls vom 16. Oktober 2001 zu dem Übereinkommen
über die Rechtshilfe in Strafsachen zwischen den Mitgliedstaaten der Europäischen Union[39] in Kraft getreten. Kontenabfragen sind von nun an auch
europaweit möglich; allerdings mit der Einschränkung, dass hierfür die
Einleitung eines steuerstrafrechtlichen Ermittlungsverfahrens notwendig
ist.[40] Insoweit ist die Messlatte für einen europaweiten Kontenabruf höher
gelegt. Doch auch hier gilt, dass die Vermögensverhältnisse eines diskreten
Geldanlegers – hier auch eines diskreten Geldanlegers aus Österreich, Belgien, den Niederlanden usw. – hinter seinem Rücken ausgeforscht werden
können. So enthält auch dieses Protokoll eine Bestimmung, die es erlaubt,
ohne Wissen des Kontoinhabers Konten abrufen zu können.

Der europaweite Bankkontenabruf geht auf eine Initiative Frank-
reichs vom Juni 2000 zurück. Ursprünglich hätte ein neues Übereinkommen lanciert werden sollen, welches das Übereinkommen des Europarates
über die Rechtshilfe in Strafsachen von 1959 und des am 29. Mai 2000 ange-
nommenen Übereinkommens über die Rechtshilfe in Strafsachen zwischen
den Mitgliedstaaten der Europäischen Union hätte ablösen sollen. Im Laufe
der Verhandlungen wurde jedoch aus dem Rechtsakt ein Protokoll zum
Rechtshilfeübereinkommen der EU-Staaten 2000.

Das europaweite Kontenabfrage- und Ausforschungssystem zu
Bankkonten und Bankgeschäften gliedert sich in ein dreistufiges Eingriffs-
verfahren: In der ersten Stufe sind die Mitgliedstaaten verpflichtet, auf Antrag in konkreten Fällen in ihrem Gebiet bestehende Bankkonten ausfindig
zu machen. Damit sind sie auch indirekt verpflichtet, einen Mechanismus

---

[38] Eine ausführliche Kommentierung findet der Leser in: Götzenberger, Anton-Rudolf: Der gläserne Steuerbürger, 1. Aufl., Herne 2006, dort Teil II Abschnitt 6.4.

[39] BGBl 2005 II S. 661, Abl C 326 v. 21.11.2001, S. 1.

[40] Für innerdeutsche Kontenabfragen ist ein eingeleitetes steuerstrafrechtliches Ermittlungsverfahren wie erwähnt nicht erforderlich.

einzurichten, über den sie die beantragten Informationen zur Verfügung stellen können.

Die Verpflichtung geht so weit, dass es möglich sein muss, Bankkonten im gesamten Gebiet des ersuchten Mitgliedstaats ausfindig zu machen. Der Bankkontenabrufmechanismus muss dabei auch geeignet sein, solche Konten zu ermitteln, die eine Person „kontrolliert" oder für die eine Person eine Vollmacht besitzt. Diese Formulierung entspricht dem allgemeinen Erfordernis, auch die Bankkonten von „abweichend wirtschaftlich Berechtigten"[41] bzw. des wirtschaftlichen Eigentümers ausfindig zu machen. Damit können auch (verdeckte) treuhänderisch gehaltene Vermögenswerte bei Banken im EU-Gebiet aufgespürt werden.

Die Aufspürung von Bankkonten allein reicht für konkrete Ermittlungen der Vermögensverhältnisse eines diskreten Geldanlegers selbstverständlich nicht aus. Für die Finanzbehörden ist es vielmehr wichtig, Kenntnisse über die darauf getätigten Bankgeschäfte zu erlangen. Hierzu sieht das Protokoll in einer zweiten Stufe vor, dass die Mitgliedstaaten auf Antrag die Angaben über bestimmte Bankkonten und über Bankgeschäfte, die während eines bestimmten Zeitraums im Zusammenhang mit einem oder mehreren in dem Ersuchen angegebenen Bankkonten getätigt wurden, einschließlich der Angaben über sämtliche Überweisungs- und Empfängerkonten mitteilen. Damit werden auch Bankgeschäfte erfasst, die ein diskreter Geldanleger während eines bestimmten Zeitraums auf bereits festgestellten Bankkonten getätigt hat.

Die Ausforschung von Bankkonten und Bankgeschäften eines diskreten EU-Geldanlegers wird schließlich in Stufe 3 mit der Überwachung von Bankgeschäften komplettiert. Art. 3 des Protokolls sieht vor, dass sich jeder Mitgliedstaat verpflichtet, dafür zu sorgen, dass auf Ersuchen eines anderen Mitgliedstaats Bankgeschäfte, die während eines bestimmten Zeitraums im Zusammenhang mit einem oder mehreren in dem Ersuchen angegebenen Bankkonten getätigt werden, überwacht werden können. Vorgesehen sind je nach Vereinbarungen zwischen den Behörden des ersuchenden und des ersuchten Staates tägliche oder wöchentliche Überwachungen sowie eine Verfolgung von Bankgeschäften in Echtzeit.

---

[41] Vgl. auch § 24c Abs. 1 Satz 1 Nr. 2 KWG sowie § 8 des Geldwäschegesetzes.

Anwendung des europaweiten Kontenabrufs auf diskrete österreichische Bankkonten

Österreich hat die Voraussetzungen für die Suche nach Bankkonten bereits mit Einführung des § 145a Abs. 1 Nr. 2 und 3 der österreichischen Strafprozessordnung im Rahmen des Strafrechtänderungsgesetzes 2002 geschaffen. Nachdem die Verpflichtung zur Wahrung des Bankgeheimnisses im Zusammenhang mit eingeleiteten gerichtlichen Strafverfahren gegenüber den Strafgerichten sowie gegenüber den Finanzstrafbehörden bei eingeleiteten Strafverfahren wegen vorsätzlicher Finanzvergehen nicht besteht,[42] können österreichische Kredit- oder Finanzinstitute, wenn es zur Aufklärung eines Verbrechens oder eines Vergehens erforderlich erscheint, das in die Zuständigkeit des Gerichtshofs erster Instanz fällt, und ein diesbezügliches Vorgehen erforderlich und verhältnismäßig erscheint, auf Grundlage eines Beschlusses gem. § 145a StPO zur Übermittlung folgender Daten verpflichtet werden:

- Name, sonstige ihnen bekannte Daten über die Identität des Inhabers einer Geschäftsverbindung sowie dessen Anschrift,
- Auskunft darüber, ob eine verdächtige Person eine Geschäftsverbindung mit diesem Institut unterhält, aus einer solchen wirtschaftlich berechtigt ist oder für sie bevollmächtigt ist, und, soweit dies der Fall ist, alle zur genauen Bezeichnung dieser Geschäftsverbindung erforderlichen Angaben sowie alle Unterlagen über die Identität des Inhabers der Geschäftsverbindung und über seine Verfügungsberechtigung,
- alle Urkunden und andere Unterlagen über Art und Umfang der Geschäftsverbindung und damit im Zusammenhang stehende Geschäftsvorgänge und sonstige Geschäftsvorfälle eines bestimmten vergangenen oder zukünftigen Zeitraums.

Eine innerösterreichische Kontenabfrage ist nach dieser Vorschrift möglich, sofern ein Strafverfahren wegen strafbarer Handlungen erforderlich ist, die in die Zuständigkeit des Gerichtshofs I. Instanz fallen. Hierzu zählen u.a. vorsätzliche Steuerhinterziehungsdelikte ab einem Hinterziehungsbetrag von mehr als 75.000 Euro, da gemäß § 53 Abs. 1 Buchst. b des österreichischen Finanzstrafgesetzes (FinStrG) für vorsätzliche Finanzver-

---

[42] Vgl. § 38 Abs. 2 Nr. 1 BWG zur Vorschrift im Teil III, Abschnitt: Das Bankgeheimnis in Österreich.

gehen mit strafbestimmenden Wertbeträgen von mehr als 75.000 Euro die Gerichte zuständig sind.[43]

Eine Kontenabfrage nach innerösterreichischem Recht setzt allerdings einen Tatverdacht wegen einer der genannten Taten voraus und die Kontenauskunft muss zur Aufklärung der Straftat erforderlich und verhältnismäßig sein. Erforderlich ist eine Kontenauskunft dann, wenn entsprechende Ermittlungsansätze gegeben sind, die eine Kontospur (Verbindung) nach Österreich aufscheinen lassen.[44]

Die Anforderungen in formeller und materieller Hinsicht, welche für einen innerösterreichischen Kontenabruf gelten, sind regelmäßig auch maßgeblich für ein Kontenabrufersuchen eines anderen EU-Staates. Zu dem für den Kontenabruf maßgeblichen Protokoll hat Österreich – gestützt auf Art. 1 Abs. 5 des Protokolls – von der Möglichkeit Gebrauch gemacht, eine Erklärung abzugeben, wonach die Gewährung von Rechtshilfe von der Einhaltung des nationalen Rechts abhängig ist. Es wird somit – wie im Protokoll vorgesehen – die Erledigung eines Kontenabfrageersuchens von denselben Bedingungen abhängig gemacht, die für Ersuchen um Kontoauskunft nach § 145a StPO sowie für Durchsuchungs- oder Beschlagnahmehandlungen allgemein gelten. Somit wird Österreich im Verhältnis zu Deutschland einem Kontenabrufersuchen bei einer Steuerhinterziehung mit einem Hinterziehungsbetrag von weniger als 75.000 Euro selbst unter Voraussetzung der Erfüllung aller übrigen Voraussetzungen nicht entsprechen.

Eine Ausnahme von diesem Grundsatz kann nur dann gelten, wenn das Delikt unter den Geltungsbereich des Übereinkommens aufgrund von Artikel K.3 des Vertrags über die Europäische Union über den Schutz der finanziellen Interessen der Europäischen Gemeinschaften (so genanntes Betrugsübereinkommen) fällt. In diesem Fall wäre eine Aufgriffsgrenze bereits bei einem Wertbetrag von unter 37.500 Euro gegeben; Letzteres aller-

---

[43] Die Vorschrift lautet: „Das Gericht ist zur Ahndung von Finanzvergehen zuständig, wenn das Finanzvergehen vorsätzlich begangen wurde und der Wertbetrag, nach dem sich die Strafdrohung richtet (strafbestimmender Wertbetrag), 75.000 Euro übersteigt oder wenn die Summe der strafbestimmenden Wertbeträge aus mehreren zusammentreffenden vorsätzlich begangenen Finanzvergehen 75.000 Euro übersteigt und alle diese Vergehen in die örtliche und sachliche Zuständigkeit derselben Finanzstrafbehörde fielen."

[44] Vgl. Sautner/Huber, Jüngste Entwicklungen der justiziellen Zusammenarbeit in Strafsachen in der EU und ihre Auswirkungen auf das österreichische Bankgeheimnis, JSt 2006, 81.

dings nur im Rahmen eines finanzstrafbehördlichen Verfahrens, nicht innerhalb einer verwaltungsbehördlichen Verfahrens.[45]

Die Kontenrecherche vollzieht sich in Österreich so, dass die Wirtschaftskammer Österreich entsprechende Beschlüsse der zuständigen Rechtshilfegerichte an die zentralen Verbände der österreichischen Banken und Sparkassen weiter leiten und diese die Kontenanfragen letztlich ihren Mitgliedsinstituten zukommen lassen. Die einzelnen Finanzinstitute recherchieren jeden Einzelfall. Führen die Recherchen zu einem positiven Ergebnis, übermitteln die Banken die angefragten Informationen unmittelbar an das zuständige Rechtshilfegericht.

Anwendung des europaweiten Kontenabrufs auf diskrete Konten in Luxemburg, Liechtenstein und der Schweiz

Die *einfache Steuerhinterziehung* eines diskreten Geldanlegers, beispielsweise aus Deutschland oder Österreich, löst in Luxemburg keinen flächendeckenden Kontenabruf her. Hier fehlt es im Rechtshilfeverkehr mit Luxemburg am Grundsatz der beiderseitigen Strafbarkeit. Der Grundsatz der beiderseitigen Strafbarkeit ist wie erwähnt Voraussetzung für die Erledigung eines Auskunftsersuchens zu Bankkonten und Bankgeschäften. Gemäß Art. 1 Abs. 5 des Protokolls können die Mitgliedstaaten „die Erledigung eines Auskunftsersuchens betreffend Bankkonten von denselben Bedingungen abhängig machen, die für Ersuchen um Durchsuchung oder Beschlagnahme gelten". Damit kann Luxemburg bei Auskunftsersuchen aus Deutschland zu Bankkonten eines Deutschen genauso verfahren wie bei Ersuchen um Durchsuchung oder Beschlagnahme.

Dies gestattet es dem Großherzogtum, auf dem Grundsatz der beiderseitigen Strafbarkeit und auf der Vereinbarkeit mit dem eigenen Recht zu bestehen, soweit sie diese Anforderungen auf Ersuchen um Durchsuchung oder Beschlagnahme anwenden können. Danach gilt: Nur sofern im Einzelfall die Voraussetzungen für einen Steuerbetrug nach Luxemburger innerstaatlichem Recht gegeben sind, könnten andere EU-Staaten, deren Geldanleger nationale Steuerpflichten in diesem erheblichen Umfang des Steu-

---

BetrugsÜbk-EU, Abl. EU Nr. C 316 vom 27/11/1995 S. 0049–0057; zur Problematik vgl. Flora, Margarethe, Die Auskunft zu Bankkonten nach dem Protokoll zum Übereinkommen über die Rechtshilfe in Strafsachen zwischen den Mitgliedstaaten der EU, ÖBA 10/06, 738 ff.

erbetrugs verletzt haben, Auskünfte über Konten und Bankgeschäfte solcher Geldanleger erlangen.[46]

Liechtenstein und auch die Schweiz wenden demgegenüber das für einen Kontenabruf maßgebliche Protokoll nicht an; sie sind auch nicht Mitglied der Europäischen Union. Dadurch wird bezüglich Bankkonten in Liechtenstein wie auch der Schweiz durch andere EU-Staaten kein Kontenabruf erreicht.

Wenn diskrete Geldanleger in die Maschen internationaler Geldwäschefahnder geraten

Vorbemerkung

Zur Verfolgung der Geldwäsche auf nationaler Ebene haben fast alle Staaten mit international operierenden Finanzplätzen in den vergangenen Jahren neue Strafnormen geschaffen, die, einhergehend mit einem total revidierten Einzugsrecht, bereits die Beteiligung an einer kriminellen Organisation oder deren Unterstützung als Straftatbestand genügen lassen. So hat beispielsweise die Schweiz mit den Strafnormen Art. 305bis und 305ter im Strafgesetzbuch (Geldwäscherei und mangelnde Sorgfalt bei Finanzgeschäften) einen wichtigen ersten Schritt getan. Weitere folgten durch die Einführung des Melderechts des Financiers (Art. 305ter Abs. 2 StGB) und dem Geldwäschereigesetz. In Österreich erfolgte die Umsetzung der EU-Geldwäsche-Richtlinie in nationales Recht durch das Bundesgesetz über das Bankwesen (BWG). In Luxemburg erfolgte eine Regulierung des Bankensektors durch das Gesetz vom 5. April 1993 „relative au secteur financier". Das Fürstentum Liechtenstein hat durch den Erlass verschiedener Gesetze seine Zusammenarbeit bei der Bekämpfung von Geldwäsche bekräftigt. Auch auf den Kanalinseln nimmt man es mit der Geldwäschebekämpfung sehr ernst. Obwohl Jersey nicht Mitglied der FATF-Gruppe sein kann (weil die Insel eben eine Dependenz der britischen Krone ist), harmoniert die Insel mit den 40 Empfehlungen der FATF. Jerseys Banker verfolgen strikt das „know your customer"-Prinzip, verfolgen alle verdächtigen Transaktionen, zeichnen diese auf und erstatten Meldung an den jeweiligen

---

[46] Zum Begriff des Steuerbetrugs und des innerstaatlichen Rechtshilferechts Luxemburg siehe Teil IV, Abschnitt: Stufe 3: Nationale Rechtshilfenormen – Luxemburg.

Geldwäschebeauftragten. Diese „Internal Reporting Procedures" sind bankintern zu regeln und müssen den Vorgaben der „Proceeds of Crime (Jersey) Law" entsprechen. Jerseys Banken arbeiten nach den von Repräsentanten der Industrie, Polizei und den Aufsichtsbehörden entwickelten „Money Laundering Guidance Notes" und haben ein Reporting-System für verdächtige Transaktionen nach britischem Vorbild errichtet, welches durch die All Crimes Money Laundering Legislation unterstrichen wurde.

Wie aus diskreten Geldanlegern organisierte Kriminelle werden können

„Regierungen, die aus Steuerdelikten Geldwäschereihandlungen machen wollen, verwechseln die Art des Vergehens und offenbaren ihre Hintergedanken; aus moralischer Sicht stellen sie sich auf eine Stufe mit jenen, die – aus Gründen, über die uns kein Urteil zusteht – versuchen, ihrem Einfluss zu entkommen." Mit dieser Mahnung brachte Bénédict G.F. Hentsch, Präsident der Vereinigung Schweizerischer Privatbankiers die von einigen Hochsteuerländern der Europäischen Union favorisierte Verstrickungstendenz von Steuerhinterziehung mit Geldwäsche auf den Punkt.[47] Tatsache ist, dass im Zuge einer Intensivierung der Geldwäschebekämpfung niemand zwischen jenen Geldanlegern, die aus legalen Einkunftsquellen stammende Mittel unter einem bestimmten Diskretionsgrad vermögenswirksam anlegen wollen, und solchen Geldanlegern, die das Betriebskapital des organisierten Verbrechens verwalten, unterscheidet. Während Steuerdelikte nach schweizerischem und liechtensteinischem Recht *noch* keine Vortaten zur Geldwäscherei darstellen und demzufolge Geldwäscheverdachtsanzeigen nicht zur Verfolgung solcher Taten verwendet werden dürfen, fungiert das *österreichische Strafgesetzbuch* bereits in Richtung einer Gleichstellung: Es dehnt den Geldwäschebegriff ausdrücklich auf Finanzvergehen des Schmuggels oder der Hinterziehung von Eingangs- oder Ausgangsabgaben aus (Straftatbestand des § 35 FinStrG). Für die Strafbarkeit eines österreichischen Bankiers genügt bereits das Wissen um die Tatsache, dass bestimmte Gelder eines Kunden aus solchen Finanzvergehen herstammen. Die Erweiterung des Vortatbestandes für Geldwäsche um solche Finanzvergehen wurde trotz massiver Kritik seitens der Kreditwirtschaft vollzogen und bestätigt die Tendenz einer gewollten Annäherung der

---

[47] Vortrag anlässlich des Bankiertages des Liechtensteinischen Bankenverbandes vom 27. September 2001.

Kluft zwischen „echter" Geldwäsche und bloßer Steuerhinterziehung auf internationaler Ebene. Deutschland geht noch einen Schritt in diese Richtung weiter: § 261 des deutschen Strafgesetzbuches – der „Geldwäscheparagraf" – bestimmt in Abs. 1 Satz 3, dass im Fall der gewerbsmäßigen und bandenmäßigen Steuerhinterziehung auch unrechtmäßig erlangte Steuervergütungen Gegenstand rechtwidriger Geldwäsche sind. Dasselbe gilt für „Vermögensbestandteile, hinsichtlich derer Abgaben hinterzogen worden sind. Einen solchen Vermögensbestandteil verkörpert beispielsweise das diskrete Konto in Luxemburg, das vollgefüllt ist mit Geldern, die zwar legal erworben sind, jedoch die Kapitalerträge aus diesen Geldern nicht versteuert werden. Diese Gelder gelten dann als insgesamt kontaminiert."[48]

Auch Geldanleger mit Diskretionsbedarf gegenüber ihrem heimischen Finanzamt betrügen den Gemeinschaftshaushalt der Europäischen Union. Aus diesem Grunde wurde vor wenigen Jahren die EU-Geldwäsche-Richtlinie um einen neuen Anwendungsbereich erweitert, gemäß dem die Mitgliedstaaten auch gegen das Waschen von Erträgen aus schweren Straftaten aller Art, einschließlich des Betrugs zu Lasten des Gemeinschaftshaushaltes, vorzugehen haben. Damit fallen diskrete Geldanleger, die ihre ausländischen Kapitalerträge den Finanzbehörden ihres Wohnsitzlandes verschweigen, in das Raster organisierter Kriminalität, denn die Ausweitung des Anwendungsbereichs der Richtlinie[49] auf „schwere Straftaten", die im Höchstmaß mit mindestens ein Jahr Freiheitsstrafe sanktioniert werden, bedeutet für deutsche diskrete Geldanleger, dass hier nahezu jede Straftat, also auch die einfache Steuerhinterziehung als geldwäschetaugliche Vortat zu werten ist. Die unmittelbare negative Folge ist, dass der Straftatbestand der Geldwäsche zu den in § 100a der deutschen Strafprozessordnung (StPO) aufgeführten Katalogtaten gehört, sodass die gesamte Telekommunikation des diskreten Geldanlegers überwacht werden kann. Die Überwachung des Telekommunikationsverkehrs auch bei kleinen Steuersündern wird künftig also immer wahrscheinlicher werden, ebenso eine steigende Anzahl von Kontenbeschlagnahmungen.[50]

---

[48] Vgl. Interview mit Prof. Dr. Jürgen Meyer vom 11.1.2002, DStR 2002, 879 ff.
[49] In der Fassung der so genannten 3. Geldwäsche-Richtlinie, die im Juni 2005 von den EU-Finanzministern gebilligt wurde.
[50] Zur Telefonüberwachung im Einzelnen: Götzenberger, Anton Rudolf, Der gläserne Steuerbürger, Herne 2006, Teil I, Abschnitte 9 (Kommunikationseinrichtungen als Daten- und Informationsquelle) sowie 10 (Das Internet als Daten- und Informationsquelle).

Je näher die Straftaten Geldwäsche und Steuerhinterziehung zusammengeführt werden, desto höher wird für den Kundenberater einer Bank das Risiko der Einleitung eines Strafverfahrens wegen Geldwäsche, wenn der Anleger als langjähriger Kunde ihm gegenüber während eines Gesprächs steuerliche Aspekte für eine Vermögensdisposition erwägt und der Berater es unterlässt, eine Verdachtsanzeige zu erstatten. Die Pflicht, Verdachtsmeldungen bei möglichen Steuerhinterziehungen zu erstatten, macht aus diskreten Geldanlegern, die möglicherweise ihren Abgabenpflichten nicht ordnungsgemäß nachkommen, organisierte Kriminelle. Banker, Treuhänder oder Anlageberater sind heute bereits so getrimmt, dass sie sofortigen Verdacht schöpfen und Meldung erstatten, wenn Anlagegelder kurz nach ihrem Eingang wieder abgezogen werden, die Verbuchung von Transaktionen ohne plausiblen Grund über Durchlaufkonten, Nostro- oder CpD-Konten gewünscht wird, es sich um eine Laufkundschaft handelt, die nicht zum Bild der üblichen Kundschaft passt, inaktive Konten plötzlich sehr aktiv werden, häufig Geld in wesentlichem Umfang ohne Verbuchung auf ein Kundenkonto gewechselt wird, übertrieben viel Liquidität unverzinst auf einer großen Anzahl von Konten gehalten wird oder der Kunde falsche oder irreführende Auskünfte erteilt hat.[51] Schalterbargeschäfte legen nach Art und Umstand stets den Verdacht auf Geldwäsche nahe, wenn sie den Anschein des „Structuring" erwecken. Unter „Structuring", benannt nach dem von den amerikanischen Zollbehörden entwickelten Drei-Phasen-Geldwäschemodell, versteht man das Aufsplitten der Geldmittel in Beträge jeweils unterhalb der geltenden Legitimationsgrenzen, verbunden mit der gezielten Außerkraftsetzung der Abwehrmechanismen des Finanzsektors. Tatsächliche Anhaltspunkte für solches „Structuring" liegen regelmäßig dann vor, wenn eine Verbindung „offenkundig" ist. Sie muss sich dem

---

[51] Neben diesen Beispielen nennen die Richtlinien der Eidgenössischen Bankenkommission zur Bekämpfung und Verhinderung der Geldwäscherei u.a. folgende Anhaltspunkte: Einlösung größerer Beträge mittels Schecks einschließlich Travellerschecks, Kauf oder Verkauf größerer Mengen von Edelmetallen durch Laufkunden, Kauf von Bankschecks in wesentlichem Umfang durch Laufkunden, Überweisungsaufträge ins Ausland durch Laufkunden ohne plausiblen Grund, mehrmaliger Abschluss von Kassageschäften knapp unterhalb der Identifikationslimite, Stellung von Sicherheiten durch der Bank unbekannte Dritte, Überweisungen von und nach Drogenproduktionsländern ohne Empfängerangaben oder mit der Auflage, den Betrag dem Empfänger in bar auszuzahlen, Verwendung von Pseudonym- oder Nummernkonten für die Abwicklung kommerzieller Transaktionen, treuhänderisches Halten von nicht börsenkotierten Gesellschaften, in deren Tätigkeit die Bank keinen Einfluss nehmen kann.

Bankangestellten „aufdrängen". Dies ist in aller Regel der Fall, wenn Transaktionen innerhalb eines kurzen Zeitraums auftreten, die durch ihre Gleichartigkeit im Hinblick auf Gegenstand und Abwicklung (gleiche Bargeldsumme, gleiche Währungseinheit, gleicher Schalterkunde usw.) besonders ins Auge fallen. „Diese relativ hohe Anforderung an die Wahrnehmbarkeit der Verbindung stellt das erforderliche Korrektiv gegenüber dem notwendig unscharfen Begriff der Verbindung dar"[52] und stellt zwar klar heraus, dass das deutsche Geldwäschegesetz keine Verpflichtung zur Überprüfung aller durchgeführten Schalterbargeschäfte auf mögliche Zusammenhänge mit ähnlich gelagerten Geschäftsfällen vorsieht. Werden aber Schaltertransaktionen bewusst und offensichtlich in mehrere jeweils den Mindestwert knapp unterschreitende Einzeltransaktionen unterteilt, muss eine Geldwäscheverdachtsmeldung folgen.

Abklärungs- und Meldepflichten von Banken und Finanzdienstleistern bei Verdacht auf Geldwäsche

Schweizer Banken obliegt von Gesetzes wegen eine Abklärungspflicht der wirtschaftlichen Hintergründe und des Zwecks diverser größerer Bartransaktionen mit Banknoten, Edelmetallen und Wertschriften und für alle Transaktionen und Geschäftsbeziehungen, bei welchen Anhaltspunkte für eine mögliche Geldwäscherei bestehen, insbesondere wenn sie der Form oder dem Betrag nach ungewöhnlich sind und der wirtschaftliche Zweck und die Rechtmäßigkeit nicht ohne weiteres erkennbar sind. So heißt es beispielsweise in den Geldwäscherei-Richtlinien der eidgenössischen Bankenkommission[53], dass ein Finanzintermediär, der weiß oder den begründeten Verdacht hat, dass die in die Geschäftsbeziehung involvierten Vermögenswerte im Zusammenhang mit Geldwäsche stehen, der Meldestelle für Geldwäscherei unverzüglich Meldung erstatten muss. Den Kunden darf er hierüber allerdings nicht informieren.

Luxemburger Kreditinstitute melden dem „Procureur d'Etat" sämtliche Tatsachen und Beobachtungen, welche ihnen als ein Indiz für Geldwäsche erscheinen. Der Luxemburger „Procureur d'Etat" unterliegt dabei keinerlei Beschränkung hinsichtlich der Verwertung der Geldwäscheverdachtsanzeigen der Banken; er ist insbesondere nicht verpflichtet, die

---

[52] Begründung der Bundesregierung zu § 2 Abs. 2 GwG, BTDrucks 12/2704, S. 12.
[53] EBK RS 98/1.

Informationen ausschließlich für Zwecke der Geldwäschebekämpfung zu verwenden. Der Procureur kann die Geldwäscheverdachtsanzeigen auch als Grundlage zur Erforschung von Steuerbetrugsdelikten verwerten, falls die Bank „zu gutgläubig" umfassende Sachverhaltsdarstellungen der Anzeige beifügt. Luxemburgs vormalige Bankaufsichtsbehörde, das Institut Monétaire Luxembourgeois, hat in einem Rundschreiben[54] diverse allgemeine und besondere Indizien aufgelistet, wann der Luxemburg-Banker Schwarzgeldtransaktionen mit Geldwäscheverdacht zu vermuten hat. Sind

- Sinn und Zweck für die Kontoeröffnung nicht einleuchtend, etwa weil der Neukunde keinen örtlichen Bezug zu dem Kreditinstitut hat,
- diverse Kontobewegungen mysteriös und bei wirtschaftlicher Betrachtung nicht nachvollziehbar, weil sie aus dem Rahmen des Üblichen fallen,
- Einlagen ohne driftige Gründe unmittelbar nach Kontoeröffnung und Einzahlung wieder abgehoben worden,
- hohe bzw. auffällige Bargeldumsätze getätigt worden,
- keine Gründe erkennbar, warum der Klient gerade diese Bank gewählt hat,
- stille Konten durch eine plötzliche Wiederbelebung besonders aufgefallen

oder hat der Geldanleger dem Kreditinstitut gegenüber gar falsche Informationen geliefert, erteilt der Luxemburg-Banker eine Geldwäscheverdachtsanzeige. Zu einer solchen führt auch die Einlösung von Traveller-Schecks in hohen „nicht urlaubsüblichen" Beträgen oder der Wechsel von kleinen Banknoten in große Scheine oder der Wunsch, Gelder auf Nostrokonten anderer Banken oder auf CpD-Konten zu buchen.

Das Gefährliche für den diskreten Geldanleger dabei ist, dass das Luxemburger Kreditinstitut – wie auch sämtliche andere Kreditinstitute im Anwendungsbereich der EU-Geldwäsche-Richtlinie – ihm gegenüber keinerlei Mitteilung machen darf, dass es eine Meldung an den „Procureur" bzw. an die jeweilige Meldestelle erstattet hat und ob ein Verfahren wegen Geldwäsche anhängig ist. Stark erweitert und verschärft wurden insbesondere die Abklärungs- und Meldepflichten der liechtensteinischen Banker und Treuhänder bei Verdacht auf Geldwäsche. Die den liechtensteinischen

---

[54] Circulaire IML 94/112 vom 25.11.1994.

Finanzintermediären obliegende Abklärungspflicht nach dem Sorgfaltspflichtgesetz gilt bereits dann, wenn Verdachtsmomente vorliegen, wonach eine Transaktion mit Geldwäsche in Verbindung stehen kann. Die Pflicht zur Abgabe einer Verdachtsmeldung besteht für Liechtensteiner Banker schon dann, wenn durch die Abklärungspflicht konkrete Verdachtsmomente nicht beseitigt werden können und der Verdacht bestehen bleibt, dass die betreffende Kontoverfügung mit Geldwäsche in Verbindung stehen kann. Auffälliges Verhalten am Schalter des Kreditinstituts, etwa weil der Geldanleger sich detailliert über bestehende Geldwäschevorschriften informiert, können ebenso wie Transaktionen in ein verdächtiges oder aus einem verdächtigen Land[55] eine Anzeige des Kreditinstitutes auslösen.

Dubai bzw. die Vereinigten Arabischen Emirate (VAE) sind über die GCC Ländervereinigung (Gulf Cooperation Council)[56] der FATF angeschlossen. In den VAE gelten diverse Geldwäschegesetze[57]. Geschäftsbanken in Dubai identifizieren danach jeden Kunden, fügen der Kontoakte eine Kopie des Passes und – Geschäftsbanken außerhalb des Dubai International Financial Centre DIFC – der Aufenthaltsbewilligung bei und legen für jeden Anleger ein persönliches Profil an[58]. In diesem Profil wird u.a. dokumentiert, welche Art von Transaktionen vorgenommen werden. Der Kundenberater ist somit in der Lage – im Regelfall computergestützt – die zukünftigen Transaktionen des Geldanlegers zu überwachen. Bei Abweichungen vom vorgegebenen Profil wird der Geldanleger gefragt werden, warum eine bestimmte Transaktion vorgenommen worden ist. Jede Dubai-Bank verfügt außerdem über eine Compliance-Abteilung, die direkt der Leitung der Bank untersteht und eng mit der Central Bank in Abu Dhabi zusammenarbeitet. Diese Compliance-Abteilung überprüft alle Kontoeröffnungen. Bei Verdacht auf Geldwäsche erteilen die Banken mittels Formular „Suspicious Transaction Report" Meldung.

---

[55] Z.B. alle mit einem Embargo belegten Staaten sowie Staaten, welche die FATF als „non-cooperative countries" einstuft.

[56] Bestehend aus: Kuwait, Saudi Arabien, Bahrein, Quatar, Oman und den Vereinigten Arabischen Emiraten.

[57] Das VAE Bundesgesetz No. 4 von 2002 (Criminalisation of Money Laundering in the UAE) und das Bundesgesetz No. 1 von 2004 (Anti Terrorism Funding).

[58] Zu den Formalitäten bei der Kontoeröffnung vgl. Teil VII, Abschnitt: Diskrete Anlagekonten in Dubai.

Wann diskrete Geldanleger mit Lebensversicherungsanlagen unter Geldwäscheverdacht geraten können

Diskrete Geldanlagekonzepte mit Lebensversicherungen sind Gegenstand der Ausführungen in Teil X. An dieser Stelle sollen diskrete Geldanleger, die ihre Gelder mittels einer Lebensversicherungspolice vor den Fängen des Fiskus verstecken wollen, darauf hingewiesen werden, dass sie durchaus in den Daten-Fundus der Strafverfolgungsbehörden gelangen können,

- weil sie als „Bevollmächtigte" für mehrere Versicherungsnehmer auftreten, für die sie gleichwertige Kapitallebensversicherungen jeweils mit einer Einmalprämie unter 2.500 Euro abschließen möchten,

- weil sie keine Einzugsermächtigung erteilen, sondern die Prämien auf ein Verrechnungskonto des Versicherers bar einzahlen möchten,

- weil sie als Empfänger der Versicherungsleistungen andere Personen als die Versicherungsnehmer benennen, meistens noch mit ausländischer Staatsangehörigkeit,

- weil sie mehrere Versicherungsverträge gegen Einmalprämie abschließen oder eine Einmalversicherung gegen Beitragsdepot abschließen wollen, die einmalige Beitragsprämie aber außerhalb der objektiven finanziellen Belastbarkeit des Antragstellers liegt,

- weil sie sich bei Abschluss des Vertrags weder für Rendite noch Versicherungsschutz interessieren, sondern bereits vor Vertragsabschluss wissen wollen, wie hoch der Rückkaufswert nach einigen Jahren ist und unter welchen Voraussetzungen der Vertrag vorzeitig gekündigt werden kann,

- weil sie die Ablösung eines laufenden Vertrags mit niedrigen Prämien gegen einen neuen Vertrag mit hoher Einmalprämie ohne Rücksicht auf finanzielle Einbußen und Steuernachteile wünschen und schließlich

- weil sie keinen Bezugsberechtigten für den Todesfall benennen.

Das deutsche Geldwäschegesetz wirkt der missbräuchlichen Nutzung von Kapitallebensversicherungen zur Schwarzgeldanlage dergestalt entgegen, dass es in § 4 Abs. 1 in- und ausländische Versicherungsunternehmen verpflichtet, alle Antragsteller bereits vor Begründung des Versicherungsverhältnisses zu identifizieren, wenn die zu zahlenden periodischen

Vertragsprämien im Laufe eines Jahres 1.000 Euro übersteigen oder die Einmalprämie (bei den bevorzugten „Depotlösungen") mehr als 2.500 Euro beträgt oder im Laufe eines Jahres mehr als 2.500 Euro auf das Beitragsdepot eingezahlt werden. Auch für Lebensversicherungsverträge mit automatischer Beitragsanpassung tritt – sofern das Vertragsverhältnis zum Zeitpunkt des Inkrafttretens noch keine Identifizierungspflicht begründet, weil die vereinbarten Monats-, Viertel- oder Halbjahresprämien die 1.000-Euro-Grenze zunächst nicht erreichen – eine Identifizierungspflicht zu Beginn des Jahres ein, in dem durch die automatische Beitragserhöhung die Betragsgrenze erstmals erreicht oder überschritten wird.

Äquivalente Vorschriften über die Identifizierungspflicht bei Lebensversicherungen finden sich auch in anderen Ländern; u.a. in Liechtenstein. Das Sorgfaltspflichtgesetz schreibt die Legitimierung des Vertragspartners ab 1.500 Schweizer Franken bei laufenden Beiträgen und ab 4.000 Schweizer Franken beim Prämiendepot vor. In der Schweiz muss die Versicherungseinrichtung den Vertragspartner wie folgt identifizieren: beim Abschluss eines Einzel-Lebensversicherungsvertrages, wenn die Einmalprämie oder die periodischen Prämien den Betrag von 25.000 Schweizer Franken pro Vertrag innert fünf Jahren übersteigt oder wenn mehr als 25.000 Schweizer Franken auf ein Prämienkonto eingezahlt werden und noch kein Versicherungsvertrag vorliegt; außerdem beim Verkauf von Fondsanteilen.

Diskrete Geldanleger, die größere Summen auf mehrere Beitragsdepots aufteilen, bringen die Finanzämter oft mit folgendem simplen Trick zu Fall: Die Wohnsitzfinanzämter teilen dem Steuerpflichtigen nur mit, dass Zinsen aus einem Lebensversicherungs-Beitragsdepot offensichtlich nicht deklariert worden sind, machen dabei aber keine näheren Angaben zum Depot selbst. Kann der Geldanleger nicht feststellen, welches von seinen Depots den Beamten zwischenzeitlich bekannt ist, verrät er weitere praktisch selbst.

Der Nachweis über Beitragszahlungen aus diskretem Vermögen ist aber dennoch schwer zu führen. In aller Regel sind auch die Versicherer nicht interessiert, nachzuforschen, aus welcher Geldquelle die Prämie stammt. Im Gegensatz zu den nur selten bis zur Quelle rückverfolgbaren laufenden Zahlungen werden Beitragsdepots von Außenprüfern regelmäßig durch Kontrollmitteilungen an die zuständigen Wohnsitzfinanzämter weitergemeldet. Unter dem Vorwand der ordnungsgemäßen Versteuerung der Depotzinsen erkundigen sich die Beamten dann auch über die Herkunft der Barmittel.

Wenn gesetzlich verankerte Bankgeheimnisse nicht halten

Bankgeheimnisse verhindern die Gewährung von Rechtshilfe im Rahmen der „Convention on Laundering, Search, Seizure and Confiscation of the Proceeds from Crime" des Europarates vom 8. November 1990 (Nr. 141) nicht. Denn nach dieser Anti-Geldwäsche-Konvention trifft jede Vertragspartei die erforderlichen Maßnahmen, um den Gerichten oder anderen zuständigen Behörden die Befugnis für die Beschlagnahme von Bank-, Finanz- oder Geschäftsunterlagen zu erteilen. Die Zusammenarbeit von EU- und dritten Unterzeichnerstaaten auf Basis der Konvention erstreckt sich schwerpunktmäßig auf die ständige Überwachung spezifischer Bankkonten sowie auf den gegenseitigen permanenten Austausch von Spontanauskünften. Die Vertragsstaaten dürfen hierbei Rechtshilfe nicht aufgrund von Bankgeheimnissen verweigern.

In der Schweiz ist die Konvention 141 seit dem 1. September 1993 in Kraft. Die Eidgenossen lüften ihr Bankgeheimnis uneingeschränkt im Zusammenhang mit Geldwäscheverdachtsmeldungen. Der dem Art. 305ter StGB angefügte zweite Absatz räumt dem Bankier/Financier einerseits das *Recht* ein, „den inländischen Strafverfolgungsbehörden und den vom Gesetz bezeichneten Bundesbehörden Wahrnehmungen zu melden, die darauf schließen lassen, dass Vermögenswerte aus einem Verbrechen herrühren". Des Weiteren verpflichtet Art. 9 des Bundesgesetzes zur Bekämpfung der Geldwäscherei im Finanzsektor den Bankier/Financier bei begründetem Verdacht auf Geldwäsche zur Unterrichtung der zuständigen Meldestelle für Geldwäscherei. Zur Erstattung solcher Verdachtsmeldungen darf das Bankgeheimnis auf Grundlage von Art. 47 Abs. 4 BaG durchbrochen werden.

Luxemburger Kreditinstitute sind von Gesetzes wegen zur engen Zusammenarbeit mit der Luxemburger Staatsanwaltschaft verpflichtet. Das Gesetz vom 5. April 1993 – es beinhaltet die Umsetzung der EU-Geldwäsche-Richtlinie in nationales Recht – verpflichtet Luxemburger Kreditinstitute und alle anderen im Finanzsektor tätigen Personen, „rechtmäßig gestellten Auskunftsbegehren von Behörden, die mit der Anwendung dieses Gesetzes beauftragt sind, mit größtmöglicher Sorgfalt zu entsprechen sowie mit diesen Behörden unter Ausschöpfung aller zur Verfügung stehenden Möglichkeiten praxisnah zu kooperieren" (L'obligation de coopérer avec les autorités[59]). Mit „Behörden, die mit der Anwendung dieses Gesetzes beauftragt sind" ist der „procureur d'Etat luxembourgeois" gemeint. Nur der Luxemburger Staatsanwaltschaft gegenüber ist das Bankgeheimnis zu lüften, wenn sich Indizien für eine bereits begangene oder bevorstehende Geldwäsche ergeben.

Die österreichische Kreditwirtschaft ist gemäß dem mit „Sorgfaltspflicht und Geldwäscherei" überschriebenen X. Abschnitt des Bankwesengesetzes verpflichtet, unter rechtmäßiger Durchbrechung des Bankgeheimnisses in Verdachtsfällen die österreichische „BKA", eine für Geldwäsche zuständige Abteilung des Innenministeriums, zu benachrichtigen. Neben diese Mitteilungspflicht tritt die Aufgabe, dieser Behörde alle Auskünfte zu erteilen, die zur Verhinderung oder erfolgreichen Verfolgung von Geldwäschedelikten erforderlich erscheinen (§ 41 Abs. 2 BWG). Eine Benachrichtigungspflicht ist hier stets gegeben, wenn den Verpflichtungen zur Offenlegung von Treuhandbeziehungen nicht nachgekommen wird oder der Kunde wahrheitswidrige Erklärungen abgegeben hat. Hierbei spielt es keine Rolle, ob der Kunde von der kriminellen Herkunft der Gelder weiß oder nicht. Denn durch die bewusste Verschleierung wahrer Vermögensverhältnisse nimmt der Kunde bewusst in Kauf, dass Vermögenswerte als Eigenvermögen anstatt als Treugut angesehen werden. Die Kredit- und Finanzinstitute dürfen den diskreten Geldanleger nicht über die Benachrichtigung des Bundesinnenministeriums informieren (§ 41 Abs. 4 BWG). Dadurch soll verhindert werden, dass dieser zwischenzeitliche Gegenmaßnahmen ergreift. Der diskrete Geldanleger tappt also auch in Österreich im Dunkeln.

Liechtensteinische Banken, Treuhänder und sonstige im Finanzsektor tätige Personen müssen bei Verdacht auf Geldwäsche eine Meldung an die so genannte „Financial Intelligence Unit" erstatten. Zu diesem Zweck darf das Bankgeheimnis gem. Art. 14 Abs. 5 durchbrochen werden. Eines dringenden Verdachts bedarf es nicht.

Der Durchbrechung eines gesetzlichen Bankgeheimnisses bedarf es in Dubai hingegen nicht, da ein solches dort nicht existiert. Geschäftsbanken, Finanzdienstleister und Treuhänder, welche innerhalb des Dubai International Financial Centre (DIFC) tätig sind, unterstehen den Gesetzen dieser Freihandelszone, welche die Abklärungspflichten bei Verdacht auf Geldwäsche

---

[59] Freie Übersetzung des Autors.

detailliert in so genannten „Rulebooks" beschreibt. Jeder Mitarbeiter ist verpflichtet, beim kleinsten Verdacht auf Geldwäsche unverzüglich die entsprechende Stelle schriftlich zu informieren. Dazu besteht bei der Zentralbank in Abu Dhabi eine Spezialeinheit Namens „Anti Money Laundering Suspicious Cases Unit", die solche Verdachtsmeldungen entgegennimmt und entsprechend behandelt bzw. notwendige Untersuchungen einleitet.

Die Verwendung von Geldwäscheverdachtsanzeigen für steuerliche Zwecke

Geldwäscheverdachtsanzeigen sind hinsichtlich der Geldwäschebekämpfung wie auch der Besteuerung diskreter Gelder sehr effizient, da die Staatsanwaltschaft, die nach Erstattung einer solchen Verdachtsanzeige regelmäßig die Verfolgung aufnimmt, gegenüber dem Treuhänder, Strohmann oder Vertreter des diskreten Geldanlegers schärfere Mittel einsetzen kann, um Letzteren namentlich ermitteln zu können. Während nun in Liechtenstein Informationen aus Geldwäscheverdachtsanzeigen nur zur Bekämpfung der Geldwäscherei verwendet werden dürfen, sieht man es besonders hier in Deutschland damit nicht so eng. Denn der Inhalt solcher Anzeigen darf für Besteuerungsverfahren und für Strafverfahren wegen Steuerstraftaten verwendet werden (§ 11 Abs. 5 GwG).

Die Ermächtigung in § 11 Abs. 5 des Geldwäschegesetzes, Verdachtsanzeigen auch für das Besteuerungsverfahren und in Strafverfahren wegen Steuerstraftaten zu verwenden, ohne dass es zu einer vorherigen Verurteilung des Betreffenden wegen Geldwäsche gekommen oder die Geldwäschestraftat erwiesen ist, zeigt, dass es dem deutschen Fiskus nicht nur darum geht, Mafiosigelder einzusammeln. Diese überdimensionierte Steuerkontrolle wirkt vielmehr auf den Normalbürger hin. Ungeachtet dessen, dass die Mehrzahl der deutschen Sparer mit Geldwäsche oder organisierter Kriminalität nicht in Berührung kommt, sind deutsche Banken nach dem Kreditwesengesetz verpflichtet, jedes Konto eines diskreten Geldanlegers auf bestimmte Verhaltensmuster durchzurastern (Kontenscreening)[60]. Geldanleger, die sich hierbei – unbeabsichtigt – durch geldwäschespezifisches Verhalten verdächtig machen, geraten so in die Maschen der Strafverfolgung und über § 11 Abs. 5 GwG erhalten auch die Finanzbehörden von diversen Geldtransaktionen Kenntnis.

---

[60] § 25a Abs. 1 Nr. 6 KWG.

Österreichische Bankkunden sollen die Sicherheit haben, durch das Offenbaren gegenüber ihrem Kreditinstitut nicht der Gefahr einer finanzstrafrechtlichen Verfolgung ausgesetzt zu werden. In Österreich besteht für Geldwäscheverdachtsanzeigen daher eine engere Verwertungsbegrenzung. § 41 Abs. 6 BWG bestimmt, dass Daten, die von der Behörde ermittelt wurden, bei sonstiger Nichtigkeit (wenn sich also letztlich der Verdacht auf Geldwäsche nicht erhärtet hat) in einem ausschließlich wegen eines Finanzvergehens, mit Ausnahme der in die Zuständigkeit der Gerichte fallenden Finanzvergehen des Schmuggels oder der Hinterziehung von Eingangs- oder Ausgangsabgaben, geführten Verfahren *nicht zum Nachteil des Beschuldigten* oder der Nebenbeteiligten verwendet werden dürfen. Diese wirkungsvolle Nichtigkeitssanktion schließt die Verwendung der Meldedaten zur Verfolgung von Steuerdelikten oder für Zwecke der Steuerfestsetzung oder Steuerberichtigung im Besteuerungsverfahren weitgehend aus.

Land	Rechtsgrundlage	Bedingung/Restriktionen
Deutschland	Geldwäschegesetz § 10 Abs. 2 Satz 3, § 11 Abs. 5	• Verwendung bankinterner Aufzeichnungen im Besteuerungs- und Steuerstrafverfahren • Verwendung der Inhalte von GW-Verdachtsanzeigen der Banken im Steuerstraf- und Besteuerungsverfahren • Ohne vorherige Verurteilung wegen Geldwäsche
Österreich	Österr. StGB § 165 (Geldwäsche), § 41 Abs. 6 BWG	Verwendung für • Finanzvergehen des Schmuggels oder • der Hinterziehung von Eingangs- und Ausgangsabgaben, • aber § 41 Abs. 6 BWG: nicht zum Nachteil des Beschuldigten
Luxemburg	Art. 40 Loi du 5 Avril 1993 relative au secteur financier.	„Die an die Behörden übermittelten Informationen ... dürfen nur zur Bekämpfung der Geldwäsche verwendet werden" („uniquement à des fins de lutte contre le blanchiment")
Liechtenstein	Sorgfaltspflichtgesetz	Keine Auswertung für steuerliche Zwecke
Schweiz	Bundesgesetz zur Bekämpfung der Geldwäscherei im Finanzsektor	Keine Auswertung für steuerliche Zwecke

Tabelle 1: Geldwäschegesetze und die Verwertung von Geldwäsche-Verdachtsanzeigen der Banken für steuerliche Kontrollzwecke

Gefahren für diskrete Geldanleger durch globale Maßnahmen der OECD zur Bekämpfung schädlicher Steuerpraktiken

Allgemeines

Die zunehmende Liberalisierung der Finanzmärkte verbesserte in den letzten Jahren die internationale Allokation von Spargeldern und Kapital. Der diskrete Geldanleger profitierte davon auf globaler Ebene durch bessere Gelegenheiten, Steuern zu vermeiden bzw. zu umgehen. In diesem neuen Umfeld entwickelten sich Steueroasen bzw. steuerneutrale Offshore-Finanzzentren.[61] Als Hauptursache für schädlichen Steuerwettbewerb und das gute Gedeihen schädlicher Steuerpraktiken sieht die OECD das Fehlen eines effektiven Informationsaustausches auf globaler Ebene und will auf diesem Gebiet mit entsprechenden Maßnahmen gezielte Akzente setzen. Jüngstes Beispiel hierfür waren die Änderungen in dem für Doppelbesteuerungsabkommen (DBA) geltenden Musterabkommen (OECD-MA) aus 2005. So wurde der den Informationsaustausch im Rahmen der DBA regelnde Art. 26 dahingehend verschärft, dass Finanzbehörden nunmehr auch von Banken erlangte Informationen im Amtshilfeverkehr austauschen können, was sich praktisch natürlich nur im Auskunftsverkehr mit solchen Ländern praktizieren lässt, in denen die Finanzbehörden mangels Bankgeheimnis an solche Daten gelangen können. Des Weiteren enthält der Kommentar zu der Neufassung des Abkommens den Hinweis, dass der Informationsaustausch nicht auf Informationen begrenzt sein muss, die den Steuerpflichtigen betreffen. Vielmehr dürften die Steuerbehörden auch bezüglich anderer Fragen wie z.b. der Risikoanalye oder in Bezug auf Steuervermeidungsstrategien Auskünfte geben. Die OECD betont schließlich, dass durch eine entsprechende Regelung im DBA eine u.U. weiter gehende Regelung auf Basis anderer Rechtsgrundlagen nicht eingeschränkt oder behindert würde. Für den diskreten Geldanleger sind daher auch in Zukunft Anlageländer, mit denen keine Doppelbesteuerungsabkommen bestehen und gesetzliche Bankgeheimnisse existieren, die zweifellos bessere Wahl.

---

[61] Zum Begriff vgl. Teil XIII.

Erstmals im Mai 1996 forderten Vertreter der G7-Länder sowie diverser Staaten[62] die Organisation für wirtschaftliche Zusammenarbeit und Entwicklung (OECD) auf, Maßnahmen auszuarbeiten, die den verzerrenden Effekt eines volkswirtschaftlich nachteiligen Steuerwettbewerbs („harmful tax competition") auf Investitions- und Finanzierungsentscheidungen sowie deren Auswirkungen auf die jeweiligen nationalen Steuerbemessungsgrundlagen entgegenwirken. In Antwort auf die Aufforderung der Minister begann der OECD-Ausschuss für Steuerfragen mit dem Projekt über volkswirtschaftlich nachteiligen Steuerwettbewerb. Ergebnis dieses Projekts war der so genannte „1998-Report". Der 1998-Report gilt als Debüt für die Bekämpfung von schädlichem Steuerwettbewerb („harmful tax competition") und schädlicher Steuerpraktiken („harmful tax practices"). Der Bericht beschäftigt sich mit volkswirtschaftlich nachteiligen Steuerpraktiken in Form von nachteiligen Steuervergünstigungen in den OECD-Mitgliedstaaten und Nichtmitgliedstaaten bzw. den von ihnen abhängigen Gebieten (Steueroasen) und bestimmt die Faktoren, die bei der Identifizierung dieser volkswirtschaftlich nachteiligen Steuerpraktiken einzusetzen sind, und legt in den nachfolgend dargestellten 19 umfassenden Empfehlungen Maßnahmen zur Vermeidung dieser Praktiken dar.

19 OECD-Empfehlungen, denen diskrete Geldanleger besonderes Augenmerk widmen sollten

Zur Bekämpfung von schädlichem Steuerwettbewerb („harmful tax competition") und schädlicher Steuerpraktiken („harmful tax practices") hat die OECD-Experten- und Autorengruppe des 1998-Reports 19 Empfehlungen[63] ausgesprochen und dabei verstärkt Ratschläge bezüglich des Zugriffs auf *Bankdaten für Steuerzwecke* erteilt. Die für den diskreten Geldanleger delikatesten unter diesen 19 Empfehlungen sind die Nrn. 7 und 8 sowie die Nrn. 12 bis 14. Die Empfehlungen zielen alle auf die Beseitigung existierender Bankgeheimnisse ab.

---

[62] OECD-Mitgliedsländer: Australien, Österreich, Belgien, Kanada, Tschechische Republik, Dänemark, Finnland, Frankreich Deutschland, Griechenland, Ungarn, Island, Irland, Japan, Korea, Luxemburg, Mexiko, Niederlande, Neuseeland, Norwegen Polen, Portugal, Slowakische Republik, Spanien, Schweden, Schweiz, Türkei, Großbritannien, USA.

[63] Die 19 Empfehlungen sind dargestellt in Tabelle 2: Die 19 im 1998-Report enthaltenen Empfehlungen.

Bankgeheimnisse, welche unzweifelhaft den Zugang von Steuerbehörden zu für die Steuererhebung notwendiger Daten behindern, stellen im Zusammenhang mit schädlichem Steuerwettbewerb nach Ansicht der Berichtsverfasser eine ernsthafte Behinderung („a serious impediment") hinsichtlich einer gerechten und effektiven Umsetzung von Steuergesetzen dar und haben negative – weil unerwünschte – Auswirkungen auf die geografische Ausrichtung internationaler Finanzströme. Die Berichtsverfasser plädieren für einen umfassenden Informationsaustausch in allen steuerlichen Angelegenheiten.

Die globale Umsetzung der Empfehlung Nr. 14, also die von der OECD geforderte internationale Unterstützung bei der Steuererhebung und Steuereintreibung, würde bedeuten, dass deutsche Steuerbehörden bei der Fahndung nach Schwarzgeldern in Steueroasenländern künftig auf fremdem Oasenterritorium zusammen mit Vertretern der betreffenden ausländischen Steuerbehörden intensiver agieren können. Handeln auf eigene Faust bleibt allerdings weiterhin untersagt. Fotografiert beispielsweise ein deutscher Steuerfahnder *ohne Einvernehmen* mit den zuständigen ausländischen Behörden bestimmte aus Deutschland eingereiste Touristen, die die Schalterhalle einer dortigen Bank betreten, oder notiert er Kennzeichen von in Deutschland zugelassenen Kraftfahrzeugen, die vor der Schalterhalle parken, nimmt er Ermittlungshandlungen vor, die normalerweise einer Behörde oder einem Beamten in dem betreffenden Oasenland zukommen.

Wird der deutsche Steuerfahnder fündig, unterliegen unter Verletzung des Territorialitätsprinzips erlangte Erkenntnisse einem strengen Verwertungsverbot. Die OECD sieht in der bisherigen Tatsache, dass sich jedes Land nur um jeweils eigene Steuereinnahmen kümmert, einen Nährboden für schädliche Steuerpraktiken. Die Empfehlung geht nun dahingehend, dass Schutzmaßnahmen vieler Länder (wie beispielsweise die Anwendung des Territorialitätsprinzips) dann nicht angewendet werden, wenn es offensichtlich ist, dass ein Steuerzahler Vermögen von einem Land in ein anderes der Steuerersparnis wegen verschoben hat. Eine entsprechende Regelung enthält auch das OECD-Musterabkommen 2002 über den Informationsaustausch in Steuersachen.[64]

---

[64] Vgl. Ausführungen unten in diesem Teil, Abschnitt: Steuer-Informationsaustausch nach Standard „OECD 2002".

Der Tenor des Berichts besteht allerdings aus der Kenntnis, dass sich Steueroasen und Vorzugssteuersysteme nur austrocknen bzw. beseitigen lassen, wenn alle Staaten koordinierte Maßnahmen treffen. Somit galt es, die betroffenen und unter Beschuss geratenen Staaten entsprechend zu „mobilisieren". Ein wichtiger und – wie sich aus heutiger Sicht herausstellt – wirkungsvoller und effizienter Schritt in diese Richtung war die *Empfehlung Nummer 16* zur Verfassung einer Steueroasenliste. Empfehlung Nummer 16 führte zur so genannten „schwarzen Liste der unkooperativen Steueroasen", in der „Steuerparadiese" nach OECD-Definition öffentlich gebrandmarkt wurden. Im Juni 2000 hat das OECD-Komitee für Fiskalangelegenheiten (Committee on Fiscal Affairs) 35 als „Steueroasen" qualifizierte Länder in einer so genannten „schwarzen Liste" öffentlich an den Pranger gestellt. Im Einzelnen handelte es sich hierbei um folgende Steueroasenländer (Uncooperative Jurisdictions): Andorra, Anguilla, Antigua und Barbuda, Aruba, Bahamas, Bahrain, Barbados, Belize, British Virgin Islands (Britische Jungferninseln), Cook-Islands, Dominica, Gibraltar (Überseeterritorium von Großbritannien), Grenada, Guernsey, Isle of Man, Jersey, Liberia, Fürstentum Liechtenstein, Malediven, Marshall-Inseln, Monaco, Montserrat, Nauru, Niederländische Antillen, Niue, Panama, Samoa, Seychellen, St. Lucia, St. Kitts und Nevis, St. Vincent und die Grenadinen, Tonga, Turks- und Caicosinseln, US Virgin Islands (US-Jungferninseln) und Vanuatu. Diese Länder wurden beschuldigt, mit unlauteren Mitteln das Kapital vermögender Privatpersonen anzulocken und Unternehmer zur Verlagerung ihres Unternehmenssitzes zu animieren. So soll es in solchen Ländern „üblich" gewesen sein, Geldanleger mit erhöhtem Diskretionsbedarf hinter Offshore-Gesellschaften, Personenvereinigungen, Trusts oder Stiftungen zu „verstecken", sodass Steuerschummler, welche als Geldanleger und Alleineigentümer der Gesellschaft, als Alleinbegünstigter eines Trusts oder einer Stiftung „offshore gehen", nach außen hin nicht mehr in Erscheinung treten mussten.

Zur Unterbindung solcher „Praktiken der steuerlichen Verstecktechnik" hat das OECD-Komitee die auf der schwarzen Liste „angeprangerten" Staaten aufgefordert, so genannte öffentliche Verpflichtungserklärungen (Commitment- Letters) über Maßnahmen zur Eliminierung solcher und weiterer schädlicher Steuerpraktien abzugeben, in denen diese sich zu konkreten Maßnahmen zur Eliminierung schädlicher Steuerpraktiken nach einem klaren Zeitplan („implementation plan") verpflichten sollten. Als „Formulierungshilfe" für diese Commitment Letters diente den 35 angeprangerten Steuerparadiesen ein von der OECD im November 2000 verfasstes Regelwerk Namens „*Framework for a Collective Memorandum of Understanding (MOU) on Eliminating Harmful Tax Practices*". In diesem Regelwerk wurde den Steuerparadiesen vorgegeben, sich im Rahmen einer öffentlichen Erklärung

- zur Schaffung von Transparenz sowie
- zur Schaffung und Gewährleistung eines effizienten Informationsaustausches in Steuersachen

zu verpflichten. Das OECD-Regelwerk „Framework for a Collective Memorandum of Understanding on Eliminating Harmful Tax Practices" (MOU) fordert von den angeprangerten Steueroasen insbesondere die Schaffung entsprechender Maßnahmen zur Sicherstellung der Verfügbarkeit von Informationen über die Person des wirtschaftlich Berechtigten solcher typischen Offshore-Vehikel wie Gesellschaften, Personenvereinigungen, Stiftungen, Trusts sowie Investmentfonds. Diese „Beneficial Ownership Information" muss den örtlichen Steuer- oder Finanzmarktaufsichtsbehörden vorliegen und jederzeit auf Anfrage verfügbar sein. Als weitere Maßnahme zur Schaffung von mehr Transparenz sieht das MOU die Einführung allgemeiner Buchführungspflichten nach international anerkannten Standards vor. Dabei müssen die rechtlichen Rahmenbedingungen für einen Zugang zu den Buchführungsunterlagen durch die örtlichen Behörden gegeben sein.

Dem Erfordernis nach mehr Transparenz sind die meisten Offshore-Finanzplätze inzwischen ausreichend nachgekommen. So haben beispielsweise die Bahamas bereits Ende 2000 die Ausgabe anonymer Inhaberaktien untersagt; bereits emittierte Inhaberaktien mussten bis zum 30.6.2001 eingezogen werden. Des Weiteren sind alle auf den Bahamas lizenzierten Banken und Finanzdienstleister verpflichtet, Aufzeichnungen über die Besitzverhältnisse („beneficial ownership") bei International Business Companies (IBCs) zu führen. Bei Trusts sind Aufzeichnungen über den Settlor und den Begünstigten eines Trusts durch den Trustee gesetzlich vorgeschrieben. Bis dato (noch) nicht in Kraft ist ein effektiver Informationsaustausch zwischen den OECD-Staaten und den Steueroasen in sämtlichen Steuerangelegenheiten, also sowohl für Steuerstraftaten als auch zur Ermittlung von Besteuerungsgrundlagen und der Steuerfestsetzung.

Die von der OECD gesteckten Rahmenbedingungen zum Informationsaustausch schließen den *Zugang zu Bankinformationen* (Access to Bank Information) ein; Bankgeheimnisse dürfen insoweit keine hemmende Wirkung haben. Entsprechende Bereitschaft zur Umsetzung der Vorgaben wurden von den meisten Offshore-Finanzplätzen öffentlich erklärt.

Zur Begründung entsprechender Abkommen zur Umsetzung der im OECD-Regelwerk gesteckten Ziele hat die OECD in 2002 ein *Standard-Musterübereinkommen* ausgearbeitet, welches unter Berücksichtigung des genannten Zeitrahmens sowohl auf bilateraler als auch auf multilateraler Ebene einheitliche Maßstäbe in Richtung eines effektiven Steuer-Informationsaustausches setzen soll.

Dieses so genannte „Agreement on Exchange of Information on Tax Matters", welches Gegenstand nachfolgender Ausführungen ist, konnte unter den OECD-Staaten und Drittstaaten bislang nicht umgesetzt werden. Die Forderungen diverser Steueroasenländer nach gleichwertigen Regelungen und Konditionen für alle Länder, sogenanntes „level playing field", brachte die Initiative der OECD zunächst zum Stillstand. Grund hierfür waren u.a. die Ausnahmeregelungen für Belgien, Österreich, Luxemburg und die Schweiz im Zusammenhang mit der Einführung des Meldesystems für steuerpflichtige Zinserträge. So wurde es diesen OECD-Staaten gestattet, eine Quellensteuer anonym abzuführen, anstatt den Empfänger der Zinserträge an seinen Wohnsitzstaat zu melden. Damit konnte die OECD nicht einmal innerhalb ihrer eigenen Mitgliedstaaten einheitliche Regelungen zum Informationsaustausch und einem „standardisierten" Zugang zu Bankinformationen schaffen.[65]

---

[65] Zum Informationsaustausch im Rahme der EU-Zinsrichtline vgl. Teil XV, Abschnitt: Meldung und Besteuerung diskreter Kapitaleinkünfte nach der EU-Zinsrichtlinie.

Empfehlungen bezüglich inländischer Gesetzgebung und Praktiken

1. *Empfehlungen bezüglich Vorschriften über kontrollierte ausländische Unternehmen oder entsprechende Bestimmungen:* Länder, die solche Vorschriften nicht haben, sollten erwägen, sie einzuführen, und Länder, die solche Vorschriften haben, sollten sicherstellen, dass sie so angewandt werden, dass volkswirtschaftlich nachteiligen Steuerpraktiken Einhalt geboten wird.

2. *Empfehlungen bezüglich Vorschriften über ausländische Investmentfonds oder entsprechende Bestimmungen:* Länder, die solche Bestimmungen nicht haben, sollten erwägen, sie einzuführen, und Länder, die solche Bestimmungen haben, sollten sie auf Einkommen und Subjekte anwenden, die in den Genuss von als volkswirtschaftlich nachteiliger Steuerwettbewerb geltenden Praktiken kommen.

3. *Empfehlungen bezüglich der Begrenzung, der steuerlichen Befreiung von Beteiligungen und anderer Systeme zur Befreiung ausländischen Einkommens im Rahmen volkswirtschaftlich nachteiligen Steuerwettbewerbs:* Länder, die die Befreiungsmethode anwenden, um Doppelbesteuerung von im Ausland erzieltem Einkommen zu vermeiden, sollten Bestimmungen erwägen, die gewährleisten, dass im Ausland erzieltes Einkommen, das in den Genuss von als volkswirtschaftlich nachteilig geltenden Steuerpraktiken kommt, im eigenen Land nicht steuerlich befreit wird.

4. *Empfehlungen bezüglich der Berichtspflicht über ausländische Transaktionen:* Länder, die keine Bestimmungen über die Berichtspflicht über internationale Transaktionen und im Ausland durchgeführte Geschäftsoperationen bei ansässigen Steuerzahlern haben, sollten erwägen, diese Bestimmungen einzuführen. Außerdem sollten die Länder die mit Hilfe dieser Bestimmungen erhaltenen Daten austauschen.

5. *Empfehlungen bezüglich Vorabbescheide:* Die Länder, in denen ein behördlicher Vorabbescheid in bezug auf die Position eines Steuerzahlers vor einer geplanten Transaktion eingeholt werden kann, sollten die Bedingungen, unter denen diese Vorabbescheide zugestanden, verweigert oder widerrufen werden, bekannt machen.

6. *Empfehlungen bezüglich der Verrechnungspreisbestimmungen:* Die Länder sollten die Grundsätze der OECD-Richtlinien über Verrechnungspreise (1995) befolgen und ihre Verrechnungspreisbestimmungen nicht so anwenden, dass dies zu einem volkswirtschaftlich nachteiligen Steuerwettbewerb führt, bzw. von ihrer Anwendung absehen.

7. *Empfehlungen bezüglich des Zugriffs auf Bankdaten zu Steuerzwecken:* Im Rahmen der Bekämpfung des volkswirtschaftlich nachteiligen Steuerwettbewerbs sollten die Länder ihre Gesetze, Bestimmungen und Praktiken, die sich auf den Zugriff auf Bankdaten beziehen, überprüfen, um den Steuerbehörden den Zugriff auf diese Daten zu ermöglichen und Hemmnisse abzuschaffen.

Empfehlungen bezüglich Steuerabkommen

8. *Empfehlungen bezüglich umfassenderen und wirksameren Informationsaustausches*: Die Länder sollten Maßnahmen zur Intensivierung des Austausches von Informationen über Transaktionen in Steueroasen und Steuervergünstigungen anbietenden Steuersystemen, die zu volkswirtschaftlich nachteiligem Steuerwettbewerb führen, ergreifen.

9. *Empfehlungen bezüglich des Anspruchs auf Abkommensvergünstigungen*: Die Länder sollten erwägen, in ihren Steuerabkommen Vorschriften aufzunehmen, die den Anspruch der Personen und Erträge, die von als volkswirtschaftlich nachteilig geltenden Steuerpraktiken profitieren, auf die in den Steuerabkommen vorgesehenen Vorteile begrenzen. Des Weiteren sollen sie prüfen, wie die bereits bestehenden Bestimmungen der Steuerabkommen ebenfalls zu diesem Zweck eingesetzt werden können. Bestimmungen bzw. Klarstellungen in dieser Hinsicht sind ins Musterabkommen aufzunehmen.

10. *Empfehlungen bezüglich der Klarstellung des Status der inländischen Anti-Missbrauch-Bestimmungen und Grundsätze in Steuerabkommen*: Der Kommentar zum Musterabkommen soll so geändert werden, dass Ungewissheit bzw. Zweideutigkeit bezüglich der Vereinbarkeit der inländischen Anti-Missbrauch-Bestimmungen mit dem Musterabkommen ausgeschaltet wird.

11. Empfehlungen bezüglich einer Liste in Abkommen vorkommender spezifischer Ausschlussklauseln: Der Ausschuss soll eine Liste der Klauseln aufstellen und regelmäßig aktualisieren, die von Ländern eingesetzt werden, um bestimmte Personen bzw. Einkommensarten von der Anwendung der Steuerabkommen auszuschließen. Die Liste soll von den Mitgliedstaaten als Anhaltspunkt bei Verhandlungen über Steuerabkommen und als Diskussionsgrundlage im Forum eingesetzt werden.

12. *Empfehlungen bezüglich Steuerabkommen mit Steueroasen*: Die Länder sollten erwägen, die Steuerabkommen mir Steueroasen zu kündigen und mit solchen Steueroasen in Zukunft keine Abkommen mehr zu schließen.

13. *Empfehlungen bezüglich koordinierter Vollzugsmaßnahmen (gemeinsame Prüfungen, koordinierte Schulungsprogramme usw.):* Die Länder sollten erwägen, koordinierte Vollzugsmaßnahmen (wie gleichzeitige Prüfungen, Abmachungen über spezifischen Austausch von Informationen oder gemeinsame Schulungsprogramme) in Bezug auf Einkommen und Personen einzuführen, die aus als volkswirtschaftlich nachteilig geltendem Steuerwettbewerb Nutzen ziehen.

14. *Empfehlungen bezüglich Unterstützung bei der Eintreibung von Steuerschulden*: Die Länder sollten angehalten werden, die gegenwärtigen Bestimmungen über die Durchsetzung von Steuerzahlungsforderungen anderer Länder zu überprüfen. Der Ausschuss soll die Arbeit in diesem Bereich fortsetzen, um Bestimmungen auszuarbeiten, die zu diesem Zweck in Steuerabkommen aufgenommen werden können.

Empfehlungen bezüglich der Intensivierung der internationalen Zusammenarbeit als Antwort auf volkswirtschaftlich nachteiligen Steuerwettbewerb

15. *Empfehlungen für Richtlinien und ein Forum über volkswirtschaftlich nachteilige Steuerpraktiken:* Die Mitgliedstaaten sollen die im nachstehenden Kasten dargelegten *Richtlinien* über volkswirtschaftlich nachteilige Steuervergünstigungssysteme billigen und ein Forum gründen, das die Richtlinien und sonstigen Empfehlungen dieses Berichts umsetzt.

16. *Empfehlung, eine Liste der Steueroasen aufzustellen:* Das Forum soll den Auftrag erhalten, innerhalb eines Jahres ab der ersten Sitzung des Forums eine Liste von Steueroasen aufstellen und sich dabei auf die in Abschnitt II Kapitel 2 identifizierten Faktoren stützen.

17. *Empfehlung bezüglich Verbindungen zu Steueroasen:* Länder, die besondere politische, wirtschaftliche oder sonstige Verbindungen zu Steueroasen pflegen, sollen gewährleisten, dass diese Verbindungen nicht zu volkswirtschaftlich nachteiligem Steuerwettbewerb beitragen. Insbesondere Länder, deren Gebiete Steueroasen umfassen, sollten sicherstellen, dass diese Verbindungen, die sie mit den Steueroasen haben, nicht so eingesetzt werden, dass sie volkswirtschaftlich nachteiligen Steuerwettbewerb fördern oder intensivieren.

18. *Empfehlung zur Entwicklung und aktiven Förderung der Grundsätze guter Steuerverwaltung:* Der Ausschuss soll dafür zuständig sein, Grundsätze auszuarbeiten und zu fördern, die Steuerbehörden bei der Durchführung der in diesem Bericht dargelegten Empfehlungen leiten.

19. *Empfehlung mit dem Ziel, Nichtmitgliedstaaten in die Beachtung der Empfehlung miteinzubeziehen:* Das neue Forum soll mit Nichtmitgliedstaaten einen Dialog aufbauen und dabei nötigenfalls die von anderen internationalen Steuerorganisationen angebotenen Foren nutzen, um die in diesem Kapitel dargelegten Empfehlungen und Richtlinien zu fördern.

Tabelle 2: Die 19 im 1998-Report enthaltenen Empfehlungen (Quelle: OECD Schriftreihe Einschränkung des volkswirtschaftlich nachteiligen Steuerwettbewerbs, Empfehlungen des Ausschusses für Steuerfragen)

Steuer-Informationsaustausch nach Standard „OECD 2002"

Basierend auf den Erkenntnissen aus dem oben kurz dargestellten OECD 1998 Report „Harmful Tax Competition: An Emerging Global Issue" präsentierte die OECD im April 2002 ein von einer Sondereinheit der Organisation – der „Global Forum Working Group on Effective Exchange of Information" – ausgearbeitetes „Musterübereinkommen über einen effektiven Austausch von Informationen in Steuersachen" („agreement for effective exchange of information in tax matters"). Der Tenor dieses Musterübereinkommens ist eine gegenseitige Amtshilfe mittels eines umfassenden Informationsaustausches unter den Vertragsstaaten. Der Auskunftsverkehr soll sämtliches Datenmaterial umfassen, welches *voraussichtlich erforderlich* ist:

- zur Ermittlung der Steuerpflicht und der maßgeblichen Besteuerungsgrundlagen („determination"),
- zur Steuerfestsetzung und Steuerbeitreibung („assessment and collection of taxes"),
- zur Rückerlangung und Vollziehung bereits verkürzter Steuern („recovery and enforcement of tax claims"),
- zur Ermittlung oder strafrechtlicher Verfolgung von Steuerangelegenheiten („investigation or prosecution of tax matters").

Unter „voraussichtlich erforderlich" („forseeable relevance") versteht die OECD „möglichst umfassend", klammert jedoch Ermittlungen ins Blaue hinein („fishing expeditions") ausdrücklich aus. Der Auskunftsverkehr nach OECD 2002 vollzieht sich als Informationsaustausch auf Anfrage („*Exchange of Information Upon Request*") und umfasst die Steuerarten: Einkommen- oder Gewinnsteuern („taxes on income or profits"), Kapitalsteuern („taxes on capital"), Vermögensteuern („taxes on net wealth"), Grundsteuern sowie die Erbschaft- oder Schenkungsteuern („estate, inheritance or gift taxes"). Die Vertragsstaaten sollen Informationen austauschen, wenn Beweismittel oder Angaben im Rahmen einer bestimmten Untersuchung („particular examination"), für Nachforschungszwecke („inquiry") oder Ermittlungen („investigation") benötigt werden. Der Begriff „inquiry" schließt auch Vorfeldermittlungen der Steuerfahndung i.S.v. § 208 der deutschen Abgabenordnung (AO) ein, die sich im Regelfall „gegen Unbekannt"[66] richten. Während die Erforschung von Steuerstraftaten und Steuerordnungswidrigkeiten beginnt, sobald ein konkreter *Anfangsverdacht*[67] vorliegt, die den Verdacht einer Straftat begründen, genügt für eine „inquiry" wie die

---

[66] Dementsprechend braucht der ersuchende Staat wie unten erörtert noch keinen konkreten Tatverdächtigen zu haben, um Oasenstaaten nach dem Abkommen zum Informationsaustausch zu ersuchen.

[67] Ein solcher Verdacht kann hervorgerufen werden durch anonyme Anzeigen entlassener Mitarbeiter oder zerstrittener Ehepartner, durch Presseberichte über gestohlene Wertsachen oder durch die Außenprüfung. Häufig bildet aber auch die Abgabe einer unglaubwürdigen und (in den Augen der Finanzbehörden) unvollständigen Selbstanzeige oder deren Widerruf Anlass für die Einleitung von Ermittlungen.

Vorfeldermittlung nur ein so genannter hinreichender Anlass zum Tätigwerden.

Die zur Steuerfestsetzung voraussichtlich erforderlichen Informationen sind vom ersuchten Staat unabhängig von der Tatsache zu übermitteln,
ob das dem Ersuchen zugrunde liegende Steuerdelikt nach dem Recht des
ersuchten Staates, wäre es dort begangen worden, als Straftat zu qualifizieren wäre (so genannter „dual criminal test"). Mit dieser Klausel will die
OECD erreichen, dass Steueroasen auf Anfrage der Steuerbehörden aus
Hochsteuerländern Informationen auch dann preisgeben, wenn in dem Oasenstaat gar keine der Anfrage gegenständlichen Steuern existieren.

In Kraft befindliche Rechtshilfeabkommen wie z.B. das *Europäische
Übereinkommen über die Rechtshilfe in Strafsachen* vom 20. April 1959[68] sehen vor, dass „die dem Rechtshilfeersuchen zugrunde liegende strafbare
Handlung sowohl nach dem Recht des ersuchenden Staates als auch nach
dem des ersuchten Staates strafbar sein" muss. An dieser beidseitigen Strafbarkeit („dual criminal test") scheiterten bislang fast alle an Steueroasen gerichtete Rechtshilfeersuchen, da die Hinterziehung beispielsweise von Einkommensteuer auf Kapitaleinkünfte in Staaten, in denen es solche oder vergleichbare Steuern gar nicht gibt, nicht unter Strafe gestellt sein konnte.

Des Weiteren blieben an Steueroasen adressierte Rechtshilfeersuchen
schon deshalb bislang ohne Erfolg, weil der ersuchte Staat mangels Existenz
und Vollzug gleicher oder ähnlicher Steuern über keinerlei Datenmaterial,
Unterlagen und Informationen verfügte und infolgedessen die Anlaufstelle
für die Auskunftsersuchen („the competent authority") des ersuchten Staates
an den ersuchenden Staat keinerlei Daten übermitteln konnte. Um gerade in
solchen klassischen Fällen des „schädlichen Steuerwettbewerbs" diesem Einhalt zu gebieten, will die OECD mit ihrem Standard 2002 erreichen, dass die
Vertragsstaaten auch dann „ermitteln" und „übermitteln", wenn sie die Erkenntnisse nicht für eigene Steuerzwecke verwerten können. Nach dem Mus-
tertext sollen neben Banken auch Finanzinstitutionen und Drittpersonen
auskunftspflichtig sein, die in einem Treuhandverhältnis stehen, also insbesondere Treuhänder (Nominees) und Trustees.

Als zur Bekämpfung des schädlichen Steuerwettbewerbs nützliche
Informationen gelten insbesondere:

---

[68] BGBl. 1964 II S. 1369.

a) Angaben über die Besitzverhältnisse von Unternehmen („owner-ship of companies"), Partnerschaften/Personenvereinigungen („partnerships"), Trusts, Stiftungen, Anstalten usw.

b) Angaben über sämtliche Eigentümer in einer Eigentümerkette (so genannte „ownership chain"). Damit will die OECD diversen „Steuersparkonstellationen" entgegentreten, in denen so genann-ten „Nominees" als im Handelsregister eingetragene rechtliche Eigentümer dem wirtschaftlichen Eigentümer vorgeschoben wer-den. In Fällen, in denen der rechtliche Eigentümer im Auftrag und Vertretung eines Dritten handelt (als Treuhänder), ist der Dritte der wirtschaftlich Berechtigte!

c) Sofern ein Trust Gegenstand eines Auskunftsersuchens ist, auch Informationen über den Settlor, Trustees und den Begünstigten.

d) Bei Stiftungen Angaben über den Stifter, Mitglieder im Stiftungs-rat und den Begünstigten.

Zur Erfüllung des abkommensgegenständlichen Zwecks eines intensi-ven Informationsaustausches in Steuersachen sollen die Steuerbehörden aus den Hochsteuerländern mit den Behörden des ersuchten Oasenstaates „vor Ort" eng zusammenarbeiten können. Artikel 6 (*Tax Examinations Abroad*) des Musterabkommens sieht für diese Zwecke vor, dass ein ersuchender Ver-tragsstaat Vertreter für Zwecke der Personenvernehmung und der Sichtung von Unterlagen und Beweismittel in den ersuchten Oasenstaat entsenden darf. Auch für Zwecke einer Steuerprüfung sieht das Musterabkommen Vor-Ort-Ermittlungen durch Behörden des ersuchenden Staates vor.

Auskunftsersuchen in Steuersachen können nach diesem Musterab-kommen (Artikel 7, *Possibility of Declining a Request*) nur in bestimmten Fällen zurückgewiesen werden, beispielsweise in Fällen von Selbstbezichti-gung zu einer Steuerstraftat. Ein Vertragsstaat kann demnach einem Aus-kunftsersuchen widersprechen, wenn die Informationen ausschließlich durch Befragung des Tatverdächtigen gewonnen werden könnten. Sofern im ersuchten Staat für Tatverdächtige ein Aussageverweigerungsrecht gilt, kann der ersuchte Staat nicht gezwungen werden, ein Auskunftsersuchen in Umgehung dieses Rechts zu erfüllen.

In der Praxis hat dieses „privilege against self-incrimination" aller-dings kaum Bedeutung, da sich Auskunftsersuchen zu Steuerermittlungen im Regelfall an Dritte wie Banken oder sonstige Finanzintermediäre richten. Auskunftspflichtige aus der Bank- und Finanzwirtschaft können sich unter Anwendung des MA 2002 nicht auf ein Bankgeheimnis oder ähnliche berufsbedingte nationale Verschwiegenheitspflichten berufen. Das Musterabkommen räumt den Vertragsparteien zwar ein Zurückweisungsrecht für auf die Verletzung von Handels- oder Berufsgeheimnisse gerichtete Rechtshilfeersuchen ein. Das MA 2002 schließt jedoch bankgeheimnisgeschützte Informationen über Vermögensanlagen von Individualkunden grundsätzlich aus. In Ausnahmefällen wäre beispielsweise die Abweisung der Beschlagnahme der Kreditakten von Banken, aus denen z.b. Informationen über bestimmte urheberrechtlich geschützte Herstellungs- oder Produktionsverfahren eines Kreditantragstellers ersichtlich wären, denkbar. Für gewöhnliche bankgeheimnisgeschützte Angaben wie Informationen über unterhaltene Konten einer bestimmten Person, Finanzstatus oder Informationen bezüglich der Identität oder die rechtliche Struktur („legal structure") von Kontoinhabern und den Gegenstellen, mit denen Finanztransaktionen getätigt worden sind, sollen keine Einschränkungen gelten. Nationale Rechtsbestimmungen hinsichtlich diverser Verschwiegenheitspflichten von Bankern und Finanzdienstleistern gelten im Übrigen dem Übereinkommen gegenüber als nachrangig.

Exkurs: Der OECD 2006 Report – Towards a Level Playing Field

In einem im Mai 2006 veröffentlichten Report „Tax Co-operation Towards a Level Playing Field"[69] zeigt die OECD erstmals ausführlich die Informationssammel- und -austauschpraktiken in 82 Ländern auf. In diesem Bericht wird deutlich, dass sich ein Informationsaustausch für Steuerzwecke überwiegend auf Ebene von Doppelbesteuerungsabkommen („double tax conventions") sowie bilateraler Vereinbarungen zum Informationsaustausch in Steuersachen („tax information exchange agreements TIEAs") vollzieht und dass Rechtshilfeabkommen sowie Geldwäschegesetze dabei eine weniger

---

[69] Der Report entstand anlässlich des „Global Forum"-Gipfels im Juni 2004 in Berlin. Das Global Forum ist eine von der OECD initiierte Gruppe aus 26 von 30 OECD Ländern zum Austausch bisheriger Erfahrungen und zur gemeinsamen Implementierung eines Informationsaustausches für Steuerzwecke. Die Länder Österreich, Belgien, Luxemburg und Schweiz gehören nicht dem Global Forum an.

wichtige Rolle spielen. Der Report nennt insgesamt 1782 Doppelbesteuerungs-abkommen innerhalb der Global-Forum-Länder sowie 46 bilaterale TIEAs.

In nicht weniger als sechs Stellen erwähnt die OECD auch die Ableh-nung Singapurs in Bezug auf einen Steuer-Informationsaustausch. Singa-pur macht einen Informationsaustausch gegenwärtig davon abhängig, ob der einem Auskunftsersuchen zugrunde liegende Tatbestand auch natio-nale Interessen verletzt oder nicht. Mit anderen Worten: Diskrete Geldanle-ger mit einem Konto in Singapur müssen auch singapurische Steuern hin-terzogen haben! Nur dann haben Auskunftsersuchen ausländischer Staa-ten Aussicht auf Erfolg.[70]

Hinsichtlich der Rechtshilfe der Schweiz in Steuerhinterziehungsde-likten konstatiert der Bericht, dass die Eidgenossen nach wie vor an dem Er-fordernis des „Steuerbetrugs" für einen Informationsaustausch festhalten und dass ein Nichtdeklarieren von Zinsen in der Einkommensteuererklä-rung kein solcher Steuer- oder Abgabebetrug sei. Gleichwohl aber macht der Report auf eine Neuregelung in Bezug auf die Steuerrechtshilfe mit den USA aufmerksam. In dem schweizerisch-amerikanischen „TIEA" findet sich folgender Terminus: „tax fraud or the like". Zusammenfassend stellte die OECD in ihrem jüngsten Bericht fest, dass es nur noch in fünf der unter-suchten 82 Länder absolute Barrieren bei der Ermittlung und Gewinnung bankspezifischer Informationen für Steuerzwecke gibt.[71]

Qualified Intermediary

Die amerikanische Steuerbehörde IRS ist dafür bekannt, immer neue Mittel und Wege zu entwickeln, um Steuerschlupflöcher bei den Kapitalein-künften zu stopfen; Kapitaleinkünfte, die aus US-Wertpapieren stammen. Hier handelt die IRS seit Anfang 2001 streng nach dem Grundsatz, dass eine US-Zahlstelle immer wissen soll, wer der wirtschaftlich Berechtigte von Zins- oder Dividendenzahlungen aus amerikanischen Wertpapieren ist.

Sitzt der steuerpflichtige Empfänger – sprich der Geldanleger bzw. der wirtschaftlich Berechtigte – im Ausland, kann dies natürlicherweise nur da-durch gewährleistet sein, dass ausländische Banken die Identität jener (ame-

---

[70] Vgl. auch Teil IV, Abschnitt Stufe 3: Nationale Rechtshilfenormen.

[71] Guatemala, Nauru, Panama, Brunei und Dominica. Zu Brunei vgl. auch Teil XII, Abschnitt: Der Brunei Trust.

rikanischen oder nichtamerikanischen) Kunden melden, die solche Papiere im Depot haben und entsprechende Kapitaleinkünfte bezogen haben.

Für amerikanische Schwarzgeldanleger und wohl auch für Schwarzgeldanleger aus anderen Staaten würden solche Meldungen natürlich ein Fiasko darstellen. Außerdem würden solche Meldepflichten gegen gesetzliche Bankgeheimnisse beispielsweise der Schweiz oder Liechtenstein verstoßen. Die Amerikaner haben daher den „Qualified Intermediary Status" eingeführt. „Qualified Intermediary" heißt „anerkannter Vermittler". Banken in Ländern, die von der amerikanischen Steuerbehörde anerkannt worden sind (das sind u.a. die Schweiz, Österreich oder Liechtenstein), können den QI-Status vereinbaren und ihrer *nichtamerikanischen* Klientel (z.B. allen Deutschen) ohne Mitteilung von Kundendaten die geltenden Quellensteuerentlastungen für US-Wertpapiere weitergeben, brauchen also aus Zinsen, Dividenden aus amerikanischen Wertpapieren keine Quellensteuer einbehalten. Des Weiteren muss beim Verkauf von US-Wertpapieren auch dann keine Quellensteuer auf den Verkaufserlös (voller Verkaufserlös, nicht nur Kursgewinn) abgezogen werden, wenn die Identität des Wertpapierhalters gegenüber den US-Behörden nicht gemeldet ist.

Sinn und Zweck des QI ist es, sicherzustellen, dass amerikanische Bankkunden (so genannte US Persons, dazu zählen auch Schwarzgeldanleger mit Doppelbürgerschaft USA oder solche, die eine Green Card besitzen) ihre Steuern bezahlen und Nichtamerikaner nicht unbefugt Steuerentlastungen aus Doppelbesteuerungsabkommen, die die USA mit dem Wohnsitzstaat des Steuerpflichtigen abgeschlossen hat, nutzen können. Hierzu müssen die Banken auch – und auf das zielt ja gerade dieses neuartige US-Fangnetz ab – dafür sorgen, dass ihre sämtlichen *amerikanischen* Kunden, die US-Wertpapiere im Depot halten, der US-IRS gegenüber bekannt sind. Entsprechende Meldungen an die US-Steuerbehörde erstattet die QI-Bank. Dies kann in Ländern mit gesetzlichem Bankgeheimnis – beispielsweise in der Schweiz – selbstverständlich nur mit Einverständnis des amerikanischen Bankkunden geschehen. Wird sie versagt, muss die QI-Bank nicht rückforderbare Quellensteuern in Höhe von 31 Prozent (die so genannte „backup withholding tax" oder Sicherungssteuer) auf Zinsen, Dividenden und den gesamten Verkaufserlös (nicht nur auf den Kursgewinn) einbehalten und der IRS überweisen. QI-Banken haben sich außerdem verpflichtet, die Zahl der nicht offen gelegten US-Kunden in engen Grenzen zu halten.

Amerikanischen Neukunden gegenüber dürften die QI-Banken daher mit dem Einbehalt der Sicherungssteuer nicht mehr einverstanden sein.

Dieses System betrifft derzeit in erster Linie nur US-Bürger, die „Off-Shore" gegangen sind, also ihr Geld nach Europa (Schweiz, Liechtenstein usw.) transferiert und dort in US-Wertschriften angelegt haben. Schwarz-geldanleger, die in den USA nicht steuerpflichtig sind, haben nichts zu be-fürchten; sie müssen lediglich erklären, dass sie in den USA nicht steuer-pflichtig sind. Wollen deutsche oder österreichische Schwarzgeldanleger beispielsweise Aktien ins Schwarzdepot legen, ist das nur möglich, wenn sie entsprechende Formulare ausfüllen. Nach der Prozedur kommt der Anleger dann auch entsprechend in den Genuss von Steuerentlastungen nach dem jeweils anwendbaren Doppelbesteuerungsabkommen.

Dieses Qualified Intermediary Agreement könnte der Europäischen Union als Musterlösung gefallen. Denn im Gegensatz zum geplanten Infor-mationsaustausch ist das QI mit den Bankgeheimnissen vereinbar.

Teil III
Bankgeheimnisse sorgen für Diskretion, aber nicht für Anonymität

Das „Bankgeheimnis" verkörpert eine den Mitarbeitern von Kreditinstituten auferlegte Geheimhaltungs- oder Verschwiegenheitpflicht, welche beispielsweise in Liechtenstein, in Österreich und der Schweiz hohen, in Deutschland dagegen nur geringen Stellenwert genießt. Unter diese Verschwiegenheitpflicht fallen alle Tatsachen, die Bankmitarbeitern aufgrund der Geschäftsverbindungen mit Kunden anvertraut oder zugänglich gemacht worden sind (liechtensteinische Definition).

Gerade daraus ist ersichtlich, dass Bankmitarbeiter ihre Kunden und ihre finanziellen Verhältnisse genau kennen. Bankgeheimnisse haben also nichts mit Anonymität oder Schweizer Nummernkonten zu tun. Bankgeheimnisse sorgen in erster Linie dafür, dass den Bedürfnissen eines Anlegers in Sachen Diskretion Rechnung getragen wird. Bankgeheimnisse decken aber weder Straftäter noch Steuerbetrüger. Nachfolgend dargestellt werden die Bankgeheimnisse der Länder Schweiz, Liechtenstein, Österreich, Belgien, den Kanalinseln, Malta, Bahamas, Dubai und Singapur.

Was versteht man unter einem „Bankgeheimnis"?

Wer im deutschen Handels-, Bank- und Börsenrecht nachschlägt, wird den Begriff „Bankgeheimnis" nirgendwo finden. Das Bankgeheimnis ist im deutschen Recht weder gesetzlich verankert noch definiert, womit eigentlich schon die Frage beantwortet ist, ob eine Verletzung der Geheimhaltungspflicht für den deutschen Banker strafrechtliche Konsequenzen hätte – nämlich keine. Diskrete Geldanleger, die in *Deutschland* ein Konto unterhalten, genießen lediglich einen privatrechtlich vereinbarten Geheimnisschutz, und zwar basierend auf den allgemeinen Geschäftsbedingungen der deutschen Banken und Sparkassen. Gegenüber den Finanzbehörden gibt es in Deutschland – wie nachfolgend erörtert und am Beispiel des automatisierten Kontenabrufes oben bereits dargestellt – kein Bankgeheimnis.

Die Geschäftsbedingungen deutscher Banken definieren das Bankgeheimnis als „kundenbezogene Tatsachen und Wertungen", von denen die Bank Kenntnis erlangt hat. Nr. 1 Abs. 1 der allgemeinen Geschäftsbedingungen der Sparkassen bezeichnet Geschäftsbeziehungen mit Kunden als durch ein „besonderes Vertrauensverhältnis geprägt". Der Sparkassenkunde soll sich insbesondere darauf verlassen können, „dass die Sparkasse seine Aufträge mit der Sorgfalt eines ordentlichen Kaufmanns ausführt und das Bankgeheimnis wahrt". Aus diesem Vertrauensverhältnis heraus erwerben diskrete Geldanleger in Deutschland das Recht auf Unterlassung einer Offenbarung oder Verwertung einer unter das Bankgeheimnis fallenden Tatsache für zivilrechtliche Angelegenheiten – nicht mehr und auch nicht weniger.

Blickt man aber einmal über die bundesdeutschen Grenzen hinweg, beispielsweise nach Österreich, findet sich sehr wohl eine gesetzliche Definition für den Begriff „Bankgeheimnis". So bezeichnet § 38 des österreichischen Bankwesengesetzes als Bankgeheimnis alle Geheimnisse, die Kreditinstituten, ihren Gesellschaftern, Organmitgliedern, Beschäftigten sowie sonst für Kreditinstitute tätigen Personen ausschließlich aufgrund der Geschäftsverbindungen mit Kunden anvertraut oder zugänglich gemacht worden sind. Analog bezeichnet das liechtensteinische Bankengesetz als Bankgeheimnis alle Tatsachen, die aufgrund der Geschäftsverbindungen mit Kunden anvertraut oder zugänglich gemacht worden sind.

Das deutsche Recht kennt dagegen lediglich artverwandte Begriffe. Erwähnt sei hier insbesondere das *Schuldbuchgeheimnis* als „Bankgeheimnis" der Bundesschuldenverwaltung. Das Schuldbuchgeheimnis ist im Bundeswertpapierverwaltungsgesetz (BWpVerwG)[72] verankert und untersagt die Erteilung von Auskünften über den Inhalt des Bundesschuldbuchs an andere als die eingetragenen Berechtigten, seine Vertreter oder Rechtsnachfolger. Nach § 9 Abs. 4 BWpVerwG dürfen Mitteilungen über Veränderungen in den Einzelschuldbuchforderungen nur aufgrund eines Auftrags des Gläubigers oder durch Gesetz oder einer aufgrund Gesetzes, Rechtsgeschäfts, gerichtliche Entscheidung oder vollstreckbaren Verwaltungsaktes hierzu berechtigten Person erfolgen. Diskretion gilt für den Geldanleger somit auch bei einem Schuldbuchkonto nur bedingt. Denn die Bundeswertpapierverwaltung erteilt staatlichen Stellen, die aufgrund eines Gesetzes auskunftsberechtigt sind, Bescheinigungen und Auskünfte über alle Eintragungen und Veränderungen auf dem Schuldbuchkonto (§ 9 Abs. 5 BWpVerwG).

Im Ergebnis kann das Bankgeheimnis als eine allen Mitarbeitern eines Kreditinstituts auferlegte Pflicht bezeichnet werden, Stillschweigen über die Vermögensverhältnisse ihrer Kunden gegenüber anderen Kunden oder Drittpersonen zu wahren. Mit Anonymität haben Bankgeheimnisse nichts zu tun. Bankgeheimnisse bewirken auch nicht, dass die Bank den Kunden nicht namentlich kennt oder dass der Banker als Geheimnisträger in einem strafrechtlichen Untersuchungsverfahren die Aussage verweigern dürfte. So können Bankiers aus allen europäischen Anlageländern jederzeit vor dem Untersuchungsrichter und in Verfahren vor Gericht mit Zwangsmitteln zur Durchbrechung des Bankgeheimnisses angehalten werden.

Warum es in Deutschland gegenüber Finanzbehörden kein Bankgeheimnis gibt

Schlagen diskrete Geldanleger mit Konten in Deutschland – über die obigen Ausführungen zum automatisierten Kontenabruf etwas überrascht – die deutsche Bibel für das steuerliche Verfahrensrecht, die Abgabenordnung, auf, werden sie unter § 30a eine Vorschrift mit der trügerischen Überschrift „Schutz von Bankkunden" vorfinden. Diese Vorschrift (§ 30a AO) – und das sei

---

[72] Vom 11. Dezember 2001, BGBl. 2001 I S. 3519.

vorweggesagt – *spielt* dem unerfahrenen Anleger nur ein finanzbehördliches Bankgeheimnis *vor*. Zum einen gilt die Vorschrift sowieso nur für Guthabenkonten oder Depots, bei deren Errichtung eine Legitimationsprüfung vorgenommen worden ist. So dürfen beispielsweise Giroausgangskonten oder CpD-Konten[73] im Rahmen der Außenprüfung zur Nachprüfung der ordnungsgemäßen Versteuerung festgestellt oder abgeschrieben werden. Zum anderen ist die Vorschrift schon deshalb obsolet, weil die Finanzbehörden hinsichtlich der Jahresbescheinigungen, die Banken ihren Kunden ausstellen, ein umfassendes Prüfungsrecht besitzen und schon allein auf diesem Weg sämtliche steuerrelevanten Informationen erlangen können.[74]

Des Weiteren steht der besondere „Schutz von Bankkunden" einer Auswertung solcher Zufallserkenntnisse nicht entgegen, die den Verdacht einer Steuerverkürzung im Einzelfall begründen. Hat „Kommissar Zufall" entsprechende Entdeckungen gemacht, die einen Anfangsverdacht dahingehend begründen, dass die Bank oder der betreffende Bankkunde in diesem konkreten Fall eine Steuerverkürzung herbeigeführt hat, spielt es keine Rolle mehr, ob es sich hierbei um ein legitimiertes Konto handelt oder nicht. Außerdem verbietet § 30a den Finanzbehörden, von Banken zum Zwecke der allgemeinen Überwachung die einmalige oder periodische Mitteilung von Konten bestimmter Art oder bestimmter Höhe zu verlangen. Diese Vorschrift klingt zwar gut, richtet sich aber bei näherem Hinsehen nur gegen Ermittlungen ins Blaue hinein. Kommt einem Veranlagungsbeamten die Steuererklärung eines deutschen Geldanlegers wegen der vielen Auslandsreisen und der wenigen Kapitalerträge suspekt vor, stehen dem Beamten einmal ein Kontenabruf wie oben gesehen und anschließend ein Auskunftsersuchen an die Hausbank des Geldanlegers zur Disposition – beides, nachdem er den diskreten Geldanleger zur Berichtigung bzw. Nacherklärung von Kapitalerträgen aufgefordert hat.

Sollte § 30a AO überhaupt eine Existenzberechtigung haben, dann höchstens hinsichtlich des für Betriebsprüfer geltenden *gebundenen Ermessens*[75], Guthabenkonten oder Depots im Rahmen einer Außenprüfung bei

---

[73] CpD-Konten sind eigentlich Fehlbuchungs- und Restantenkonten, dienen aber gleichfalls als Zwischenlager, wenn sich Kunden Zinsen bar auszahlen lassen wollen.

[74] Vgl. Teil II, Abschnitt: Jahresbescheinigungen und das Prüfungsrecht der Finanzbehörden.

[75] § 30a Abs. 3 AO verbietet die Ausschreibung von Kontrollmitteilungen nicht („soll unterbleiben"). Es besteht lediglich ein Verbot in Form eines gebundenen Ermessens. Besteht der Verdacht einer Steuerverkürzung, steht diese Vorschrift Kontrollmitteilungen nicht entgegen.

Banken zwecks Nachprüfung einer ordnungsgemäßen Versteuerung festzustellen oder abzuschreiben. Dieses Ermessen müssen diskrete Geldanleger allerdings relativiert betrachten: Denn es bezieht sich nur auf legitimierte Konten und nicht auf diskrete CpD-Konten und auch nicht auf Kassenkontrollstreifen, aus denen jede Geldbewegung ersichtlich ist. Des Weiteren wirkt dieses gebundene Ermessen nur dann, wenn kein hinreichender Anlass besteht. Besteht jedoch ein solcher, und hierzu reichen schon konkrete Anhaltspunkte (z.B. wegen der Besonderheit des Objekts oder der Höhe des Wertes) oder wenn aufgrund allgemeiner Erfahrungen (auch konkrete Erfahrungen für bestimmte Gebiete) die Möglichkeit einer Steuerverkürzung in Betracht kommt und daher eine Anordnung bestimmter Art angezeigt ist, dürfen auch Kontrollmitteilungen über legitimierte Konten geschrieben werden. Der deutsche Bankkunde ist so höchstens gegen die willkürliche Fertigung von Kontrollmitteilungen im Zuge einer Außenprüfung wirklich geschützt. § 30a AO verbietet allenfalls das Ausfiltern bestimmter Personen aus einer großen Gruppe von Bankkunden nach bestimmten Rastermerkmalen, wenn erst ein möglicher Anlass für weitere Ermittlungsmaßnahmen gefunden werden soll.

Geldanleger, die dennoch an ein finanzbehördliches Bankgeheimnis glauben, sollen den ersten Satz des fünften Absatzes des § 30a aufmerksam lesen. Dieser bestimmt, dass für Auskunftsersuchen an Kreditinstitute § 93 gilt. Gemeint ist § 93 der Abgabenordnung. Diese Vorschrift[76] verpflichtet Kreditinstitute, den Finanzbehörden gegenüber als „andere Personen" „die zur Feststellung eines für die Besteuerung erheblichen Sachverhaltes erforderlichen Auskünfte zu erteilen".[77]

Um deutsche Banken zur Auskunftserteilung heranziehen zu können, genügt es bereits, wenn sich die Finanzbehörde vorher um die Kooperation des Steuerpflichtigen bemüht hat. Doch spielt auch dies keine Rolle, wenn „gegen Unbekannt" ermittelt wird. Der Steuerfahndung steht es kraft Gesetz zu, gegen Unbekannt zu ermitteln, wenn ein „hinreichender Anlass zum Tätigwerden" gegeben ist.

Die Vorschrift stellt im Ergebnis nichts anderes dar als eine Art Selbstbeschränkung der Finanzverwaltung. Mit einem gesetzlich verankerten Bankgeheimnis hat die Norm jedenfalls nichts zu tun.

---

[76] Siehe Teil II, Abschnitt: Auskunftspflichten deutscher Kreditinstitute im Anschluss an den Kontenabruf.
[77] § 93 Abs. 1 Satz 1 AO.

Das Bankgeheimnis in der Schweiz

Über das Bankgeheimnis in der Schweiz kann der diskrete Geldanleger in Art. 47 des „Bundesgesetzes über die Banken und Sparkassen" Folgendes nachlesen:

„1. Wer ein Geheimnis offenbart, das ihm in seiner Eigenschaft als Organ, Angestellter, Beauftragter oder Liquidator einer Bank, als Untersuchungs- oder Sanierungsbeauftragter der Bankenkommission, als Organ oder Angestellter einer anerkannten Revisionsstelle anvertraut worden ist oder das er in dieser Eigenschaft wahrgenommen hat, wer zu einer solchen Verletzung des Berufsgeheimnisses zu verleiten sucht, wird mit Gefängnis bis zu sechs Monaten oder mit Busse bis zu 50 000 Franken bestraft.

2. Handelt der Täter fahrlässig, so ist die Strafe Busse bis zu 30 000 Franken.

3. Die Verletzung des Berufsgeheimnisses ist auch nach Beendigung des amtlichen oder dienstlichen Verhältnisses oder der Berufsausübung strafbar.

4. Vorbehalten bleiben die eidgenössischen und kantonalen Bestimmungen über die Zeugnispflicht und über die Auskunftspflicht gegenüber einer Behörde."

Die Kenntnis, dass die auf Schweizer Konten transferierten Guthaben sowohl dem Zoll als auch den Fiskalbehörden im Ausland vorenthalten wurden bzw. werden, rechtfertigt nach der schweizerischen höchstrichterlichen Rechtsprechung nicht zur Preisgabe Geheimnis geschützter Daten an ausländische Behörden. Dennoch lässt sich aus dem letzten Absatz 4 der obigen Vorschrift erkennen, dass das Schweizer Bankgeheimnis für Schweizer Behörden – und auch für ausländische – keine unüberwindbare Hürde ist.

Das Schweizer Bankgeheimnis gehört zwar zu den wesentlichen Staatsinteressen der Schweiz und damit zum Ordre Public. Die Schweizer Bundesgericht-Rechtsprechung sieht allerdings die wesentlichen Interessen der Schweiz nicht schon dann als gefährdet an, wenn „eine Auskunft über Bankbeziehungen einiger weniger in- oder ausländischer Kunden" erteilt wird.[78]

---

[78] BGE 1A.33/1997 v. 8.4.1997.

Dem Schweizer Bankgeheimnis kommt im Unterschied zum österreichischen (siehe unten) nicht der Rang eines verfassungsmäßigen Rechtes zu, sodass es bei Kollision mit anderen Interessen Vorrang beanspruchen könnte. Es handelt sich hier vielmehr um eine gesetzliche Norm, die gegebenenfalls gegenüber staatsvertraglichen Verpflichtungen der Schweiz – wie der internationalen Rechtshilfe – zurückzutreten hat.[79] So gab es nach Ansicht des Lausanner Bundesgerichts „keinen Grund, das Interesse der Schweiz an der Aufrechterhaltung des Bankgeheimnisses höher zu bewerten" als das Interesse des italienischen Staates, einen Korruptionsfall aufzuklären und die schuldigen Personen zu bestrafen.[80]

Das Schweizer Bankengesetz verpflichtet die Beschäftigten im Bankensektor, ihren Kunden gegenüber alle in Ausübung der beruflichen Tätigkeit anvertrauten oder wahrgenommenen Geheimnisse zu wahren. Zu erwähnen sind hier insbesondere Plaudereien im Bekanntenkreis des Bankmitarbeiters – ein unumstritten gefährliches Terrain, dem man mit Nummernkonten entgegenzutreten versucht. Der Schweigepflicht unterliegen neben den gewöhnlichen Angestellten auch die Mitglieder der Geschäftsleitung, Direktionsmitglieder, Vorstands- und Aufsichtsräte oder der Prokurist, der mit der Verwaltung eines diskreten Nummernkontos beauftragt worden ist. Auch außen stehende Dritte, die mit der Bank in einem externen Beschäftigungs-/Auftragsverhältnis stehen, müssen das Bankgeheimnis wahren.

Keinen Bankgeheimnisschutz erfahren diskrete Geldanleger, die ihr Vermögen einem bankenunabhängigen Vermögensverwalter anvertrauen, der lediglich das Wertpapierdepot treuhänderisch verwaltet. Der Vermögensverwalter sollte daher entweder ein Berufsgeheimnisträger (Rechtsanwalt, Steuerberater usw.) sein, der kraft anderer Gesetzesregelung einer Verschwiegenheitspflicht unterliegt, oder Mitglied eines Verbandes sein (z.B. Verband Schweizerischer Vermögensverwalter [VSV]). Vermögensverwalter, die dem Verband Schweizerischer Vermögensverwalter angeschlossen sind, haben sich beispielsweise in Art. 11 ihrer Standesregeln für die Ausübung der unabhängigen Vermögensverwaltung „zur absoluten Verschwiegenheit über alle Informationen, die ihnen im Rahmen ihrer Tätigkeit als Vermögensverwalter zur Kenntnis gebracht werden" verpflichtet.

---

[79] Zur Rechtshilfe in Steuerdelikten siehe Ausführungen in Teil IV.
[80] BGE 1A.33/1997 v. 8.4.1997.

Dem Schweizer Bankgeheimnis unterstellt sind alle in der Schweiz ansässigen *ausländischen* Kreditinstitute. Lässt der diskrete Geldanleger sein diskretes Nummernwertpapierdepot von der Schweiz-Tochter eines ausländischen Kreditinstituts verwalten, steht auch dieses Konto unter Bankgeheimnisschutz. Die ausländische Konzernzentrale ist dabei als eine nicht dem Schweizer Recht unterstellte Drittperson anzusehen. Auskunftsrechte des Head Office sind auf für Zwecke der Gewinnabführung relevante Tatsachen beschränkt. Ist das Mutterhaus Hauptaktionärin der Schweiz-Tochter, ist der Austausch notwendiger Auskünfte im Rahmen dessen erlaubt, was der ordentliche Geschäftsleiter zur Führung eines Betriebes wissen muss. Hierzu gehören nicht bankkundenbezogene Informationen.

Dennoch: Wünschen diskrete Geldanleger absolute Diskretion, sollten diese sich an eine Schweizer Bank wenden. Denn eine nicht zu unterschätzende Gefahr für das Bankgeheimnis stellen die Mitarbeiter von Auslandsniederlassungen selbst dar, die irgendwann wieder nach Deutschland zurückkehren und alle vertraulichen Informationen zwar nicht auf Papier, jedoch im Gedächtnis mitnehmen. Eine weitere Gefahr droht, wenn die Schweiz-Tochter nur eine Filiale ohne eigene Rechtspersönlichkeit ist und auf Vorstandsebene von einem inländischen Repräsentanten vertreten wird, der zwar über alles auf dem Laufenden sein will, aber – weil er außerhalb des Schweizer Territoriums tätig ist – nicht dem Bankgeheimnis untersteht.

Soll eine Schweizer Bank als „dritte" Auskunftsquelle verpflichtet werden, ist es freilich zunächst einmal Sache der auskunftsersuchenden Stelle (Gleiches gilt im Übrigen für ausländische Justizbehörden im Fall eines Rechtshilfebegehrens), nachzuweisen, dass eine Bankverbindung besteht.[81] Ein „Negativbeweis", dass der betreffende (deutsche) Steuerpflichtige nicht Kunde einer Bank ist, deren Schalterhalle er einmal betreten hat, kann weder von in- noch von ausländischen Finanzbehörden verlangt werden. Die eidgenössische Steuerverwaltung darf keine „relativen Negativbescheinigungen" verlangen, wonach ein Konto nicht auf den Namen des Steuerpflichtigen lautet.

---

[81] Der wirtschaftlich Berechtigte hat wie der Nichtkunde weder Anspruch auf eine positive noch auf eine negative Bescheinigung (Rundschreiben 6743 der Schweizerischen Bankiervereinigung: „Eine Bescheinigung an den wirtschaftlich Berechtigten könnte vielmehr als Bankgeheimnisverletzung qualifiziert werden").

Geht es um die Ermittlung von Besteuerungsgrundlagen, ist grundsätzlich zu unterscheiden, ob das an die Bank gerichtete Auskunftsbegehren der Gewinnung von Informationen zur Steuerfestsetzung (Besteuerungsverfahren) dient oder ob gegen den Bankkunden bereits ein Verfahren wegen Steuerbetrugs gemäß Art. 186 des Bundesgesetzes über die direkte Bundessteuer (DBG) (oder Abgabebetrug nach Art. 14 Abs. 2 des Bundesgesetzes über das Verwaltungsstrafrecht bei ausländischen Rechtshilfeverfahren) anhängig ist. Geht es um die Festsetzung von Steuern (Besteuerungsverfahren) von in der Schweiz ansässigen und steuerpflichtigen Bankkunden, können Kreditinstitute (nicht so die sonstigen Treuhänder und Vermögensverwalter, sofern sie keine Berufsgeheimnisträger sind) unter Berufung auf das Bankgeheimnis jegliche Auskünfte verweigern. Das Bundesgericht hat hierzu ausgeführt, dass sich die Steuerbehörde an den Bankkunden selbst zu wenden hat, dem die Bank zur Auskunft und Urkundenvorlage verpflichtet ist. Sofern dieser den Fiskalbehörden die Unterlagen nicht aushändigt, ist die Steuerbehörde nicht in der Lage, die Schriftstücke direkt beim Kreditinstitut anzufordern.[82]

Geht es aber um *Steuer- bzw. Abgabebetrug* (gemäß Art. 186 DBG liegt ein solcher vor, wenn eine Täuschung der Steuerbehörden durch gefälschte, verfälschte oder inhaltlich unwahre Urkunden wie Geschäftsbücher, Bilanzen, Erfolgsrechnungen, Lohnausweise oder andere Bescheinigungen Dritter gegeben ist), ist die Bank zur Auskunftserteilung uneingeschränkt verpflichtet. Bei Steuer- bzw. Abgabebetrug verhindert das Bankgeheimnis auch richterliche Zwangsmaßnahmen wie die Durchsuchung und die Beschlagnahme nicht. Sofern also geltendes Strafprozessrecht für Personen, die dem Bankgeheimnis unterworfen sind, nichts anderes bestimmt, sind diese als Zeuge zur Aussage auch über Tatsachen verpflichtet, die unter das Bankgeheimnis fallen.

Auf Strafrechtsebene ist der Bankrepräsentant dann auch zur Mitteilung aller Tatbestände verpflichtet, die er über einen Kontoinhaber und dessen Verhältnis mit Dritten (wirtschaftlich Berechtigten) kennt. Eine Schweizer Bank darf aber nicht unter Hinweis auf die Existenz wahrer wirtschaftlich Berechtigter hinter dem Kontoinhaber Auskünfte über den deshalb nur „formellen" Kontoinhaber an Strafverfolgungsbehörden erteilen.

---

[82] BGE 108 Ib 210 ff.

„Vorbehaltlich anders lautender Vorschriften des kantonalen Strafprozessrechts sind Organe und Angestellte von Banken gehalten, als Zeugen auszusagen und Dokumente zur Verfügung zu stellen."[83] Sämtliche *kantonalen Strafprozessordnungen* verfahren hier analog und gewähren ein Zeugnisverweigerungsrecht ausschließlich den klassischen Berufsgruppen des Art. 321 StGB, zu denen der Banker aber nicht zählt. Selbstverständlich ist, dass der Bankier auch in schriftlichen Stellungnahmen wahrheitsmäßig über „geheime" Transaktionen, abgewickelt über Nummernkonten, bankinterne Verrechnungskonten oder Nostrokonten sowie über die Existenz von Unter- und Durchlaufkonten zu berichten hat. Dementsprechend sind alle Konten anzugeben, für die der Betreffende gemäß Formular A[84] als wirtschaftlich Berechtigter festgestellt wurde oder zeichnungsberechtigt ist, auch wenn es sich hierbei nur um Gemeinschaftskonten oder Treuhandkonten handelt. Die Schließfächer betreffenden Mietverträge oder Zugangsberechtigungen sind ebenso offenzulegen.

In diesem Zusammenhang ist es zulässig, die Informationen zur Besteuerung Dritter auszuwerten. Voraussetzung hierfür ist allerdings, dass ausreichende Anhaltspunkte bereits aktenkundig sind, die auf Steuerunregelmäßigkeiten eines Dritten hindeuten (dies nicht zuletzt, um Beweisausforschungen entgegenzutreten). Als beteiligter Dritter gilt auch derjenige, der mit dem Beschuldigten im Zahlungsverkehr in Verbindung stand, etwa weil er vom Beschuldigten Geld auf sein Konto überweisen ließ. Die Behörden haben hier das Recht, nach sämtlichen sonstigen Transaktionen zu fragen, die der Dritte direkt mit der Bank getätigt hat.

Das Bankgeheimnis in seiner gegenwärtigen Form findet unter der Schweizer Bevölkerung nach wie vor starken Rückhalt: 78% der Schweizer Bevölkerung sprechen sich für eine Beibehaltung (2004: 76%) des Bankgeheimnisses aus.[85] „Die Unterstützung der befragten Bevölkerung gegenüber dem Bankgeheimnis findet sich auch in der Haltung wieder, welche die Schweiz international vertreten soll. 74% sind der Meinung, dass dem internationalen Druck in Richtung eines Verzichts auf das Bankgeheimnis nicht nachgegeben werden darf (2004: 72%)."[86] Diese Einschätzung drückt den

---

[83] BGE 1 P 460.
[84] Zum Formular A siehe Teil VII, Abschnitt: Diskrete Nummern- und Pseudonymkonten.
[85] Quelle: Meinungsumfrage 2005 Schweizerische Bankiervereinigung.
[86] Quelle: Meinungsumfrage a.a.O.

Rückhalt des Bankgeheimnisses in der Schweizer Bevölkerung umso mehr aus, als gut 77% der Befragten auch in Zukunft mit starkem Druck aus dem Ausland rechnen. Das Resultat macht deutlich, dass das Bankgeheimnis in der Schweizer Bevölkerung fest verankert ist und nicht leichtfertig aufgegeben werden darf. Eine überwältigende Mehrheit von 91% (2004: 88%) sprach sich in der Meinungsumfrage deutlich dafür aus, dass finanzielle Daten der Bankkunden gegenüber Dritten geschützt werden müssen.

Das Bankgeheimnis in Österreich

Über das österreichische Bankgeheimnis kann der diskrete Geldanleger in § 38 des österreichischen Bankwesengesetzes (BWG) Folgendes lesen:

„(1) Kreditinstitute, ihre Gesellschafter, Organmitglieder, Beschäftigte sowie sonst für Kreditinstitute tätige Personen dürfen Geheimnisse, die ihnen ausschließlich auf Grund der Geschäftsverbindungen mit Kunden oder auf Grund des § 75 Abs. 3 anvertraut oder zugänglich gemacht worden sind, nicht offenbaren oder verwerten (Bankgeheimnis). Werden Organen von Behörden sowie der Oesterreichischen Nationalbank bei ihrer dienstlichen Tätigkeit Tatsachen bekannt, die dem Bankgeheimnis unterliegen, so haben sie das Bankgeheimnis als Amtsgeheimnis zu wahren, von dem sie nur in den Fällen des Abs. 2 entbunden werden dürfen. Die Geheimhaltungsverpflichtung gilt zeitlich unbegrenzt."

Unter das Bankgeheimnis fällt alles, was diskrete Geldanleger ihrem Österreich-Banker bezüglich ihrer diskreten Konten und Depots anvertrauen. Auch Rechtsverhältnisse und Tatsachen aus einer vorvertraglichen Geschäftsanbahnung (wenn es also gar nicht zu einer Kontoeröffnung gekommen ist) sind einzubeziehen. Dem österreichischen Bankgeheimnis unterstellt sind Mitarbeiter von Kredit- und Finanzinstituten (hierzu zählen neben den Banken auch Devisenhändler und Wechselstuben) sowie alle sonst für Kreditinstitute tätigen Personen (das sind all diejenigen, die in einem externen Vertragsverhältnis zum Kreditunternehmen stehen) sowie die österreichischen Zweigniederlassungen ausländischer (deutscher) Banken.

Diskrete Geldanleger, die wissen wollen, wann Österreich-Banker ihr Bankgeheimnis lüften, erfahren dies in den folgenden Absätzen:

„*(2) Die Verpflichtung zur Wahrung des Bankgeheimnisses besteht nicht*

1. *im Zusammenhang mit eingeleiteten gerichtlichen Strafverfahren gegenüber den Strafgerichten und mit eingeleiteten Strafverfahren wegen vorsätzlicher Finanzvergehen, ausgenommen Finanzordnungswidrigkeiten, gegenüber den Finanzstrafbehörden;*

2. *im Fall der Verpflichtung zur Auskunftserteilung nach § 41 Abs. 1 und 2, § 61 Abs. 1, § 93 und § 93a;*

3. *im Fall des Todes des Kunden gegenüber dem Abhandlungsgericht und Gerichtskommissär;*

4. *wenn der Kunde minderjährig oder sonst pflegebefohlen ist, gegenüber dem Vormundschafts- oder Pflegschaftsgericht;*

5. *wenn der Kunde der Offenbarung des Geheimnisses ausdrücklich und schriftlich zustimmt;*

6. *für allgemein gehaltene banktübliche Auskünfte über die wirtschaftliche Lage eines Unternehmens, wenn dieses der Auskunftserteilung nicht ausdrücklich widerspricht;*

7. *soweit die Offenbarung zur Klärung von Rechtsangelegenheiten aus dem Verhältnis zwischen Kreditinstitut und Kunden erforderlich ist;*

8. *hinsichtlich der Meldepflicht des § 25 Abs. 1 des Erbschafts-und Schenkungssteuergesetzes.*

9. *im Fall der Verpflichtung zur Auskunftserteilung an die BWA gemäß dem WAG und dem BörseG.*

(3) Ein Kreditinstitut kann sich auf das Bankgeheimnis insoweit nicht berufen, als die Offenbarung des Geheimnisses zur Feststellung seiner eigenen Abgabepflicht erforderlich ist.

(4) Die Bestimmungen der Abs. 1 bis 3 gelten auch für Finanzinstitute und Unternehmen der Vertragsversicherung bezüglich § 75 Abs. 3 und für Sicherungseinrichtungen, ausgenommen die gemäß den §§ 93 bis 93b erforderliche Zusammenarbeit mit anderen Sicherungssystemen sowie Einlagensicherungseinrichtungen und Anlegerentschädigungungssystemen.

(5) (Verfassungsbestimmung) Die Abs. 1 bis 4 können vom Nationalrat nur in Anwesenheit von mindestens der Hälfte der Abgeordneten und mit einer Mehrheit von zwei Dritteln der abgegebenen Stimmen abgeändert werden."

Dem diskreten Geldanleger besonders ins Auge fällt hierbei Nr. 1 des zweiten Absatzes, demgemäß das österreichische Bankgeheimnis bei gerichtlichen Straf- und Finanzstrafverfahren wegen vorsätzlicher Finanzvergehen weichen muss. Wann genau nun die Konten und Depots diskreter Geldanleger in Österreich preiszugeben sind, beantwortet ein kurzer Ausflug in das österreichische Finanzstrafgesetz (FinStrG). Der Unterschied zwischen einem vorsätzlichen *Finanzvergehen* und einer bloßen *Ordnungswidrigkeit* besteht zunächst darin, dass Strafgerichte für die Verfolgung von Finanzordnungswidrigkeiten i.s. der §§ 49 bis 51 FinStrG nicht zuständig sind (§ 53 Abs. 5 FinStrG). Die Durchbrechung des Bankgeheimnisses darf aber gerade nur gegenüber den Strafgerichten und Finanzstrafbehörden erfolgen.

Die *Finanzordnungswidrigkeit* entspricht nach der Legaldefinition des § 1 FinStrG einem *Finanzvergehen* i.s. der §§ 33 ff. und stellt nicht allein Ordnungsverstöße im verwaltungs- oder disziplinarrechtlichen Sinne dar. Einer Finanzordnungswidrigkeit macht sich schuldig, wer Abgaben, die selbst zu berechnen sind, wie Vorauszahlungen an Umsatzsteuer usw., weder entrichtet noch abführt oder durch Abgabe unrichtiger Voranmeldungen ungerechtfertigte Abgabegutschriften geltend macht. Ordnungswidrig handelt auch, wer sich vorsätzlich unter Verletzung der abgabenrechtlichen Offenlegungs- oder Wahrheitspflicht ungerechtfertigte Zahlungserleichterungen, die Entrichtung von Abgabenschulden betreffend, erwirkt, oder eine abgaben- oder monopolrechtliche Anzeige-, Offenlegungs-, Verwendungs-, Wahrheits-, Aufzeichnungs- oder Aufbewahrungspflicht verletzt. Für solche Handlungen oder Unterlassungen wird das Bankgeheimnis nicht gelüftet.

Gegenüber allen sonstigen in §§ 33 ff. FinStrG genannten Handlungen oder Unterlassungen wie Abgabenhinterziehungen und -verkürzungen (§§ 33, 34), Schmuggel und Hinterziehung von Eingangs- und Ausgangsabgaben (§ 35), Verzollungsumgehungen (§ 36), Abgabenhehlerei (§ 37), Wertzeichenvergehen (§ 39), Hinterziehung oder fahrlässige Verkürzung von Einnahmen des Branntweinmonopols, des Salzmonopols oder des Tabakmonopols (§ 44) hat das Bankgeheimnis zu weichen. Eine besondere Rolle spielt in diesem Zusammenhang auch die Höhe des hinterzogenen Abgabebetrages: Bei vorsätzlichen Steuerhinterziehungsdelikten ab einem Hinterziehungsbetrag von mehr als 37.500 bzw. 75.000 Euro können sogar innerösterreichische Kontenabfragen unter Aufhebung des Bankgeheimnisses durchgeführt werden.[87]

Voraussetzung für die Aufhebung des Bankgeheimnis in Finanzdelikten ist jedoch, dass bereits ein gerichtliches Strafverfahren oder ein Verfahren bezüglich vorsätzlicher Finanzvergehen *eingeleitet ist*. Nicht zulässig ist, dass erst anlässlich eines im Rahmen einer Hausdurchsuchung bei einer Bank gefundenen und unter das Bankgeheimnis fallenden Gegenstands (etwa einer Notiz), welcher mit dem Verfahren gar nichts zu tun hat, der Gegenstand aber (im Beispiel eine Notiz) auf ein Finanzvergehen eines bislang nicht verfolgten Bankkunden hindeutet, gegen den Bankkunden ein Finanzstrafverfahren *eingeleitet wird*.[88] Nicht notwendig ist, dass der Kontoinhaber auch der im Strafverfahren Verdächtige ist.[89] Beispielsweise kann die Offenlegung auch verlangt werden, wenn die Person, gegen die ein Strafverfahren eingeleitet ist, nur der Verfügungsberechtigte über das Konto ist.

Die Einleitung eines Finanzstrafverfahrens erfolgt in Österreich mit gesondert anfechtbarem Bescheid. Diesem schriftlichen Verwaltungsakt der Einleitung eines Finanzstrafverfahrens wegen vorsätzlicher Finanzvergehen kommt hierbei normative Wirkung zu. In der Begründung des Einleitungsbeschlusses ist darzulegen, von welchem Sachverhalt die Behörde ausgegangen ist und welches schuldhafte Verhalten dem Beschuldigten vorgeworfen wird. Aus der Begründung muss sich ergeben, dass die Annahme der Wahrscheinlichkeit solcher Umstände gerechtfertigt ist, aus denen nach der Lebenserfahrung auf ein Finanzvergehen geschlossen werden kann. Der Verdacht muss sich sowohl auf den objektiven als auch auf den subjektiven Tatbestand erstrecken.

Als Beweismittel kommt im Finanzstrafverfahren alles in Betracht, was zur Feststellung des Sachverhalts geeignet und nach der Lage des Einzelfalls zweckdienlich ist (§ 98 FinStrG). Dasselbe gilt nach § 166 BAO bezüglich des *Abgabenverfahrens* (beide Rechtsgrundlagen unterscheiden sich inhaltlich nicht voneinander). Beweismittel müssen also geeignet und zweckdienlich sein. Unerheblich ist, ob die Finanz- oder Finanzstrafbehörde an die Beweismittel unter rechtmäßigen oder rechtswidrigen Umständen –

---

[87] Vgl. Teil II, Abschnitt: Anwendung des europaweiten Kontenabrufs auf diskrete österreichische Bankkonten.

[88] Ebendort.

[89] Laurer, in: Fremuth/Laurer/Linc/Pötzelberger/Ruess, BWG § 38, Rz. 11.

beispielsweise unter Verletzung des Bankgeheimnisses – gelangt ist. Als rechtswidrig erlangte Beweismittel können beispielsweise Erkenntnisse aus der Beschlagnahme diverser *Tagesstrazzen* eines Kreditinstituts bezeichnet werden, wenn aus den Aufzeichnungen auch Namen, Beträge und Kontonummern von Bankkunden ersichtlich sind, die nicht in unmittelbarem Zusammenhang mit dem gegenwärtigen Finanzstrafverfahren stehen, für das das Bankgeheimnis rechtmäßig aufgehoben worden ist. Bei Tagesstrazzen „handelt es sich um Aufzeichnungen der Bank über alle einzelnen Geldbewegungen während eines Tages. Es scheinen darin auch Namen von Kunden, Beträge und ihnen zuordenbare Kontonummern auf. Dass diese Tatsachen Gegenstand des Bankgeheimnisses sein können, erscheint dem Verwaltungsgerichtshof nicht zweifelhaft."[90] Aus den Tagesstrazzen allein kann allerdings die Richtigkeit der darin aufscheinenden Namen nicht immer überprüft werden (Sachbearbeiter können sich bei der Dateneingabe auch einmal irren); darüber hinausgehende Erkundungsbeweise sind den Finanzämtern aber untersagt. Der VwGH[91] hat die Rechtmäßigkeit der Inbeschlagnahme von Tagesstrazzen eines bestimmten Buchungstages, auf denen auch Namen, Beträge und Kontonummern von unbeteiligten Kunden erscheinen, verneint. Ein unmittelbarer Zusammenhang würde nach Meinung der Richter „nur hinsichtlich jener Geldbewegungen bestehen, die über unversteuerte Einkünfte oder unversteuertes Vermögen Aufklärung brächte". Dies wäre aber nur bei einer einzigen Behebung eines Geldbetrags in der in Frage stehenden Höhe der Fall.

Nach dem österreichischen Finanzstrafgesetz kann der Einleitungsbeschluss (Bescheid) mit einem Rechtsmittel bekämpft werden. Letzteres ist in vielen anderen Steuerrechtssystemen, u.a. auch nach der in Deutschland bestehenden Rechtslage nicht möglich. Nach deutschem Steuerrecht ist das Verfahren eingeleitet, sobald eine Maßnahme getroffen ist, die erkennbar darauf abzielt, gegen jemanden wegen einer Steuerstraftat strafrechtlich vorzugehen. Nach der Rechtslage in Deutschland stellt sohin die Verfahrenseinleitung keinen normativen, rechtsmittelfähigen Akt dar. Somit entspricht ein nach deutschem Recht eingeleitetes Steuerstrafverfahren nicht den Anforderungen, die § 38 Abs. 2 Z 1 BWG an die „Einleitung" von Strafverfahren, welche zum Wegfall des Schutzes des Bankgeheimnisses führen, stellt.

---

[90] VwGH-Erkenntnis vom 29.1.1991, 90/14/0112.
[91] Ebendort.

Der österreichische Verwaltungsgerichtshof[92] hatte jüngst über ein auf verwaltungsbehördlichem Weg gestelltes Rechtshilfeersuchen aus Deutschland gegen einen Zahnarzt zu entscheiden. Weil diskreten Geldanlegern aus Deutschland gegen die Einleitung eines Steuerstrafverfahrens keinerlei Rechtsmittel zur Verfügung steht, erfüllen gegen einen deutschen diskreten Geldanleger eingeleitete Strafverfahren nicht die Voraussetzung zur Durchbrechung des österreichischen Bankgeheimnisses auf dem verwaltungsbehördlichen Amts- und Rechtshilfeverkehr. Gemäß Art 5 Abs. 1 des Rechtshilfevertrages Deutschland 1954 ist bei Erledigung von Rechtshilfeersuchen auf die Gesetze des ersuchten Staates abzustellen. Daher steht es der Verpflichtung zur Auskunftserteilung entgegen, wenn nicht ein eingeleitetes Strafverfahren iSd § 38 Abs. 2 Z 1 BWG vorliegt.

Auskunftsansprüche auf zivilrechtlicher Ebene durchbrechen das österreichische Bankgeheimnis grundsätzlich nicht. Der Tod des Bankkunden macht hier aber eine Ausnahme: § 38 Abs. 2 Nr. 3 BWG lässt die Durchbrechung des Bankgeheimnisses gegenüber Abhandlungsgericht und Gerichtskommissär zu, wenn ein Kontoinhaber verstorben ist. Das Bankgeheimnis steht so in der Informationsbeschaffung zur Abwicklung und Aufklärung von Nachlassangelegenheiten nicht entgegen. Die Begriffe „Abhandlungsgericht" und „Gerichtskommissär" sind feststehende Begriffe des österreichischen Rechts. § 38 Abs. 2 Nr. 3 BWG ermächtigt in Verlassenschaftsangelegenheiten somit nur diese Instanzen zur Aufnahme diesbezüglicher Ermittlungen. Die Auskunftsansprüche zur Klärung des Nachlasses werden zwar von der herrschenden Rechtsprechung ausschließlich auf das zur Zeit des Ablebens vorhandene Guthaben auf Konten und Depots begrenzt. Frühere Dispositionen des Kontoinhabers können aber überall dort eine Rolle spielen, wo sie zur Bestimmung von Pflichtteilsergänzungsansprüchen herangezogen werden müssen. Den Gerichten und Gerichtskommissären ist es daher nicht ausdrücklich untersagt, ihre Ermittlungen auch auf zu Lebzeiten bestandene Geschäftsverbindungen auszudehnen, wenn dies zur Klärung des Nachlasses notwendig erscheint. Der Mitteilungspflicht unterliegen außerdem alle Kontobuchungen, die zur Errechnung des Endsaldos notwendig sind.

---

[92] VwGH-Erkentnis vom 26.7.2006 2004/14/0022, vgl. auch Ausführungen in Teil IV, Abschnitt: Stufe 3: Nationale Rechtshilfenormen – Österreich.

Gemäß § 38 Abs. 2 Nr. 5 BWG wird der Bankberater von seiner Geheimnispflicht befreit, wenn „der Kunde der Offenbarung des Geheimnisses ausdrücklich und schriftlich zustimmt". Willigt der Kunde ein, wirkt die Befreiung gegenüber jedermann, d.h. das Bankgeheimnis ist in diesem Fall auch gegenüber der Finanzverwaltung aufgehoben. Wünscht ein Unternehmerkunde nicht, dass seine Bank zum Zweck der Kreditwürdigkeitsprüfung „allgemein gehaltene bankübliche Auskünfte" an Geschäftspartner gewährt, muss er dies schriftlich und ausdrücklich anzeigen.

Stehen sich Bank und Kunde einander als Prozessparteien gegenüber, darf das Bankgeheimnis nach § 38 Abs. 2 Nr. 7 BWG aufgehoben werden, wenn und soweit dies zur Klärung der Rechtsangelegenheit notwendig ist. Die drohende Preisgabe von bankgeheimnisgeschützten Daten in öffentlichen Gerichtsprozessen ist für den Bankkunden regelmäßig ein unberechenbares Unterfangen und hält diesen wohl oftmals davon ab, Ansprüche gegen die Bank gerichtlich durchzusetzen. Die Vorschrift soll aber dem Umstand Rechnung tragen, dass im Allgemeinen nicht damit zu rechnen ist, dass der als Kläger auftretende Kunde der Offenbarung von Tatsachen, die zu seinem Rechtsnachteil sein könnten, zustimmt. § 38 Abs. 2 Nr. 7 BWG ist daher zum Schutz der Kreditinstitute geboten.

Ist der Kunde minderjährig oder pflegebedürftig, sind Auskünfte gegenüber dem Vormundschafts- oder Pflegschaftsgericht zulässig (§ 38 Abs. 2 Nr. 4 BWG). Gemäß § 38 Abs. 3 BWG kann sich die Bank „auf das Bankgeheimnis insoweit nicht berufen, als die Offenbarung des Geheimnisses zur Feststellung ihrer eigenen Abgabepflicht erforderlich ist". Gemeint sind hier in erster Linie die richtige Vergebührung und die Abführung der von der Bank zu entrichtenden Steuern. Eine Individualisierung auf einzelne Kundenkonten ist hier kaum denkbar.

Das Bankgeheimnis steht außerdem der den Kreditinstituten auferlegten Meldepflicht nach dem Erbschafts- und Schenkungssteuergesetz nicht entgegen. Hierüber mehr in Teil XV, wenn es darum geht, aufzuzeigen, dass die Diskretion spätestens mit dem Tod eines diskreten Kontoinhabers endet.

Erwähnenswert ist schließlich noch die Verfassungsbestimmung im fünften Absatz. Danach kann das Bankgeheimnis vom Nationalrat nur in Anwesenheit von mindestens der Hälfte der Abgeordneten und mit einer Mehrheit von zwei Dritteln der abgegebenen Stimmen abgeändert werden.

Das österreichische Bankgeheimnis genießt dadurch einen verfassungs-
ähnlichen Rang; steht über der Ebene der sonstigen Bundesgesetze und ist
stärker gegen Abänderungen (Verwässerungen) geschützt.

Das Bankgeheimnis im Großherzogtum Luxemburg

Das Luxemburger Bankgeheimnis ist in Art. 41 des Gesetzes vom 5.
April 1993 „relative au secteur financier"[93] gesetzlich verankert. Artikel 41
lautet[94]:

*„(1) Direktoren, Mitglieder des Vorstandes und der Aufsichtsräte, lei-
tende Angestellte, Beschäftigte und sonstige Personen, die im Dienste eines
Kreditinstituts oder einer sonstigen im Finanzsektor berufsmäßig tätigen
Person stehen, die Beschäftigten der Wertpapierabwicklungsunternehmen,
der zentralen Gegenstellen, der Verrechnungsstellen sowie die Beschäftigten
der in Luxemburg agierenden ausländischen Geschäftsbanken gemäß Teil I
dieses Gesetze sind zur Geheimhaltung von Tatsachen verpflichtet, die ihnen
im Rahmen ihrer beruflichen Tätigkeit anvertraut worden sind. Die Bekanntgabe solcher Tatsachen wird nach Maßgabe des Artikels 458 Code pé-
nal bestraft.*

*(2) Die Geheimhaltungspflicht endet, wenn die Bekanntgabe durch
oder wegen einer gesetzlichen Bestimmung, auch aus vorherigen Gesetzen,
erlaubt ist oder verlangt wird.*

*(3) Keine Geheimhaltungspflicht besteht gegenüber den mit der Überwa-
chung des Finanzsektors beauftragten in- und ausländischen Institutionen, sofern diese im Rahmen ihrer gesetzlich festgelegten Kompetenzen zum Zwecke
der Überwachung handeln und diese Information unter das Berufsgeheimnis
der Aufsichtsbehörde fällt, die die Informationen erhält. Die erforderlichen Informationen dürfen ausschließlich über die Hauptverwaltung des dieser Aufsicht unterstellten Instituts oder die Gesellschafter übermittelt werden.*

*(4) Keine Geheimhaltungspflicht besteht gegenüber Hauptaktionären
und bedeutend beteiligten Gesellschaftern für Informationen, die diese zur*

---

[93] Mémorial A-Nr. 27 v. 10. 4.1993, Gesetz zuletzt geändert durch Gesetz v. 14. Mai 2002, Mémorial A, 881.

[94] I.d.F. Änderungsgesetz vom 12. Januar 2001 Mémorial A 2001, 681; freie Übersetzung des Autors.

Ausübung einer den kaufmännischen Sorgfaltspflichten entsprechenden Geschäftsführung benötigen, wenn daraus keine näheren Zusammenhänge bezüglich der von Privatkunden mit der Institution getätigten Geldgeschäfte oder Angaben über Art und Höhe der von Privatkunden unterhaltenen Guthaben ersichtlich sind.

(5) Unter Vorbehalt der strafrechtlichen Regelungen dürfen die in Abs. 1 genannten Tatsachen, sofern sie einmal bekannt gegeben worden sind, nur für Zwecke verwertet werden, für die das Gesetz die Bekanntgabe zulässt.

(6) Jeder, der der Geheimhaltungspflicht des Abs. 1 unterliegt und Tatsachen, die unter diese Vorschrift fallen auf legale Weise bekannt gegeben hat, kann weder strafrechtlich noch zivilrechtlich verfolgt oder belangt werden."

Art. 41 lässt die Durchbrechung des Bankgeheimnisses dann zu, wenn gesetzliche Bestimmungen dies verlangen oder einer der in Art. 41 genannten Ausnahmetatbestände erfüllt ist. Im Rahmen eines konzerninternen Informationsflusses, bei ausländischen Geschäftsbanken notwendigerweise auch über die Grenzen Luxemburgs hinausgehend, ist die Durchbrechung des Bankgeheimnisses nur insoweit zulässig, als dies zur Durchführung und Aufrechterhaltung einer den Sorgfaltspflichten eines ordentlichen Geschäftsleiters entsprechenden Betriebsführung notwendig ist und die Geheimsphäre der Luxemburger Privatkundschaft geschützt bleibt. Bankkunden in Luxemburg erfahren dadurch einen gesteigerten Anlegerschutz. Denn das Luxemburger Bankenrecht trägt dem Umstand Rechnung, dass in den jeweiligen Ländern, in denen sich die Hauptsitze der in Luxemburg tätigen Auslandsbanken befinden, Bankgeheimnisse und Auskunftspflichten der Banken und Bankaufsichtsbehörden unterschiedlich streng geregelt sind.

Die Geheimhaltungspflicht erstreckt sich auf im Finanzsektor beruflich tätige Personenkreise wie Direktoren, Mitglieder der Vorstände und Aufsichtsräte, leitende Angestellte, Beschäftigte und sonstige für Finanzdienstleister tätige Mitarbeiter, deren Tätigkeit darin besteht, Einlagen oder sonstige rückzahlbare Fonds entgegenzunehmen oder auf eigene Rechnung Kredite zu gewähren. Hierunter fallen ausschließlich inländische Kreditinstitute und Luxemburger Niederlassungen ausländischer Banken sowie ausländische Niederlassungen oder Repräsentanzbüros Luxemburger Kreditinstitute.

Der Geheimhaltungspflicht unterliegen darüber hinaus auch alle sonstigen als Finanzdienstleister professionell tätigen Personen wie Finanzmakler, Kommissionäre oder Vermögensverwalter; von der Schweigepflicht erfasst sind hier auch sonstige Finanzdienstleistungsunternehmen nach ausländischem Recht. Die Geheimhaltungspflicht beginnt bereits ab der ersten Geschäftsanbahnung und umfasst alle Tatsachen und Vorgänge, die ein „Geheimnis" darstellen und von denen der Geheimnisträger im Rahmen seiner Berufsausübung Kenntnis erlangt hat.

Grundsätzlich ist das Luxemburger Bankgeheimnis auf Luxemburger Territorium begrenzt. Deutschen diskreten Geldanlegern mit Konten bei einer Auslandstochter einer deutschen Bank kann es zum Verhängnis werden, wenn die Bankangestellten privat überwiegend im Inland wohnen. Gerade die Angestellten der deutschen Niederlassungen haben ihre privaten Wurzeln vielfach in Deutschland. Was liegt daher näher, als das Luxemburger Bankgeheimnis dahingehend zu umgehen, dass man die Banker gleich hier in Deutschland über das Luxemburger Geschäft vernimmt. Diskrete Geldanleger sollten in diesem Zusammenhang wissen, dass das Luxemburger Bankgeheimnis nicht für Aussagen gegenüber Justizbehörden anderer Länder der Europäischen Union gilt. Dies hat der Europäischen Gerichtshof kürzlich festgestellt. Ein belgischer Untersuchungsrichter hatte gebeten, die Vereinbarkeit des Luxemburger Bankgeheimnisses mit dem Europarecht zu prüfen. Der Richter ermittelte nämlich gegen einen Angestellten einer Luxemburger Bank, der in Belgien gegen die dortigen Wirtschaftsgesetze verstoßen haben soll. Der Bankangestellte verweigerte gegenüber dem belgischen Untersuchungsrichter jegliche Aussage und stützte sich dabei auf das Luxemburger Bankgeheimnis. Letzteres half dem schlauen Angestellten aber nicht, denn das Luxemburger Bankgeheimnis gilt – wie gesehen – nicht uneingeschränkt.[95]

Art. 41 Abs. 2 des Gesetzes vom 5. April 1993 lässt die Preisgabe geheimnisgeschützter Daten zu, wenn dies dem Geheimnisträger durch ein anderes Gesetz entweder angeordnet oder zur Wahl gestellt wird. Teilweise durchbrochen werden darf das Bankgeheimnis nach Art. 41 Abs. 3 gegenüber Mitarbeitern in- und ausländischer Aufsichtsbehörden. Luxemburger Tochtergesellschaften von Kreditinstituten aus Ländern der Europäischen

---

[95] Az: C-153/00.

Union sind gemäß der zweiten Bankenkoordinierungsrichtlinie[96] und der Wertpapierdienstleistungsrichtlinie[97]nicht der Luxemburger „Commission de surveillance du secteur financier (CSSF)" unterstellt, sondern ausschließlich der Aufsichtsbehörde ihres Herkunftslandes (so genannte Mutterlandkontrolle). Folglich darf das Bankgeheimnis nicht nur gegenüber der CSSF, sondern auch ausländischen Aufsichtsbehörden gegenüber nur insoweit gelten, als eine effiziente Überwachung und Prüfung des Finanzsektors noch gewährleistet ist. Diesem Umstand trägt Art. 41 Abs. 3 Satz 1 Rechnung, der bestimmt, dass sich ausländische Bankaufsichtsbehörden direkt an Luxemburger Zweigniederlassungen ausländischer Banken adressieren und Auskünfte einholen dürfen, die diese im (öffentlichen) Interesse der Wahrnehmung ihrer Aufsichtspflicht zwingend benötigen. Ausländische Finanzaufsichtsbehörden können beispielsweise im Rahmen ihrer Mutterlandkontrollbefugnisse bei Zweigniederlassungen deutscher Banken und Wertpapierfirmen bestimmte Direktauskünfte, beispielsweise über die Größenordnung gewährter Kredite, einholen, ggf. auch Vor-Ort-Kontrollen durchführen. Die Luxemburger Zweigniederlassung darf in solchen Fällen nach Art. 41 Abs. 3 Satz 2 nur unter Zwischenschaltung ihrer Hauptverwaltung Auskünfte erteilen. Art. 41 Abs. 3 Satz 2 soll die Luxemburger Niederlassungen ausländischer Banken vor einer übermäßigen Auskunftserteilung schützen. Die Niederlassungen unterhalten oftmals keine eigene Rechtsabteilung. Die Hauptverwaltung ist im Regelfall mehr in der Lage, die Rechtmäßigkeit von Auskunftsbegehren zu prüfen. Diesem Umstand trägt Art. 41 Abs. 3 Satz 2 zum Schutz des diskreten Geldanlegers Rechnung.

Abschließende Bemerkung: Diskrete Geldanleger, die auf Nummer sicher gehen wollen, wenden sich in Sachen diskreter Geldanlage ausschließlich an ein eingesessenes Luxemburger Kreditinstitut. Denn die Fahndungserfolge, die die Finanzbehörden in der Vergangenheit im Zusammenhang mit der Aufdeckung unversteuerter diskreter Gelder in Luxemburg verzeichnen konnten, waren alle auf „hausgemachte" Fehler deutscher Kreditinstitute zurückzuführen.

---

[96] Zweite Richtlinie 89/646 EWG vom 15.12.1989, Abl Nr. L 386 vom 30.12.1989.
[97] 93/22/EWG v. 10. Mai 1993, Abl Nr. L 141/27.

Das Bankgeheimnis im Fürstentum Liechtenstein

Über das Bankgeheimnis im Fürstentum Liechtenstein erfahren diskrete Geldanleger Näheres, wenn sie einen Blick in das dortige Bankengesetz werfen. Art. 14 Bankengesetz lautet wie folgt:[98]

„(1) Die Mitglieder der Organe von Banken und Finanzgesellschaften und ihre Mitarbeiter sowie sonst für solche Gesellschaften tätige Personen sind zur Geheimhaltung von Tatsachen verpflichtet, die ihnen auf Grund der Geschäftsverbindungen mit Kunden anvertraut oder zugänglich gemacht worden sind. Die Geheimhaltungspflicht gilt zeitlich unbegrenzt.

(2) Werden Behördenvertretern bei ihrer dienstlichen Tätigkeit Tatsachen bekannt, die dem Bankgeheimnis unterliegen, so haben sie das Bankgeheimnis als Amtsgeheimnis zu wahren.

(3) Widerhandlungen werden gemäß Art. 63 Abs. 1 geahndet.

(4) Vorbehalten bleiben die gesetzlichen Vorschriften über die Zeugnis- oder Auskunftspflicht gegenüber den Strafgerichten.

(5) Aufgehoben.“

Nach Art. 14 unterliegen der Geheimhaltungspflicht alle Tatsachen, die Organmitgliedern, Mitarbeitern und allen sonstigen Personen, die für Banken oder Finanzgesellschaften[99] tätig sind, aufgrund der Geschäftsverbindungen mit Kunden anvertraut oder zugänglich gemacht wurden. Geheimhaltungspflichtige Daten aus der Privat- und Geheimsphäre von Bankkunden sind[100]: Name, Adresse, Nationalität, Wohnsitz, steuerlicher Wohnsitz und Kundenstammnummer des Kunden; Hinweise für den Versand von Publikationen, Todesfall- und Nießbrauchsinstruktionen; Verwahrungs- und Verwaltungsaufträge, Referenzangaben für Dritte, Unterschriftenkarten, Kontoart, Kontonummer sowie Kontoeröffnungskorrespondenzen. Mitglieder der Organe von Investmentunternehmen und ihre Mitarbeiter unterstehen ihrem „eigenen Bankgeheimnis". Art. 10 des Gesetzes über die Investmentunterneh-

---

[98] LGBl. 1992 Nr. 108.

[99] Finanzgesellschaften unterscheiden sich zu Banken dadurch, dass ihnen das Depotgeschäft versagt ist und sie weder Einlagen noch andere rückzahlbare Gelder annehmen dürfen.

[100] Vgl. Schriftreihe der Liechtensteinischen Landesbank Nr. 19; Diskretion am Bankschalter oder Persönlichkeitsschutz und Bankgeschäft, Dr. Franco Taisch, Seite 8.

men (IUG) [101] verpflichtet die in einem Investmentunternehmen tätigen Personen zur Geheimhaltung von Tatsachen, „die ihnen aufgrund der Geschäftsbeziehungen mit Kunden anvertraut oder zugänglich gemacht worden sind".

Durchbrechungen des Bankgeheimnisses sind nur insoweit gestattet, als gesetzliche Vorschriften über die Zeugnis- oder Auskunftspflicht dies bestimmen, sowie für die Wahrnehmung von Meldepflichten bei Verdacht auf Geldwäsche (Art. 14 Abs. 4 u. 5 Bankengesetz). Den häufigsten Durchbrechungstatbestand bilden *Verdachtsmomente auf Geldwäsche*, welche sich aufgrund der Art und der Umstände einer Transaktion ergeben. Nach liechtensteinischem Strafgesetzbuch macht sich der „Geldwäscherei" schuldig, wer Vermögensbestandteile, die aus dem Verbrechen eines anderen herrühren, verbirgt oder ihre Herkunft verschleiert, im Rechtsverkehr über den Ursprung oder die wahre Beschaffenheit falsche Angaben macht usw. Liechtensteinische Banken und sonstige dem Sorgfaltspflichtgesetz unterstehende Finanzintermediäre müssen bei Vorliegen solcher Verdachtsmomente entsprechende Abklärungen treffen und – wenn aufgrund der getroffenen Abklärungen die anfänglichen Verdachtsmomente nicht ausgeräumt werden konnten und der Verdacht auf Geldwäsche erwächst –Mitteilung erstatten. Damit ist unmissverständlich dokumentiert, dass das Bankgeheimnis nicht zum Tatenschutz bzw. – in Anlehnung an eine Mafia-Terminologie – zum „Patenschutz" wird. Steuerdelikte sind nach liechtensteinischem Recht keine Verbrechen, allenfalls Vergehen. Sie kommen demzufolge als Vortat für Geldwäscherei niemals in Betracht. Für Steuerdelikte bestehen auch keine gesetzlichen Zeugnis- und Auskunftspflichten gegenüber dem liechtensteinischen Strafgericht.

Auskünfte an ausländische Bankaufsichtsbehörden werden allerdings nur insoweit erteilt, als dadurch weder das Bankgeheimnis noch die öffentliche Ordnung oder andere wesentliche Landesinteressen verletzt werden (Art. 36 Abs. 1 Buchst. a Bankengesetz). Nach Art. 59 IUG ist die Auskunftserteilung an ausländische Aufsichtsbehörden von Investmentun-

---

[101] LGBl. Nr. 89 vom 10. Juli 1996, Art.10 IUG lautet: „(1) Die Mitglieder der Organe von Investmentunternehmen und ihre Mitarbeiter sowie sonst für solche Gesellschaften tätige Personen sind zur Geheimhaltung von Tatsachen verpflichtet, die ihnen aufgrund der Geschäftsbeziehungen mit Kunden anvertraut oder zugänglich gemacht worden sind. Die Geheimhaltungspflicht gilt zeitlich unbegrenzt. (2) Werden Behördenvertretern bei ihrer dienstlichen Tätigkeit Tatsachen bekannt, die dem Geheimnisschutz gemäß Abs. 1 unterliegen, so haben sie dieses Geheimnis als Amtsgeheimnis zu wahren. (3) Widerhandlungen werden gemäß Art. 66 Abs. 1 Bst. a geahndet [Anm. des Autors: Freiheitsstrafe bis zu sechs Monate oder Geldstrafe bis zu 360 Tagessätzen]. (4) Vorbehalten bleiben die gesetzlichen Vorschriften über die Zeugnis- oder Auskunftspflicht gegenüber den Strafgerichten."

ternehmen nur zulässig, wenn die öffentliche Ordnung und das Bankgeheimnis dadurch nicht verletzt werden, der ersuchende Staat Gegenrecht gewährt und gewährleistet ist, dass die Auskünfteempfänger einem Amts- oder Berufsgeheimnis unterliegen und die übermittelten Auskünfte zweckgebunden verwenden (Spezialitätsprinzip).

Nicht dem Bankgeheimnis unterliegen selbstständig tätige und unabhängige Vermögensverwalter, sofern sich ihre Geschäftstätigkeit auf die reine Anlageberatung beschränkt. Liechtensteinische Treuhänder sind aber einerseits nach dem Treuhändergesetz zur Verschwiegenheit verpflichtet und andererseits untersagt Treuhändern auch das Staatsschutzgesetz (altes „Spionagegesetz") die Weiterleitung von Informationen an ausländische Behörden.

Das liechtensteinische Bankgeheimnis wirkt auch gegenüber den Begünstigten einer Stiftung oder sonstiger Verbandspersonen. Errichten diskrete Geldanleger eine Familienstiftung,[102] haben diese und auch sonstige Begünstigte der Vermögensverwaltungsbank gegenüber keinerlei Auskunftsrechte, es sei denn, sie gehören zu den Organmitgliedern.

Das Bankgeheimnis in Belgien

Beim belgischen Bankgeheimnis handelt es sich wie in Deutschland um eine privatrechtlich bzw. eine vertraglich vereinbarte Geheimhaltungspflicht zwischen dem Kunden und seiner Bank. Eine Durchbrechung hat keine strafrechtlichen Folgen; der Banker wird nicht dem Personenkreis der Berufsgeheimnisträger hinzugerechnet. Gegenüber Finanzbehörden gilt das Bankgeheimnis absolut. Belgiens Banken dürfen nicht wie auskunftspflichtige Dritte über die steuerlichen Verhältnisse ihrer Einlagekunden befragt werden.[103]

Die belgische Anlagebank darf Kundendaten nur für bestimmte Zwecke verarbeiten: für das zentrale Kundenmanagement, für das Management der Konten, für den Zahlungsverkehr, zur Kontrolle der Ordnungsmäßigkeit der Geschäftsvorgänge und für vorbeugende Maßnahmen zur Verhinderung von Regelwidrigkeiten oder zur globalen Beobachtung der Kundenverbindung.

---

[102] Diesem Thema ist der Teil XIV dieses Buches gewidmet.
[103] Die Art. 228 bis 234 des belgischen „code des impôts" gelten nicht.

Dennoch geht auch das belgische Bankgeheimnis nicht so weit, dass der Bankier unter Berufung auf die Geheimnispflicht die Aussage vor den Justizbehörden verweigern könnte (es sei denn, er sitzt selbst auf der Anklagebank). Dagegen sind die Voraussetzungen zur Preisgabe diskreter Kontounterlagen sehr restriktiv. Das Verlangen von „so vielen Dokumenten als möglich", ohne nachweisen zu können, dass diese existieren, und in der Hoffnung, man werde schon was finden, würde eine unzulässige Beweislastumkehr bedeuten. Nach belgischem Recht sind nur wirklich existente Kontounterlagen vorlagepflichtig. Zudem ist ein starker und plausibler Verdacht erforderlich, dass die betreffende Bank im Besitz der Kontounterlagen ist bzw. die Kontoführung über das diskrete Konto innehat.

Das Bankgeheimnis auf den Cayman Islands

Banker, Trustees, Anlageberater und alle sonstigen Finanzdienstleister auf den Cayman Islands sind gesetzlich verpflichtet, über sämtliche Tatsachen, ihre Klientel betreffend Stillschweigen zu wahren. Die Confidential Relationships (Preservation) Law macht das Ausplaudern von Tatsachen oder Wahrnehmungen, die Personen, welche auf dem Finanzsektor tätig sind, im Rahmen ihrer beruflichen Tätigkeit erfahren, zum kriminellen Akt und sieht für Geheimnispflichtverletzungen empfindliche Freiheitsstrafen vor.

Ausnahme: Wenn Informationen für strafrechtliche Untersuchungen und Verfolgungen schwerer Straftaten in den USA benötigt werden (Mutual Legal Assistance Treaty) oder in Fällen von Geldwäsche und Beihilfe zu Geldwäsche (Proceeds of Criminal Conduct Law). Die Proceeds of Criminal Conduct Law sehen auch die Einziehung und Sicherstellung von Vermögenswerten aufgrund gerichtlicher Anordnungen vor, die aus illegalem Drogenhandel herstammen. Designierte Länder zur Umsetzung dieses Gesetzes sind die USA und Großbritannien.

Das Bankgeheimnis auf den Channel Islands Jersey und Guernsey

Das Bankwesen auf den Channel Islands ist in den jeweils geltenden Gesetzen über Bankgeschäfte geregelt. Auf Jersey gilt das „Banking Business (Jersey) Law 1991", auf Guernsey das „Banking Supervision (Bailiwick of Guernsey) Law 1994".

Es gibt in beiden Gesetzeswerken allerdings keine gesetzlichen Regelungen über ein Bankgeheimnis. Die Geheimhaltung kundenspezifischer Daten wird in ähnlicher Weise wie in Großbritannien durch den Bankvertrag einerseits und durch das „common law duty of confidentiality" andererseits garantiert.

Die Offenlegung von Konten und Depots kann nur erzwungen werden, wenn auf die Privatsphäre eines Bankkunden aufgrund gesetzlicher Bestimmungen oder zwingender Verpflichtungen der Öffentlichkeit gegenüber („ordre public") keine Rücksicht mehr genommen werden kann. Nach dem Bankers Books (Evidence) (Jersey) Law ist es beispielsweise möglich, dass der „Royal Court", die oberste Gerichtsinstanz Jerseys, Einsichtnahme in bankinterne Geschäftsbücher, Aufzeichnungen usw. anordnet. Das Bankgeheimnis wäre auch bei schweren Betrugsdelikten oder bei „terrorism" aufzuheben. Nach dem Prevention of Terrorism (Jersey) Law haben Banken sogar eine Meldepflicht für Einlagen, für die ein begründeter Verdacht besteht oder für die es erwiesen ist, dass sie aus terroristischen Handlungen stammen. Jersey- Banken müssen hierbei von sich aus an die Strafverfolgungsbehörde herantreten, nicht erst auf Gesuch!

Guernsey-Banken dürfen alle Wahrnehmungen und Verdachtsmomente in Bezug auf Geldwäsche der Financial Services Commission melden. Für solche Geldwäscheverdachtsanzeigen ist der Bankier durch das „Money Laundering (Disclosure of Information [Guernsey]) Law " von jeglicher Verantwortlichkeit freigestellt. Guernsey-Banker können also nicht wegen Verletzung des Bankgeheimnisses belangt werden, wenn sich die Verdächtigungen nicht bestätigt haben.

Das maltesische Bankgeheimnis

Auf Malta sind gegenwärtig 17 Geschäftsbanken präsent, u.a. die HSBC Bank Malta p.l.c., als Mitglied der Hongkong und Shanghai- Bankengruppe die größte Geschäftsbank auf der Insel. Im Verbund mit über 5.000 Niederlassungen in 79 Ländern ist die HSBC Malta p.l.c. besonders auf den asiatischen Raum spezialisiert. Die zweitgrößte Geschäftsbank auf Malta ist die „Bank of Valletta". Auf den arabischen Wirtschaftsraum spezialisiert ist hingegen die „Volksbank Malta", eine Niederlassung der österreichischen Volksbankengruppe. Quellensteuern auf an nicht ansässige Geldanleger ausgezahlte Kapitalerträge aller Art werden nicht erhoben. Bankkonten müssen auf Namen lauten, Nummernkonten gibt es nicht. Das maltesische Bankgeheimnis ist im „professional secrecy act" gesetzlich verankert. Dieses Gesetzeswerk gilt dabei nicht ausschließlich für Banken und ihre Beschäftigten. Der Verschwiegenheitspflicht unterliegen ferner auch alle im öffentlichen Dienst Beschäftigte, sonstige Finanzintermediäre sowie alle Dienstleister wie „Consultants" oder „Representatives". Der maltesische Banker kann sich allerdings dann nicht mehr auf seine Geheimhaltungspflicht berufen, wenn er gesetzlich zur Offenlegung verpflichtet ist oder von Gerichts wegen dazu angehalten wird. Offenlegungspflichten bestehen gemäß Art. 257 des *criminal code* bei kriminellen Machenschaften aller Art sowie bei Geldwäsche, nicht aber bei Steuerhinterziehung. Des Weiteren unterliegt geheimhaltungspflichtiges Datenmaterial in Fällen der rechtmäßigen und erforderlichen Offenlegung dem so genannten „Spezialitätsprinzip", d.h. es darf nur für diesen einen Zweck verwendet werden, für welchen die Offenlegung gesetzlich geboten war, nicht aber auch für Steuerzwecke.

Der *professional secrecy act* legt ferner fest, dass die inländischen Steuerbehörden im innerbehördlichen Informationsaustausch („intergovernmental communications") als „separate" Behörden anzusehen sind. Dies heißt konkret, dass beim Informationsaustausch der Steuerbehörden mit anderen Behörden – beispielsweise der maltesischen Zentralbank – ein Bankgeheimnis gilt.

Das Bankgeheimnis auf den Bahamas

Diskretion ist auch auf den Bahamas groß geschrieben. Der Finanzplatz verfügt über ein gesetzlich[104] verankertes und absolut striktes Bankgeheimnis, welches nur bei gefestigtem Verdacht auf Verstoß gegen einheimische oder ausländische Gesetze (z.B. Geldwäsche oder Betrugsdelikte – auch Steuerbetrug) durchbrochen werden kann.

---

[104] Maßgebliche Rechtsgrundlage: Art. 15 Bank and Trust Companies Regulations Act 2000, das Gesetzeswerk steht zum Download auf den Web-Seiten der Central Bank of the Bahamas.

Bankgeheimnis und Datenschutz in Dubai und Dubai International Financial Centre

Dubai ist Teil der sieben Vereinigten Arabischen Emirate (VAE). In Dubai gibt es wie in den übrigen Vereinigten Arabischen Emiraten kein gesetzlich verankertes Bankgeheimnis nach europäischem bzw. nach Schweizer Muster. Verschwiegenheitspflichten der Banken haben in den GCC-Staaten keinen so großen Stellenwert, wie beispielsweise in Europa. Dies liegt u.a. daran, dass Steuern dort eine geringe Bedeutung haben und Vermögensverhältnisse der Bürger daher gegenüber dem Staat nicht geheim gehalten werden müssen. Für natürliche Personen gibt es in den VAE gar keine Steuern; juristische Personen werden nur in sehr wenigen Wirtschaftssektoren besteuert.[105]

Geschäftsbanken, die der Central Bank unterliegen, verpflichten sich jedoch bei Abschluss eines Kontoführungs- bzw. Vermögensverwaltungsvertrages zu entsprechender privatvertragsrechtlicher Verschwiegenheit. Geschäftsbanken und Finanzdienstleister, die im Dubai International Financial Centre (DIFC) tätig sind und Kontos in der Schweiz eröffnen, machen ihre Kundschaft darauf aufmerksam, dass das Schweizer Bankgeheimnis für Daten, die im DIFC aufbewahrt werden, nicht gilt.

Diskrete Geldanleger, die bei einer Geschäftsbank im DIFC ein Anlagekonto eröffnen, müssen folgende Bestätigung abgeben:

„I/we hereby acknowledge the following: I/We hereby instruct the Bank (in Switzerland) to make available to the Branch (in the DIFC) all necessary information concerning my/our relationship with the Bank in order for the Branch to provide the level and types of services I/we require.

Should I/we decide to use the Branch as an intermediary for my/our account(s) with the Bank, information concerning my/our relationship with the Bank may have to be kept by the Branch at its premises. Such information may be subject to disclosure to the competent authorities of the jurisdiction in which the Branch is located whenever the laws of this jurisdiction require such disclosure. Such

---

[105] In den VAE zum Beispiel nur die Banken und die Ölindustrie.

disclosure may be required notwithstanding the subsequent cancellation of this Customer Declaration. I am / We are aware that information about my/our accounts with the Bank held by the Branch is not protected by Swiss secrecy laws, regardless of whether similar secrecy laws exist in locations where I/we may be doing business with the Bank. In particular, Swiss banking secrecy law and Swiss data protection law do not apply to customer data located outside Switzerland."

Im Dubai International Financial Centre (DIFC) und auch in den Bankzentren von Qatar und Bahrain gibt es ein so genanntes „Data Protection Law", welches dem Namen nach die Kundendaten schützen sollte. Dieser Schutz ist aber klein. Das Data Protection Law regelt vielmehr vordergründig das Handling mit bzw. für diese(n) Daten. Ein Datenschutzbeauftragter einer Bank im DIFC muss beispielsweise für den Transfer von personenbezogenen Daten aus dem DIFC folgende Punkte beachten:[106]

„● does it need a permit?
● has the DFSA granted a permit to transfer the Personal Data?
● has the Data Subject unambiguously consented to the proposed transfer?
● is the transfer necessary for the performance of a contract between the Data Subject and the Data Controller?
● is the transfer necessary or legally required on grounds important in the interests of the DIFC, or for the establishment, exercise or defence of legal claims?
● is the transfer necessary in order to protect the vital interests of the Data Subject?
● is the transfer intended to provide information to the public which is open to consultation?
● is the transfer necessary to comply with any legal obligation?
● is the transfer necessary to uphold the legitimate interests of the Data Controller recognised in the international financial markets?
● is the transfer necessary to comply with auditing, accounting or anti-money laundering obligations that apply to a Data Controller?"

---

[106] Aus: A Short Guide to Data Protection in the DIFC, herausgegeben vom Data Protection Coordinator der Dubai Financial Services Authority, Dubai, www.dfsa.ae.

Die in den Vereinigten Arabischen Emiraten oder auch im Dubai International Financial Centre anwendbaren „Data Protection Laws" dürfen nicht mit jenen aus Europa, insbesondere der Schweiz, verglichen werden. Nicht umsonst findet sich daher in den Allgemeinen Geschäftsbedingungen von Banken im Dubai International Financial Centre folgender Abschnitt:

> *„You understand that the data protection legislation outside the DIFC may not give you as much protection as the data protection legislation inside the DIFC. You also understand that the data protection legislation in some jurisdictions (for example, Switzerland) may offer you more protection for your personal data than that applicable in the DIFC."*

Das Bankgeheimnis in Singapur

Das Bankgeheimnis in Singapur ist gesetzlich verankert im so genannten „Banking Act", dort unter Sektion 47. Das Bankgeheimnis wird in Anlegerkreisen höher eingestuft als das ursprüngliche Vorbild der Schweiz. Im Jahr 2001 wurden die Bestimmungen zum Schutz der Bankkunden verschärft.

Section 47 des Singapur Banking Act lautet:

> *„(1) Customer information shall not, in any way, be disclosed by a bank in Singapore or any of its officers to any other person except as expressly provided in this Act.*
>
> *(2) A bank in Singapore or any of its officers may, for such purpose as may be specified in the first column of the Third Schedule, disclose customer information to such persons or class of persons as may be specified in the second column of that Schedule, and in compliance with such conditions as may be specified in the third column of that Schedule.*
>
> *(3) Where customer information is likely to be disclosed in any proceedings referred to in item 3 or 4 of Part I of the Third Schedule, the court may, either of its own motion, or on the application of any party to the proceedings or the customer to which the customer information relates –*
>
> *(a) direct that the proceedings be held in camera; and*

    (b) make such further orders as it may consider necessary to ensure the confidentiality of the customer information.

(4) Where an order has been made by a court under subsection (3), any person who, contrary to such an order, publishes any information that is likely to lead to the identification of any party to the proceedings shall be guilty of an offence and shall be liable on conviction to a fine not exceeding $ 125,000.

(5) Any person (including, where the person is a body corporate, an officer of the body corporate) who receives customer information referred to in Part II of the Third Schedule shall not, at any time, disclose the customer information or any part thereof to any other person, except as authorised under that Schedule or if required to do so by an order of court.

(6) Any person who contravenes subsection (1) or (5) shall be guilty of an offence and shall be liable on conviction –

    (a) in the case of an individual, to a fine not exceeding $ 125,000 or to imprisonment for a term not exceeding 3 years or to both; or

    (b) in any other case, to a fine not exceeding $ 250,000.

(7) In this section and in the Third Schedule, unless the context otherwise requires –

    (a) where disclosure of customer information is authorised under the Third Schedule to be made to any person which is a body corporate, customer information may be disclosed to such officers of the body corporate as may be necessary for the purpose for which the disclosure is authorised under that Schedule; and

    (b) the obligation of any officer or other person who receives customer information referred to in Part II of the Third Schedule shall continue after the termination or cessation of his appointment, employment, engagement or other capacity or office in which he had received customer information.

(8) For the avoidance of doubt, nothing in this section shall be construed to prevent a bank from entering into an express agreement with a customer of that bank for a higher degree of confidentiality than that prescribed in this section and in the Third Schedule.

(9) Where, in the course of an inspection under section 43 or an investigation under section 44 or the carrying out of the Authority's func-

tion of supervising the financial condition of any bank, the Autho-
rity incidentally obtains customer information and such informa-
tion is not necessary for the supervision or regulation of the bank by
the Authority, then, such information shall be treated as secret by
the Authority.

(10) This section and the Third Schedule shall apply, with such modifi-
cations as may be prescribed by the Authority, to a merchant bank
approved as a financial institution under section 28 of the Mone-
tary Authority of Singapore Act (Cap. 186) as if the reference to a
bank in this section were a reference to such merchant bank."

Das Bankgeheimnis umfasst sämtliche Informationen, die ein Bank-
angestellter im Zuge seiner beruflichen Tätigkeit erhalten bzw. wahrgenommen hat. Section 47 des Banking Act wird ergänzt durch das dritte Verzeichnis (Third Schedule) aus dem Banking Act. Rechtsgrundlage und Verzeichnis ergänzen sich in der Weise, dass das Verzeichnis mit zwei Unter-
titeln (Part I und Part II) jeweils enumerativ aufzeigt, unter welchen Voraussetzungen, für welche Zwecke und gegenüber welchen Personen bankgeheimnisgeschützte Daten offenbart (Part I) und grundsätzlich nicht offenbart werden dürfen bzw. gegenüber welchem Personenkreis doch offenbart
werden dürfen (Part II). Part III des dritten Verzeichnisses enthält schließlich diverse Begriffsdefinitionen, wobei dem diskreten Geldanleger der
Begriff „specific written law" besonders ins Auge sticht. Gemäß Section 47
Abs. 2 dürfen bzw. müssen Singapur-Banker für alle unter Part I des Third
Schedule aufgelisteten Zwecke gegenüber dem in der zweiten Spalte genannten Empfängerkreis bankgeheimnisgeschützte und personenbezogene
Kundendaten offenlegen.

Unter Nr. 5 Buchst. a der ersten Spalte findet der diskrete Geldanleger schließlich den Begriff „specific written law" wieder. Kombiniert man
beides, heißt das, dass das Bankgeheimnis in Singapur aufzuheben ist, soweit diese Gesetze eine Offenlegungspflicht im Rahmen laufender Ermittlungen oder im Fall einer Anklage/strafrechtlichen Verfolgung fordern: Zu
diesen Gesetzen zählen u.a. der Criminal Procedure Code und der Income
Tax Act. Dementsprechend führt ein durch einen diskreten Geldanleger be-
gangener Steuerbetrug wie in vielen europäischen Ländern auch in Singapur zur Durchbrechung des Bankgeheimnisses. Dasselbe gilt für Geldwä-
schedelikte aller Art.

Das Bankgeheimnis darf außerdem durchbrochen werden:
1. gemäß schriftlichem Einverständnis des Bankkunden oder dessen Erben/Vertreter gegenüber jeder vom Bankkunden ermächtigten Person,
2. soweit die Offenlegung im Zusammenhang mit einem Nachlassverfahren steht oder nach behördlicher Anordnung im Zusammenhang mit Grundvermögen gegenüber jeder Person, von der die Bank im guten Glauben annehmen darf, dass die Person erbberechtigt ist bzw. in behördlichem Auftrag handelt,
3. im Zusammenhang mit:
   a. Konkurs/Insolvenz (bei natürlichen Personen),
   b. der Abwicklung der Geschäftstätigkeit (bei juristischen Personen),

oder im Zusammenhang mit Streitigkeiten vor den Gerichten, wobei das Gericht in solchen Fällen mündliche Verhandlungen unter Ausschluss der Öffentlichkeit durchführen kann und allen Prozessbeteiligten unter Geldstrafe (bis zu 125.000 Singapur-$) eine Verschwiegenheitspflicht auferlegen kann.

Das Bankgeheimnis hindert auch nicht den internen Auskunftsverkehr der Kreditwirtschaft, beispielsweise um die Kreditwürdigkeit eines Anlegers festzustellen bzw. zu verifizieren oder im Zusammenhang mit dem Einzug von einer Bank geschuldeter Gelder. Weitere Einzelheiten zum Bankgeheimnis vgl. Part I und II Third Schedule des Banking Act.

Die Verletzung des Bankgeheimnisses wird gemäß Section 47 Abs. 6 mit Geldstrafen bis zu 125.000 Singapur-$ oder mit Freiheitsstrafe bis zu drei Jahren bestraft. Der diskrete Geldanleger darf daher sicher sein, dass sich sein Banker in Singapur an seine Verschwiegenheitspflichten hält.

Teil IV
Bankgeheimnis und Rechtshilfe

Ein striktes Bankgeheimnis ist zweifellos schon die halbe Diskretion, aber eben nicht mehr als nur die halbe! Für diskrete Geldanleger ist es genauso wichtig zu wissen, wie rechtshilfefreudig die Behörden desjenigen Landes sind, in dem die Bankkonten unterhalten werden. Dem diskreten Geldanleger nützt ein noch so gutes Bankgeheimnis nichts in einem Land, welches umfassende Rechtshilfe in Steuerdelikten gewährt oder schon bei einfacher Steuerhinterziehung flächendeckende Kontenrecherchen bei den Banken durchführt. Das Ja oder Nein einer Rechtshilfe entscheidet über die Aufhebung des Bankgeheimnisses, welches sich an der Spitze der zu Beginn dieses Teils dargestellten Pyramide befindet. Diskrete Geldanleger müssen sich also unbedingt über die Rechtshilfegepflogenheiten und die Bereitschaft zu Kontenrecherchen des jeweiligen Kapitalanlagelandes informieren, bevor sie dort ein diskretes Auslandskonto eröffnen. Nachfolgende Ausführungen über die einzelnen Schritte der internationalen Rechtshilfe sollen diskretionsbedürftigen Geldanlegern einen kleinen Überblick über die einzelnen Stufen der zu Beginn dieses Teils dargestellten Pyramide verschaffen. Teil IV ist zusammen mit Teil II, Abschnitt: Was diskrete Geldanleger über den europaweiten Abruf von Bankkonten wissen sollten, sowie Teil XV, Abschnitt: Meldung und Besteuerung diskreter Kapitaleinkünfte nach der EU-Zinsrichtlinie, zu lesen. So bieten Bankgeheimnisse in Ländern, die am automatisierten Meldeverfahren für Zinserträge teilnehmen, bezüglich solcher Kapitalerträge und des entsprechenden Verrechnungskontos keinen Diskretionsschutz. In Ländern, die ein Kontenabrufverfahren im Rechtshilfeverkehr praktizieren, bieten Bankgeheimnisse nur insoweit Diskretion, als die formellen und materiellen Voraussetzungen für solche Recherchen nicht erfüllbar sind.

Übersicht

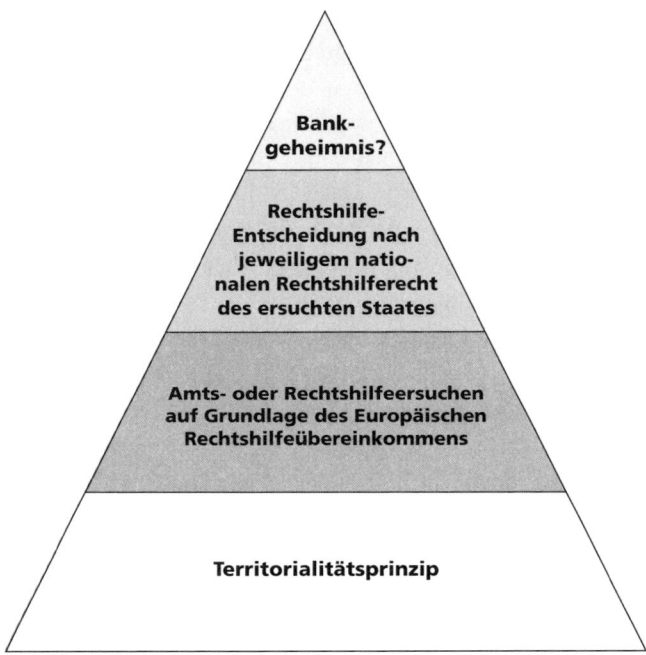

Abbildung 1: Pyramide der Rangstellung der Bankgeheimnisse bei Auskunftsersuchen an diskrete Anlageländer

Erläuterung: Zu Beginn steht das Territorialitätsprinzip, welches beispielsweise eigenständige Ermittlungen deutscher Steuerfahnder in Österreich, Luxemburg oder der Schweiz verbietet. An zweiter Stufe regelt das europäische Rechtshilfeübereinkommen die Möglichkeiten der zwischenstaatlichen Rechtshilfe. Weil dieses Übereinkommen den Vertragsstaaten in Fiskaldelikten ein Wahlrecht einräumt, hängt die Annahme oder Ablehnung eines Rechtshilfeersuchens in Fiskaldelikten letztlich vom jeweiligen nationalen Rechtshilferecht ab. Erst wenn dieses die Gewährung von Rechtshilfe vorsieht, fällt das Bankgeheimnis.

Stufe 1: Territorialitätsprinzip

Ausländische Steuerbehörden dürfen bei der Fahndung nach diskreten Konten in den entsprechenden Anlageländern nicht selbstständig auf fremdem Territorium ohne ausdrückliche Genehmigung der betreffenden ausländischen Behörden agieren (Territorialitätsprinzip; für Deutschland siehe Art. 20 Abs. 2 Satz 1 GG). Fotografiert beispielsweise ein deutscher

Steuerfahnder ohne Einvernehmen mit den zuständigen Schweizer Behörden bestimmte aus Deutschland eingereiste Touristen (denen er vom Grenzübertritt bis nach Zürich gefolgt ist), die die Schalterhalle einer Schweizer Bank betreten, oder notiert er sämtliche Kennzeichen der in Deutschland zugelassenen Kraftfahrzeuge, die vor der Schalterhalle parken, nimmt er Ermittlungshandlungen vor, die normalerweise einer Behörde oder einem Beamten in dem betreffenden Oasenland zukommen, was gegen das Territorialitätsprinzip verstößt.

Werden Steuerfahnder aus Hochsteuerländern unter Verletzung des Territorialitätsprinzips fündig, unterliegen die erlangten Erkenntnisse zwar einem strengen Verwertungsverbot, welches dem diskreten Geldanleger aber nicht vor einer eventuellen Strafverfolgung durch die Steuerbehörden seines Heimatlandes schützt. Die Frage, ob dieses Beweismittelverwertungsverbot auch *Fernwirkung* hat, ist nämlich zu verneinen. Die Fernwirkung macht solche Beweismittel unverwertbar, die erst *durch die unverwertbaren Beweismittel* gewonnen worden sind. Die Frage der Fernwirkung richtet sich nach der Sachlage und der Art des Verbots. Das Verwertungsverbot hindert die Finanzbehörde jedoch nicht, weitere Ermittlungen zur Untermauerung der nicht verwertbaren Beweismittel anzustellen[107]. Die „Früchte des vergifteten Baums" dürfen von den Steuerbehörden also genossen werden[108].

Ein Beweisverwertungsverbot besteht auch nicht für Informationen, die von einer ausländischen Steuerbehörde übermittelt wurden und deren Erteilung nach dem betreffenden Abkommen unzulässig war. Möglichkeiten, sich Informationen über das Vermögen inländischer Steuerpflichtiger aus dem Ausland zu beschaffen, und das Territorialitätsprinzip zu überwinden, bestehen einerseits in der internationalen Zusammenarbeit zwischen Aufsichtsbehörden im Wege des Informationsaustausches (*Amtshilfe*) oder in der Stellung von *Rechtshilfeersuchen* nach den Vorschriften von bilateralen und multilateralen Übereinkommen. Daneben besteht noch die Möglichkeit, ausländischen Aufsichtsbehörden die direkte Prüfung von ausländischen Niederlassungen des jeweiligen Gewerbes zu gestatten, so genannte *Vor-Ort-Kontrollen* durchzuführen, wie dies im Bankensektor bereits praktiziert wird.

---

[107] Kleinknecht/Meyer, a.a.O., Einl. Rz. 57.
[108] Streck, Michael, Die Steuerfahndung, Köln, Rz. 910.

Stufe 2: Zwischenstaatliche Rechtshilfe

Auskünfte nach den Vorschriften der zwischenstaatlichen Rechtshilfe in Strafsachen kommen dann zur Anwendung, wenn die Finanzbehörde als *Strafverfolgungsbehörde* in einem *Steuerstrafverfahren* wegen Steuerhinterziehung ermittelt oder als zuständige Verwaltungsbehörde in einem Bußgeldverfahren zur Ermittlung einer Steuerordnungswidrigkeit tätig ist. Der im Bereich der Rechtshilfe bedeutendste Staatsvertrag ist das *Europäische Übereinkommen über die Rechtshilfe in Strafsachen* (EuRHÜK[109]), das in Straßburg am 20. April 1959 abgeschlossen und den europäischen Staaten zur Unterzeichnung und Ratifizierung aufgelegt wurde. Das Übereinkommen verkörpert *Staatsvertragsrecht* und geht innerstaatlichem Rechtshilfe-, Verwaltungs- und Prozessrecht vor. Innerstaatliches Recht fließt erst in der dritten Pyramidenstufe ein, und zwar dann, wenn das EuRHÜK „Kann-Bestimmungen" enthält, wie dies bei der Rechtshilfe in Fiskaldelikten der Fall ist. Gemäß Art. 2 Buchst. a des Abkommens können die Vertragsstaaten Rechtshilfe verweigern, „wenn sich das Ersuchen auf strafbare Handlungen bezieht, die vom ersuchten Staat als politische, als mit solchen zusammenhängende oder als fiskalische strafbare Handlungen angesehen werden". Diese „Kann-Bestimmung" löste nach ihrem Inkrafttreten zwischen den Hochsteuerländern und einzelner Staaten mit „anlegerfreundlicher" Gesetzgebung Unmut aus. Denn einzelne Staaten transformierten diese Kann-Bestimmung zu einem generellen Rechtshilfeverweigerungsrecht. Dies zu unterbinden, war Zweck eines dem Europäischen Rechtshilfeübereinkommen alsbald folgenden sogenannten Zusatzprotokolls.[110] Dieses Zusatzprotokoll leitete die stufenweise Aufhebung des Fiskalvorbehaltes im Europäischen Rechtshilfeübereinkommen ein. Die Unterzeichnerstaaten dieses ersten Zusatzprotokolls konnten schon bislang die Rechtshilfe bei Fiskaldelikten nicht allein deshalb verweigern, weil es sich bei der dem Ersuchen zugrunde liegenden Straftat um ein solches Steuer(Fiskal-)delikt handelt. Zum Rechtshilfeverweigerungsrecht in Fiskaldelikten, also der eingangs erwähnten „Kann-Bestimmung" des Art. 2 Buchst. a EuRHÜK, enthält Art. 1 des ersten Zusatzprotokolls folgende Klausel:

---

[109] BGBl. 1964 II S. 1369.
[110] Vom 17. März 1978, BGBl. 1990 I S. 124.

„Die Vertragsparteien üben das in Artikel 2 Buchstabe a des Überein-
kommens vorgesehene Recht zur Verweigerung der Rechtshilfe nicht allein
aus dem Grund aus, dass das Ersuchen eine strafbare Handlung betrifft,
welche die ersuchte Vertragspartei als eine fiskalische strafbare Handlung
ansieht."

Rechtshilfe für ein Steuerstrafverfahren konnte bzw. kann durch die
Unterzeichnerstaaten nicht deshalb abgelehnt werden, weil der ersuchte
Staat eine den hinterzogenen Steuern vergleichbare Abgabenart nicht
kennt und es deshalb an der Voraussetzung der beidseitigen Strafbarkeit
fehlt (Art. 2 Abs. 2 des Zusatzprotokolls). Zu *Kapitel I* des ersten Zusatzprotokolls haben die Unterzeichnerstaaten Österreich und Luxemburg diverse
Vorbehalte erklärt. So beschränkt beispielsweise Luxemburg die Anwen-
dung des ersten Zusatzprotokolls – aus berechtigten Gründen der Verhältnismäßigkeit und der Verfahrensökonomie – auf den Straftatbestand des eines gewissen Mindeststrafmaßes unterliegenden „auslieferungsfähigen
Steuerbetrugs"[111]. Österreich behält sich regelmäßig vor, Rechtshilfe nur in
Verfahren zu leisten, „die auch nach österreichischem Recht strafbare
Handlungen betreffen, zu deren Verfolgung in dem Zeitpunkt, in dem um
Rechtshilfe ersucht wird, die Justizbehörden zuständig sind". Österreich gewährt daher im Rahmen des EuRHÜK Rechtshilfe nur in Angelegenheiten,
die sowohl in Österreich als auch im ersuchenden Staat gerichtlich strafbar
sind (beidseitig gerichtlich strafbare Delikte). Steuerdelikte erfüllen diese
Voraussetzungen.

Wohl aus Anlass des Anschlags vom 11. September 2001 entschlossen
sich die Mitgliedstaaten des Europarates, das Europäische Rechtshilfeübereinkommen sowie das erste Zusatzprotokoll in bestimmten Punkten zu ver-
bessern und zu ergänzen. Gegenstand dieses zweiten Zusatzprotokolls[112]
waren Änderungen im Hinblick auf bestimmte Ermittlungsmaßnahmen
(Einvernahme per Video- oder Telefonkonferenz, Spontanauskünfte, grenzüberschreitende Observationen, verdeckte Ermittlungen, gemeinsame Er-
mittlungsgruppen usw.).

---

[111] Siehe dazu Näheres in diesem Teil, Abschnitt: Nationale Rechtshilfenormen – Luxemburg.
[112] Zweites Zusatzprotokoll vom 8. November 2001.

Stufe 3: Nationale Rechtshilfenormen

Schweiz

An vorderster Stelle dürfte diskreten Geldanlegern als nationale Rechtshilfenorm jene der *Schweiz* interessieren. In Sachen Fiskaldelikten sieht das nationale Rechtshilferecht der Schweiz – das Bundesgesetz über internationale Rechtshilfe in Strafsachen (IRSG)[113] – vor, dass Rechtshilfebegehren grundsätzlich abzulehnen sind, wenn „Gegenstand des Verfahrens eine Tat ist, die auf eine Verkürzung fiskalischer Abgaben gerichtet erscheint oder Vorschriften über währungs-, handels- oder wirtschaftspolitische Maßnahmen verletzt". Diese insbesondere im Bereich des Bankauskunftsverfahrens zum Tragen kommende Klausel erfährt jedoch eine Einschränkung durch den ihr folgenden Satz 2, der bestimmt, dass einem Ersuchen um Rechtshilfe *nach dem dritten Teil* des Gesetzes entsprochen werden kann, wenn Gegenstand des Verfahrens ein „*Abgabebetrug*" i.S. von Art. 14 Abs. 2 des Bundesgesetzes über das Verwaltungsstrafrecht (VStR) ist.

Wann nun wird ein diskreter Geldanleger in der Schweiz zum Abgabebetrüger? Hierzu muss man zunächst festhalten, dass Steuerhinterziehung in der Schweiz nicht gleich Steuerhinterziehung ist. Die Bundesgericht-Rechtsprechung unterscheidet hier zwischen der einfachen Steuerverkürzung und dem Steuer- bzw. Abgabebetrug. Beide Formen führen freilich zum selben Ziel, nämlich zu einer unrechtmäßigen „Reduzierung der Steuerschuld". Nur die Mittel sind verschieden: Eine Bundessteuer ist umgangen (verkürzt), wenn die Besteuerung nicht durchgeführt oder ein neu eintretender Besteuerungstatbestand nur unzureichend erfasst wurde, weil der Steuerpflichtige seine Einkünfte und sein Vermögen nicht vollständig deklariert (oder auch nur „vergessen") hat.

Einen Steuer- bzw. Abgabebetrug begeht dagegen derjenige, der Steuerbehörden arglistig und gezielt täuscht und sich dabei betrügerischer Mittel bedient, um eine Steuerreduzierung herbeizuführen. Strafbar ist in beiden Fällen die Steuerverkürzung durch betrügerische Machenschaften. Art. 186 des Bundesgesetzes über die direkten Bundessteuern spricht beim *Steuerbetrug* von Täuschung durch gefälschte, verfälschte oder inhaltlich unwahre Urkunden. Art. 14 Abs. 2 des Bundesgesetzes über das Verwaltungsstraf-

---

[113] I.d.F. vom 4. Oktober 1996.

recht (VStR) charakterisiert das Tatbild des *Abgabebetrugs* so: *„Bewirkt der Täter durch sein arglistiges Verhalten, dass dem Gemeinwesen unrechtmäßig und in einem erheblichen Betrag eine Abgabe, ein Beitrag oder eine andere Leistung vorenthalten oder dass es sonst am Vermögen geschädigt wird, so ist die Strafe Gefängnis bis zu einem Jahr oder Buße bis zu 30.000 Franken."*

Als Abgabebetrug ist ein „Verhalten des Steuerpflichtigen zu betrachten, der die Steuerbehörde aufgrund von falschen, gefälschten oder inhaltlich unwahren *Urkunden* über die für die Quantifizierung des Steueranspruchs erheblichen Tatsachen täuscht, um auf diese Weise eine unrichtige, für ihn zu günstige Einschätzung zu erreichen"[114]. Strafbares „arglistiges Irreführen" bzw. „arglistiges Verhalten" wird in der Praxis häufig durch gefälschte Bilanzen, Gewinn- und Verlustrechnungen, Kundenkonten, überfakturierte Rechnungen für Fabrikate einer Drittfirma[115], unvollständige Rechnungen, Rechnungen, die lediglich pro forma ausgestellt werden, z.b. von einer zwischengeschalteten Gesellschaft oder Rechnungen für Leistungen, die nicht erbracht worden sind, fiktiv ausgestellte Lohnabrechnungen, Quittungen und Handelskorrespondenzen, kurz gesagt, durch Fälschung der Dokumente, die Bestandteil der Buchführung sind, erreicht. Ein Instrument für arglistiges Irreführen der Behörden wäre auch die *doppelte Buchführung*, eine Einrichtung, die mittels Vertuschung von Einnahmen und der Schaffung „künstlicher Ausgaben" den steuerpflichtigen Gewinn schmälert.

Für arglistiges Handeln sprechen immer besondere Machenschaften und Kniffe, ganze Lügengebäude wie besondere Erfindungen, Vorkehrungen sowie das Ausnützen von Begebenheiten, die allein oder gestützt durch Lügen oder Kniffe geeignet sind, das Opfer irrezuführen oder es in seinem Irrtum zu bestärken. Selbst bloßes Schweigen des diskreten Geldanlegers kann arglistig sein, wenn er dadurch erreicht, dass seine Belege nicht weiter überprüft werden oder mit Rücksicht auf ein besonderes Vertrauensverhältnis von einer Prüfung abgesehen wird. Schließlich gilt auch die Verwendung von zwischengeschobenen Sitzgesellschaften als arglistig.

Die zur Erstellung einer Buchführung verwendeten Belege stellen im allgemeinen *Urkunden* i.S. von Art. 110 Ziff. 5 StGB dar. Urkunden sind Dokumente, die bestimmt und geeignet sind, eine Tatsache von rechtlicher Bedeutung zu beweisen (Art. 110 Ziff. 5 Abs. 1 StGB). Urkunden wird gerade

[114] BGE 115 Ib 77, 111 Ib 247, E.4.b, 110 IV 28.
[115] BGE 111 Ib 249, E. 5.b.

wegen ihrer Eignung und Bestimmung zum Beweis ein höheres Vertrauen entgegengebracht als anderen Unterlagen. Auch Steuerbehörden sehen aufgrund der erhöhten Glaubwürdigkeit bei Urkunden häufiger von Kontrollen ab. Die der Buchführung beigefügten Belege prüft die Eidgenössische Steuerverwaltung (nicht anders als das deutsche Wohnsitzfinanzamt) nur auf ihren Wahrheitsgehalt hin. Demnach handelt arglistig, wer die Steuerbehörden täuscht, indem er seiner Steuererklärung unrichtige oder unvollständige Unterlagen beilegt, die Urkundscharakter besitzen. In solchen Fällen liegt regelmäßig Steuer- bzw. Abgabebetrug vor.[116]

Sind die einer Steuererklärung beigefügten Unterlagen aber keine Urkunden, wie beispielsweise eine unvollständige Einnahmen-Überschussrechnung eines deutschen diskreten Geldanlegers, der seinen Gewinn nach § 4 Abs. 3 EStG ermittelt, gilt der Tatbestand des Steuer- oder Abgabebetrugs als nicht erfüllt. Das Schweizer Bundesgericht[117] sieht eine falsche Einnahmen-Überschussrechnung (selbst wenn es wie im gegenständlichen Fall um Gewinnverkürzungen von mehreren zehntauschend Euro geht) nicht als Urkunde i.S. des schweizerischen Strafrechts an, weil es nach deutschem Einkommensteuerrecht bestimmten Berufsgruppen nicht auferlegt ist, ihren Gewinn durch Überschuss der Einnahmen über die Ausgaben zu errechnen. § 4 Abs. 3 EStG ist insoweit eine „Kann-Vorschrift". Zwar können auch freiwillig verfasste und dem Finanzamt eingereichte Dokumente unter den Urkundsbegriff des schweizerischen Rechts fallen. Doch dies setzt nach geltender Rechtsprechung voraus, dass diese freiwillig verfassten Unterlagen im Steuerverfahren zum Beweis bestimmt und geeignet sind. § 4 Abs. 3 EStG schreibt aber deutschen Steuerpflichtigen gerade nicht vor, dass sie das Ergebnis ihrer Rechnung mit einer schriftlichen Einnahmen-Überschussrechnung belegen. Während also Buchführungspflichtige bei Gewinnverkürzungen um die Aufdeckung ihrer schwarzen Konten in der Schweiz bangen müssen, kann sich ein Einnahmen-Überschussrechner ruhig zurücklehnen, wenn sich das Wohnsitzfinanzamt seines diskreten Kontos wegen mit einem Rechtshilfegesuch an die Schweiz wendet.

Die schweizerischen Behörden unterstützen bei *Abgabebetrug* die Institutionen des ersuchenden Staates bei Verfahren in strafrechtlichen Angelegenheiten im Rahmen der „kleinen", „akzessorischen" oder „anderen"

---

[116] BGE 1A 4/1999 vom 19. April 1999.
[117] Ebendort.

Rechtshilfe, indem sie adäquate und nach schweizerischem Recht zulässige Amtshandlungen vornehmen und das daraus gewonnene Ergebnis der Behörde des ersuchenden Staates mitteilen. Als Rechtshilfemaßnahmen kommen namentlich in Betracht (Art. 63 Abs. 2 IRSG):

- die Zustellung von Schriftstücken,
- die Beweiserhebung, insbesondere die Durchsuchung von Personen und Räumen,
- die Beschlagnahme, der Herausgabebefehl, die Einvernahme und Gegenüberstellung von Personen,
- die Herausgabe von Akten und Schriftstücken,
- die Herausgabe von Gegenständen oder Vermögenswerten zur Einziehung oder Rückerstattung an den Berechtigten.

Unwahre Steuererklärungen stellen die typische Steuerhinterziehung dar, die weder Abgabebetrug darstellt noch rechtshilfefähig ist, auch wenn das ausländische Recht sie anders qualifiziert und sogar mit Freiheitsstrafe ahndet. Steuererklärungen sind keine *Urkunden*, sondern lediglich als „bloße schriftliche Erklärungen" zu qualifizieren. Auch Einnahmen-Überschussrechnungen sind keine Urkunden; sagen sie doch lediglich etwas darüber aus, dass der Steuerpflichtige behauptet, den in der Steuererklärung aufgeführten Gewinn erzielt zu haben. Diskrete Geldanleger, die sich als Einnahmen-Überschussrechner lediglich darauf beschränken, in ihrer Rechnung Einkünfte nicht vollständig aufzuführen, begehen keinen rechtshilfefähigen Abgabebetrug.[118] Das Erfordernis der Arglist bewirkt außerdem den Ausschluss aller Ordnungswidrigkeiten von der Rechtshilfe.

Zentrale Einlaufstelle für ausländische Rechtshilfeersuchen ist die Abteilung internationale Rechtshilfe im Bundesamt für Justiz (BJ) in Bern. Nach entsprechender Vorprüfung, ob die Rechtshilfeleistung die Hoheitsrechte, die Sicherheit oder andere wesentliche Interessen der Schweiz gefährden könnte, prüft die Sektion Rechtshilfe im Rahmen einer Vorprüfung (Art. 80 IRSG) alle eingehenden Gesuche auf die erforderlichen Formvorschriften des IRSG oder des anwendbaren Staatsvertrags[119], holt eine Ge-

---

[118] BGE 1A 4/1999 vom 19.4.1999.
[119] Die ersuchte Behörde beschränkt sich ausschließlich auf die Einhaltung der Formvorschriften und geht nicht der materiellen Fragestellung auf den Grund. Rechtshilfe kann deshalb unabhängig davon gewährt werden, ob der Betreffende schuldig ist oder nicht. Die Schuldfrage soll sich vielmehr mit Hilfe des Rechtshilfeersuchens erst herausstellen.

genrechtszusicherung (Art. 8 Abs. 1, 17 Abs. 3 Buchst. a IRSG) ein und leitet den Antrag an die zuständige kantonale Justizbehörde weiter, falls die Rechtshilfeleistung nicht schon offensichtlich unzulässig erscheint (Art. 78 Abs. 1, 17 IRSG). Ist die Kantonalbehörde Vollzugsbehörde, erlässt sie eine „summarisch begründete Eintretensverfügung" und ordnet die Rechtshilfehandlungen an (zum Ablaufschema im Einzelnen vgl. nachfolgendes Schema).

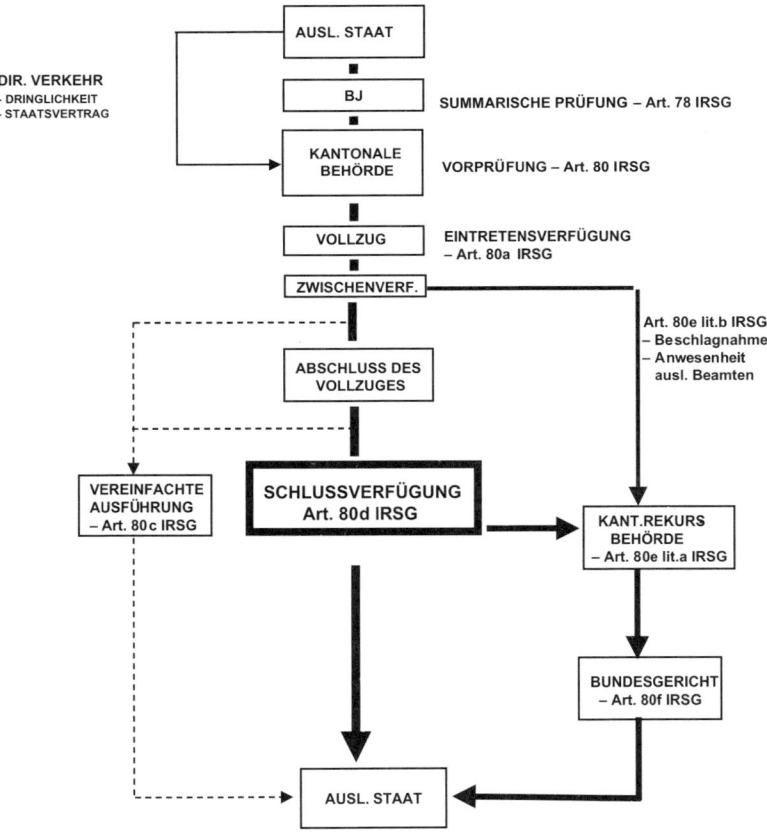

Abbildung 2: Ablaufschema eines Rechtshilfeverfahrens in der Schweiz bei Abgabebetrug (Quelle: Bundesamt für Justiz [Sektion Rechtshilfe], Wegleitung „Die Internationale Rechtshilfe in Strafsachen", Seite 50).

Diskrete Geldanleger, die sich Abgabebetrügereien erlauben, sind durch das Schweizer Bankgeheimnis nicht geschützt. Dies ist zuletzt im Rahmen der jüngsten Revision des Doppelbesteuerungsabkommens zwischen Deutschland und der Schweiz[120] wieder einmal bekräftigt worden. Die Neufassung des Artikels 27 DBA-Schweiz ermöglicht erstmals den Austausch von Informationen für die Durchsetzung des innerstaatlichen Rechts bei Betrugsdelikten zwischen den beiden Abkommensstaaten auf Ebene der Amtshilfe. Unter ein Betrugsdelikt i.S. des DBA fällt jedes betrügerische Verhalten, welches nach dem Recht beider Staaten als Steuervergehen gilt und mit Freiheitsstrafe bedroht ist, also der „Abgabebetrug". In dem zum Abkommen angefügten Revisionsprotokoll[121] heißt es hierzu: „Es besteht Einvernehmen, dass das Bankgeheimnis der Beschaffung von Urkundenbeweisen bei Banken und deren Weiterleitung an die zuständige Behörde des ersuchenden Staates in Fällen von Betrugsdelikten nicht entgegensteht."

Der große Vorteil dieser Neuregelung liegt für die deutschen Steuerbehörden darin, dass diese die auf dem Amtshilfewege – im Gegensatz zu den auf dem Rechtshilfewege – erlangte Kenntnisse im Veranlagungsverfahren zur Nachversteuerung nutzen können. Auskünfte, die auf dem Rechtshilfeweg erlangt worden sind, unterliegen hingegen dem Spezialitätsvorbehalt und dürfen für Veranlagungszwecke nicht verwertet werden. Die auf dem Amtshilfeweg erlangten Auskünfte dürfen hingegen auch zur Ahndung von Steuerstraftaten verwendet werden. Andererseits aber hat ein Amtshilfeersuchen – im Gegensatz zu einem Rechtshilfeersuchen – höhere Hürden zu überwinden. Neben dem Erfordernis der Urkundenfälschung muss zur Erlangung von Bankinformationen ein direkter Zusammenhang zwischen dem betrügerischen Verhalten und den Bankkonten bestehen. Ein solcher direkter Zusammenhang wäre beispielsweise nur dann gegeben, wenn sich der diskrete Geldanleger diverse Schwarzeinnahmen, die er bewusst der Besteuerung entzogen hat, direkt auf sein Schweizer Konto überweisen lässt. Hinterzieht er hingegen in erster Stufe, beispielsweise durch eine manipulierte Ladenkasse, stellt dies die Ersttat dar und ist mit dem Verheimlichen der Einnahmen abgeschlossen. Bringt der diskrete Geldanleger dann quartalsweise die ganzen Schwarzeinnahmen und noch diverse andere Bargelder auf sein Schweizer Bankkonto, stellt die Über-

---

[120] BGBl. 2003 Teil II S. 67.
[121] Das Revisionsprotokoll ist am 24.3.2003 in Kraft getreten, BStBl. 2003 I S. 329.

bringung der diskreten Gelder eine separate Zweittat dar, weshalb hier der direkte Zusammenhang zwischen dem Bankkonto und den Schwarzeinnahmen fehlt. Nachdem dem diskreten Geldanleger gegen ein Amtshilfeersuchen regelmäßig Rechtsmittel zur Verfügung stehen, wird der diskrete Geldanleger in solchen Fällen das Auskunftsbegehren ausländischer Steuerbehörden stoppen können. Außerdem bedarf die Weitergabe von amtshilfeweise übermittelten Auskünften an Strafverfolgungsbehörden der Zustimmung der eidgenössischen Steuerverwaltung. Diese wird ihre Zustimmung nur erteilen, wenn der direkte Zusammenhang (Ersttatbestand) erfüllt ist.

Amtshilfe bei Steuerbetrug wird die Schweiz künftig allen EU-Mitgliedstaaten leisten. So hat sich die Eidgenossenschaft anlässlich der Verhandlungen mit der EU über die Zinsbesteuerung in einem Memorandum of Understanding (MOU) gegenüber der EU verpflichtet, in den Doppelbesteuerungsabkommen mit den EU-Mitgliedsländern und auf der Basis der Gegenseitigkeit allgemein Amtshilfe bei Steuerbetrug (Abgabebetrug) zu vereinbaren. Danach würde Amtshilfe mit allen EU-Staaten auf begründete Anfrage hin bei Steuerbetrug nach schweizerischem Recht sowie bei sinngemäß gleich schwer wiegenden Delikten geleistet.[122]

Österreich

Als nationale Rechtshilfenorm Österreichs regelt das das so genannte Auslieferungs- und Rechtshilfegesetz (ARHG) die Rechtshilfe bei Fiskal- und sonstigen Strafdelikten näher. Diskrete Geldanleger aus Deutschland können dies aber gleich wieder vergessen. Denn im Rechtshilfeverkehr mit Deutschland findet in gerichtlich strafbaren Fiskaldelikten neben dem EuRHÜK und dem Zusatzprotokoll der *Vertrag vom 31. Januar 1972 über die Ergänzung des Europäischen Übereinkommens (RHStrV)*[123] Anwendung. Der Vertrag sieht Rechtshilfeleistungen vor „durch Übermittlung von Akten, Schriftstücken oder Beweisgegenständen, über welche die Finanz-(Zoll-)behörden des ersuchten Staates verfügen können", und zwar im unmittelbaren Geschäftsverkehr mit Justiz- und Finanz-(Zoll-)behörden. Der

---

[122] Sinngemäß mit Steuerbetrug (Abgabebetrug) vergleichbar sind Verstöße gegen genau bestimmbare steuerstrafrechtliche Vorschriften anderer Staaten, die denselben Unrechtsgehalt aufweisen wie der Steuerbetrug, aber im Schweizer Verfahren und somit auch im Schweizer Recht nicht vorkommen. Nicht unter diese Bestimmung fällt in jedem Fall die einfache Steuerhinterziehung. Quelle: EFD Presserohstoff zum Vertragsinhalt Zinsbesteuerung Abkommen Schweiz- EU vom 4. Juni 2003.

[123] BGBl. 1975 II S. 1157.

Vertrag sieht vom ursprünglichen Erfordernis der beiderseitigen Strafbarkeit ab, sofern das Steuerdelikt im ersuchten Staat zumindest von einer Verwaltungsbehörde (der Finanzverwaltung) geahndet wird. Mit dem Zusatzvertrag werden auch der von Österreich erklärte Vorbehalt zu Art. 2 Buchst. a EuRHÜK, dass Rechtshilfe bei Fiskaldelikten mangels Auslieferungsfähigkeit nach §§ 51 und 15 des ARHG unzulässig ist, sowie § 2 ARHG, wonach einem ausländischen Rechtshilfeersuchen nur dann entsprochen werden darf, wenn die öffentliche Ordnung oder andere wesentliche Interessen der Republik Österreich nicht verletzt werden, im Rechtshilfeverkehr mit Deutschland verdrängt. „Von einer Beeinträchtigung wesentlicher Interessen der Republik Österreich" kann sowieso nur dann gesprochen werden, wenn „ein Rechtshilfeakt in fiskalischen Strafverfahren begehrt wurde, der in den österreichischen Rechtsvorschriften keine Deckung fände", wie der Oberste Gerichtshof festgestellt hat.[124] Außerdem bestimmt Art. IV Abs. 3 des RHStrV, dass die nach den Vorschriften der Vertragsstaaten bestehenden Geheimhaltungspflichten in fiskalischen Angelegenheiten der Rechtshilfe in Abgaben- und Steuersachen nicht entgegenstehen. Somit kann Österreich im Verhältnis zu Deutschland die Rechtshilfe bei Fiskaldelikten nicht unter Berufung auf eine nach österreichischen Gesetzen bestehende Geheimhaltungspflicht (Steuer- und/oder Bankgeheimnis) verweigern.

Für die Rechtshilfe in Steuer- und Abgabesachen (also auf Besteuerungsebene) ist ein besonderer Vertrag aus dem Jahre 1954 maßgebend, der Österreich verpflichtet, gegenüber Deutschland Rechtshilfe „in allen Abgabesachen, im Ermittlungs-, Feststellungs- und Rechtsmittelverfahren, im Sicherungs- und Vollstreckungsverfahren sowie im Verwaltungsstrafverfahren" zu leisten. Und dieser Vertrag sieht bezüglich der Art und Weise der Erledigung eines Rechtshilfeersuchens vor, dass jeweils das Gesetz des ersuchten Staates gilt[125].

Aus diesem Grund rechtfertigt nicht jedes ausländische Finanzstrafverfahren auf Ebene eines verwaltungsbehördlichen Strafverfahrens eine Durchbrechung des österreichischen Bankgeheimnisses. Der VwGH setzt hierfür in Übereinstimmung mit der Judikatur des VerfGH voraus, dass die „Einleitung" eines Finanzstrafverfahrens wegen vorsätzlicher Finanzver-

---

[124] OGH, Urt. v. 16. Dezember 1993, 15 OS 167/93-8.
[125] So genannte „Transformationsregel", weil sie praktisch österreichisches Recht in bestehende deutsche Steuerstrafverfahren hineintransferiert.

gehen (was Voraussetzung für die Aufhebung des Bankgeheimnisses ist) normativen Charakter hat.[126] Demzufolge müssen sich aus der Begründung des Einleitungsbeschlusses nicht nur Umstände ergeben, die nach der Lebenserfahrung auf ein Finanzvergehen schließen lassen. Dem diskreten Geldanleger muss außerdem auch die Möglichkeit offenstehen, die Einleitung durch ein gesondertes Rechtsmittel bekämpfen zu können. Erst bei Wahrung dieser rechtsstaatlichen Prinzipien liegt die Einleitung eines Finanzstrafverfahrens mit normativem Charakter vor, welches die Durchbrechung des österreichischen Bankgeheimnisses rechtfertigt.

Im streitgegenständlichen Fall leitete die Steuerfahndungsstelle des Finanzamts Augsburg-Stadt gegen einen deutschen Zahnarzt ein Steuerstrafverfahren ein und bat das Finanzamt Innsbruck um Aufklärung sämtlicher bei einer Raiffeisenbank unterhaltenen Kontoverbindungen sowie die Beschlagnahme sämtlicher Kontounterlagen. Dem Ersuchen lag ein sog. „Einleitungsvermerk" der Steuerfahndungsstelle bei, aus welchem die Einleitung eines Steuerstrafverfahrens ersichtlich war. Gestützt auf den RHAbgV (gemäß Art. 3 dieses Vertrages verpflichtete sich Österreich, Deutschland im Verwaltungsstrafverfahren Rechtshilfe zu leisten) richtete das Finanzamt Innsbruck ein „Auskunfts- und Einsichtnahmeersuchen" an die betreffende Bank. Diese lehnte das Auskunftsersuchen mit der Begründung ab, es bestünden Bedenken, ob es sich bei dem anhängigen Verfahren um ein mit der österreichischen Rechtsordnung vergleichbares eingeleitetes Finanzstrafverfahren handle, welches die Aufhebung der Verpflichtung zur Wahrung des Bankgeheimnisses zur Folge hätte. Einen Rechtsbehelf gegen die Einleitung eines Steuerstrafverfahrens haben deutsche diskrete Geldanleger naturgemäß nicht. Demzufolge entfaltet die Einleitung eines deutschen Steuerstrafverfahrens keinen normativen Charakter; das österreichische Bankgeheimnis wird daher nicht durchbrochen.

Andere Maßstäbe und Kriterien gelten freilich, wenn das Rechtshilfeersuchen auf Gerichtsebene verläuft. Rechtshilfeersuchen von den Justizbehörden eines ausländischen (ersuchenden) Staates stützen sich auf das Europäische Übereinkommen über die Rechtshilfe in Strafsachen samt Zusatzprotokoll, aber auch auf das Protokoll vom 16.10.2001 zu dem Übereinkommen über die Rechtshilfe in Strafsachen. Und hier gelten vor allem die

---

[126] Erkenntnis vom 26.7.2006 in einem Steuerstrafverfahren gegen einen deutschen Zahnarzt, Az. 2004/14/0022.

Maßstäbe der österreichischen Strafprozessordnung (namentlich § 145a StPO).[127]

Luxemburg

Das Großherzogtum **Luxemburg** leistet Rechtshilfe nach Maßgabe des nationalen Rechtshilfegesetzes vom 8. August 2000[128] und hat sich in diesem Gesetz vorbehalten, Rechtshilfe nur in Fällen zu leisten, in denen

- ein *Steuerbetrug* nach Luxemburger Abgabenrecht vorliegt,
- die Bedeutung der Tat die Durchführung des Verfahrens rechtfertigt (Schutz vor übermäßiger Belastung des Staatsapparates in Bagatellfällen),
- Hoheitsrechte oder wesentliche Interessen nicht gefährdet sind (beispielsweise durch Übermittlung von bankgeheimnisgeschützten Daten).

Des Weiteren knüpft Luxemburg Durchsuchungs- oder Beschlagnahmebegehren an Handlungen, die nach dem *Europäischen Übereinkommen über die Auslieferung vom 13. Dezember 1957*[129] auslieferungsfähig sind, und führen diese nur unter der Bedingung aus, dass der Richter einer Erledigung nach luxemburgischem Recht zugestimmt hat.[130] Nach dem europäischen Auslieferungsübereinkommen sind nur solche Delikte auslieferungsfähig, die „sowohl nach dem Recht des ersuchenden als auch nach dem des ersuchten Staates mit einer Freiheitsstrafe oder die Freiheit beschränkenden Maßregel der Sicherung und Besserung im Höchstmaß von mindestens einem Jahr oder mit einer schwereren Strafe bedroht sind".

Das Luxemburger Steuerrecht unterscheidet wie die Schweiz zwischen einfacher Steuerhinterziehung, als „fraude fiscale simple" bezeichnet, und der „escroquerie fiscale", dem „Steuerbetrug". Als einfache Steuerhinterziehung bezeichnet werden kann z.B. eine inexakte Deklaration, hervorgerufen durch:

---

[127] Vgl. Teil II, Abschnitt: Anwendung des europaweiten Kontenabrufs auf diskrete österreichische Bankkonten.
[128] Loi du 8 août sur l'entraide judiciaire internationale en matière pènale, Mémoria A-Nr. 98 v. 18. September 2000.
[129] BGBl. 1964 II S. 1369.
[130] Luxemburg hält hier lediglich an Art. 5 des Auslieferungsübereinkommens nicht fest, d.h. gewährt einem Staat auch dann Rechtshilfe, wenn dieser mit Luxemburg kein Auslieferungsabkommen abgeschlossen hat (Art. 2 Nr. 2 Gesetz vom 27. August 1997).

- die Angabe zu niedriger Einkünfte,
- Nichterklärung bestimmter Einkunftsarten (z.B. Zinseinkünfte),
- die Verwertung falscher Informationen oder
- Versäumnisse fester Zahlungsfristen.

Einfache Steuerhinterziehung wird in Luxemburg nicht mit Freiheitsstrafen von mindestens einem Jahr geahndet. Es drohen in aller Regel nur Geldstrafen, die allerdings bis zum Vierfachen der hinterzogenen Steuern festgesetzt werden können.

Um einen *Steuerbetrug* handelt es sich im Unterschied hierzu, wenn

- die Steuerhinterziehung durch systematische Verwendung betrügerischer Machenschaften vollzogen wird und
- es sich hierbei um beachtliche Beträge handelt, die dem Fiskus vorenthalten werden.

Der Begriff „Steuerbetrug" wurde erstmals durch Gesetz vom 22. Dezember 1993 in den – direkte Steuern betreffenden – dritten Teil der „Luxemburger Abgabenordnung" – „loi générale des impôts" – (§ 396 Abs. 5 LGI) eingefügt[131]. Nach dieser Vorschrift begeht Steuerbetrug, wenn eine Steuerhinterziehung zur Verkürzung erheblicher Beträge führt, sei es in Form eines absoluten Betrages, sei es im Verhältnis zur Höhe der geschuldeten Jahressteuern, und dies allein dadurch erreicht wurde, dass die Abgabenbehörde durch taktisches und systematisches Vorgehen über steuerlich erhebliche Tatbestände in Unkenntnis gelassen wurde oder dieser gegenüber steuerlich erheblicher Tatsachen bewusst unrichtig oder unvollständig dargestellt wurden.

Steuerbetrug wird nicht allein durch den Versuch begangen, Steuervorteile geltend zu machen, die die Abgabenbehörde bei der Veranlagung letztlich nicht anerkennt. Aus dem diskreten Geldanleger wird auch dann kein Steuerbetrüger, wenn dieser versucht, einen steuerrelevanten Sachverhalt zu seinen Gunsten darzustellen, letztlich aber gegenüber der Steuerbehörde nicht glaubhaft wirkt. Steuerbetrug begeht nicht schon derjenige, der eine inexakte Einkommensteuererklärung nur deshalb abgegeben hat, weil er wider besseres Wissen diverse Einkünfte nicht erklärt oder schlichtweg vergaß.

---

[131] § 396 Abs. 5 eingefügt durch Gesetz vom 22. Dezember 1993 „sur l'escroquerie en matière d'impôts", Mémorial A Nr. 99 vom 24. Dezember 1993; § 396 Abs. 5 in freier Übersetzung des Autors.

Des Steuerbetrugs macht sich vielmehr derjenige schuldig, der gegenüber dem Fiskus ein aus mehreren sich ergänzenden Einzelelementen zusammengesetztes Lügengebäude aufbaut, welches zu einer Verkürzung hoher Steuerbeträge führt.[132] Als Beispiel für ein solches Lügengebäude kann jede Art der Belege- und Urkundenfälschung, einhergehend mit einer auf Gewinnverkürzung abzielenden doppelten Buchführung bezeichnet werden, durch die auf entsprechender Weise künstliche Ausgaben geschaffen und Einkünfte entweder nicht oder falsch – durch Kettenbuchungssätze vertuscht – erfasst werden.

Steuerbetrug liegt auch in allen „Modellfällen" des fiktiven Vorsteuerabzugs vor. Reicht ein Unternehmer fiktive, von einer Scheingesellschaft ausgestellte Rechnungen zum Vorsteuerabzug ein (la fraude des „taxis"), erfüllt er den Straftatbestand des Steuerbetrugs. Steuerbetrug liegt überall dort vor, wo „Dritte" in die Machenschaften einbezogen werden, wie beispielsweise eine fiktive ausschließlich zur Scheinfakturierung dienende Briefkastenfirma.

Schließlich ist die Hinterziehung eines verhältnismäßig hohen Betrags an Steuergeldern erforderlich. Das Gesetz spricht hier von einem „montant significatif d'impôt, soit en montant absolu soit en rapport avec l'impôt annuel dû". Hier handelt es sich zweifelsohne um einen dehnbaren Begriff, der dem Ermessen der Ermittlungsbehörden und Gerichte unterliegt. Anhaltspunkt für die Qualifizierung der hinterzogenen Steuern als „montant significatif" kann entweder die absolute Höhe der Steuerhinterziehung oder das Verhältnis der hinterzogenen Steuern zur Jahressteuerschuld sein, wobei im letzteren Fall die persönlichen Verhältnisse des Betreffenden berücksichtigt werden.

Luxemburger Justizbehörden unterstützen die Suche nach ausländischen Schwarzgeldkonten aber nur dann, wenn dem Rechtshilfeersuchen ein *auslieferungsfähiger* Steuerbetrug zugrunde liegt. Konkret bedeutet dies, dass ein in Deutschland begangenes Steuerdelikt nach Luxemburger Abgabenrecht mit mindestens einem Jahr Freiheitsentzug bestraft werden müsste, um die Durchsuchung von Geschäftsräumen eines in Luxemburg tätigen Kreditinstituts oder die Beschlagnahme von Kontounterlagen erreichen zu können.

---

[132] Ces manoeuvres doivent avoir été employées de facon systématique ce qui renvoie à une combinaison d'éléments qui se coordonnent pour concourir au résultat ou de manière à former un ensemble.

„Fraude fiscale simple" ist weder auslieferungs- noch rechtshilfefähig, und wird es auch dann nicht, wenn sich das Rechtshilfebegehren auf das Zusatzprotokoll zum 59er Rechtshilfeübereinkommen bezieht. Luxemburg hat im Gesetz vom 27. August 1997 deutlich gemacht, dass das 59er Rechtshilfeübereinkommen in Erweiterung des Zusatzprotokolls aus Gründen der Verfahrensökonomie nicht anzuwenden und Rechtshilfe zu verweigern ist, wenn es – wie beim „Fraude fiscale simple" – offensichtlich ist, dass die eingesetzten Mittel unverhältnismäßig sind oder wesentliche Interessen des Großherzogtums (hierzu zählt auch das Bankgeheimnis) gefährdet würden. Luxemburg hat andererseits aber noch nie die Vollstreckung eines internationalen Rechtshilfeersuchens verweigert, indem es das Berufsgeheimnis in einer seiner Formen und insbesondere das Bankgeheimnis entgegengesetzt hätte. Auch das nationale Rechtshilfegesetz vom 8. August 2000 sieht den obigen Ausführungen konform zwar keine Rechtshilfe in Fiskaldelikten (mit Ausnahme des Steuerbetrugs) vor. Von dem Augenblick an, in dem aber die allgemeinen Bedingungen der Rechtshilfe erfüllt werden, muss der ausländische diskrete Geldanleger stets damit rechnen, dass die Luxemburger Behörden die Durchsuchungen und Beschlagnahmen ausführen, die von ausländischen Behörden in luxemburgischen Kredit- oder Versicherungsinstituten im Rahmen eines internationalen Rechtshilfeersuchens beantragt werden.

Liechtenstein

In Liechtenstein verhält man sich in Sachen Rechtshilfe viel diskreter als in der Schweiz oder in Luxemburg. Dies gilt zumindest (noch) für das Verhältnis zu europäischen Nachbarländern. Das Fürstentum lüftet das Bankgeheimnis den Behörden europäischer Nachbarländer gegenüber weder bei Steuerbetrug (wie die Luxemburger) noch bei Abgabebetrug (wie die Schweizer). Nach dem liechtensteinischen Rechtshilfegesetz wird einem Rechtshilfeersuchen grundsätzlich nicht entsprochen, wenn Gegenstand des Verfahrens eine Tat ist, die auf eine Verkürzung fiskalischer Abgaben gerichtet erscheint. Liechtenstein hat zwar das Europäische Übereinkommen über die Rechtshilfe in Strafsachen unterzeichnet und leistet auch Rechtshilfe nach Maßgabe dieses Übereinkommens, ist dadurch aber nicht zur Durchbrechung des Bankgeheimnisses in ausländischen Steuerangelegenheiten verpflichtet.

Die Folge: Das Bankgeheimnis schmilzt nicht gleich bei größeren Steuerdelikten zusammen.

Letzteres muss allerdings in Bezug auf die USA relativiert werden. Liechtenstein hat mit den USA am 8. Juli 2002 einen Rechtshilfevertrag geschlossen, der neben den klassischen Bereichen der Rechtshilfe auch den Bereich der Rechtshilfe in Steuerstrafsachen mit erfasst. Dem Vertragstext zufolge soll nur bei „qualifiziertem Steuervergehen", die dem liechtensteinischen Steuerbetrugstatbestand größtenteils entsprechen, Rechtshilfe mit Zwangsmaßnahmen geleistet werden.

Art. 1 Abs. 4 des RV-US lautet entsprechend: *„Bei Steuervergehen leistet der ersuchte Staat Rechtshilfe, wenn es sich bei der beschriebenen Handlung um einen Steuerbetrug handelt, welcher als eine Steuerhinterziehung definiert wird, bei der vorsätzlich gefälschte, verfälschte oder unwahre Geschäftsunterlagen oder andere Schriftstücke verwendet werden, und sofern der ausstehende Steuerbetrag entweder absolut oder im Verhältnis zu einem ausstehenden Jahresbetrag erheblich ist. Der ersuchte Staat verweigert die Rechtshilfe nicht, wenn nach seinem Recht nicht dieselbe Art von Steuer erhoben wird oder nicht die gleichen Steuervorschriften bestehen wie gemäß dem Recht des ersuchenden Staates."*

Zur Präzisierung des Begriffs Steuerbetrug werden im Vertrag folgende Handlungen genannt, welche vorsätzlich begangen werden müssen:

- *Das Abfassen, Veranlassen der Abfassung, Unterzeichnen oder Einreichen von Schriftstücken, die*
  - *von Gesetzes wegen eingereicht werden müssen, um den Steuerbehörden die Höhe des steuerbaren Einkommens nachzuweisen,*
  - *als Grundlage für eine Steuerveranlagung dienen und*
  - *falsch sind im Hinblick auf eine solche Steuerveranlagung;*
- *das Führen von zwei unterschiedlichen Buchhaltungen;*
- *das Ausführen falscher Buchungen oder Änderungen oder das Ausstellen falscher Rechnungen oder Schriftstücke;*
- *das Zerstören von Büchern oder Aufzeichnungen oder*
- *das Verheimlichen von Vermögenswerten oder das Verdecken von Einkommensquellen durch die in Art. 1 Abs. 4 beschriebenen Mittel.*

Die Definition des nach dem RV-USA rechtshilfefähigen Steuerbetrugs geht sehr weit; weiter als es nach nationalem Steuerrecht des Fürstentums der Fall wäre: So sieht der Vertrag auch das unvollständige oder unrichtige Ausfüllen von Steuererklärungen als Steuerbetrug an. Klar ist also, dass das „Vergessen" irgendwelcher Kapitalerträge eines Amerikaners aus seinen diskreten liechtensteinischen Geldanlagen auch unter diese Definition fallen kann. Klar ist auch, dass mit der Öffnung der Rechtshilfe bei schwer wiegenden Steuervergehen gegenüber den USA das Fürstentum erstmals von seiner strengen im nationalen Rechtshilfegesetz verfolgen Linie abgeht; und zwar gleich so weit, dass Liechtenstein auch auf das Erfordernis der doppelten Strafbarkeit verzichtet. In fast allen bi- und multilateralen Rechtshilfeabkommen ist nämlich für die Gewährung von Rechtshilfe zwingend Voraussetzung, dass die Straftat auch nach dem Recht des ersuchten Staates als strafbare Handlung angesehen wird.

Zwar ist der Rechtshilfevertrag mit den USA laut Aussage der Liechtensteiner Regierung auf die spezifischen Rechtsbedingungen der beiden Länder zugeschnitten und somit nicht unmittelbar auf Drittländer übertragbar. Doch es bedarf keiner großen Fantasie und wohl auch keiner großen Zeitspanne mehr, bis weitere Staaten, namentlich Deutschland, Frankreich und andere Hochsteuerländer im Ländle stehen und eine dem USA-Vertrag äquivalente Rechtshilfe in Steuersachen verlangen; und zwar mit rückwirkender Anwendung, so wie auch der RV-US rückwirkend Anwendung findet. Dadurch können Sachverhalte aufgerollt werden aus Zeiten, in denen US-Bürgern noch versichert werden konnte, dass sie in Sachen Rechtshilfe in Fiskaldelikten überhaupt nichts zu befürchten hätten.

Hinweise für diskrete Geldanleger aus Österreich: Das Fürstentum Liechtenstein und die Republik Österreich haben am 4. Juni 1982 einen Vertrag über die Ergänzung des Europäischen Übereinkommens über die Rechtshilfe in Strafsachen und die Erleichterung seiner Anwendung geschlossen.[133] Dieser Zusatzvertrag sieht Rechtshilfe auch für Verfahren wegen strafbarer Handlungen vor, deren Bestrafung in dem Zeitpunkt, in dem um Rechtshilfe ersucht wird, in einem der beiden Staaten in die Zuständigkeit eines Gerichtes und im anderen Staat in die Zuständigkeit einer Verwaltungsbehörde fällt. Hier kann Rechtshilfe aber auch abgelehnt werden, wenn die Tat keine oder nur unbedeutende Folgen nach sich gezogen hat

---

[133] LGBl. 1983 Nr. 41.

und der mit der Leistung der Rechtshilfe verbundene Aufwand im Verhältnis zu der im ersuchenden Staat zu erwartenden Strafe nicht gerechtfertigt wäre. Der Zusatzvertrag enthält allerdings – und das ist die gute Nachricht für österreichische Geldanleger – keinerlei Bestimmungen über eine vom Grundsatz abweichende Rechtshilfe in Fiskaldelikten. Zwar müssen österreichische Anleger ihre aus dem Liechtenstein-Depot erwirtschafteten Kapitaleinkünfte ebenso versteuern wie Geldanleger aus anderen EU-Mitgliedsländern. Dies reduziert sich allerdings wegen des Bankgeheimnisses und der restriktiven Rechtshilfepraxis vielfach zu einer bloßen Gewissensfrage. Auch der Vertrag vom 4. Juni 1982 ändert für österreichische Geldanleger daran nichts.

Belgien

„Kleinere" Steuerdelikte haben auch in Belgien kaum Chancen auf Rechtshilfe. Wie Luxemburg hat sich das Königreich als Vertragsstaat des Europäischen Rechtshilfeübereinkommens vorbehalten, ausländischen Durchsuchungs- und Beschlagnahmebegehren nur bei auslieferungsfähigen strafbaren Handlungen nachzukommen. Will also die deutsche Justiz eine belgische Bank durchsuchen lassen, müsste von deutscher Seite aus eine Straftat nachgewiesen werden, die in Belgien mit einer Freiheitsstrafe von mindestens einem Jahr zu bestrafen wäre. Wäre dies der Fall, müsste das Bankgeheimnis weichen.

Kanalinseln

Jerseys und Guernseys-Aufsichtsbehörden kooperieren mit ausländischen Strafverfolgungsbehörden im Rahmen des „Criminal Justice (International Co-Operation) Law" bei Drogendelikten, Terrorismus, Insiderhandel oder schweren Betrugsdelikten. Unter die rechtshilfefähigen schweren Betrugsdelikte reiht sich auch der *Steuerbetrug* ein, jedoch nicht die unrichtige Steuererklärung.

Unter der *Evidence (Proceedings in other Jurisdictions) (Jersey) Order* unterstützt Jersey's Royal Court ausländische Justizbehörden in anhängigen Strafverfahren durch Rechtshilfeleistungen wie die Herbeischaffung und Übermittlung von Beweisgegenständen. Bezüglich der Art der verfolgten Straftat gibt es keine Einschränkungen in Bezug auf Steuerdelikte (Steuerbetrug). Ausgenommen von der Rechtshilfe sind lediglich politische Straftaten.

Guernsey betreffend verlangt das *European Communities (Bailiwick of Guernsey) Law* die Cooperation mit diversen Zollbehörden der EU-Staaten zur Umsetzung des in Protokoll 3 der Beitrittserklärung Großbritanniens festgeschriebenen freien Zoll- und Warenverkehrs zwischen der EU und Guernsey. In diesem Rahmen ist Guernsey den EU-Behörden gegenüber zum Informationsaustausch verpflichtet. Der Informationsaustausch umfasst auch die Vorsorge und Aufspürung von Betrugs- oder Hinterziehungsdelikten.

Das *Criminal Justice (Fraud Investigation) (Bailiwick of Guernsey) Law* greift bei allen Betrugsdelikten, auch in Fällen des Steuerbetrugs. Der „Law Officer" ist ermächtigt, Informationen auch an ausländische Strafverfolgungsbehörden weiterzugeben, nach Maßgabe der *Evidence (Proceedings in Other Jurisdictions) (Guernsey) Order*. Die Anwendung des *Criminal Justice (Fraud Investigation) (Bailiwick of Guernsey) Law* setzt keinen Mindestbetrag voraus, der der Gemeinschaft vorenthalten oder gesetzeswidrig erlangt wurde. Des Weiteren ist es nicht notwendig, dass gegen den Verdächtigen bereits ein (Steuer-)Strafverfahren eröffnet worden ist.

Im Rahmen des *Criminal Justice Law* können Personen als Zeugen vorgeladen und befragt werden, Dokumente beschlagnahmt oder vervielfältigt sowie Durchsuchungshandlungen angeordnet werden. Berufsgeheimnisträger wie Anwälte oder als Treuhänder fungierende Anwälte besitzen ein Aussageverweigerungsrecht, auf das sie sich regelmäßig berufen können, müssen aber in jedem Fall Name und Adresse desjenigen Klienten herausgeben, der im Mittelpunkt der Ermittlungen steht. Die *Evidence (Proceedings in Other Jurisdictions) (Guernsey) Order* sieht im Einklang mit der *Criminal Justice (Fraud Investigation) (Bailiwick of Guernsey) Law* zur Unterstützung der Judikative eines ersuchenden Staates die Vorladung und Vernehmung von Zeugen sowie die Vervielfältigung von Beweisdokumenten und deren Übermittlung vor.

Die *Evidence (Proceedings in Other Jurisdictions) (Guernsey) Order* enthält im Unterschied zu den nationalen Rechtshilfegesetzen anderer Länder – wie den bereits dargestellten Rechtshilfegesetzen Österreichs, der Schweiz und Liechtenstein – weder Vorbehalte noch Einschränkungen – auch nicht im Hinblick auf Fiskaldelikte. Nur Rechtshilfeersuchen, die erkennbar politischen Charakter haben, bleiben ohne Resonanz.

Dubai

Die Vereinigten Arabischen Emirate leisten Rechtshilfe bei begründetem Verdacht auf kriminelle Straftaten. Darunter fällt formaljuristisch auch der Steuerbetrug. In der Praxis gestalten sich Rechtshilfeersuchen von europäischen Finanzbehörden oder Gerichten als schwierig. Zum einen hat Dubai mit Deutschland kein Rechtshilfeabkommen abgeschlossen. Zum anderen wird in der Regel verlangt, dass entsprechende Auskunftsersuchen in arabischer Sprache eingereicht werden. Allein diese sprachliche Barriere erschwert und verzögert das Rechtshilfeprozedere erheblich. Und schließlich erfolgt die Bearbeitung ausländischer Rechtshilfeersuchen seitens der arabischen Behörden im Regelfall sehr schleppend. Offizielle Statistiken gibt es nicht. Doch es darf angenommen werden, dass nur sehr wenige Rechtshilfegesuche in Steuerdelikten gestellt werden bzw. wurden und kaum ein Verfahren zu einem eigentlichen Abschluss geführt hat.

Die Dubai Financial Services Authority (Bankenaufsicht) erteilt Amts- und Rechtshilfe nur in folgenden Fällen:

- Bei Geldwäsche (Geldwäsche ist in den VAE ebenfalls strafbar) an die zuständigen Strafverfolgungsbehörden.
- Zur Durchführung entsprechender Aufsichtsaufgaben an ausländische Bankenaufsichtsbehörden (z.B. an die Bundesanstalt für Finanzdienstleistungsaufsicht). Kundenbezogene Daten werden hierbei nicht übermittelt.

Voraussetzung für die Erteilung von Rechtshilfe ist, dass das Ersuchen nicht gegen öffentliche Interessen verstößt.

Singapur

Steuerumgehung („tax evasion") stellt auch in Singapur eine kriminelle Straftat dar. Die zuständigen Behörden in Singapur ermitteln und leisten Rechtshilfe in der Regel jedoch nur, wenn die dem Rechtshilfeersuchen zugrunde liegende Steuerstraftat auch eine Umgehung singapurischer Steuern einschließt. Nur wenn sich also der diskrete Geldanleger auch Verstöße gegen den „Income Tax Act", welcher unter jene Liste des „specified written law" fällt[134], für die das Bankgeheimnis aufzuheben ist, zu Schulden kommen lässt, muss er mit einer Offenlegung all seiner Konten und Depots rechnen.

---

[134]Vgl. hierzu im Anhang Gesetzesgrundlage zum Bankgeheimnis Singapur.

Stufe 4: Bankgeheimnis

Fällt die Rechtshilfe-Entscheidung nach jeweiligem nationalen Rechtshilferecht des ersuchten Staates in dritter Stufe positiv (bzw. negativ aus Sicht des diskreten Geldanlegers) aus, hält kein Bankgeheimnis mehr. Denn alle nationalen Normen über gesetzlich verankerte Bankgeheimnisse enthalten „Öffnungsklauseln", nach denen Banker ihre Geheimnisse lüften müssen, wenn dies nach dem jeweils geltenden nationalen Recht geboten ist oder das Gebot der Verfolgung bestimmter Straftatbestände, wie Steuerbetrug, eingeleitete Finanzstrafverfahren oder Geldwäschedelikt dem Vertrauensschutzinteresse eines Individualkunden vorgeht. An dieser letzten Stufe der Pyramide endet dann die Diskretion.

Teil V
Diskreter Geldtransfer unter besonderer Berücksichtigung verschärfter Maßnahmen zur Geldwäschebekämpfung und neuer Bargeld-Deklarierungspflichten

Die Mittel und Wege diskreter Geldtransfers sind mit den neuen technischen Möglichkeiten vielfältig geworden. Beliebt ist insbesondere der Kreditkartentrick: Man lässt sich eine Kreditkarte ausstellen, von der man dann ganz problemlos beim nächsten Geldautomaten Bargeld von seinem Konto auf den Bahamas, den Cayman Islands, Dubai, Singapur oder aber nur vom Nummernkonto in der Schweiz abheben kann. Seitdem Schweizer Banken von Nummernkonten keine anonymen Überweisungen mehr ins Ausland durchführen, hat die Kreditkarte als Alternative zu anonymen Überweisungen über Servicegesellschaften (wird gegen Gebühr für größere Summen angeboten) an Bedeutung stark zugenommen. Offshore-Banken wissen dabei, wie sie die Papierspur des Kreditkartenkontos zum Konto des diskreten Geldanlegers am besten verwischen können.

Aber auch die traditionellen Übertragungstechniken wie der Barscheck mit seinen bekannten geheimnisvollen Kürzel wie „u.i.o", der bestätigte Bankscheck oder der unterdeklarierte Wertbrief haben angesichts stetig schärferer Bargeldkontrollen im deutschen grenznahen Gebiet nicht an Bedeutung verloren bzw. deren Bedeutung dürfte im Hinblick auf das Inkrafttreten der neuen EU-Verordnung über die Überwachung von Barmitteln, welche im Fokus dieses Teils steht, wieder zunehmen. Mit 15. Juni 2007 tritt die neue EU-Verordnung in Kraft. Danach müssen diskrete Geldanleger Barmittel oder entsprechende Wertgegenstände im Wert von 10.000 Euro und mehr deklarieren, sofern sie in die EU ein- oder ausreisen. Bedeutung hat diese neue EU-Verordnung insbesondere für diskrete Geldanleger mit Konten in der Schweiz oder Liechtenstein bzw. den außereuropäischen Anlageländern und Steueroasen.

Die klassischen Methoden

Der Barscheck

Der Barscheck stellt nach wie vor den klassischen Weg dar, Barauszahlungen vorzunehmen, wenn der Kunde selbst nicht namentlich in Erscheinung treten und die Herkunft des Geldes verdeckt halten will. Auszahlungen zulasten diskreter Konten mittels Barscheck sind allerdings auch risikobehaftet: Wenn auch die Barauszahlung des Schecks in Form einer ausgeschriebenen Angabe des diskreten Nummernkontos auf dem Kassenbeleg erfolgt und der Name des Geldanlegers darauf nicht erscheint, lassen doch die ausgeschriebene Kontonummer zusammen mit besonderen „bankinternen Vermerken" (z.B. „u.i.o." für „Unterschrift in Ordnung") auf die Herkunft des Geldes schließen.

Die Papierspur diskreter Barschecks lässt sich gut nachverfolgen, weil auf dem Kassenkontrollstreifen des jeweiligen Kreditinstituts immer das Konto des Ausstellers vermerkt ist. Steuerfahnder, die zu jedem Einzahlungsbeleg einen Kassenkontrollstreifen anfordern, schöpfen immer Verdacht, wenn unmittelbar vor oder hinter einer Einzahlungsbuchung ein betragsidentischer Auszahlungsvorgang folgt. Modernste Computertechnik und die ständige Fortentwicklung der Fahndermethoden erlauben mittlerweile die Personifizierung von Einzelbuchungen anhand von *Kassenkontrollstreifen* und spezieller Kundenlisten. Ein Kassenkontrollstreifen stellt eine vielfach unterschätzte Verbindung des Einzahlers zur Bank dar, auch wenn sich der Kunde nicht legitimiert hat. Die Nummer des belasteten Kontos ist nämlich bei jeder Buchung auf dem Streifen vermerkt. Verdächtige Vorgänge erkennen Fahnder daran, dass signifikante Beträge unmittelbar hintereinander erfasst sind, unmittelbare Gegenbuchungen auftreten, sehr hohe und sehr krumme Beträge aufeinanderfolgen, größere Beträge gestückelt sind oder Kassierervermerke angebracht sind, die auf eine Addition schließen lassen, oder daran, dass der stornierten Buchung eine anonymisierte folgt.

Österreichische Kreditinstitute zeichnen die Geldbewegungen eines Tages auf sogenannten *Tagesstrazzen* auf. Solche Tagesstrazzen enthalten auch Namen von Kunden, Beträge sowie zuordenbare Kontonummern und unterliegen damit zwar dem Bankgeheimnis.[135] Allerdings ist die Beschlag-

---

[135] Verwaltungsgerichtshof 90/14/0112.

nahme jener Teile der Tagesstrazzen stets zulässig, die in unmittelbarem Zusammenhang mit einem aufzuklärenden Finanzvergehen stehen. Damit ist nach Ansicht des österreichischen Verwaltungsgerichtshofs der Geheimnisschutz anderer Kunden nicht verletzt.[136]

Der bestätigte Bankscheck

War erst einmal eine fremde Bank zur Ausstellung eines Bankschecks gefunden, konnte man sich einen solchen in jeder beliebigen Währung ausstellen lassen. Mit diesem bestätigten Bankscheck fuhren die „Investoren" dann in die Schweiz, nach Luxemburg usw. und ließen sich den Scheck bei einer x-beliebigen Bank in bar auszahlen. Die Barsumme zahlten die Investoren dann auf ein diskretes Schweizer oder Luxemburger Konto ein. Diese Art des Geldtransfers ist legal, solange man nicht gegen geltende Melde- und Deklarationspflichten verstößt.

Alternativ zum Bankscheck kaufen diskretionsbedürftige Geldanleger oft Reiseschecks und lösen diese im Ausland je nach Wunsch ein. Bei Bedarf werden auch Schecks in US-Dollar ausgestellt und – wenn anstatt in die USA lieber in die Schweiz gereist wird – dort gegen Schweizer Franken zurückgetauscht.

Der Kreditkartentrick

Mittels Kreditkarte, im Regelfall ausgestellt von einem mit der Konto-/Depotbank nicht in Verbindung stehendem Kreditkarteninstitut, können diskrete Geldanleger ganz diskret ihr Auslandskonto im Inland beheben, ohne Geld in physischer Form transportieren zu müssen. Einziges Risiko: Die Kreditkarte wird von Personen gefunden, die lieber nichts davon wissen sollten. Besonders achtsame diskrete Geldanleger schalten dem Kreditkartenkonto noch eine ausländische Ltd., einen Trust oder eine liechtensteinische Verbandsperson vor.

Der unterdeklarierte Wertbrief

Der unterdeklarierte Wertbrief funktioniert so: Man versendet Bargeld in einem an eine Schweizer oder belgische Bank adressierten Wertbrief und versichert die Wertsendung über eine Schweizer Assekuranz bzw. lässt die

---

[136] 91/14/0118.

Wertsendung durch die Auslandsbank versichern. Somit kann am Postschalter ein niedrigerer Wertsendungsbetrag angegeben werden. Ausländische Banken schließen auf Antrag und Kosten des Kunden Versicherungen für Sendungen ab, die dieser an sie adressiert. Solche Versicherungen werden nach Ablauf einer achttägigen Übergangsfrist wirksam und schließen auch Werte ein, die durch einen Geldboten am Wohnsitz des Kunden abgeholt werden.

Anonyme Überweisungen über Servicegesellschaften

Überweisungen von Nummernkonten konnten bislang anonym erfolgen. Die ausländische Empfängerbank wusste nur, dass es sich um eine Überweisung im Auftrag eines Kunden handelt, und kannte nur den Gutschriftsempfänger (welcher im Regelfall ein Strohmann oder eine Stiftung mit Sitz im Ausland usw. war) und die ausländische Korrespondenzbank, von der das Geld stammte. Diese Art anonymer Geldüberweisung von einem Nummernkonto gibt es zumindest in der Schweiz seit 1. Juli 2004 nicht mehr. Zu diesem Datum musste Artikel 15 der schweizerischen Geldwäschereiverordnung von allen Schweizer Banken verbindlich angewendet werden. Die Vorschrift übernimmt eine von acht „Special Recommendations" über die Terrorismusfinanzierung der Financial Action Task Force (FATF), eine auf die Geldwäschebekämpfung spezialisierte Sondergruppe der OECD.

Nach der im Fachjargon intern „SR VII" genannten siebten Empfehlung der FATF müssen die Schweizer Banken künftig bei allen Zahlungsaufträgen ins Ausland den Namen, die Kontonummer und den Wohnsitz der auftraggebenden Vertragspartei oder den Namen und eine Identifizierungsnummer angeben. Damit können Anlagegelder, die auf Nummernkonten geparkt sind, nicht anonym auf ausländische Empfänger bzw. ausländische Konten überwiesen werden. Anfragen von Finanzbehörden aus Hochsteuerländern (z.B. Deutschland) bezüglich empfangener Überweisungen aus ausländischen Nummernkonten bei Empfängerbanken gehen jedoch dann ins Leere, wenn eine sogenannte Servicegesellschaft zwischengeschaltet wurde. Größere ausländische Anlagebanken verfügen über eine solche *Servicegesellschaft*, meist mit Sitz in einer Steueroase und als „ABC-oder „Finance Ltd." oder ähnlich firmierend. Sollen Überweisungen von diskreten Nummern- oder Pseudonymkonten erfolgen, geht der Geldfluss hier nicht den direkten Weg von Bank zu Bank, sondern nimmt den Umweg über die Servicegesellschaft. Diese erscheint hier als Auftraggeberin für die Geldüberweisung. Bestehen allerdings berechtigte Verdachtsgründe für Geldwäsche oder ein Betrugsdelikt (auch Steuerbetrugsdelikt), müssen solche Überweisungs-Umwege ebenfalls offengelegt werden.

Bargeld-Grenzkontrollen durch die Zollbehörden auf grenznahem Gebiet

Seit Wegfall der Personenkontrollen an den innereuropäischen Grenzen führen mobile Zollgruppen im jeweiligen „grenznahen Gebiet" Bargeld-Kontrollen durch. Grenznaher Raum ist alles am deutschen Teil der Zollgrenze bis zu einer Tiefe von 30 Kilometern. Ziel dieser Kontrollen ist es, festzustellen, ob unter zollamtlicher Überwachung gestellte Zahlungsmittel befördert werden oder wurden. Gemäß § 12a des deutschen Zollverwaltungsgesetzes (ZollVG)[137] haben diskrete Geldanleger auf Verlangen der Zollbediensteten Bargeld oder gleichgestellte Zahlungsmittel im Wert von 15.000 Euro oder mehr, die sie in die, aus den oder durch die Zollgebiete der Europäischen Union verbringen oder befördern, nach Art, Zahl und Wert anzuzeigen sowie *die Herkunft*, den *wirtschaftlich Berechtigten* und den *Verwendungszweck* darzulegen. Werden bei Kontrollen Bargeld oder gleichgestellte Zahlungsmittel im Gesamtwert von 15.000 Euro oder mehr festgestellt (d.h. gleichgültig, ob angemeldet oder anlässlich durchgeführter Untersuchungen festgestellt), dürfen die Daten, welche der Betroffene aufgrund des § 12a Abs. 1 ZollVG mitteilen muss, an die Landesfinanzbehörden weitergeleitet werden. Darüber hinaus dürfen auch schriftliche Unterlagen, die unmittelbar Aufschluss über die Herkunft des Bargeldes/der gleichgestellten Zahlungsmittel, dessen Verwendungszweck o.Ä. ergeben können, erhoben und an die Landesfinanzbehörden weitergeleitet werden. Dies gilt unabhängig davon, ob Anhaltspunkte für Geldwäsche vorliegen.[138]

---

[137] § 12a ZollVG abgedruckt im Anhang.
[138] Hinweis für deutsche diskrete Geldanleger: Die Oberfinanzdirektionen (OFDn) Chemnitz, Cottbus, Hannover, Hamburg, Karlsruhe, Koblenz, Köln und Nürnberg haben ein Schreiben an das Zollkriminalamt-Bildungszentrum in Münster mit genauen Details verfasst (April 2005 Az. III B 7 – Z 2761 – 22/05). Dieses Schreiben ist abgedruckt in Götzenberger Anton Rudolf, Der gläserne Steuerbürger, Herne 2006, Teil II, Abschnitt 2.1.3.

Läuft die Bargeldkontrolle „schief", muss der deutsche diskrete Geldanleger damit rechnen, dass die Zollbediensteten, wenn Grund zu der Annahme besteht, dass Bargeld oder gleichgestellte Zahlungsmittel zum Zwecke der Geldwäsche verbracht werden, das Bargeld oder die gleichgestellten Zahlungsmittel bis zum Ablauf des dritten Werktages nach dem Auffinden sicherstellen.[139] Damit ist der diskrete Geldanleger erst einmal sein diskretes Geld los.

Ähnlich kann es auch österreichischen diskreten Geldanlegern gehen, wenn Sie Bargelder größeren Ausmaßes außer Landes schaffen oder wieder in heimische Gefilde zurücktransferieren wollen. Österreichische Zollbehörden können im Rahmen allgemeiner Maßnahmen der Zollaufsicht auch Bargeld und diesem gleichgestellte Zahlungsmittel (Inhaberpapiere sowie Gold und andere Edelmetalle), die in, durch oder aus Österreich verbracht werden, kontrollieren. Im Rahmen dieser zollamtlichen Überwachung müssen diskrete Geldanleger auf Verlangen der Zollorgane Auskunft geben,ob Bargeld oder gleichgestellte Zahlungsmittel im Wert von 15.000 Euro oder mehr mitgeführt werden. In diesem Fall ist auch über deren Herkunft, den wirtschaftlich Berechtigten und deren Verwendungszweck auf Verlangen Auskunft zu geben.[140] Lassen nun bestimmte Tatsachen darauf schließen, dass Bargeld oder gleichgestellte Zahlungsmittel zum Zweck der Geldwäsche verbracht werden, so sind die Zollorgane bei Gefahr im Verzug befugt, das Bargeld oder die Zahlungsmittel vorläufig sicherzustellen.[141] Damit ist auch der österreichische diskrete Geldanleger erst einmal sein diskretes Geld los.

Bargeld-Deklarierungspflichten nach der EU-Verordnung 1889/2005

Allgemeines

Am 8. Juni 2005 hat das Europäische Parlament im Mitentscheidungsverfahren eine Verordnung zur Einführung eines EU-weiten Kon-

---

[139] § 12a Abs. 2 ZollVG.

[140] § 17b Zollrechts-Durchführungsgesetz (ZollR-DG), österr. BGBl. Nr. 659/1994, zuletzt geändert durch BGBl. I Nr. 26/2004.

[141] § 17c Zollr-DG, österr BGBl. Nr. 659/1994, zuletzt geändert durch BGBl. I Nr. 26/2004.

zepts zur Kontrolle von Bargeldbewegungen in die EU und aus der EU gebilligt – die Geburtsstunde für die Verordnung vom 26. Oktober 2005 über die Überwachung von Barmitteln, die in die Gemeinschaft oder aus der Gemeinschaft verbracht werden.[142] Die Verordnung tritt mit 15. Juni 2007 in Kraft. Gemäß dieser Verordnung, die auf einem Vorschlag der Kommission von Juni 2002 basiert, müssen die Mitgliedstaaten gewährleisten, dass diskrete Geldanleger mitgeführte Barmittel in Höhe von 10 000 Euro oder mehr anmelden, wenn sie in die EU einreisen oder diese verlassen. Die ohne Zweifel sehr einschneidende Einschränkung des freien Kapitalverkehrs, verbunden mit einer Registrierung der Bargeldbewegungen von EU-Bürgern und Dritter, rechtfertigt die EU mit einer nicht minder wichtigen Verpflichtung der Behörden, Kriminellen und Terroristen sämtliche Möglichkeiten der Geldwäsche zu verbauen.

Die neuen EU-Bargeldkontrollen im Detail

Die EU-Verordnung 1889/2005 zur Überwachung von in die Gemeinschaft oder aus der Gemeinschaft verbrachten Barmittel verkörpert ein gemeinschaftsweites Konzept zur Kontrolle von Bargeldbewegungen. Gemäß Art. 3 der Verordnung muss „jede natürliche Person, die in die Gemeinschaft einreist oder aus der Gemeinschaft ausreist und Barmittel in Höhe von 10 000 Euro oder mehr mit sich führt", diesen Betrag „bei den zuständigen Behörden des Mitgliedstaats, über den sie in die Gemeinschaft einreist oder aus der Gemeinschaft ausreist", anmelden. Die Schwelle für anzumeldende Bargeldtransfers in Höhe 10 000 Euro liegt damit um 5 000 Euro niedriger als die für Bargeld-Grenzkontrollen des deutschen Zolls oder für Finanzinstitute geltende Aufzeichnungs- und Identifizierungsschwelle für Bankgeschäfte. Der EU-Rat und das Parlament waren der Ansicht, dass die Schwelle mit 15 000 Euro zu hoch sei, da Bargeld leichter über die Grenze gebracht als über Finanzinstitute überwiesen werden kann.

Als meldepflichtige Barmittel gelten gemäß Art. 2 der Verordnung:

- Bargeld (Banknoten und Münzen, die als Zahlungsmittel im Umlauf sind),
- übertragbare Inhaberpapiere einschließlich Zahlungsinstrumenten mit Inhaberklausel wie Reiseschecks,

---

[142] Verordnung Nr. 1889/2005, ABl L 309 v. 25.11.2005 S. 9.

- übertragbare Papiere (einschließlich Schecks, Solawechsel und Zahlungsanweisungen), entweder mit Inhaberklausel, ohne Einschränkung indossiert, auf einen fiktiven Zahlungsempfänger ausgestellt oder in einer anderen Form, die den Übergang des Rechtsanspruchs bei Übergabe bewirkt,
- unvollständige Papiere (einschließlich Schecks, Solawechsel und Zahlungsanweisungen), die zwar unterzeichnet sind, auf denen aber der Name des Zahlungsempfängers fehlt.

Bei Anmeldung muss der diskrete Geldanleger folgende Angaben machen (Art. 3 Abs. 2):

- Vor- und Zuname, Geburtsdatum und Geburtsort sowie Staatsangehörigkeit,
- ergänzende Angaben zum Eigentümer der Barmittel (falls abweichend),
- Angaben zum vorgesehenen Empfänger der Barmittel,
- Höhe und Art der Barmittel,
- Herkunft und Verwendungszweck der Barmittel,
- Reiseweg und Verkehrsmittel.

Die Meldedaten werden elektronisch übermittelt und von den zuständigen (Zoll-)Behörden der einzelnen Mitgliedstaaten (Wohnsitzmitgliedstaat, Herkunfts- bzw. Bestimmungsmitgliedstaat) gespeichert, aufgezeichnet und verarbeitet und den für die Geldwäsche zuständigen Strafverfolgungsbehörden (nicht den Steuerbehörden) zur Verfügung gestellt (Art. 3 Abs. 3 i.V.m Art. 5 Abs. 1 der Verordnung). Gibt es Hinweise auf Geldwäsche, tauschen die Mitgliedstaaten diese Informationen gegenseitig aus (Art. 6).

Diskrete Geldanleger werden der Erklärungspflicht selbst bei einem kontinuierlichen Unterschreiten der 10 000-Euro-Schwelle nicht immer entkommen. Denn diese Schwelle verkörpert nur einen Richtwert, gibt dem diskreten Geldanleger aber keine „Garantie für einen Nichteingriff" der Zollbehörden. Reist ein diskreter Geldanleger mit Barmitteln unterhalb der festgesetzten Schwelle in die Gemeinschaft ein oder aus der Gemeinschaft aus und gibt es Hinweise auf Geldwäscheverdachtsfälle, „die mit der Bewegung von Barmitteln verknüpft sind", können die zuständigen Behörden „diese Informationen, den Vor- und Zunamen, das Geburtsdatum und den Geburtsort sowie die Staatsangehörigkeit der betreffenden Person sowie Angaben über das verwendete Verkehrsmittel ebenfalls aufzeichnen und verarbeiten" und den für die Geldwäsche zuständigen Behörden zur Verfügung stellen. Die Zollbehörden werden gemäß der Verordnung außerdem ermächtigt, Reisende und ihr Gepäck zu kontrollieren und nicht angemeldetes Bargeld einzubehalten (Art. 4). Gemäß der Verordnung sind die Mitgliedstaaten verpflichtet, gegen Personen, die Bargeld in Höhe von mehr als 10 000 Euro nicht angemeldet haben, Verfahren einzuleiten.

Aus der Verordnung ergeben sich (derzeit noch) keine Anhaltspunkte, dass die erhobenen Daten auch für steuerliche Zwecke ausgewertet werden dürfen. Die Kommission verneint dies auch strikt. So heißt es in Ziffer 42 des Berichts der Kommission für den Rat, dass „die vom Zoll gesammelten Informationen gegebenenfalls dem für die Bekämpfung der Geldwäsche zuständigen einzelstaatlichen Finanzkontrollorganen und dem Zoll der von den verdächtigen Bewegungen betroffenen Mitgliedstaaten zu übermitteln wären". Sind die Informationen aber bereits beim Zoll, ist es zum Wohnsitzfinanzamt nur noch ein kurzer Weg.

Bargeld-Deklarierungspflichten an den Zollgrenzen Schweiz und Liechtenstein

Die Schweiz und das Fürstentum Liechtenstein bleiben trotz Schengen/Dublin eine Außengrenze zur Europäischen Union. Die Schweiz hat eine Beteiligung an Schengen/Dublin am 5. Juni 2005 erklärt, Liechtenstein hat das Abkommen am 21. Juni 2006 parafiert. Voraussichtlich dürften ab dem Jahr 2008 Personenkontrollen an der Schweizer und liechtensteinischen Grenze wegfallen.

Schengen/Dublin macht die Kontrolle des grenzüberschreitenden Bargeldverkehrs allerdings nicht hinfällig. Dies gilt besonders für die neuen Bargeld-Deklarierungspflichten nach der EU-Verordnung, welche Bargeldkontrollen an den Außengrenzen der Europäischen Gemeinschaft vorschreibt, nicht an den Außengrenzen der Schengen-Staaten.

Im Grenzverkehr zu Schweiz/Liechtenstein kristallisiert sich für den diskreten Geldanleger allerdings eine Erleichterung derart heraus, dass eine Deklarierungspflicht nicht grundsätzlich bestehen wird, sondern nur auf Verlangen. Die FATF bietet Staaten die Wahl zwischen einem „declaration system" (einer grundsätzlichen Anmeldepflicht gemäß der neuen EU-Verordnung) und einem „disclosure system" (einer Anzeigepflicht auf Verlangen). Für Letztere hat sich die Schweiz entschieden und das Fürstentum dürfte dem folgen, angesichts des seit 1923 bestehenden Zollvertrags mit der Schweiz.

Ich erkläre, die nachstehend aufgeführten Gelder und Wertpapiere mit einem Wert von insgesamt 15 000 Euro oder mehr mitzuführen.

ART DER ANMELDUNG	BEI DER EINREISE IN DIE GEMEINSCHAFT		ja/nein (*)	
	BEI DER AUSREISE AUS DER GEMEINSCHAFT		ja/nein (*)	
ANMELDER	NAME + VORNAME			
	Anschrift (Hauptwohnsitz)			
	Staatsangehörigkeit			
	Geburtsdatum			
	Geburtsort			
EIGENTÜMER DER MITTEL (im Falle der Beförderung für einen Dritten)	NAME + VORNAME			
	Anschrift (Hauptwohnsitz)			
	Staatsangehörigkeit			
EMPFÄNGER DER MITTEL	NAME + VORNAME			
	Anschrift (Hauptwohnsitz)			
	Staatsangehörigkeit			

		(*)	BETRAG	WÄHRUNG
BESCHREIBUNG DER GELDER UND WERTPAPIERE	Banknoten, Münzen	ja/nein		
	Reiseschecks/Postschecks	ja/nein		
	jedes andere anonyme oder auf den Inhaber ausgestellte Finanz- oder Geldinstrument, wie Wertpapiere und andere Schuldscheine	ja/nein		
		ja/nein		
		INSGESAMT	**(in €)**	

VERWENDUNG DER MITTEL		
REISEWEG	Ursprungsland / Abgangsmitgliedstaat	
	Herkunftsland / Ausreisemitgliedstaat	
	Bestimmungsmitgliedstaat / -land	
VERKEHRSTRÄGER	LUFT	ja/nein
	SEE	ja/nein
	STRASSE	ja/nein
	BAHN	ja/nein

(*) Nichtzutreffendes streichen.

Macht der Unterzeichner unrichtige oder unvollständige Angaben, so gilt die Anmeldepflicht als nicht erfüllt.

– Ort, Datum, Unterschrift

Abbildung 3: Formblatt zur Anmeldung von Bargeld beim grenzüberschreitenden Bargeldverkehr (Quelle: Bericht der Kommission für den Rat über die Überwachung des grenzüberschreitenden Bargeldverkehrs, KOM 2002 328 2002/0132 [COD])

Teil VI
Suche nach einem kompetenten Banker, Vermögensverwalter und Treuhänder

Die Suche nach einer geeigneten Vermögensverwaltungsbank in jenem Land, welches zur Geldanlage auserkoren wurde, gleicht oft einer Suche nach der Stecknadel im Heuhaufen. Und ein ähnliches Unterfangen steht jenen diskreten Geldanlegern bevor, die sich in Sachen Auslandsgeldanlage von einem bankenunabhängigen Vermögensverwalter beraten oder sich von einem Treuhänder umfassend betreuen lassen wollen. In den klassischen Geldanlageländern wie der Schweiz, Österreich, Liechtenstein oder Luxemburg treffen ausländische Geldanleger entweder auf Universalbanken oder Privatbanken. Der Unterschied zwischen diesen Instituten liegt darin, dass Universalbanken sämtliche Geldgeschäfte abwickeln, während das Kerngeschäft einer Privatbank die Vermögensberatung und -verwaltung prägt. Letztlich entscheidet es aber der „Geldbeutel" des diskreten Geldanlegers, welcher Art von Bank er sich anvertrauen kann. Banken, die beispielsweise im Dubai International Financial Center ansässig und lizenziert sind, nehmen nur solche Klientel, die über Bankguthaben und Wertpapiervermögen von mindestens 1 Mio. US-Dollar verfügen und auf das Dubai-Konto gleich 400.000–500.000 EUR überweisen.

Was die Suche nach einem Vermögensverwalter oder Treuhänder anbelangt, so helfen örtliche Verbände und Vereinigungen bei der Selektion. In jedem Fall sollte sich der diskrete Geldanleger ausschließlich einer „echten" Auslandsbank anvertrauen und Auslandstöchter seiner Hausbank meiden. Dies schon deshalb, um sicherzugehen, dass der Vermögensberater keine Verbindungen zum Wohnsitzland des Geldanlegers hat oder gar noch im selben Land wohnt. Denn für solche Fälle nützen auch die wasserdichtesten Bankgeheimnisse nichts.

Die richtige Bank für die individuelle diskrete Geldanlage

Allgemeines

Diskrete Geldanleger haben es im Allgemeinen zu tun mit *Universalbanken*, welche sämtliche Geldgeschäfte abwickeln, und *Privatbanken*, zu deren Geschäftskern Dienstleistungen wie Anlageberatung, Abwicklung von Börsen-, Geldmarkt-, Devisen- und Edelmetallgeschäften, Depotverwaltung (in der Schweiz auch „Wertschriftenverwaltung" genannt) und Steuerberatung gehören. *Universalbanken* wickeln sämtliche Geldgeschäfte ab, angefangen von der Führung von Lohn- und Gehaltskonten, über Geldwechselgeschäfte mit Laufkunden (das sind Kunden, welche keine Kontoverbindung bei dieser Bank unterhalten) bis hin zum Kreditgeschäft. Das Anlageberatungs- und Vermögensverwaltungsgeschäft führen Universalbanken innerhalb des Gesamtunternehmens über ein Private-Banking-Segment aus, was die Universalbanken allerdings nicht explizit zu Privatbanken macht. Schon das Erscheinungsbild differiert. Die Universalbank unterhält eine Schalterhalle für die so genannten „Retail-Banking-Kunden", die Privatbank nicht. Damit ist auch bereits gesagt, dass das Bild einer Privatbank keiner großen Schalter- oder Empfangshalle gleicht. Anlageberatung, die Abwicklung von Börsen-, Geldmarkt-, Devisen- und Edelmetallgeschäften und die Depotverwaltung prägen das Kerngeschäft einer *Privatbank*. Ausgegrenzt bleibt das risikoreiche kommerzielle Kreditgeschäft.

Privatbanken verfügen im Regelfall über keine eigenen Finanzprodukte; unterliegen somit nicht dem Bedürfnis, eigene Produkte vermarkten zu müssen. Private Banking zeichnet sich vielmehr dadurch aus, dass der Anleger eine auf ihn abgestimmte und seinen Bedürfnissen entsprechende Individuallösungen angeboten erhält, welche sich aus unterschiedlichen Komponenten zusammensetzen können. Privatbanken streben eine auf Dauer angelegte Kundenbeziehung an; der zuständige Berater bleibt über lange Jahre der Ansprechpartner des Anlegers. Der Berater kennt den Kunden namentlich, und zwar auch mit seinem Pseudonym, falls der Anleger seinen bürgerlichen Namen am Telefon nicht unbedingt preisgeben will. Von den Privatbanken – im Regelfall in der Rechtsform einer Aktiengesellschaft firmierend – unterscheiden sich wiederum die „Privatbanquiers". Die Privatbanquiers, welche großen Wert auf die Schreibweise „Banquier" legen, präsentieren sich als die Berater der alten Schule und sind in der Rechtsform einer Kommanditgesellschaft oder einer Einzelgesellschaft organisiert; sie haften persönlich.

Das Bankensystem in Österreich

Österreichs Bankenlandschaft lässt sich in mehrere Sektoren gliedern. Den größten Sektor bilden die Aktienbanken. Der zweite Sektor wird von den Sparkassen geprägt. Daneben steht dem diskreten Geldanleger noch der Raiffeisensektor zur Verfügung; ihm gehören acht Raiffeisenlandesbanken an, die wiederum als Spitzeninstitut für zahlreiche örtliche Raiffeisenkassen fungieren. Das österreichische Bankenwesen basiert auf dem Universalbankensystem. Per 31.12.2005 wurden 5.197 Bankstellen gezählt, darunter 880 Hauptanstalten bzw. 4.317 Zweigstellen. Der Finanzplatz nimmt mit einer Bankstellendichte von 1.593 Einwohnern pro Bankstelle einen Spitzenrang ein.[143]

Das Bankensystem in der Schweiz

Das *Schweizer Bankensystem* ist auf dem Modell des Universalbankensystems aufgebaut.[144] Das heißt: Alle Banken können alle Bankdienstleistungen anbieten, wie das Kredit- bzw. Aktivgeschäft, die Vermögensverwaltung und Anlageberatung, die Abwicklung des Zahlungsverkehrs, das Passivgeschäft (Sparkonti etc.), den Börsenhandel oder das Emissionsgeschäft (Ausgabe von Anleihen). Dennoch haben sich spezifische Bankengruppen herauskristallisiert.

Über 50 Prozent der gesamten Bilanzsumme aller Schweiz-Banken teilen sich die Großbanken. Darüber hinaus gibt es die Kantonalbanken. Eigner bzw. Mehrheitseigner der 24 Kantonalbanken sind die Kantone. Die Kantone haften für die gesamten Verbindlichkeiten der Kantonalbanken. Und schließlich die Regionalbanken (RBA und andere) und die Sparkassen.

Zu den ältesten Banken in der Schweiz zählen als dritte Gruppe die „Privatbanquiers". Privatbanquiers sind Einzelunternehmen, Kollektiv- oder Kommanditgesellschaften. Der Privatbanquier haftet subsidiär unbeschränkt mit seinem persönlichen Vermögen. Privatbankiers sind fast aus-

---

[143] Quelle: Österreichische Nationalbank Regionale Bankendaten (Statistiken Q3/06).
[144] Gegensatz: Trennbankensystem in den angelsächsischen Staaten und in Japan (Commercial Banking/ Investment Banking).

schließlich im gehobenen Vermögensverwaltungssektor ab Einlagen von mindestens 1 Mio. Schweizer Franken tätig und bieten sich in der Regel nicht öffentlich zur Entgegennahme von Spargeldern an. Hohe Bonität, hervorgerufen durch strenge Liquiditätsvorschriften und hohe Eigenkapitalquoten lassen Schweizer Banken wenig konkursgefährdet erscheinen. Hinzu kommt, dass die Kreditvergabe im Vergleich zur Vermögensverwaltung – dem Hauptgeschäft Schweizer Banken – nur eine untergeordnete Rolle spielt. In Insolvenzfällen sind Guthaben bei privaten Geschäftsbanken durch den Sicherungsfonds der Schweizerischen Bankiervereinigung bis zu 30.000 Schweizer Franken je Kunde gesichert. Einlagen bei Kantonalbanken sind „staatsgarantiert". Hinter jeder Kantonalbank steht das jeweilige Bundesland.

Das Bankensystem im Fürstentum Liechtenstein

Wie in der Schweiz und anderen Ländern unterscheidet auch das liechtensteinische Bankensystem zwischen Universal- und Privatbanken, wobei der diskrete Geldanleger in Liechtenstein den klassischen „Privatbanquier" nicht finden wird. Liechtensteins Privatbanken firmieren nicht als Einzel- oder Kommanditgesellschaft, sondern ausschließlich in der Rechtsform der Aktiengesellschaft. Der Grund hiefür liegt im liechtensteinischen Bankengesetz; danach dürfen Banken und Finanzgesellschaften nur in der Rechtsform der Aktiengesellschaft errichtet werden. Die Bonität der liechtensteinischen Banken ist durch die von der Schweizerischen Nationalbank garantierte „lender of last resort"-Funktion (Liquiditätshilfe im Krisenfall) gesichert. 15 Geschäftsbanken teilen sich in Liechtenstein das Kapitalanlage- und Vermögensverwaltungsgeschäft. Im Geschäftsjahr 2005 betreuten Liechtensteins Banken ein Kundenvermögen von insgesamt 128,7 Mrd. CHF, was einer Zunahme im Geschäftsjahr 2005 von 20,3 Prozent entspricht[145]. Das Mindestvolumen, das von liechtensteinischen Privatbanken für ein standardisiertes/diskretionäres Vermögensverwaltungsmandat[146] gefordert wird, liegt im Schnitt bei einer viertel Million Schwei-

---

[145] Quelle: Bankenstatistik zum 31.12.2005 (Amt für Volkswirtschaft, Vaduz). Zum Vergleich: Die Zunahme an Kundenvermögen im Jahr 2004 betrug lediglich 3,4%. Der starke Zuwachs dürfte großteils auf die Einführung der automatisierten Kontenabfragen in Deutschland zum 1.4.2005 zurückzuführen sein.

[146] Näheres hierzu in Teil IX.

zer Franken. Die fondsgestützte Vermögensverwaltung ist aber auch bereits ab 25.000 bis 50.000 Schweizer Franken zu haben.

Das Bankensystem in Luxemburg

Im Großherzogtum offerieren 153 Geschäftsbanken eine breite Palette von Anlageprodukten, welche vor allem auf die Bedürfnisse ausländischer Klientel zugeschnitten sind. Stetig wachsende Bilanzzahlen zeigen den Erfolg der Luxemburger Kreditinstitute. Vom Juni 2005 bis Juni 2006 konnten die Luxemburger Banken die Bilanzsumme von 745,4 auf über 820 Milliarden Euro steigern.[147] In Luxemburg sind Banken aus über 15 Ländern vertreten, mit 44 Kreditinstituten sind deutsche Banken am stärksten vertreten.

Das Bankensystem in Dubai und das Dubai International Financial Centre

Das Bankensystem in Dubai ist zweigeteilt: Da gibt es zum einen jene Geschäftsbanken, die der Central Bank der Vereinigten Arabischen Emirate in Abu Dhabi als Aufsichtsbehörde unterstellt sind und zum anderen jene Geschäftsbanken und Finanzdienstleister, die im Dubai International Financial Centre (DIFC) lizenziert und ansässig sind. Das DIFC wurde im September 2004 eröffnet und stellt mittlerweile ein namhaftes Finanzzentrum der Region Middle East dar. Die schnelle Expansion ist nicht zuletzt auf die bevorzugte geografische Lage zurückzuführen.

Das DIFC ist ein politisch unabhängiger Finanzplatz und liegt auf der Achse der Finanzzentren New York, London, Frankfurt und Zürich im Westen sowie Singapur und Hongkong im Osten. Das DIFC ist streng reguliert, Aufsichtsbehörde ist die Dubai Financial Services Authority (DFSA).[148] Dieser obliegt auch das Zulassungsverfahren für jede Bank/jeden Finanzdienstleister im DIFC.

Diskrete Geldanleger, die Finanzgeschäfte mit Banken und Finanzdienstleister aus dem DIFC tätigen wollen, müssen „bankable assets" von mindestens 1 Mio. US-Dollar besitzen. Damit soll sichergestellt werden, dass Banken und Finanzdienstleister im DIFC keine Anlagegeschäfte mit

---

[147] Quelle: Commission de Surveillance du Secteur Financier – Statistiques – Banques, www.cssf.lu, Stand August 2006.
[148] Website: www.dfsa.ae.

Kleinkunden betreiben und in Konkurrenz zu den lokalen (landeseigenen) Geschäftsbanken treten. Die Zentralbank der VAE forderte deshalb im Zuge der Errichtung des DIFC, dass keine Konten in der einheimischen Währung „Dirham" (AED) geführt werden dürfen[149] und dass nur Kunden mit einem liquiden Vermögen (ohne Grundbesitz) von mindestens 1 Mio. US-$ akzeptiert werden. Die Banken im DIFC legen dieses Erfordernis im Regelfall aber so aus, dass es „reicht", wenn der Kunde darlegen kann, dass er insgesamt über „bankable assets" von 1 Mio. US-$ verfügt.

Unter den Begriff „bankable assets" fallen in erster Linie „liquid assets" wie Bargeld oder zu Bargeld konvertierbare Werte wie börsennotierte Wertpapiere, Anleihen, Schuldverschreibungen mit einer Restlaufzeit bis zu 90 Tagen, Festgelder usw. Das Vermögen muss sich allerdings weder in Dubai befinden noch dort angelegt werden. Die „liquid assets" können auch in der Schweiz oder Liechtenstein sein. Ein Nachweis über die Vermögenswerte ist nicht erforderlich, lediglich die Existenz muss per Unterschrift bestätigt werden. Dies geschieht im Regelfall im Rahmen der Kontoeröffnung auf dem „client agreement".

Diskrete Geldanleger, die sich an ein Kreditinstitut innerhalb des DIFC wenden, können Konten und Depots eröffnen, ohne einen Wohnsitz bzw. eine Aufenthaltsgenehmigung vorzuweisen und ohne den Umweg über eine Offshore-Gesellschaft – beispielsweise eine Jebel-Ali-Offshore Gesellschaft[150] – gehen zu müssen. Einen Wohnsitznachweis gibt der diskrete Geldanleger hier lediglich zum Nachweis der Wohnadresse seines Heimatlandes ab (so genannter „address proof").

DIFC Banken können weder Kreditkarten noch Chequebücher anbieten, sowie auch keinen lokalen Cash Service. Größere Ein- und Auszahlungen sind aber in Ausnahmefällen auf ein Dubai-Bankkonto oder Schweizer Konto in Zusammenarbeit mit einem Cash Service in der Schweiz oder Liechtenstein, Luxemburg usw. möglich. Derzeit gibt es etwa 84 so genannte „Authorised Firms", welche im DIFC tätig sind.

Hinweis für diskrete Geldanleger: Die Geschäftszeiten in Dubai unterscheiden sich von jenen in Europa. Die Bank-Öffnungszeiten sind dort von Samstag bis Donnerstag im Regelfall von 8.00 bis 15.00 Uhr lokaler Zeit. Der Freitag ist in Dubai der „Sonntag". Geschäftsbanken im DIFC haben je-

---

[149] Bundsgesetz Nr. 8 von 2004.
[150] Vgl. Teil XIII, Abschnitt: Offshore-Gesellschaften in der Dubai „Free Zone" von Jebel Ali.

doch meist an Europa orientierte Öffnungszeiten und sind für alle europäischen Kunden Sonntag bis Donnerstag im Regelfall von 9.00 Uhr bis 20.00 Uhr Lokalzeit Dubai erreichbar; einige Banken haben sogar am Freitag einen Europa-Desk geöffnet. Die Zeitdifferenz zu Europa beträgt plus zwei Stunden bzw. bei Sommerzeit plus drei Stunden.

Das Bankensystem in Singapur

Das Geschäftsbankensystem in Singapur ist dem Singapur Banking Act entsprechend mehrfach unterteilt, genau genommen in fünf Kategorien. Da gibt es zunächst die Geschäftsbanken (Commercial Banks), welche wiederum unterteilt sind in: Vollbanken (Full Banks), Großhandelsbanken (Wholesale Banks) und Offshore-Banken (Offshore Banks). Vollbanken können die gesamte Palette des Bankengeschäfts anbieten. Ausländische Vollbanken mit QFB-Status (Qualifying Full Bank) verfügen auch über Bankautomaten und bieten den Kreditservice an. Wholesale-Banken sind lizenziert wie Vollbanken, führen aber kein Kundengeschäft in örtlicher Währung (Singapore Dollar) aus. Offshore-Banken sind im Grunde den Voll- und Wholesale Banken gleichgestellt was Geldgeschäfte innerhalb der ACU (Asian Currency Unit) betrifft. Die ACU ist ein Buchungssystem, welches die Banken nutzen zur Buchung all ihrer Fremdwährungstransaktionen im asiatischen Dollarmarkt. Unter dem jüngsten Bankenliberalisierungsprogramm wurden den Offshore-Banken mehr Möglichkeiten im Singapur-Dollar-Geschäft eingeräumt. Diskrete Geldanleger aus dem Ausland können sich im Grunde an jede dieser Commercial Banks wenden. Darüber hinaus gibt es in Singapur auch noch Merchant Banks und so genannte Finance Companies. Die letzten beiden Kategorien sind für den privaten diskreten Geldanleger nicht relevant. Alle Geschäftsbanken in Singapur unterliegen der Monetary Authority of Singapore (MAS) als Aufsichtsbehörde.

Geschäftsbanken mit GIPS-Zertifizierung

Allgemeines

In der Bankenbranche war die Vergabe von Qualitätsstandards bisher von großen länderspezifischen Unterschieden geprägt. Der zunehmende Trend in Richtung Globalisierung von Wirtschaft und der Finanzmärkte, aber auch neueste Entwicklungen der modernen Portfoliotheorie haben in den letzten Jahren die Einführung weltweit gültiger Standards für eine Leistungs-(Performance-)messung in den Bereichen Banking, Asset Management und Vermögensverwaltung erforderlich gemacht. Mit den Global Investment Performance Standards (GIPS), einer Weiterentwicklung der sich in den letzten Jahren etablierten amerikanischen, britischen und schweizerischen Performance Presentation Standards (AIMR-PPS, UK-PPS, SPPS) zu einer internationalen Benchmark für eine professionelle Vermögensverwaltung, wurde diesen Anforderungen letztlich Genüge getan.

Mit GIPS haben sich erstmals international anerkannte ethische Branchenstandards in der Vermögensverwaltung durchgesetzt. GIPS-Zertifizierungen spielten bislang nur eine Rolle unter institutionellen Anlegern. Fonds oder Pensionskassen etc. treffen die Wahl des geeigneten Kreditinstitutes fast immer nach den GIPS-Standards. Die Erfüllung der Standards ist so eine Voraussetzung für das Geschäft mit institutionellen Kunden. Unter den Privatanlegern spielte die GIPS-Zertifizierung „seiner" Depotbank bisher kaum eine Rolle, was wohl in einer zu geringen Bekanntheit der GIPS liegt.

Funktion und Ansatz der GIPS-Philosophie

Die GIPS-Philosophie basiert auf einer Bildung und Präsentation der Performance sogenannter Composites. Diese Composites verkörpern eine Gruppe von Einzelportfolios, die alle eine vergleichbare Anlagestrategie umfassen. Dabei dürfen nur reale Portfoliodaten verwendet werden, d.h. Musterportfolios ohne effektive Transaktionen oder Back-Testing von Portfolios sind nicht zulässig. Ebenso wird ein einseitiges „Cherry-Picking", also z.B. die alleinige Darstellung besonderer Anlageerfolge oder besonders günstiger Performance-Zeiträume verhindert. Die Composites-Performance berechnet sich in Folge aus dem Volumen gewichteten Durchschnitt der einzelnen Performanceergebnisse aller im jeweiligen Composite befindlichen Einzelportfolios. Diese auf diese Weise errechneten periodischen Composite-Renditen werden archiviert. Dadurch lässt sich die jeweilige Leistung verschiedener Asset-Manager auf Basis der jeweils erzielten Performance vergleichen. Zudem gewähren die GIPS klare Regelungen für die Messung der Performance eines Asset-Composites und verbriefen verbindliche Standards im Hinblick auf die Offenlegung und Präsentation der jeweiligen Anlageergebnisse.

GIPS-kompatible Privatbanken

In der Schweiz sind ca. 50 Banken GIPS-kompatibel, hier insbesondere die Großbanken, die größeren Kantonalbanken, die Handels- und Börsenbanken sowie die Privatbanquiers. Allgemein zählen alle jene Schweizer Banken zu den GIPS-Anwendern (welche aber nicht explizit zertifiziert sind), die in größerem Maß institutionelle Vermögen, insbesondere für Vorsorgeeinrichtungen verwalten. In diesem Markt stellen die GIPS ein „Muss" für die Offertstellung dar.

Nutzen für den diskreten Geldanleger

Zwar muss ein Institut, das GIPS-zertifiziert ist, dem Anleger nicht notwendigerweise bessere Anlageergebnisse liefern als ein nicht Zertifiziertes. Der Nutzen für den Privatanleger liegt vor allem in einer durchgängigen Transparenz bei der Performancemessung, einer globalen Vergleichbarkeit des Reportings, einer umfassenden und fundierten Präsentation der Anlageergebnisse sowie der vollständigen Offenlegung der Performance.

Ein GIPS-zertifiziertes Institut muss die Standards kontinuierlich jedes Jahr erfüllen. Bei der jährlichen Überprüfung muss die Bank sämtliche Composites offenlegen, sodass schlechte Performancejahre oder schlechtere Produkte nicht unter den Tisch gekehrt werden können. Die Prüfungsunterlagen sind von der Bank aufzubewahren und werden dem interessierten diskreten Geldanleger im Regelfall auch vorgelegt. Dabei kann dieser auf die gesamte Datenhistorie seit Beginn der Zertifizierung zurückgreifen.

Diskrete Geldanleger, die Kunde eines GIPS-zertifizierten Kreditinstituts sind, können also präzise und konsistente Performancedaten im Reporting, einschließlich der Performancehistorie, erwarten. Dies zudem auch dort, wo regionale oder nationale Gesetze und Verordnungen zur Messung/Darstellung diverser Branchenstandards fehlen.

Zertifizierung und Vergabe

GIPS sind als Selbstregulierung gedacht; das heißt, jede Institution kann behaupten, dass sie die Standards erfüllt, muss dann aber auf Nachfrage eine Liste aller Composites und die Compositedokumente (Renditen, Volumen etc.) liefern. In den klassischen Anlageländern Schweiz, Österreich, Liechtenstein lassen Bankinstitute diese Compliance mit den GIPS-Standards durch externe Beratungsfirmen, im Regelfall Wirtschaftsprüfungsgesellschaften, prüfen.

Als Eigner der GIPS fungiert das CFA Institute for Financial Market Integrity.[151] Für die (Weiter-)Entwicklung der Standards gibt es ein von der CFA initiiertes sogenanntes GIPS Council, in dem alle beteiligten Länder einen Vertreter haben. Das Council hat zur Aufgabe, die Standards weiterzuentwickeln insbesondere auf dem Gebiet der Performancebeitragsrechnung und des Risikomanagements sowie unter Einbindung von alternativen Asset-Klassen (Private Equity, Immobilien). Das Council fungiert außerdem als Austauschplattform für alle beteiligten Länder.

---

[151] Offizielle Website des Institutes: http://www.cfainstitute.org.

Übersicht: Ausgewählte diskrete Geschäftsbanken mit GIPS-Zertifizierung in Österreich, der Schweiz und Liechtenstein

Anlage land	Bank	Sitz	Adresse/ Kontaktdaten
Österreich	Hypo Landesbank Vorarlberg im Kleinwalsertal* **	Riezlern im Kleinwalsertal	Walserstrasse 31, D-6991 Riezlern Tel.: 0043/5517-5001-0 Mail: pkriezlern@hypovbg.at
	Hypo Vorarlberg **	Bregenz	Hypo-Passage 1, A-6900 Bregenz
Liechtenstein	Hypo Investment Bank (Liechtenstein) AG Zertifizierung geplant für 2009*	Vaduz	Austrasse 59, 231 Postfach, FL-9490 Vaduz, Tobias Spalt: Tobias.spalt@hypo.li Tel.: 00423/265 56 25
	Liechtensteinische Landesbank	Vaduz	Liechtensteinische Landesbank AG Städtle 44, Postfach 384 FK-9490 Vaduz, Tel.: 00423/236 88 11 www.llb.li
	Verwaltungs- und Privatbank AG	Vaduz	Aeulestrasse 6, FL-9490 Vaduz Tel.: 00423/235 66 55 www.vpbank.com
Schweiz	ca. 50 Banken gelten als GIPS-kompatibel		

Tabelle 3: Ausgewählte diskrete Geschäftsbanken mit GIPS-Zertifizierung, Liste ohne Anspruch auf Vollständigkeit (Quelle: eigene Recherchen, Liechtensteiner Bankenverband, Schweizerische Bankiervereinigung)

* Nähere Infos zu dieser Bank in Teil VI, Abschnitt: Ausgewählte diskrete Geschäftsbanken in Kleinwalsertal/Vorarlberg und Jungholz/Tirol und Ausgewählte diskrete Geschäftsbanken im Fürstentum Liechtenstein

** Als Firma im Sinne der Global Investment Performance Standards (GIPS˙) gilt das zentralisierte Portfolio und Asset Management der Vorarlberger Landes- und Hypothekenbank Aktiengesellschaft mit Sitz in Bregenz. Die Firma umfasst alle Vermögensverwaltungsmandate von Privat- und institutionellen Kunden sowie diejenigen Publikumsfonds, welche im Rahmen des zentralisierten Anlageprozesses der Bank verwaltet werden. Nicht enthalten sind dezentrale Organisationseinheiten sowie andere Konzerneinheiten mit eigenem Marktauftritt. Die Firma ist in Übereinstimmung mit den GIPS˙. Eine Liste aller Composites und deren detaillierte Beschreibung kann bei der Vorarlberger Landes- und Hypothekenbank Aktiengesellschaft unter der Telefonnummer +43/5574/414-1521 oder per E-Mail unter gips@hypovbg.at angefordert werden.

Die rechtliche Seite des diskreten Auslandskontos

Diskrete Geldanleger, die ihr Vermögen ins Ausland transferieren, unterstehen im Rechtsverhältnis mit ausländischen Banken dem jeweiligen nationalen Recht. Nachfolgende Ausführungen geben dem diskreten Geldanleger einen kurzen Überblick, auf was er besonders achten sollte:[152]

- **Der Kunde**

Als Kunde erscheint derjenige, der sich bei Aufnahme der Geschäftsverbindung der Bank gegenüber legitimiert hat und ihr gegenüber berechtigt oder verpflichtet ist. Das ist im Regelfall der diskrete Geldanleger selbst. Als Kunde einer Geschäftsbank in Dubai versichert der diskrete Geldanleger durch Anerkennung der „Terms and Conditions" der betreffenden Geschäftsbank, dass er die Anlagewerte (Portfolio Assets) als der wirtschaftlich Berechtigte hält.

- **Verfügungs-/Zeichnungsberechtigung**

Die Verfügungsberechtigung über das Konto regelt sich ausschließlich aus der der Bank schriftlich bekannt gegebenen Verfügungsberechtigung bzw. aus der der Bank schriftlich bekannt gegebenen Unterschriftenregelung. Verfügungsberechtigt ist in erster Linie der legitimierte Kunde. Verfügungsberechtigung oder Unterschriftenregelung müssen schriftlich ergehen; es müssen für jeden als verfügungsberechtigt Bestellten Unterschriftsmuster hinterlegt sein. Die Unterschriftenregelungen können jederzeit schriftlich abgeändert oder widerrufen werden; sie gelten der Bank gegenüber ausschließlich und bis zu einem an die Bank gerichteten schriftlichen Widerruf, ungeachtet anders lautender Handelsregistereintragungen und Veröffentlichungen. Die Legitimationsprüfung erfolgt im Regelfall durch Vergleich der Unterschrift mit dem hinterlegten Muster.

- **Anwendbares Recht, Gerichtsstand und Erfüllungsort**

Die Rechtsbeziehungen des diskreten Geldanlegers mit der Auslandsbank unterstehen immer dem in dem Land geltenden Recht. Gerichts-

---

[152] Hinsichtlich besonderer Bedingungen bei banklagernder Post siehe Teil VII, Abschnitt: Bleibepost für absolute Diskretion.

stand und Erfüllungsort ist regelmäßig der Hauptsitz der Auslandsbank. Diesen Gerichtsstand bzw. Erfüllungsort muss der Geldanleger bei Unterzeichnung der Unterschriftenkarte etwa mit folgendem Wortlaut anerkennen: *„Ihre Allgemeinen Geschäftsbedingungen habe ich erhalten. Ich anerkenne diese, insbesondere auch den vereinbarten Gerichtsstand Zürich 1, als gültig für meine sämtlichen Beziehungen zu Ihrer Bank."*

Nach den Geschäftsbedingungen der österreichischen Banken sind die Geschäftsräume der kontoführenden Stelle für beide Teile Erfüllungsort. Und für alle Rechtsbeziehungen ist das *„am Erfüllungsort geltende Recht maßgebend, und zwar auch dann, wenn der Rechtsstreit im Ausland geführt wird".* Belgische Banken behalten sich das Recht vor, *„Rechtsstreite mit ihren Kunden bezüglich der Geschäftsverbindung vor einem Gericht in Brüssel zu führen".* In Liechtenstein gilt die Geschäftsstelle der Bank, welche das Konto oder das Depot führt, als Erfüllungsort für die beiderseitigen Verpflichtungen sowie als Beitreibungsort für Kunden mit Domizil im Ausland.

- **Wertpapierhandel/Kauf- und Verkaufsaufträge**
Kaufaufträge für börsennotierte Wertpapiere müssen fristgerecht erteilt werden, sofern sie an einen bestimmten Ausführungszeitpunkt gebunden sind (z.B. spezieller Tageskurs). Die Banken übernehmen im Regelfall keine Haftung für Schäden, die aus nicht fristgerechter Auftragserteilung entstehen. In allen Fällen können sich die Banken interessewahrendes Handeln nach eigenem Ermessen vorbehalten. Manche Banken behalten sich vor, nach freiem Ermessen zu bestimmen, welche Verfügungen auszuführen sind (ohne Rücksicht auf die Daten oder Disposition oder auf die Zeit des Empfanges derselben), wenn von einem Kunden mehrere Dispositionen vorliegen, deren Gesamtbetrag sein verfügbares Guthaben übersteigt.

- **Beanstandungen/Richtigbefund**
Beanstandungen müssen sofort nach Empfang der diesbezüglichen Anzeige erfolgen. Kontoauszüge müssen binnen bestimmter Frist (im Regelfall einen Monat) schriftlich beanstandet werden. Dabei ist zu berücksichtigen, dass bei Vereinbarung einer banklagernden Post die Kontoauszüge ab ihrem Ausstellungsdatum als zugestellt gelten. Erfolgt keine Reklamation, gelten die Kontoauszüge als richtig befunden, und zwar unter Ge-

nehmigung aller darin eingestellten Posten und Vorbehalte der Bank in Gutschriftsanzeigen usw.

- **Unberechtigte Abhebungen vom Konto**

Heben Nichtberechtigte „kleinere Summen" unter Fälschung der Unterschrift ab, trägt den Schaden der Kunde, es sei denn, die Bank handelte grob fahrlässig, weil sie die Unterschriften mit ihren Unterschriftsmustern nicht verglichen hat. Auf jedem Schaden, sei er durch Nichterkennen von Legitimationsmängeln und Fälschungen oder durch mangelnde Handlungsfähigkeit bevollmächtigter Dritter entstanden, bleibt der Kunde sitzen, weil dieser der Bank grobe Fahrlässigkeit im Regelfall nicht nachweisen kann.

- **Haftung für Falsch-, verspätete oder Nichtausführung von Wertpapierkauf- und -verkaufsaufträgen**

Die Schweizer und liechtensteinischen Banken haften – *„wenn infolge Nichtausführung, mangelhafter oder verspäteter Ausführung von Aufträgen Schaden entsteht"*, lediglich für den Zinsausfall, es sei denn, sie seien *„im Einzelfall auf die Gefahr eines darüber hinausgehenden Schadens ausdrücklich hingewiesen worden"*. Luxemburger Banken haften beim Versand von Effekten, Bargeld oder anderen Werten nur für durch die Versicherung gedeckte Risiken, *„und dies nur insoweit die Schäden geregelt werden"*. Besondere Risiken sichern Luxemburger Banken nur auf *„ausdrückliche Anweisung"* ab, die der Bank schriftlich zu erteilen sind. Und die österreichischen Kreditunternehmen schließen jegliche Haftung aus für *„die Folgen der Durchführung gefälschter oder verfälschter Überweisungsaufträge"*. Entsteht dem diskreten Geldanleger infolge einer Nichtausführung, mangelhafter oder verspäteter Ausführung von Aufträgen ein Schaden, haftet die Bank meist lediglich für den Zinsausfall, sofern sie nicht auf die Gefahr eines darüber hinausgehenden Schadens ausdrücklich und schriftlich hingewiesen wurde. Es ist in allen Fällen ratsam, bei Auftragserteilungen per E-Mail, Telefax oder via Internet zusätzlich noch beim Berater direkt nachzufragen, ob der Auftrag und mit welchen Daten er eingegangen ist!

- **Besondere Bedingungen für die Benützung von Telefax,
Telefon und E-Mail zur Übermittlung von Aufträgen**

Beabsichtigt der diskrete Geldanleger seiner Auslandsbank gegenüber Aufträge mittels Telefon-, Telefaxgeräten bzw. über E-Mail zu erteilen[153], muss er die Bank ausdrücklich beauftragen, derartige Aufträge auszuführen. Die Banken setzten solche Kunden regelmäßig ausdrücklich in Kenntnis, dass bei der Benutzung derartiger Übermittlungssysteme erhebliche Gefahren und Risiken, insbesondere aus nicht rechtzeitiger bzw. unvollständiger Übermittlung, Missbrauch, Veränderung oder Fälschung bestehen. Vor allem bei E-Mails kann die Vertraulichkeit nicht gewährleistet werden, da dritte Personen Einsicht nehmen könnten. Die Folgen und Schäden, die aus der Verwendung derartiger Übermittlungsgeräte entstehen, trägt vollumfänglich der Kunde, sofern die Bank die übliche Sorgfalt angewendet hat.

Geschäftsbanken in Dubai und im Dubai International Financial Centre nehmen Orderaufträge vielfach nur über ein Festnetztelefon, Fax oder in schriftlicher Form an und stellen hierfür eine „Fixed land line" zur Verfügung. Orders, die über Mobiltelefon oder mittels elektronischer Mail erteilt werden, werden im Regelfall nicht akzeptiert.

- **Übermittlungsfehler**

Übermittlungsfehler, verursacht durch den Postdienst, durch Telefon oder Telefax und E-Mail usw., gehen bei Schweizer und liechtensteinischen Banken stets zulasten des diskreten Geldanlegers, es sei denn, dieser weist der Bank grobes Verschulden nach. Luxemburger Banken lehnen jede Haftung für sämtliche Folgen ab, die aus Unregelmäßigkeiten des im Auftrag ihrer Kunden unternommenen Nachrichtenverkehrs entstehen könnten, sofern der Bank Verzögerungen oder Irrtümer nicht zuzuschreiben sind. Auch österreichische Banken tragen Schäden, die aus Übermittlungsfehlern oder Missverständnissen im fernmündlichen Verkehr mit dem Kunden entstanden sind, nur bei Verschulden. Belgische Banken tragen grundsätzlich keine Verantwortung für Irrtümer, Verspätungen oder Schäden, die auf Störungen vonseiten der Bank nicht zu vertretender Vorkommnisse beruhen, wie unter anderem die „*Unterbrechung der Telefon- oder Telegrafenverbindung*". Ein Nachweis über die Ausführung übermittelter Aufträge

---

[153] Vgl. auch Teil VIII: Diskretes Online-und Telefonbanking.

wird Kunden nicht übermittelt. Ein solcher ist vielmehr *„hinreichend durch die Erstellung des Tagesauszuges, der spätestens einen Tag nach Ausführung versandt wird, erbracht"*.

● **Mangelnde Handlungsfähigkeit des Verfügungs-berechtigten**

Auslandsbanken haften im Regelfall nicht für Schäden, die aus mangelnder Handlungsfähigkeit eines Verfügungsberechtigten entstehen, es sei denn, die eingetretene mangelnde Handlungsfähigkeit wurde in einem amtlichen Publikationsorgan des Landes kundgemacht und bezüglich sonstiger Verfügungsberechtigter der Bank schriftlich mitgeteilt.

● **Besondere Hinweise für Nummern- und Pseudonymkonten**

Bei Vereinbarung eines Pseudonyms werden sämtliche unter dem Pseudonym ohne oder mit Erwähnung des Namens des diskreten Geldanlegers eingehende Vermögenswerte unter diesem Pseudonym gebucht. Eingänge unter dem Namen des diskreten Geldanlegers ohne Erwähnung des Pseudonyms werden ebenfalls dem Pseudonymkonto gutgeschrieben, sofern kein Namenskonto besteht und nicht vor Eingang eine andere Weisung erteilt worden ist.

Die Bank fertigt Mitteilungen inklusive Belege, Kontoauszüge etc. ohne Anführung eines bürgerlichen Namens des diskreten Geldanlegers ausschließlich unter der Bezeichnung des Pseudonymkontos aus, sofern keine ausdrückliche Namensangabe verlangt (was im Regelfall nicht vorkommt) oder diese aus rechtlichen Gründen erforderlich ist. Für den diskreten Geldanleger bedeutet dies, dass bei der Verwendung eines Pseudonyms die Abwicklung aller Bankgeschäfte, insbesondere von Aufträgen, Barauszahlungen, Börsen- und Kreditgeschäften zwar wie bei einem Namenskonto erfolgt, die Verwendung des Pseudonyms im Verkehr mit der Bank aber als rechtsgültige Unterschrift sowohl für den Kontoinhaber als auch für die Zeichnungsberechtigten eines Pseudonymkontos gilt.

Bei Nennung dieses Pseudonyms werden auch telefonische Auskünfte erteilt. Für den Fall der Erteilung von telefonischen Aufträgen sollte vereinbart werden, dass diese nur nach Identifikation gemäß den internen Weisungen der Bank ausgeführt werden sollten. Dies erhöht die Sicherheit!

Bei Nummern- und Pseudonymkonten ist das Risiko einer möglichen Fälschung und des Missbrauchs regelmäßig höher als bei Namenskonten. Viele Banken verlagern daher die Tragung des erhöhten Risikos auf den Kunden, etwa mit Klauseln wie: *„Der Kunde nimmt zur Kenntnis, dass die Zeichnung von bestimmten Transaktionen mit der Pseudonym-Unterschrift einem möglichen Missbrauchsrisiko ausgesetzt ist und diese Verfügungsmöglichkeit auf sein Risiko hin eingeräumt wird.“* Oder: *„Der/die Kontoinhaber erklärt/ erklären hiermit ausdrücklich, dass alle Risiken und Schäden, welche daraus entstehen, dass das Konto und die Korrespondenz unter dem Pseudonym geführt werden, vollumfänglich zu seinen/ihren Lasten gehen und die Bank jeglicher Haftung entbunden ist, sofern kein grobes Verschulden der Bank vorliegt.“* Diskrete Geldanleger müssen bei Nummern- und Pseudonymkonten außerdem zur Kenntnis nehmen, *„dass die Bank berechtigt ist, Aufträge nur dann nicht durchzuführen, wenn ihr die Verfügungsberechtigung der handelnden Person zweifelhaft erscheint“*, dass die Bank aber *„berechtigt ist, Verfügungen zu befolgen, von denen sie auf Basis sorgfältiger Prüfung annimmt, dass sie von zeichnungsberechtigten Personen stammen“*.

Das Pseudonym kann nur mit einem diesbezüglichen Auftrag geändert oder aufgehoben werden. Eine Aufhebung oder Änderung kann jederzeit durch den diskreten Geldanleger als Kontoinhaber erfolgen.

● **Kommissionen, Gebühren und sonstige Spesen**

Luxemburger Banken belasten neben Zinsen und Provisionen sämtliche *„für den Nachrichtenverkehr anfallenden Spesen, sowie alle anderen im Interesse der Kunden verauslagten Kontospesen“*. Auch österreichische Banken rechnen jeden Euro auf. In den allgemeinen Geschäftsbedingungen heißt es hierzu: *„Außer den vereinbarten oder üblichen Zinsen, Gebühren (einschließlich Manipulationsgebühren) und Provisionen trägt der Kunde alle im Zusammenhang mit der Geschäftsverbindung mit ihm entstehenden Auslagen und Nebenkosten, insbesondere Stempel- und Rechtsgebühren, Steuern, Kosten für Versicherung und rechtsfreundliche Vertretung, Ferngespräche, Fernschreiben und Depeschen sowie Porti. Die Kreditunternehmung darf diese Nebenkosten ohne Einzelaufstellung in einem Gesamtbetrag in Rechnung stellen.“*

In Belgien pflegt man im Allgemeinen den Kostenbegriff sehr weit auszulegen: *„Neben den Zinsen, Provisionen, Gebühren oder vertraglichen, gesetzlichen oder üblichen Steuern tragen die Kunden alle Kosten, gleich wel-*

cher Art, die normalerweise nicht zulasten der Bank gehen und die mit ihnen abgeschlossenen Geschäfte betreffen." Desgleichen werden belgischen Bankkunden alle Auslagen in Rechnung gestellt, *„die in Bezug auf ihr Vermögen infolge von behördlichen Maßnahmen oder Verfügungen Dritter sowie seitens der Bank zum Zwecke der Erhaltung oder Beitreibung ihrer Forderungen getroffenen Maßnahmen entstehen"*.

In Liechtenstein werden die Gebühren *„gemäß Gebührenreglement"* verrechnet. Der Kunde hat hierbei zur Kenntnis zu nehmen und sich damit einverstanden zu erklären, *„dass die Bank Dritten auf von ihr verrechnete Gebühren markt- und branchenübliche Vergütungen gewähren kann"*. Soweit die Bank nicht schriftlich darauf verzichtet hat, behält sich die Bank das Recht vor, Zinssätze, Kommissionen und Gebühren mit sofortiger Wirkung den Verhältnissen anzupassen.

- ● **Pfand- und Verwertungsrecht**

Die Liechtenstein-Banken behalten sich an allen Vermögenswerten und Erträgen, die sie für ihre Kunden verwalten und verrechnen ein Pfandrecht vor. Ein solches Pfandrecht gilt für alle aus der Bankverbindung jeweils bestehenden Ansprüche ohne Rücksicht auf die Fälligkeit oder Währung. Sobald der Kunde in Verzug ist, kann die Bank das Pfandgut freihändig oder zwangsrechtlich verwerten.

- ● **Kündigung**

Die Banken können sich vorbehalten, bestehende Geschäftsverbindungen jederzeit und nach freiem Ermessen und ohne Angabe von Gründen aufzuheben.

Ausgewählte diskrete Geschäftsbanken im Fürstentum Liechtenstein

Als unabhängige Privatbank wurde die Bank Alpinum von erfolgreichen Unternehmern, Anwälten und Bankiers gegründet. Sie hebt sich vor allem durch ihre Unabhängigkeit und die damit verbundene absolute Produktneutralität von den anderen Institutionen ab. Dies bedeutet, dass die Bank selbst über keine eigenen Produkte wie Fonds und dergleichen verfügt und somit jederzeit die besten am Markt erhältlichen Produkte empfehlen kann.

Die Bank Alpinum verfolgt einen ganzheitlichen Beratungsansatz und bietet einen umfassenden Service an. Die Bank bietet nebst einer traditionellen Kundenberatung und Vermögensverwaltung auch andere Dienstleistungen rund um das Vermögen der Kundschaft an. So werden zum Beispiel umfassende Beratungen in Erb- und Steuerangelegenheiten sowie Dienstleistungen rund um die Nachfolgeregelung angeboten.

Bank Alpinum AG

Adresse: Städtle 17, FL-9490 Vaduz

Telefon: +423/239 62 11; Telefax: +423/239 62 21

E-Mail info@bankalpinum.com

Internet www.bankalpinum.com

Die *Hypo Investment Bank AG* ist ein in Liechtenstein konzessioniertes Bankunternehmen, welches sich ausschließlich auf die Veranlagung von Kundenvermögen konzentriert. Die Vorarlberger Landes- und Hypothekenbank AG ist alleinige Besitzerin; sie hat die Bonitäts-Bestnote Aaa. Die Unabhängigkeit der Hypo Investment Bank AG gegenüber Fondsgesellschaften und Treuhändern spricht für eine objektive Beratung in allen Investmentangelegenheiten. Die Hypo Investment Bank AG stattet Kundendepots bis 5 Mio. Schweizer Franken vorzugsweise mit Indexprodukten aus. Vermögensanlagen in Indexfonds oder Indexzertifikaten bieten eine optimale Risikostreuung, bedürfen nur gelegentlicher Umschichtungen und sind spesengünstig. Für Anlagebeträge ab 100.000 Schweizer Franken (Mindesteinlage) bietet die Hypo Investment Bank eine abgerundete Fondspalette an. Die standardisierte Vermögensverwaltung gibt es ab 500.000 Schweizer Franken.

Hypo Investment Bank AG

Austrasse 59, FL-9490 Vaduz

Telefon: +423/265 56 56; Telefax: +423/265 56 99

E-Mail: info@hyop.li

Internet: www.hypo.li

Die *Raiffeisen Bank (Liechtenstein) AG* wurde 1998 gegründet. Gesellschafter sind zu 75 Prozent die Raiffeisenbank Kleinwalsertal AG und zu 25 Prozent die Raiffeisenlandesbank Vorarlberg. Im Juli 2002 bezog die Raiffeisen Bank (Liechtenstein) AG ihr eigenes, neu errichtetes Bankgebäude in der Austrasse in Vaduz. Im Juli 2003 fusionierte die Bank mit der ERSTE Sparkasse Bank (Liechtenstein) AG. Der Schwerpunkt der Geschäftstätigkeit liegt im Bereich Private Banking. Das betreute Kundenvermögen lag per 31.12.2006 bei ca. 1,3 Mrd. Schweizer Franken. Die Bank garantiert beste Beratungsqualität und besondere Kundennähe bereits bei mittleren Vermögen. Service und Ambiente einer Privatbank werden mit der Vertrautheit der Marke Raiffeisen verbunden. Die Raiffeisen Bank (Liechtenstein) AG wurde im Fuchs-Report 2006 als bester Vermögensmanager im deutschsprachigen Europa ausgezeichnet und belegt mittlerweile in der ewigen Bestenliste mit großem Abstand den ersten Platz unter den Schweizer und liechtensteinischen Banken.

Raiffeisen Bank (Liechtenstein) AG
Austrasse 51, FL-9490 Vaduz
Telefon: +423/237 07 07; Telefax: 423/237 07 77
E-Mail: info@raiffeisen.li
Internet: www.raiffeisen.li

Die *Verwaltungs- und Privat-Bank AG (VP Bank)* wurde 1956 gegründet und gehört zu den größten Banken Liechtensteins. Heute verfügt sie über Tochtergesellschaften in Zürich, Luxemburg und auf den British Virgin Islands sowie über eine Vermögensverwaltungsgesellschaft in München und Repräsentanzen in Moskau und Hongkong. Die Bank besteht aus den Geschäftseinheiten Private Clients, Trust Banking und Banking Services. Kernkompetenz der Bank bildet das umfassende Private Banking in Liechtenstein, Schweiz und Deutschland sowie den Märkten Russland, Zentral- & Osteuropa, Asien, Benelux, Italien, Spanien und, Lateinamerika. Eine individuelle Vermögensverwaltung gibt es für Kunden der VP Bank ab 1 Mio. Schweizer Franken oder ca. 650.000 Euro. Eine standardisierte Vermögensverwaltung auf Basis bewährter Anlagestrategien bietet die VP Bank ebenfalls ab 1 Mio. Schweizer Franken oder ca. 650.000 Euro. Für Geldanleger mit kleinerem Vermögen empfiehlt die Bank eine fondsbasierte Vermögensverwaltung. Per 30. Juni 2006 beschäftigte die VP Bank Gruppe teilzeitbereinigt 569,9 Mitarbeiter. Die Bilanzsumme betrug CHF 9 Mrd. und das betreute Kundenvermögen CHF 32.2 Mrd. Die VP Bank Gruppe hat von Standard & Poor's im August 2006 das Rating „A" (A/Stable/ A-1) bestätigt erhalten. Damit ist sie eine der wenigen offiziell bewerteten Privatbanken in Liechtenstein und der Schweiz.

Verwaltungs- und Privat-Bank AG
Aeulestrasse 6, FL-9490 Vaduz
Telefon +423/235 66 55; Telefax +423/235 65 00
E-Mail: info@vpbank.com
Internet: www.vpbank.com

Ausgewählte diskrete Geschäftsbanken in Kleinwalsertal/Vorarlberg und Jungholz/Tirol

Allgemeines

Neben den in Innerösterreich tätigen Geschäftsbanken können sich diskrete Geldanleger besonders den Kreditinstituten in den Zollanschluss-gebieten Kleinwalsertal/Vorarlberg und Jungholz/Tirol anvertrauen. Trotz wirtschaftlicher Angliederung der Gemeinden an Bayern sind das Klein-walsertal und Jungholz Bestandteile des österreichischen Hoheitsgebietes und gelten als österreichisches Zollausschluss- bzw. deutsches Zollan-schlussgebiet. Es gilt österreichisches Recht, somit auch das strenge öster-reichische Bankgeheimnis. Die in den Exklaven ansässigen Banken sind mit den deutschen Börsen direkt verbunden. Im Gegensatz zu Inneröster-reich fallen in den deutschen Zollanschlussgebieten keine zusätzlichen Aus-landsspesen beim An- und Verkauf deutscher Wertpapiere an und die Zeich-nung von Daueremissionen des Bundes ist über die Exklavenbanken mög-lich.

Die Gemeinden sind im deutschen Gironetz integriert und Überwei-sungsaufträge zugunsten von Konten bei Exklavenbanken gelten als In-landsüberweisungen. Auch von der Gebührenseite her erweisen sich die Ex-klavenbanken als attraktiv. Die Gebühren und Konditionen der Exklaven-banken liegen in den meisten Fällen unter jenen Gebühren, die inneröster-reichische Banken erheben. Letzteres gilt besonders für die Kontoführungs-gebühren.

Gebührenart	Österreich (Inland)*	Österreich (Zollexklaven)*
Kauf/Verkauf v. Aktien Minimumgebühr	1,5–2% EUR 80–120	1–1,25% EUR 45
Kauf/Verkauf v. festverzinslichen Wertpapieren (Euro-Raum) Minimumgebühr	0,9% EUR 62	0,85% EUR 45
Kauf/Verkauf von Investmentfonds Minimumgebühr	0,75% 22–60 EUR	0,5% EUR 45
Einlieferung/Auslieferung effektiver Stücke	Je Position ca. 34,15 EUR zzgl. fremde Spesen	0,25 %, Minimumgebühr EUR 52
Inkasso von Kupon/Tilgungserlösen	0,25%	In der Regel kostenfrei
Depotgebühren – EUR Ausland – Fremdwährung Ausland Minimumgebühren	 0,5% 0,5% ca. EUR 20–25	 0,2% 0,5% ca. EUR 50
Kontoführung	EUR 200–250/ Jahr	EUR 20–30/Jahr

* Gebühren jeweils in Circa-Angaben, Abweichungen möglich; Preisgrundlage ist der Kurswert; alle Preise netto, da umsatzsteuerfrei (Ausnahme: Depotgebühr zzgl. gesetzl. MWSt).

Tabelle 4: Gebührenübersicht Banken Österreich-Inland und Banken in den österreichischen Zollexklaven

Kleinwalsertal

Als „die Bank zum Erfolg" bezeichnet sich die *Bank Austria Creditanstalt.* Diskrete Geldanleger, die auf anspruchsvolle, diskrete Beratung und gezielten Vermögensaufbau wertlegen, sind bei der Kleinwalsertal-Filiale der größten Bank Österreichs willkommen. Die Bank Austria Creditanstalt verfügt über zahlreiche internationale Verbindungen, die besonders jenen diskreten Geldanlegern nützlich sein dürften, die ihr Vermögen weltweit streuen wollen. Kernkompetenz der Bank bildet das gehobene Anlagegeschäft. Das Know-how und die persönliche, individuelle Betreuung der

Fachspezialisten stehen diskreten Geldanlegern ab einer Anlagesumme von 50.000 Euro zur Verfügung.

Bank Austria Creditanstalt

Walserstr. 36, D-87567 / A-6991 Riezlern
Telefon: (Hr. Fussenegger Kurt, Hr. Schuster Lukas,
Hr. Wünsche Mathias) +43/5517/3248; Telefax: +43/5517/3377
Internet: www.ba-ca.com, E-Mail: filiale.riezlern@ba-ca.com

Die *Dornbirner Sparkasse Bank AG*, eine der führenden Regionalbanken im Vorarlberger Rheintal (Österreich), eröffnete im Dezember 1984 als einzige österreichische Sparkasse ihre Geschäftsstelle in Riezlern im Kleinwalsertal und hat sich hier auf das Anlagegeschäft privater Anleger spezialisiert. „In jeder Beziehung zählen die Menschen" – dieser Werbeslogan wird wirklich gelebt. Größten Wert wird auf eine diskrete Abwicklung der Beratungsgespräche gelegt. Die Anlageberater sind sehr bemüht, auf die individuellen Kundenwünsche und die persönliche Situation der Kunden einzugehen und darauf abgestimmte Veranlagungsvorschläge zu unterbreiten. Grundsätzlich ist die Anlageentscheidung nicht an eigene Produkte gebunden. Die Dornbirner Sparkasse Bank AG kann aber neben zahlreichen Eigenemissionen auf die mehrfach prämierten Fonds der ERSTE-SPARINVEST KAG sowie auf die Produkte der Versicherung zurückgreifen.

Dornbirner Sparkasse Bank AG

Walserstraße 23, D-87567/A-6991 Riezlern
Servicetelefon aus Deutschland: 0180/5147899
Telefon: +43/50100/74050; Telefax: +43/500100/974050
E-Mail: riezlern@dornbirn.sparkasse.at
Internet: www.riezlern.sparkasse.at

Die *Hypo Landesbank Kleinwalsertal* ist die größte Filiale der Vorarlberger Landes-und Hypothekenbank. Die Vorarlberger Landes- und Hypothekenbank wurde von Standard & Poor's mit einem besonderen Gütesiegel ausgezeichnet: Die US-Rating-Agentur bescheinigte dem größten Einzelinstitut in Vorarlberg mit einem „AAA"-Rating höchste Bonität, Rentabilität und Professionalität. Die Hypo Vorarlberg hat sich auch als erste österreichische Bank durch die unabhängige Revisionsgesellschaft PriceWater-

House Coopers einer Performance-Messung ihrer Vermögensverwaltung nach international anerkannten Branchenstandards – den „Global-Investment Performance Standards" – unterzogen und zertifizieren lassen. Mit der Einführung der GIPS unterstreicht die Hypo Vorarlberg ihr Bekenntnis zu einem transparenten Wettbewerb und professionellen Reporting. Unter den österreichischen Banken hat die Vorarlberger Landes- und Hypothekenbank AG dank ihrer jahrzehntelangen Erfahrung im Wertpapiergeschäft und ihrer günstigen geografischen Lage im Vier-Länder-Eck von Österreich, Deutschland, Schweiz und Liechtenstein die besten Voraussetzungen für internationale Anleger. Die Hypo Kleinwalsertal zählt zu den Top-Vermögensmanagement-Banken im deutschsprachigen Raum. Entsprechende Auszeichnungen erhielt das Bankhaus im Jahr 2006 durch den „Fuchsbriefe-Report" sowie den ebenso renommierten Elite-Report. Die Hypo Kleinwalsertal ist damit einer der besten Vermögensverwaltungsbanken im deutschsprachigen Europa.[154] Neben Sicherheit und Wachstum für das Kundenvermögen ist es vor allem die persönliche und individuelle Betreuung, die bei der Hypo Kleinwalsertal im Vordergrund steht. Ein Beweis dafür ist der österreichische Bankenoskar in der Rubrik „Kundenzufriedenheit", der an die Vorarlberger Landes- und Hypothekenbank durch die WU Wien (Institut für Kreditwirtschaft) verliehen wurde.

**Vorarlberger Landes- und Hypothekenbank
im Kleinwalsertal**

Walserstr. 31, D-87567/A-6991 Riezlern

Telefon: Filiale Riezlern +43/5517 5001-0

Filiale Mittelberg +43/5517 5591

Telefax: +43/5517 5001 8050

E-Mail: pkriezlern@hypovbg.at

Internet: www.hypo-kleinwalsertal.de

Die Volksbank im Kleinwalsertal gilt als Top-Adresse im gehobenen Private Banking. Egal, ob es um Diskretion, produktunabhängige Beratung oder Vermögensverwaltungen geht – das internationale Klientel vertraut seit 1888 auf das Know-how des renommierten Bankinstituts mit hoher Einlagensicherung. „Meine Geldanlagen sind auch bei meiner Bank Privatsa-

---

[154] Vermögensmanagement im Fuchs-Report Tops 2007.

che." Das schätzen nicht nur die Kunden, sondern nach diesem Motto agieren auch die Anlage-Experten in all ihren Aktivitäten.

Die Vermögensberater der Volksbank im Kleinwalsertal kennen ihre Kunden persönlich, legen größten Wert auf gegenseitiges Verständnis und klares Erfassen der individuellen Erwartungen sowie Präferenzen. Nach einem ausführlichen Gespräch unter Berücksichtigung des persönlichen Ertrag-Risiko-Profils sowie Cashflow-Bedürfnisses des Anlegers erarbeitet der Vermögensberater die jeweils passende Anlagestrategie. Zudem zeichnen Unabhängigkeit und Neutralität in sämtlichen Anlageentscheidungen diese Bank seit Jahren aus.

Um international erfolgreiche Lösungen zu bieten, pflegt die Volksbank enge Kontakte zu angesehenen Partnern und stellt dies durch ein erfolgreiches Kooperationsmanagement sicher.

Galt die Volksbank im Kleinwalsertal früher als Geheimtipp der Vermögensverwalter, hat sie sich nun in die elitäre Gruppe der „Top-Vermögensverwalter 2007" aufgeschwungen. Von den Redakteuren des „Elite-Reports" besonders hervorgehoben: individuelle Angebote, abgestimmt auf die entsprechenden Kundenbedürfnisse, und die damit verbundene hohe Kundenzufriedenheit.

Volksbank im Kleinwalsertal

Walserstr. 37 D-87567; A-6991 Riezlern

Telefon +43/5517/6767-0; Telefax: +43/5517/6767-100

E-Mail: kleinwalsertal@vvb.at

Internet: www.volksbank-kleinwalsertal.at

Jungholz

In der österreichischen Zollexklave Jungholz präsentiert sich dem diskreten Geldanleger das auf Vermögensberatung und -verwaltung spezialisierte Bankhaus Jungholz, eine Zweigniederlassung der Raiffeisenbank Reutte reg.Gen.m.b.H. Das Bankhaus Jungholz, seit 1981 vor Ort, hat die Tiroler Exklave zu einem Finanzplatz gemacht, der inzwischen in Anlegerkreisen mehr als nur ein Geheimtipp ist. Neben dem geltenden Bankgeheimnis hat der Private-Banking-Spezialist zusätzliche Sicherheitsstandards zum Schutz seiner Kunden eingeführt. Alle persönlichen Kundendaten werden nicht EDV-mäßig erfasst, sondern lagern in einem separaten Datensafe, der nur wenigen ausgewählten Personen zugänglich ist. Schutz

vor Datenmissbrauch und -veruntreuung bietet zudem das urheberrechtlich geschützte Goldfinger-Nummernkonto®.[155]

Der vermögende und diskretionsorientierte Privatanleger steht beim
Bankhaus Jungholz im Mittelpunkt – und profitiert von den Besonderheiten des Hauses. So unterliegen die Kundenbetreuer keinerlei internen Pro-
duktvorgaben und greifen auch nicht auf hauseigene Finanzprodukte zurück. So werden ganz bewusst Interessenkonflikte zwischen Kunden und
Bank von vornherein ausgeschlossen. Stattdessen werden Innovationen an-
gestoßen, die den Anlegern konkrete Vorteile bringen. Die Philosophie des
Bankhauses Jungholz sowie die nachhaltig gelebte Kombination aus Diskretion, Kompetenz und Produktneutralität wissen regelmäßig bei internationalen Bankentests zu überzeugen. Im Rahmen des Bankenvergleichs
„Die Elite der Vermögensverwalter 2007" wurde das Bankhaus Jungholz
mit dem Premium-Prädikat „Summa cum laude" ausgezeichnet. Dies ist die
vierte Spitzenplatzierung des Hauses hintereinander bei dem umfang-
reichsten Finanztest von Vermögensverwaltern im deutschsprachigen
Raum.

Für Anleger, die einen Finanzplatz außerhalb der EU suchen, ist das
Bankhaus Jungholz in St. Gallen/CH eine interessante Alternative, vereinigt es doch die bewährten Jungholz-Standards und die Vorteile der
Schweiz. Die Direkt-Anlage in Österreich ist für den gut informierten Anleger die ideale Plattform, um seine Anlageentscheidungen diskret und sicher
von zu Hause aus über den Finanzplatz Österreich abzuwickeln.

Vermögende Anleger, die einen Abstecher in das idyllische Jungholz
unternehmen, werden die angenehme Erfahrung machen, dass man sich
dort in mitten einer traumhaften Berglandschaft ganz in Ruhe und ganz
persönlich um sie kümmert.

Bankhaus Jungholz der Raiffeisenbank Reutte reg.Gen.m.b.H.
Haus Nr. 20, A-6691 Jungholz
Telefon: +49/180/221 23 23-0; Telefax : +49/180/221 23 23-4800
E-Mail: info@bankhaus-jungholz.com
Internet: www.bankhaus-jungholz.com

---

[155] Vgl. Teil VII, Abschnitt: Das Goldfinger-Nummernkonto˙ – Garant für höchste persönliche Sicherheit
und Diskretion.

Diskrete Geschäftsbanken in Luxemburg

Von den luxemburgischen Kreditinstuten seien besonders erwähnt die *Banque Internationale á Luxembourg (BIL)* sowie die *Banque et Caisse d'Epargne de l'Etat (BCCE)*. Die BCEE ist das einzige staatseigene Kreditinstitut. Die Sparkasse verwaltet mehr als 75 Prozent des von „echten Luxemburg- Banken" verwalteten Vermögens und verbucht für sich den Löwenanteil des heimischen Kreditgeschäfts. Diskrete Geldanleger, die sich der Luxemburger Tochter ihrer Hausbank oder eines „heimatlichen Kreditinstituts" anvertrauen wollen, sollten wissen, dass das Luxemburger Bankgeheimnis nur auf Luxemburger Territorium begrenzt ist. Das heißt: An der Grenze endet auch die Diskretion. Gerade die Angestellten der deutschen Niederlassungen haben ihre privaten Wurzeln vielfach in Deutschland. Was liegt daher näher, als das Luxemburger Bankgeheimnis dahingehend zu umgehen, dass man die Banker gleich hier in Deutschland über das Luxemburger Geschäft vernimmt. Dass das Luxemburger Bankgeheimnis nicht für Aussagen gegenüber Justizbehörden anderer Länder der Europäischen Union gilt, hat der Europäische Gerichtshof kürzlich festgestellt. Ein belgischer Untersuchungsrichter hatte gebeten, die Vereinbarkeit des Luxemburger Bankgeheimnisses mit dem Europarecht zu prüfen. Der Richter ermittelte nämlich gegen einen Angestellten einer Luxemburger Bank, der in Belgien gegen die dortigen Wirtschaftsgesetze verstoßen haben soll. Der Bankangestellte verweigerte gegenüber dem belgischen Untersuchungsrichter jegliche Aussage und stützte sich dabei auf das Luxemburger Bankgeheimnis. Letzteres half dem schlauen Angestellten aber nicht, denn das Luxemburger Bankgeheimnis zählte nicht.[156] Außerdem drohen unter bestimmten Voraussetzungen Meldungen an die deutschen Finanzbehörden beim Tod eines deutschen Kontoinhabers.[157]

---

[156] Az: C-153/00.
[157] Näheres vgl. Teil XVI.

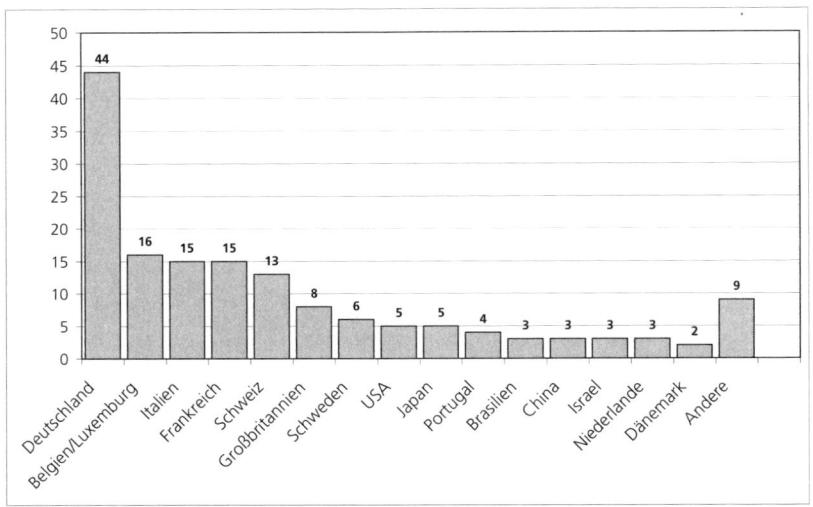

Abbildung 4: Diskrete Geschäftsbanken im Großherzogtum Luxemburg nach Herkunftsländern (Quelle: Commission de Surveillance du Secteur Financier Luxembourg, Stand: 31.7.2006)

Ausgewählte diskrete Geschäftsbanken auf den Bahamas

Für alle Geldanleger, die noch nicht dort waren: Die Bahamas sind immer eine Reise wert, nicht nur zur Anlage diskreter Gelder. Die Bahamas befinden sich etwa 50 Meilen von der Ostküste Floridas entfernt und bestehen aus ca. 700 Inseln, Riffen und Klippen. Die Bahamas sind seit 1973 ein – von Großbritannien – unabhängiger Staat und eine der ältesten Demokratien der westlichen Hemisphäre. Etwa 60 Prozent des Bruttoinlandsprodukts (GDP) in Höhe von ca. 4,8 Mrd. $ entfällt auf den Tourismussektor und die Finanzindustrie, wobei die Finanzindustrie mit etwa 4.000 Beschäftigten ca. 20 Prozent des GDP erwirtschaftet.

Das Rechtssystem der Bahamas basiert auf englischem Common Law, welches durch eine große Anzahl an Bahamian Statute Laws ergänzt wird. Anzumerken ist, dass die Mehrzahl der auf den Bahamas agierenden Anwälte ihre Ausbildung in Großbritannien absolviert haben und daher dem englischen Recht – inklusive dem Trustrecht – sehr vertraut sind.

35 der Top-100 Banken aus 23 Ländern agieren auf den Bahamas. Insgesamt sind es etwa 360 Banken, davon etwa 120 aus OECD-Ländern.

Der Finanzsektor untersteht strikten – dem Standard der OECD sowie der EU-Geldwäsche-Richtlinie entsprechenden – „know your customer"-Regelungen. Verdächtige und ungewöhnliche Transaktionen sind meldepflichtig („suspicious and unusual transactions reporting"). Die im Dezember 2000 neu errichtete Geldwäsche-Überwachungsbehörde „Financial Intelligence Unit" (FIU) sammelt sämtliche Verdachtsanzeigen des Finanzsektors und wertet sie aus.

Name	Adresse	Telefon/Telefax/Website
UBS Bahamas Ltd	East Bay Street, PO Box N 7757, Nassau, Bahamas	Tel.: +1/242/394 95 06 Fax: +1/242/394 93 33 www.ubs.com
Sentinel Bank & Trust Ltd.	Goodman's Bay Corp. Centre, PO Box 12407, Nassau, Bahamas	Tel.: +1/242/502 7000 www.sentinelbahamas.com
Banque SCS Alliance Nassau Ltd,	Alliance House, East Bay Street, PO Box N 1724, Nassau, Bahamas	Tel. : +1/242/394 61 61 Fax : +1/242/394 62 62 E-Mail: scsnassau@ scsalliance.com.
SG Hambros Bank & Trust	West Bay Street, PO Box N-7788, Nassau, Bahamas	Tel.: +1/242/302 5000 www.sghambros.com

Tabelle 5: Ausgewählte Geschäftsbanken auf den Bahamas im Überblick[158]

Ausgewählte diskrete Commercial Banks und Representative Offices in Dubai

Commercial Bank und Representative Offices außerhalb des DIFC

In Dubai trifft der Anleger auf eine breite Anzahl national und international tätiger Geschäftsbanken, welche mittels eigenständiger Niederlassungen dort vertreten sind oder nur ein Repräsentanzbüro unterhalten. Eine aktuelle Liste mit Commercial Banks und Representative Offices, welche der Zentralbank in Abu Dhabi als Aufsichtsbehörde unterstellt sind, findet der diskrete Geldanleger auf der Homepage der Zentralbank der Vereingten Arabischen Emirate unter http://www.centralbank.ae/CommercialBanks.php, welche im Anschluss auszugsweise abgedruckt ist.

---

[158] Online-Broker Dealer auf den Bahamas sind in Teil VIII aufgelistet.

Geschäftsbanken mit Niederlassungen

ABN Amro Bank NV	Abu Dhabi Commercial Bank
Abu Dhabi Islamic Bank	Al Ahli Bank of Kuwait
Al Rafidain Bank	Arab African International Bank
Arab Bank For Investment And Foreign Trade	Arab Bank PLC
Bank Melli Iran	Bank of Baroda
Bank of Sharjah	Bank Saderat Iran
Blom Bank France SA	Banque Du Caire
Calyon Bank	BLC Bank
BNP Paribas Bank	HSBC Bank Middle East
CitiBank NA	Commercial Bank International
Commercial Bank of Dubai	Dubai Islamic Bank
Dubai Bank PJSC	El Nilein Bank
Emirates Bank International	Emirates Islamic Bank
First Gulf Bank	Habib Bank Limited
Habib Bank AG Zurich	Invest Bank
Janata Bank	Lloyds Bank TSB
Mashreq Bank	National Bank of Abu Dhabi
National Bank of Bahrain	National Bank of Dubai
National Bank of Fujairah	National Bank of Oman
National Bank of RAK	National Bank of UAQ
Sharjah Islamic Bank	Standard Chartered Bank
Union National Bank	United Arab Bank
United Bank Limited	

Tabelle 6: Geschäftsbanken in Dubai (Quelle: Central Bank of the UAE)

Geschäftsbanken mit Representative Offices

Bank of Bahrain & Kuwait	Barclays Bank
Doha Bank	ED & F Investment Products Ltd.
ICICI Bank	Korea Exchange Bank
Standard Bank London Ltd.	Union Bancaire prive'e (CBI-TDB)
Westdeutsche Landesbank	

Tabelle 7: Geschäftsbanken mit Repräsentanzen (Quelle: Central Bank of the UAE)

Geschäftsbanken im Dubai International Financial Centre

Neben den der Zentralbank unterstellten Geschäftsbanken findet der diskrete Geldanleger aktuell 84 Kreditinstitute und Finanzdienstleister, die ihre Geschäftstätigkeit im Dubai International Financial Centre betreiben. Eine aktuelle Liste kann auf der Homepage der Dubai Financial Services Authority (www.dfsa.ae) unter der Rubrik „Public Register" und der Suche nach „authorised firms" abgerufen werden. Im DIFC sind u.a. tätig:

ABN AMRO Bank NV	Legal Status: Non DIFC Company	Date of Licence: 19 June 2006	Licence Type: Authorised Firm
Alpen Capital (ME) Limited	Legal Status: DIFC Company	Date of Licence: 28 March 2006	Licence Type: Authorised Firm
Ansbacher & Co Limited	Legal Status: Non DIFC Company	Date of Licence: 1 December 2004	Licence Type: Authorised Firm
Bank Sarasin – Alpen (ME) Limited	Legal Status: DIFC Company	Date of Licence: 27 February 2005	Licence Type: Authorised Firm
Banque de Commerce et de Placements SA	Legal Status: Non DIFC Company	Date of Licence: 1 November 2006	Licence Type: Authorised Firm
Barclays Bank PLC	Legal Status: Non DIFC Company	Date of Licence: 30 June 2005	Licence Type: Authorised Firm
Citigroup Global Markets Limited	Legal Status: Non DIFC Company	Date of Licence: 4 May 2006	Licence Type: Authorised Firm
Deutsche Bank AG	Legal Status: Non DIFC Company	Date of Licence: 26 September 2005	Licence Type: Authorised Firm
HSBC Bank Middle East Limited	Legal Status: Non DIFC Company	Date of Licence: 24 September 2006	Licence Type: Authorised Firm
Julius Baer (Middle East) Limited	Legal Status: DIFC Company	Date of Licence: 20 September 2004	Licence Type: Authorised Firm
UBS AG	Legal Status: Non DIFC Company	Date of Licence: 13 September 2006	Licence Type: Authorised Firm

Tabelle 8: Ausgewählte Geschäftsbanken im Dubai International Financial Centre (Quelle: DFSA)

Price List of Services offered by Branches of Foreign Banks

	ABN Amro Bank	Al Ahli Bank of Kuwait	Arab African International Bank	Arab Bank	Bank of Baroda	Bank of Melli Iran	Bank Saderat Iran	Banque Banorabe	Banque du Caire	Barclays Bank	BLC Bank (France) S.A.	BNP Paribas
Loans:												
- Interest Rate on Personal Consumer Loans:	9 - 13 %	6 - 14 %	9 - 11 %	10 - 13.5 %	12 - 15 %	10 - 12 %	10 - 12 %	8 - 12 %	12 - 14 %	N/A	9 - 13 %	7 - 18 %
- Management Fees:	N/A	N/A	1 %	1 % or AED 250	AED100 < 5000 AED200 > 5000	0.5 % or AED 200	N/A	AED 250 + 1 %	1%	N/A	1 % or AED 250	0.5 - 1 %
- Car Loans:	N/A	N/A	5 - 7 %	4 - 7.5 %	5 %	N/A	N/A	15000 - 100000	NIL	N/A	N/A	4.5flat - 13 %
- Management Fees:	N/A	N/A	NIL	Free	1 % or AED 100	N/A	N/A	AED 250 + 1 %	NIL	N/A	N/A	0.5 - 1 %
- Housing Loans:	N/A	N/A	NIL	N/A	N/A	N/A	N/A	N/A	NIL	N/A	N/A	N/A
- Management Fees:	N/A	N/A	NIL	N/A	N/A	N/A	N/A	N/A	NIL	N/A	N/A	N/A
- Penalty rate for payment of loan before maturity date:	3 - 5 %	2 %	NIL	2 % or AED 100	1% or AED 250	1 % or AED 500	15 days interest on balance		3 % to be cancelled	N/A	NIL	1 %
Accounts:												
- Minimum balance of *Current Accounts* *Call Accounts* *Savings Accounts*	AED 10000 for All	10000 for All	AED 500 AED 5000 AED 2000	AED 5000 AED 25000 AED 2500	AED 3000 750 (Spsl. C/A) AED 200	AED 2000 AED 25000 AED 500	AED 500 for All	5000 -AED A/C 10000 -Foreign Currencies A/C	NIL	Million Million N/A	AED 5000 N/A AED 3000	AED 5000 15000-25000 AED 1000
- Charges if balance falls below the minimum balance; Amount— Charge Periods—	AED 225 quarterly	AED 150 monthly	20 - AED A/C 10-50 - for Foreign Currency A/C	AED 40 monthly	AED 50 m. AED 25 m. AED 25 m.	AED 25 m. NIL NIL	AED 50 monthly	AED 100 monthly	NIL	AED 150 quarterly	AED 50 m. N/A AED 30 q.	AED 25 m. AED 25 m. NIL
- Dates when such charges would be deducted:	31/3, 30/6, 30/9, 31/12	1st day of Month	End of Month	1st of Month	End of Month	End of Month	Monthly	Monthly		Quarterly	Quarterly	1st of Month
- Charges on closing of accounts:	AED 250 (within 6 months)	AED 50	AED 60	AED 50	AED100 CurA 25 for other A/C	50 (Cur./A) 25 (Sav./A)	AED 50	AED 200 within 3 m. 75 after 3 months	AED20	NIL	AED 100	AED 100
Cheque Collection Fees:												
- Drawn on another bank within the same town / city:	NIL	NIL	NIL	Free	Free	NIL	Free	Free	AED 5	N/A	NIL	NIL
- Drawn on another bank at another town / city:	NIL	AED 15 / cheque	AED 10-35 & AED 100 Spl. Clearance	AED 35	0.125 % or AED 25 + postage	NIL	NIL	AED 10 + correspondent charges	AED 20 - 200 or 0.1 %	AED 30	AED 10	AED 20 - 30
- Foreign Cheques Collection Fees:	0.625 % + postage or $ 20	AED100 or $30		AED 50	0.125 % or AED 25 + postage	AED 50 + correspond. charges	AED 20 + postage	AED 50		AED 100	AED 100 - 125	AED 60
Credit Card Fees:												
- Enrollment:	NIL	AED 250	$ 45	Free	N/A	100 Gold 70 Standard	N/A	$ 125 Gold $ 45 Classic	N/A	N/A	N/A	$ 120
- Annual:	400 Gold 200 Classic	AED 250	$ 45	300 Gold 150 Classic	N/A	350 Gold 100 Standard	N/A		N/A	N/A	N/A	$ 120
- To replace lost / stolen:	AED 100	NIL	$ 35	Free	N/A	AED 50 for Both	N/A		N/A	N/A	N/A	$ 10
- Monthly Interest Rate on unpaid balance:	2 %	NIL	15 % p. a.	1.5% Purchase 1.75 % Cash	N/A	1 - 1.5 %	N/A		N/A	N/A	N/A	1.50 %
ATM Card Fees:												
- Issuing:	NIL	NIL	NIL	NIL	NIL	NIL	AED 25	NIL	NIL	N/A	N/A	N/A
- To replace lost / stolen:	AED 50	AED 100	AED 30	AED 30	AED 25	AED 50	AED 50	AED 25	AED 100	N/A	N/A	N/A
Transfers Fees & Bank Drafts Fees (Lower Figures):												
Arab States & South Asia:	AED 75 AED 50	AED 60 AED 25	AED 50 - 65 AED 20 - 30	AED 35 - 50 AED 20	AED 60 AED 5 - 25	N/A AED 20	AED 35 AED 25	AED 50 AED 10	AED 5 L.E AED50 other AED 5	AED 50 NIL	AED 50-75 AED 20	AED 60 AED 15
Europe & Far East:	AED 75 AED 50	AED 60 AED 25	AED 95 AED 20	AED 75 AED 20 - 30	AED 75 - 100 AED 5 - 25	N/A AED 20	AED 70 AED 25	AED 50 AED 10	AED 100 AED 5	AED 50 NIL	AED 75 AED 20	AED 60 AED 45
The U.S.A. & Canada:	AED 75 AED 50	AED 60 AED 25	AED 95 AED 20	AED 75 AED 20 - 30	AED 75 - 100 AED 5 - 25	N/A AED 20	AED 70 AED 25	AED 50 AED 10	AED 100 AED 5	AED 50 NIL	AED 75 AED 20	AED 60 AED 15

Credit Agricole Indosuez	Citibank N.A.	ElNilein Bank	Habib Bank AG Zurich	Habib Bank	HSBC Bank Middle East Ltd.	Janata Bank	Lloyds Bank TSB Bank	National Bank of Bahrain	National Bank of Oman	Rafidain Bank	Standard Chartered Bank	United Bank Limited
N/A	11%-26%	12-15 %	5 - 15 %	12 - 15 %	8.75-14.25%	15 %	12 - 14 %	7 - 12 %	13 - 15 %	14 %	7.99 - 17 %	11 - 15 %
N/A	AED 250 - 500	AED250	1 % or AED 250	1 %or AED 150-500	AED 250 - 1250	AED 500 - 750	AED 200	0.5 % or AED 500	AED 100-500	AED 10 (postage)	NIL	1 % or AED 250 - 1000
N/A	7.3-10.89%	8 - 10 % AED250	7.32 - 9.5 % AED 50	N/A	8-11%		9 - 11 % AED 200	7 - 12 % 0.5 % or AED 500	N/A	N/A	4 - 8 %	N/A
N/A	N/A			N/A	N/A				N/A	N/A	N/A	N/A
N/A	N/A	8 - 10 % AED500	N/A	N/A	6.25 -7% 1.0%	N/A	N/A	N/A	N/A	N/A	N/A	N/A
N/A	N/A	N/A	N/A	N/A	N/A	N/A	N/A	N/A	N/A	N/A	N/A	N/A
N/A	5% OF OUTSTADING PRINCIPAL	1 % or AED 100	2.5 % or AED 100	2%-5%	N/A	500 Personal 200 (Auto)	N/A	3 %		3 % Personal, 5% loan transfer to another bank, 2m. interest (car loan)	0.5 % if settled with repeat loan, 1 % if adjusted in cash, 5 % flat if via another bank	
N/A	N/A; AED 40000; N/A	AED500; AED 1000; AED 500	AED 500; AED 1000; N/A	AED 1000; N/A; AED 3000	AED 5000; AED 25000; AED 5000	AED 1000; N/A; AED 100	AED 5000; AED 20000; AED 3000	AED 2000; AED 100000; AED 1000	AED 2000; AED 1000; AED 1000	N/A	AED 5000 for All	AED 10000; AED 10000; AED 10000
N/A		AED100 monthly	AED 10 monthly	AED 25 m.; N/A; AED 10 m.	AED 100 m.; NIL; AED 100 m.	Twice p.a.	AED 75 m.; AED 100 m.; AED 50 m.	AED 100 q.; N/A; AED 50 q.	AED 50 m.; NIL; AED 20 m.	N/A	AED 100 monthly	AED 300 p.a.; AED 300 p.a.; AED 150 p.a.
N/A	Monthly	Twice p.a.	1st of Month	End of Month	5month for previous month.	30th June, 30th Dece.	10th of Month	1st Quarter Cur+Sav A/C	End of Month	N/A	1st of Next Month	30th June, 31st Dec.
N/A	AED 100 (within 6 months)	AED 50	AED 25	50 - AED A/C $15 - Foreign Currency A/C	AED 150 after 3 months nil.	AED 50	AED 100 for All	AED 100 (within 12 months)	AED 20	N/A	AED 100	AED 50
N/A	Free		NIL	NIL	NIL, if C.B. is Clearing	N/A	Free	25 - Foreign Currency A/C	N/A	5 < 10000 10 >10000	N/A	NIL
N/A	AED 50	AED 10	AED 15 + foreign bank charges	NIL	NIL, if C.B. is Clearing	N/A	AED 60 & 100 for Spsl. Clearance	20 - AED A/C 100 - Foreign Currency A/C	AED 25	N/A	AED 40	AED 25 + postage
N/A	AED 50 + correspondent charges (AED 60 for courier)		AED 15 - 25 +correspond. charges	0.125 % or $10 = courier charges + correspond.	AED 50 payable outside UAE	AED 50	AED 50 - 75	0.001 % (AED25-100)	AED 50	NIL	0.125 % or AED 50	AED 30 + postage
N/A	Free	NIL	350 Gold 200 Silver	N/A	N/A	N/A	300 Gold 150 Classic	N/A	250 Gold 150 Silver	N/A	NIL for All	NIL for All
N/A	500-550 Gold 250-300 Silver	NIL	350 Gold 200 Silver	N/A	600 platinum 400 Gold 150 Classic	N/A	300 Gold 150 Classic	N/A	250 Gold 150 Silver	N/A	500 Gold 250 Executive 150 Classic	250 Gold 100 Silver (First 2 years free)
N/A	AED 10-110	NIL	350 Gold 200 Silver	N/A	AED 100 For classic	N/A	AED 50 for Both	N/A	NIL Gold 50 Silver	N/A	NIL for All	AED 100 for All
N/A	2 % -2.29%	NIL	1.75 % m.	N/A	From 2.25-2% monthly	N/A	1.75 %	N/A	2 %	N/A	2 % for All	0.90 %
N/A	Free	AED 25	AED 50	NIL	Free	N/A	AED 25	NIL	NIL	N/A	NIL	NIL
N/A	AED 50	AED 25	AED 50	AED 50	AED 25	N/A	AED 50	AED 50	NIL	N/A	AED 50	AED 50
N/A	AED 80-735	AED 30 -50	AED 60	AED 75	AED 80	AED 60	AED 55 - 80	AED 30 - 50	AED 25 - 60	N/A	AED 75 - 100	AED 60
	AED 80- 735	AED 10	AED 5	AED 10 - 15	AED 80	AED 20	AED 50	AED 15	AED 10	NIL	AED 25 - 100	AED 10
N/A	AED 80 - 735	N/A	AED 50 - 60	AED 75 - 100	AED 80	AED 12-30	AED 125-150	AED 75	N/A	N/A	AED 75- 100	AED 60
N/A	AED 80 - 735	AED 10	AED 5	AED 10 - 15	AED 80	AED 20	AED 50	AED 15	AED 10	NIL	AED 25- 100	AED 10
N/A	AED 80 - 735	N/A	AED 50 - 60	AED 75 - 100	AED 80	AED 60	AED 125-150	AED 75	N/A	N/A	AED 75- 100	AED 60
N/A	AED 80 - 735	AED 10	AED5	AED 10 - 15	AED 80	AED 20	AED 50	AED 15	AED 10	NIL	AED 25 - 100	AED 10

Tabelle 9: Services und Preisübersicht der Geschäftsbanken in Dubai (Quelle: Central Bank of the UAE, Stand Mai 2005)

Ausgewählte diskrete Geschäftsbanken in Singapur

In Singapur trifft der diskrete Geldanleger auf 109 Commercial Banks, davon sind fünf Institute heimische Kreditinstute (Local Banks) und 104 ausländischer Provenienz (Foreign Banks), welche sich wiederum unterteilen in so genannte Foreign Full Banks (24), Wholesale Banks (35) sowie Offshore Banks (45). Fast alle Banken offerieren auch das Online-Banking.[159]

ABN AMRO Bank NV	American Express Bank Ltd.
Bankok Bank Public Company Limited	Bank of America, National Association
Bank of China Limited	Bank of East Asia Ltd., The
Bank of India	Bank of Tokyo-Mitsubishi UFJ Ltd., The
BNP Paribas	Calyon
Citibank NA	Citibank Singapore Limited
HL Bank	Hongkong and Shanghai Banking Corporation Limited, The
Indian Bank	Indian Overseas Bank
JPMorgan Chase Bank, N.A.	Malayan Banking BHD
PT Bank Negara Indonesia (Persero) TBK	RHB Bank Berhad
Southern Bank Berhad	Standard Chartered Bank
Sumitomo Mitsui Banking Corporation	UCO Bank

Tabelle 10: Ausländische „Full Banks" in Singapur (Quelle: Monetary Authority of Singapore, Stand November 2006).

---

[159] Zu den einzelnen Bankenkategorien (Bankensystem) vgl. Teil VI, Abschnitt: Die richtige Bank für die individuelle diskrete Geldanlage.

Australia & New Zealand Banking Group Limited	Banco Bilbao Vizcaya Argentaria, S.A.
Bank of Nova Scotia, The	Barclays Bank PLC
Bayerische Hypo- und Vereinsbank Aktiengesellschaft	BNP Paribas Private Bank
Commerzbank Aktiengesellschaft	Deutsche Bank AG
Dresdner Bank AG	First Commercial Bank
Fortis Bank S.A./N.V.	Habib Bank Ltd.
HSBC Private Bank (Suisse) SA	Industrial and Commercial Bank of China Limited
ING Bank N.V.	KBC Bank N.V.
Korea Exchange Bank	Landesbank Baden-Württemberg
Mega International Commercial Bank Co., Ltd.	Mizuho Corporate Bank, Ltd.
National Australia Bank, Ltd.	National Bank of Kuwait SAK
Norddeutsche Landesbank Girozentrale	Northern Trust Company, The
Rabobank	Royal Bank of Scotland, The
Sanpaolo IMI S.p.A.	Societe Generale
Societe Generale Bank & Trust	

Tabelle 11: Ausgewählte ausländische „Wholesale-Banks" in Singapur (Quelle: Monetary Authority of Singapore, Stand November 2006)

Agricultural Bank of China	Arab Bank PLC
Banca di Roma S.p.A.	Bank of Baroda
Bank of Communications Co Ltd.	Bank of New York, The
Bank of New Zealand	Bank of Taiwan
Canadian Imperial Bank of Commerce	Chang HWA Commercial Bank Ltd.
China Construktion Bank Corporation	Cimb Bank Berhad
Clariden Bank	Commonwealth Bank of Australia
Credit Agricole (Suisse) SA	Credit Industriel et Commercial
Dexia Banque International a Luxembourg SA	DNB Nor Bank ASA
DZ Bank AG Deutsche Zentralgenossenschafts-Bank Frankfurt am Main	Hana Bank
Hang Seng Bank Limited	HSH Nordbank AG
Hua Nan Commercial Bank Ltd.	Icici Bank Limited

Korea Development Bank, the	Krung Thai Bank Public Company Limited
Land Bank of Taiwan	Lloyds TSB Bank PLC
Mitsubishi UFJ Trust & Banking Corporation	Natexis Banques Populaires

Tabelle 12: Ausgewählte Offshore-Banken in Singapur (Quelle: Monetary Authority of Singapore, Stand November 2006)

Bankunabhängige Vermögensberater

Schweizer Wertpapiergeschäfte mit Premiumservice können ganz legal Geldanleger auch bequem von Deutschland aus tätigen. Das Institut Schweizer Finanzdienstleistungen (ISF), vertreten durch Frau Annegret Kitzmann als Volljuristin und gemäß § 2 Abs. 10 Kreditwesengesetz (KWG) bei der Bundesanstalt für Finanzdienstleistungsaufsicht (BaFin) als Vermögensberaterin lizenziert, offeriert Anlageprodukte, die eine attraktive Rendite bieten und steuerlich im Schweiz-Depot nach geltendem deutschem Recht optimiert sind. Aufgrund ihrer aufsichtsrechtlichen Registrierung ist Frau Kitzmann ermächtigt, deutschen Kunden die Verbindung zu namhaften Schweizer Banken für Wertpapiergeschäfte mit Premiumservice als Schweizbankerin herzustellen. Mandanten von Frau Kitzmann sind direkte Kunden einer oder mehrerer Schweizer Banken. Das hohe Maß an Seriosität der Schweizer Banken sowie die bankenaufsichtsrechtliche Registrierung von Frau Kitzmann geben deutschen Geldanlegern die erforderliche Sicherheit für die Betreuung ihrer Depots in der Schweiz.

ISF Institut Schweizer Finanzdienstleistungen
Repräsentantin Annegret Kitzmann-Schubert
Rheingoldstraße 27, D-85579 München-Neubiberg
Telefon: +49/89/89 67 08 32
E-Mail: annegret-kitzmann-schubert@isf-institut.de
Internet: www.annegret-kitzmann-schubert.isf-institut.de

Bankunabhängige Vermögensverwalter

Allgemeines

Wie in Deutschland, so gibt es auch in Österreich, in Liechtenstein oder der Schweiz viele *Vermögensverwalter*, von denen einige sicherlich ganz gut sind, es aber nur wenige unter ihnen gibt, die man empfehlen könnte. Private Vermögensverwalter dienen als Mittler zwischen Ihnen und Ihrer Depotbank. Vermögensverwalter sind mit eingeschränkter Depotvollmacht ausgestattet, das heißt, sie können Wertpapiere zwar kaufen und verkaufen, den Verkaufserlös aber nicht abheben.

Eine gute Vertrauensperson finden diskrete Geldanleger in aller Regel nur durch Mundpropaganda. Und hat jemand einen wirklich guten Namen, wird er nicht der Billigste sein. Der Anleger wird feste Honorarsätze akzeptieren müssen. Lässt er mit sich handeln, ist er auf jeden Klienten angewiesen, was dem Anleger zu denken geben sollte.

Dasselbe gilt, wenn der Verwalter dem Anleger gegenüber mit Anlageerfolgen prahlt, die er mit diskretem Geld anderer Klienten erzielt hat und dabei Unterlagen vorlegt, aus denen die Namen der besagten Erfolgskandidaten ersichtlich sind. Bei einem solchen Berater müssen Anleger damit rechnen, dass er auch einmal mit ihren Unterlagen Werbung macht.

Vermögensverwalter in der Schweiz

Diskrete Geldanleger, die die Schweiz als Adresse für ihr diskretes Konto wählen, sollten auf der Suche nach einem seriösen und kompetenten Vermögensverwalter vom Internet-Angebot des *Verbandes Schweizerischer Vermögensverwalter (VSV)* Gebrauch machen. Der Verband mit Geschäftsstelle in Zürich und Büros in Genf und Lugano wurde 1986 von einer Handvoll Idealisten gegründet und verkörpert seit 1999 eine Selbstregulierungsorganisation im Sinne des Schweizer Geldwäschegesetzes.

Alle knapp 800 in dem Verband organisierten unabhängigen Schweizer Vermögensverwalter (die Mitglieder können namentlich über die Internet-Seiten des VSV [siehe unten] abgerufen werden) haben sich einheitlichen Standesregeln unterstellt.[160] Die Mitglieder verpflichten sich hier u.a.

---

[160] Die Standesregeln des Verbands Schweizericher Vermögensverwalter für die Ausübung der unabhängigen Vermögensverwaltung können ebenfalls auf den Internet-Seiten des Verbandes unter www.vsv-asg.ch eingesehen werden.

„den Vertragspartner zu jeder Zeit als unabhängige Fachperson zu beraten und ihn über mögliche Risiken bei der Umsetzung der Anlagepolitik aufzuklären" sowie die entsprechenden Geldwäschegesetze zu beachten. Was besonders wichtig ist: In Artikel 11 verpflichten sich die dem Verband angeschlossenen unabhängigen Vermögensverwalter „zur absoluten Verschwiegenheit über alle Informationen, die ihnen im Rahmen ihrer Tätigkeit als Vermögensverwalter zur Kenntnis gebracht werden".

Des Weiteren bestehen klare Regelungen bezüglich des Honorars: VSV-Mitglieder erheben *Verwaltungshonorare* von maximal 1,5 Prozent pro Jahr auf das verwaltete Aktivvermögen oder – bei Vereinbarung von *Erfolgshonoraren* – maximal 20 Prozent der Nettokapitalzunahme. Die Nettokapitalzunahme entspricht der Wertsteigerung des Depots unter Berücksichtigung von Einlagen und Rückzügen, Verlustvorträgen[161] sowie allfälliger nicht realisierter Verluste. Bei Kombination beider Honorarsysteme sollte das Verwaltungshonorar maximal ein Prozent und das Erfolgshonorar maximal zehn Prozent betragen.

Jeder dem Verband angehörende und hauptberufliche Vermögensverwalter (so genanntes Aktivmitglied) hat ein strenges Aufnahmeverfahren absolviert. So werden neben einer fünfjährigen Praxis in der Vermögensverwaltung und Anlageberatung auch ein guter Leumund und ein guter Ruf verlangt. VSV-organisierte Vermögensverwalter müssen außerdem über die notwendige Infrastruktur für eine unabhängige Beratungs- und Verwaltungstätigkeit verfügen.[162] Bankreferenzen, Handels- und Zentralstrafregisterauszug, sowie persönliche Befragungen durch Vorstandsmitglieder der entsprechenden Region gehören zum Bewerbungsdossier.

Verband Schweizerischer Vermögensverwalter (VSV)
Bahnhofstr. 35, CH- 8001 Zürich
Telefon: +41/44/228 70 10; Telefax: +41/44/228 70 11
Internet: www.vsv-asg.ch

---

[161] Verluste aus früheren Abrechnungsperioden, welche noch nicht durch Gewinne kompensiert sind.
[162] Art. 4 VSV-Statuten.

Vermögensverwalter auf Jersey

Diskrete Geldanleger, die auf Jersey Geld anlegen wollen und sich dort einem Vermögensverwalter oder einer Bank anvertrauen, können einen unter dem „Investment Business (Jersey) Law 1998" registrierten „financial advisor" erwarten. Artikel 17 des Gesetzes setzt – zum Schutz der Anleger – bestimmte Standards in puncto Qualifikation und Erfahrung, Eigenkapital (bei kleineren Institutionen und Trust Companies relevant), Haftpflichtversicherung und – was insbesondere für das Trust-Business zutrifft – Art. 17 verlangt eine strikte Trennung der verwalteten Kundengelder vom operativen Vermögen der Bank bzw. des Trustee. Außerdem setzt das Investment Business (Jersey) Law 1998 für den Zugriff auf Kundengelder (beispielsweise im Rahmen eines Vermögensverwaltungsmandats) das so genannte „six-eyes-principle" voraus, d.h. die Verfügung und Verwaltung von Kundeneinlagen erfordert mindestens drei Unterschriften.

Treuhänder in der Schweiz und Liechtenstein

Treuhänder in der Schweiz

Grundsätzlich ist die Ausübung des Treuhandberufs in der Schweiz von keiner Bewilligungspflicht abhängig. Auch die Berufsbezeichnung „Treuhänder" ist in der Schweiz nicht geschützt. Faktisch kann also jeder – auch ohne spezielle Ausbildung – ein Treuhandbüro eröffnen. Insgesamt gibt es in der Schweiz ca. 7.000 Treuhandfirmen. Wollen diskrete Geldanleger ihre Vermögensanlagen über einen Treuhänder abwickeln, ist es umso wichtiger, den Vertragspartner zu überprüfen. Ein guter Treuhänder begleitet den Anleger bei der Gründung einer Firma (Stiftung) oder unterstützt diesen bei der persönlichen Finanz- und Steuerplanung. In der Schweiz sind die qualifizierten Treuhandfirmen entweder in der Treuhand-Kammer oder dem Schweizerischen Treuhänder-Verband angeschlossen (Kontaktadressen siehe unten).

Die Kundschaft des dem *Schweizerischen Treuhänder-Verband (STV/USF)* angeschlossenen Treuhänders besteht vor allem aus kleinen und mittleren Unternehmen (KMUs) und Privatpersonen. Die Mitglieder des STV/USF bieten ihren Kunden Finanz- und Steuerberatung, Buchhaltung, Revisionen, juristische und allgemeine Unternehmensberatung an. Der STV/USF stellt sicher, dass seine Mitglieder Mindestanforderungen in Bezug auf Ausbildung und berufliche Erfahrung erfüllen. So verlangt der STV/USF von seinen Mitgliedern mindestens einen Fachausweis im Treuhandwesen oder Controlling sowie vor der Aufnahme eine mindestens fünfjährige Praxis in leitender Position oder als Selbstständiger im Treuhandwesen. Selbstverständlich sind auch Inhaberinnen und Inhaber eines eidgenössischen Diploms als Treuhandexperte, Steuerexperte, Experte in Rechnungswesen und Controlling oder Wirtschaftsprüfer willkommen. Auch Personen mit einer universitären Ausbildung als Juristen oder Ökonomen können aufgenommen werden. Im Übrigen überprüft der Verband den Leumund. Ebenso verpflichtet sich jedes Mitglied, sich den Standesregeln zu unterstellen und weiterzubilden. Die Standesregeln regeln die Einhaltung ethischer Grundsätze, der Verhaltensregeln gegenüber Kunden und Berufskollegen sowie der Regeln in Bezug auf Unabhängigkeit. Ebenso werden die beruflichen Verantwortlichkeiten dargelegt, die Rechenschaftspflicht sowie das Berufsgeheimnis geregelt. Der Schweizerische Treuhänder-Verband hat außerdem ein strenges Weiterbildungsreglement. Jeder Mandatsleiter einer Firma, welche Mitglied des STV ist, muss jedes Jahr mindestens vier Tage fachbezogene Weiterbildung nachweisen können. Dem STV/USF sind knapp 1.400 Firmenmitglieder angeschlossen.

Auf der Suche nach dem richtigen Treuhänder können sich interessierte Geldanleger auch an die *Treuhand-Kammer* wenden. Der Treuhand-Kammer sind ca. 900 Firmenmitglieder mit ca. 12.000 Mitarbeitenden angeschlossen. Die Treuhand-Kammer ist ein Fachverband für die Arbeitsbereiche externe und interne Revision, Steuerberatung, Treuhand (insbesondere Buchführung für Dritte, Treuhandfunktionen) und Unternehmensberatung. Die Kammer bezweckt den Zusammenschluss der fachlich und charakterlich ausgewiesenen und auf den genannten Arbeitsgebieten tätigen Personen sowie Unternehmen. Für eine Mitgliedschaft bei der Treuhand-Kammer ist zwingend ein Diplom als Wirtschaftsprüfer oder Steuerexperte erforderlich; dabei hat die Mehrzahl der Diplominhaber vorgängig ein Universitätsstudium absolviert. Aufgabe der Kammer ist die Wahrung und Förderung des Ansehens und der Unabhängigkeit des Berufsstandes in der Öffentlichkeit sowie die Sicherstellung einer hohen Qualität der von den Mitgliedern angebotenen Dienstleistungen.

Treuhand-Kammer
Limmatquai 120, Postfach 6140, CH-8023 Zürich
Telefon: +41/44/267 75 75; Telefax: +41/44/267 75 85
Internet: www.treuhand-kammer.ch

Schweizerischer Treuhänder-Verband STV/USF
Schwarztorstrasse 26, Postfach 8108, 3001 Bern
Telefon: +41/31/382 10 85, Telefax: +41/31/382 10 87
E-Mail: info@stv-usf.ch
Internet: www.stv-usf.ch

Treuhänder im Fürstentum Liechtenstein

Im *Fürstentum Liechtenstein* bedarf die Ausübung der Treuhändertätigkeit einer Bewilligung der Regierung. Die Bewilligung wird solchen Personen erteilt, die handlungsfähig und vertrauenswürdig sind, die die Staatsbürgerschaft aus einem Land des Abkommens über den Europäischen Wirtschaftsraum (EWR) besitzen oder aufgrund staatsvertraglicher Vereinbarung gleichgestellt sind und ihren Wohnsitz entweder in Liechtenstein oder in einem Vertragsstaat des Abkommens über den Europäischen Wirtschaftsraum haben (EWR-Antragsteller müssen einen Kanzleisitz im Fürstentum nachweisen).

Außerdem muss ein Treuhänder den gesetzlich vorgeschriebenen Ausbildungsnachweis erbringen,[163] eine mindestens dreijährige Praxis (im In- oder Ausland) in einer den Beruf des Treuhänders abdeckenden Tätigkeit bei einem Treuhänder oder einer Treuhandgesellschaft, einem Wirtschaftsprüfer oder einer Revisionsgesellschaft oder einem Rechtsanwalt nachweisen sowie die liechtensteinische Treuhänderprüfung erfolgreich absolviert haben.[164]

Der liechtensteinische Treuhänder muss eine Kanzlei im Fürstentum führen und sich verpflichten, seine Tätigkeit gewissenhaft und redlich auszuüben und durch sein Verhalten die Ehre und das Ansehen des Berufsstandes wahren. Des Weiteren ist jeder Treuhänder einerseits nach dem Treuhändergesetz zur Verschwiegenheit über die ihm anvertrauten Angelegenheiten und bekannt gewordenen Tatsachen verpflichtet; wie bereits im Zusammenhang mit dem liechtensteinischen Bankgeheimnis und der Auskunftspflicht des Bankers ausgeführt, bleiben jedoch auch bezüglich der Verschwiegenheitspflicht des Treuhänders die gesetzlichen Vorschriften

---

[163] Universitäts- bzw. Hochschulabschluss über ein rechts- oder wirtschaftswissenschaftliches Studium oder Diplom einer anerkannten höheren Wirtschafts- und Verwaltungsschule oder Diplom als Treuhänder, Wirtschaftsprüfer, Buchhalter, Steuerexperte, Bankfachmann.

[164] Gesetz vom 9. Dezember 1992 über die Treuhänder, LGBl. 1993 Nr. 42 v. 19. Februar 1993.

über die Zeugnis- oder Auskunftspflicht gegenüber den Strafgerichten vorbehalten.

Als dritte Säule kann noch das Staatsschutzgesetz angeführt werden. Dieses alte Spionagegesetz ist immer noch rechtsgültig und untersagt die Weiterleitung von Informationen an ausländische Behörden. Das Staatsschutzgesetz findet für jeden Treuhänder Anwendung. Wenn der Treuhänder außerdem noch Rechtsanwalt ist, kommen die weitergehenden beruflichen Verschwiegenheitspflichten in jenem Umfang hinzu, in dem der Anleger als Mandant um Rechtsrat ersucht hat. Geheimhaltungspflichten eines Treuhänders dürfen durch gerichtliche oder sonstige behördliche Maßnahmen wie Vernehmung von Hilfskräften des Treuhänders, Herausgabe von Schriftstücken, Bild-, Ton- oder Datenträgern usw. nicht umgangen werden.[165]

Jeder der Treuhändervereinigung angehörende Berufsträger ist konzessioniert und hat eine obligatorische Berufshaftpflichtversicherung. Die Mindestversicherungssumme für liechtensteinische Treuhänder beträgt nach dem Treuhändergesetz 1 Million Schweizer Franken.

Liechtensteinische Treuhändervereinigung
Bangarten 22, P.O. Box 814, FL-9490 Vaduz
Tel.: +423/231 19 19; Fax: +423/231 19 20
E-mail: info@thv.li
Internet: www.thv.li

Treuhänder in den Vereinigten Arabischen Emiraten

Die ILC International Legal Consultants ist die einzige schweizerische Rechtskanzlei in den GCC-Staaten und nahm ihre Tätigkeit im Jahr 2000 auf. Die Mutterkanzlei ist am Paradeplatz in Zürich, zudem hat es Schwesterunternehmen in Qatar und Singapur. ILC unterstützt europäische Unternehmen und Private, die die vielen Vorteile im Mittleren Osten wahrnehmen wollen. Sie helfen also bei Firmengründungen, sei es in einer der zahlreichen Freihandelszonen oder mit einem lokalen Partner.

---

[165] Art. 11 Abs. 1 und 2 des Gesetzes vom 9. Dezember 1992 über die Treuhänder, LGBl. 1993 Nr. 42 v. 19. Februar 1993.

Mit Swiss International Legal Consultants Limited ist ILC auch im DIFC vertreten, wo in 2005 die erste Lizenz für Rechtskonsulenten erteilt wurde. ILC ist Registered Agent für die lokalen Offshore Gesellschaften. Die Mitarbeiter können neben Deutsch und Englisch auch Französisch, Spanisch, Tschechisch, Russisch, Indisch und Philippinisch.

ILC International Legal Consultants

Pearl Building, Suite 1002, P. O. Box 40992 Dubai UAE

Tel.: +971/4/223-3560; Fax: +971/4/222-8382

E-Mail: us@ilc-group.net

Internet: www.ilc-group.net

Teil VII
Diskrete direkte Geldanlagen

Unter „diskrete direkte Geldanlagen" sollen solche Geldanlageformen verstanden werden, bei denen der Geldanleger mit seiner Bank im direkten Kontakt steht, das Anlagegeschäft also selbst durchführt. Zur Unterscheidung hierzu werden in den nachfolgenden Teilen X bis XIV komplexere Formen dargestellt, bei denen dem diskreten Konto Versicherungen, Treuhänder, Trusts oder eigenständige juristische Personen wie Stiftungen vorgeschaltet werden.

Diskrete direkte Geldanlagen sind allerdings nur unter der Voraussetzung „diskret", dass der Postbote die Papierspur nicht in die Wohnung des diskretionsbedürftigen Geldanlegers trägt. Bleibepost oder „schalterlagernde Post" ist daher Grundvoraussetzung. Nummern- und Pseudonymkonten – dies kann nicht oft genug betont werden – sind keine anonymen Konten.

Bleibepost für absolute Diskretion

Mit einer Bleibeposterklärung weist der diskrete Geldanleger seine Bank an, Konto-, Depotauszüge sowie sonstige Korrespondenz (Mitteilungen, Bewertungen, Auszüge, Belege etc.) nicht an seine Heimatadresse zu versenden, sondern in ein für ihn angelegtes Postfach bzw. in eine Postmappe einzulegen und gegen Verrechnung der Kosten auf erste Anforderung zur Verfügung zu halten. Die Bank hält hier die zurückbehaltene bzw. gespeicherte Korrespondenz zur persönlichen, schriftlichen oder telefonischen Verfügung des Kunden und seiner Bevollmächtigten bereit. Bevollmächtigte des Kunden sind ungeachtet der Art ihres Zeichnungsrechtes berechtigt, in die Korrespondenz Einsicht zu nehmen oder sie zu beziehen. Bei vereinbarter Bleibepost hat die Bank das Recht, aber keine Pflicht, die ihr von Dritten für den Kunden zugestellte Korrespondenz zu öffnen und ohne Rücksprache mit dem Kunden zu entscheiden, ob die zugestellten Unterlagen an den Absender retourniert, auf Daten- oder Bildträger gespeichert und die Originale vernichtet oder ob die Originale aufbewahrt werden.

Bleibeposterklärungen oder „Anweisungen zur Nichtzustellung von Korrespondenz", wie man in Belgien auch sagt, haben dort z.B. folgenden Wortlaut: *„Bitte senden Sie auf keinen Fall irgendwelche Korrespondenz an meinen Wohnsitz. Ich werde mindestens einmal im Jahr die Post abholen und übernehme die volle Verantwortung für alle Folgen, die sich aus dieser Anweisung und einem eventuellen Nichtabholen der für mich bestimmten Korrespondenz ergeben."*

In Liechtenstein umschreibt man das Thema „Bleibepost" in etwa so: *„Der Unterzeichnete, nachstehend Kunde genannt, beauftragt die ... Bank Aktiengesellschaft, 9490 Vaduz, alle für ihn bestimmten Mitteilungen der Bank (Briefe, Anzeigen, Konto und Depotauszüge usw.) an Stelle des Postversandes in der Bank für ihn aufzubewahren. Er anerkennt die in seinem Ordner bei der Bank abgelegten Mitteilungen als ordnungsgemäß zugegangen. Als Zeitpunkt des Zuganges gilt ohne besonderen Vermerk das Datum, das die betreffenden Bankdokumente tragen."*

Vereinbart der diskrete Geldanleger „Retained Mail" mit seiner Geschäftsbank in Dubai, sammelt die Bank sämtliche Schreibkorrespondenz in einer Mappe (Folder). Der diskrete Geldanleger muss hierfür bestätigen, dass „each communication placed in the Folder will be deemed to have been delivered on the date set out in that communication". Das heißt, der diskrete Geldanleger erklärt, dass die in der Postmappe hinterlegte Korrespondenz mit dem Tag zugegangen ist, den die Korrespondenz trägt. Nicht eingesehene und auch nicht explizit von der Bank angeforderte Korrespondenz wird im Regelfall nach Ablauf von drei Jahren vernichtet.

Hat der diskrete Geldanleger Bleibepost vereinbart, sollte er sein Postfach (Postmappe) regelmäßig einsehen. Nachteile und Schäden, die sich aus der Zurückbehaltung bzw. elektronischen Speicherung der Korrespondenz und der sich daraus ergebenden mangelnden Information des Kunden ergeben (z.b. Versäumung von Fristen), trägt der Kunde, sofern kein grobes Verschulden der Bank vorliegt. Die Bank ist berechtigt, aber ohne ausdrücklichen Auftrag nicht verpflichtet, unaufschiebbare Verwaltungshandlungen auf Rechnung und Gefahr des Kunden interessewahrend vorzunehmen (z.b. Bezugsrechte auszuüben oder bestens zu verkaufen, entstehende Debets zulasten von Guthabenkonten abzudecken etc.). Für dringende Fälle sollte eine Notadresse vereinbart werden, unter der der Kunde zumindest mündlich erreichbar ist.

Diskrete Geldanleger sollten die österreichischen Bestimmungen, entweder die „Besonderen Bedingungen für die Führung von Privatkonten und die Abholung von Kontopost" oder die „Bedingungen der Österreichischen Sparkassen für die Selbstabholung von Briefen und für die Beistellung von Briefschließfächern" genau lesen. Nach den erstgenannten besonderen Bedingungen steht dem Geldanleger nämlich für die Abholung in aller Regel nur eine Frist von sechs Monaten zu. Nach Ablauf dieser Frist „werden nicht behobene Sendungen vernichtet, eine Reproduktion bleibt jedoch gegen Kostenersatz möglich". Die Sparkassenbedingungen, an die sich im Übrigen auch andere Kreditinstitute halten, geben dem Geldanleger zumindest drei Jahre Zeit, bevor die Schriftstücke im Reißwolf landen. In Liechtenstein bewahrt man dagegen die Bleibepost mindestens fünf Jahre für den Kunden auf.

Die Kontopost muss in regelmäßigen Abständen eingesehen werden, um Reklamationsrechte nicht zu gefährden. Dies gilt besonders dann, wenn der diskrete Geldanleger für sein diskretes Nummerndepot einen Vermögensverwaltungsauftrag erteilt hat. Diskrete Geldanleger müssen sich ausdrücklich wehren, wenn sie eine Abrechnung über ein Geschäft erhalten, das außerhalb des ihrer Anlagevollmacht entsprechenden Aktionsrahmens liegt. Sieht der diskrete Geldanleger seine Kontopost nicht ein, hat er sämtliche Aktionen anerkannt.

Zum Thema „Reklamationen" gilt in den allgemeinen Geschäftsbedingungen der Schweizer Banken Folgendes vereinbart: *„Reklamationen des Kunden wegen Ausführung oder Nichtausführung von Aufträgen jeder Art oder Beanstandungen von Rechnungs- oder Depotauszügen sowie anderen Mitteilungen sind sofort nach Empfang der diesbezüglichen Anzeige, spätestens aber innert der von der Bank angesetzten Frist, anzubringen, ansonsten die Ausführung bzw. Nichtausführung sowie die entsprechenden Auszüge und Mitteilungen als genehmigt gelten; unterbleibt eine Anzeige, so hat die Beanstandung zu erfolgen, sobald die Anzeige dem Kunden im üblichen Geschäftsablauf hätte zugehen müssen."*

In Liechtenstein heißt es allgemein: *„Bei Verspätung der Reklamation verliert der Kunde allfällige Schadenersatzansprüche".* Und auch in Österreich müssen *„Reklamationen gegen Anzeigen über Ausführung von Wertpapiergeschäften ... unverzüglich und auf dem kürzesten Weg"* geltend gemacht werden.

Beanstandungen bezüglich der Kontoauszüge, -abschlüsse und Depotaufstellungen müssen *„binnen vier Wochen nach Zugang des betreffenden Schriftstücks an die Kreditunternehmung abgesandt werden"* (Österreich), müssen *„spätestens 30 Tage nach Absendung erfolgen"* (Luxemburg) oder *„innert eines Monats vom Versandtag an gerechnet"* schriftlich beanstandet werden (Liechtenstein/Schweiz – Rechnungsauszüge im Kontokorrentverkehr betreffend). Sonst gelten die Schriftstücke als richtig anerkannt, in Liechtenstein/Schweiz auch dann, *„wenn die vom Kunden zu unterschreibende Richtigbefundanzeige bei der Bank nicht eingetroffen ist".*

In Belgien gilt die in den Abteilungen der Bank verwahrte Post als rechtsgültig zugestellt. Wie aus der oben zitierten üblichen Formulierung einer „Anweisung zur Nichtzustellung von Korrespondenz" zu entnehmen ist, trägt der diskrete Geldanleger die volle Verantwortung für alle Folgen, die aufgrund eines eventuellen Nichtabholens der Korrespondenz entstehen. Im Übrigen sind die Kunden einer belgischen Bank gemäß den allgemeinen Geschäftsbedingungen verpflichtet, *„der Bank unverzüglich schriftlich die Irrtümer zu melden, die sie in den ihnen zugesandten oder übergebenen Kontoauszügen oder anderen Dokumenten festgestellt haben".* Reklamationen oder Bemerkungen bezüglich eines von der Bank ausgeführten Auftrags nimmt man im Königreich nur schriftlich und innerhalb von 30 Tagen nach Geschäftsabwicklung entgegen. Die Geschäftsbedingungen sehen für den Bankkunden zwar die Möglichkeit vor, die Anlagebank vor Versand der Kontoauszüge um Prüfung der Übereinstimmung mit dem exakten Kontostand zu bitten, diese Klausel nützt dem Anleger aber nichts, wenn er diskret bleiben will und Bleibepost vereinbart hat.

Bleibepost sollte in allen Fällen vereinbart werden, auch wenn die Bank Zusendungen in neutralen Umschlägen und mit Briefmarken frankiert verspricht. Dies nützt dem diskretionsbedürftigen Geldanleger nämlich wenig, wenn es zur Beschlagnahme seiner Post kommt. Der Postbeschlagnahme unterliegen alle Sendungen, die sich auf dem Postweg befinden bzw. von der Post befördert werden, unabhängig von Umschlag oder Briefmarke. Außerdem lassen sich Steuerfahnder unter ihrer Privatadresse von ausländischen Banken Informationsbroschüren zukommen, identifizieren so die Umschläge und können alsbald die Bankpost trotz „Neutralität" einer ausländischen Bank zuordnen.

Banklagernde Korrespondenz wird dem diskreten Geldanleger während einer Frist von mindestens sechs Monaten, höchstens jedoch im Regelfall drei Kalenderjahre zur Verfügung gehalten. Bleibepost von gelöschten Konten halten die Banken meist noch während eines Jahres zur Verfügung. Für die von der Bank erstellte Korrespondenz besteht während der gesetzlichen Aufbewahrungsfrist von zehn Jahren die Möglichkeit, gegen Verrechnung der Kosten Kopien bereits bezogener oder vernichteter Unterlagen zu erhalten.

Diskrete Nummern- und Pseudonymkonten

Allgemeines

Diskrete Nummern- und Pseudonymkonten sind Geheimkonten, die nicht auf den bürgerlichen Namen des Kontoinhabers lauten, sondern auf eine bestimmte Nummer oder auf ein frei erfundenes Pseudonym (was nichts anderes ist als ein gewöhnlicher Name). Grundsätzlich kann jeder Kontotyp in Form eines Nummern- oder Pseudonymkontos eröffnet werden. Nummern- und Pseudonymkonten sind keine *anonymen Konten* und keineswegs ein „Schweizer Patent". Solche Geheimkonten gibt es auch in Belgien, in Österreich, in Liechtenstein oder den Cayman Islands und den Bahamas (dort vorwiegend angeboten von Schweizer Banken), um nur einige unmittelbar benachbarte Finanzplätze zu nennen. Nummern- und Pseudonmykonten eröffnen kann der diskrete Geldanleger hingegen nicht in Dubai oder Singapur. Nach dem Bankengesetz von Singapur (Banking Act) dürfen Geschäftsbanken in Singapur im Regelfall keine Nummernkonten führen. Ausnahmegenehmigungen zur Führung solcher Konten erteilt die Bankenaufsicht (Singapur Monetary Authority); solche Genehmigungen sind aber gemäß Banking Act Section 56 Abs. 2 an Restriktionen gebunden.[166]

Nummern- und Pseudonymkonten lauten zwar auf Nummer oder Pseudonym; dies bedeutet aber nicht, dass der Kontoinhaber seine Identität hinter einem solchen Zahlen- oder Buchstabencode geheimhalten kann. Nummern- und Pseudonymkonten unterscheiden sich von Namenskonten nur dadurch, dass der bürgerliche Name des Kunden nach außen hin nicht erscheint und auf keinem Schriftstück vermerkt ist.

Kontoeröffnung und Legitimation

Für Nummern- und Pseudonymkonten gelten in den entsprechenden Anlageländern, in denen solche Konten nach geltendem Recht errichtet werden können, dieselben Identifizierungs- und Legitimationspflichten wie für Namenskonten, nur mit dem kleinen Unterschied, dass die Bank für ein Nummernkonto zwei Kundenakte anlegt. Nur auf dem „ersten Kundenaktblatt" muss sich der diskrete Geldanleger der Bank gegenüber legitimieren. Das „erste" Dossier[167], welches die persönlichen Daten und die Originalunterschriften sämtlicher Kontoinhaber und Zeichnungsberechtigten enthält, unterliegt der so genannten „Leitungsverwahrung", d.h. die Dokumente werden in einer Security-Zone unter Verschluss aufbewahrt. Zutrittsbe-

---

[166] Section. 56 Banking Act Part VIII Numbered Accounts: Prohibition against opening of numbered accounts.
„(1) For the purposes of this Part, "numbered accounts" means accounts opened with banks in Singapore that are identifiable only by a number or code word or by such other means as the Authority may determine.
(2) No bank in Singapore shall open numbered accounts for its customers except with the prior approval in writing of the Authority which may attach such limitations, conditions, qualifications and exceptions thereto as it thinks fit.
(3) Any bank which contravenes subsection (2) shall be guilty of an offence and shall be liable on conviction to a fine not exceeding $250,000."
[167] Vgl. Abbildung 7: Kundenaktblatt I.

rechtigung zu dieser Security-Zone haben nur bestimmte Führungskräfte und mit besonderen Vollmachten ausgestattete Mitarbeiter. Allgemein zugänglich ist nur das zweite Kundenaktblatt[168]. Dieses zweite Kundendossier enthält jedoch nur den Wortlaut der Pseudonym-Unterschriften sowie das Abbild der Pseudonymunterschrift selbst, sonst nichts.

Nach Nennung der Kontonummer, des vereinbarten Losungswortes und der geleisteten Pseudonym-Unterschrift können Wertpapieraufträge und Auszahlungen vom Basiskonto sowie von allen Unterkonten durch jeden Zeichnungsberechtigten veranlasst werden. Die persönlichen Daten des diskreten Geldanlegers werden zur Abwicklung des täglichen Geschäftsverkehrs somit nicht benötigt. In aller Regel können bis zu maximal vier Personen als Kontoinhaber (Zeichnungsberechtigte) über das Depot allein oder gemeinsam jeweils unter ihren eigenen Pseudonymen verfügen. Das ausgeschriebene Pseudonym ersetzt die Originalunterschrift des Kunden. Die Kontodokumentationen sowie alle Wertpapierabrechnungen erfolgen selbstverständlich ohne Namenseindruck.

Für die Legitimierung im ersten Kundenaktblatt gilt im Einzelnen Folgendes:

- **Schweiz**

Schweizer Banken sind nach ihren „Standesregeln zur Sorgfaltspflicht"[169] gehalten, „bei Aufnahme einer Geschäftsbeziehung den Vertragspartner zu identifizieren" (Art. 2 VSB 03). Entsprechendes verlangen die Geldwäscherei-Richtlinien der Eidgenössischen Bankenkommission „mit der nach den Umständen gebotenen Sorgfalt".

Identifizierungspflichtige Geschäftsfälle i.S. der Sorgfaltspflichtvereinbarung sind: die Eröffnung von Konten oder Heften, die Eröffnung von Depots, die Vornahme von Treuhandgeschäften oder die Vermietung von Schließfächern. Bei persönlicher Vorsprache prüft die Bank die Identität des Vertragspartners, indem sie einen amtlichen Ausweis einsieht und fotokopiert und folgende Angaben festhält: Name, Vorname, Geburtsdatum, Staatsangehörigkeit und die Wohnsitzadresse. Bei Eröffnung eines Kontos auf dem Postweg benötigt das Schweizer Kreditinstitut zur

---

[168] Vgl. Abbildung 8: Kundenaktblatt II.
[169] Vereinbarung über die Standesregeln zur Sorgfaltspflicht der Banken (VSB 03) vom 2. Dezember 2002.

ausreichenden Legitimation die Beglaubigung der Unterschrift des Kontoeröffners. Eine Echtheitsbescheinigung kann ausgestellt werden durch eine der das Konto einrichtenden Bank bekannte Korrespondenzbank. Außerdem lässt sich das Kreditinstitut die Wohnsitzadresse durch Postzustellung bestätigen.

Nach Rücksendung der erforderlichen Kontoeröffnungsunterlagen (Antragsformular, Formular A[170], beglaubigtes Unterschriftenspecimen) wird die Kontoeröffnung per Einschreiben unter Angabe der vergebenen Kontonummer bestätigt. Gleichzeitig versendet die Schweizer Bank eine Unterschriftenkarte, die vom Kontoeröffner zu unterzeichnen und zurückzusenden ist. Nach Eingang der Unterschriftenkarte kann über das Konto verfügt werden.

Bei Eröffnung von Konten und Depots bzw. bei Anknüpfung dauernder Geschäftsbeziehungen darf die Bank grundsätzlich davon ausgehen, dass der ihr gegenüber Auftretende auch der wirtschaftlich Berechtigte ist. Diese Vermutung wird jedoch zerstört, wenn der Vertragspartner nicht der tatsächliche Eigentümer der zur Verwahrung, Anlage oder für einzelne Transaktionen bestimmten Vermögenswerte sein kann oder ungewöhnliche Feststellungen gemacht werden. Ergeben sich bereits zum Zeitpunkt der Aufnahme der Geschäftsbeziehungen Zweifel an der Personengleichheit des Kontoeröffners mit dem wirtschaftlich Berechtigten, sind Schweizer Banken sowohl nach den Standesregeln (Art. 3 VSB 03) als auch nach Art. 4 des Bundesgesetzes zur Bekämpfung der Geldwäscherei im Finanzsektor verpflichtet, vom das Konto/Depot Eröffnenden mittels Formular A eine schriftliche Erklärung darüber zu verlangen, ob er oder ein Dritter der wirtschaftlich Berechtigte ist. Bei Eröffnung eines Kontos auf dem Postweg fordern Schweizer Banken eine schriftliche Erklärung über den wirtschaftlich Berechtigten mittels Formular A immer ein.

Zweifel an der Personengleichheit des Kontoeröffners mit dem wirtschaftlich Berechtigten bestehen:

- wenn Vollmacht an eine Person erteilt wird, welche erkennbar nicht in einer genügend engen Beziehung zum Vertragspartner steht,
- sofern die Bank die finanziellen Verhältnisse einer Person, die ein Konto eröffnet, bekannt ist und die mitgebrachten oder in Aus-

---

[170] Vgl. Abbildung 5: Formular A.

sicht gestellten Werte außerhalb dieses finanziellen Rahmens liegen oder

- wenn der Kontakt mit dem Kunden andere außergewöhnliche Feststellungen ergibt.

Sowohl die Standesregeln als auch das Geldwäschereigesetz lassen aber in allen Fällen die bloße schriftliche Erklärung des Vertragspartners über den wirtschaftlich Berechtigten genügen, die er mittels Formular A abgibt. Die Feststellung des wirtschaftlich Berechtigten besteht also in der bloßen Frage an den Vertragspartner, ob ihm oder einem Dritten die Vermögenswerte gehören. Der Bankier/Financier ist nicht verpflichtet, Untersuchungen über die wirtschaftlich berechtigte(n) Person(en) durchzuführen. Er wird jedoch dazu angehalten, den Umständen entsprechende Fragen zu stellen, auf die er plausible Antworten vom für den Schwarzgeldanleger agierenden Treuhänder bekommen muss. Die Pflicht zur Feststellung der wirtschaftlichen Berechtigung gilt auch dann, wenn ein identifizierungspflichtiges Kassageschäft getätigt wird oder die Vertragspartei ein Trust[171], eine Stiftung oder eine sonstige Sitzgesellschaft ist. Jede Schweizer Geschäftsbank muss innerhalb angemessener Frist in der Lage sein, auf Begehren der Strafverfolgungsbehörden darüber Auskunft zu geben, ob eine Person ihr Vertragspartner oder/und wirtschaftlich Berechtigter der verwahrten Vermögenswerte ist oder Kassageschäfte im Wert von über 25.000 Schweizer Franken getätigt hat. Zur Erfüllung dieser Auskunfts- und Nachweispflichten führen Schweizer Banken neben separaten Kundendossiers ein Zentralregister der Vertragspartner und der wirtschaftlich Berechtigten, das im Prinzip dem Gläubiger- und Bevollmächtigtenverzeichnis deutscher Banken gleicht. In das Zentralregister werden alle neu hinzugewonnenen dauernden Kundenbeziehungen aufgenommen. Sämtliche Korrespondenzunterlagen, Rechnungsbelege und Identifizierungsunterlagen müssen dabei so erstellt und abgelegt worden sein, dass einzelne Transaktionen rekonstruiert werden können.

---

[171] Vgl. Teil XII.

A   Kto-/Depot-Nr.:   Vertragspartner:

Feststellung des wirtschaftlich Berechtigten
(Formular A gemäss Art. 3 und 4 VSB)

Der Vertragspartner erklärt hiermit:
(Zutreffendes ankreuzen)

☐ dass der Vertragspartner allein an den Vermögenswerten wirtschaftlich berechtigt ist

☐ dass an den Vermögenswerten folgende Person/en wirtschaftlich berechtigt ist/sind:

Name, Vorname (evtl. Firma), Geburtsdatum, Nationalität, Wohnadresse/Sitz, Staat

Der Vertragspartner verpflichtet sich, der Bank Änderungen von sich aus mitzuteilen.

Das vorsätzlich falsche Ausfüllen dieses Formulars ist strafbar (Art. 251 des Schweizerischen Strafgesetzbuches, Urkundenfälschung; Strafandrohung: Zuchthaus bis zu fünf Jahren oder Gefängnis).

Ort, Datum   Unterschrift des Vertragspartners

Abbildung 5: Formular A

● **Liechtenstein**

In Liechtenstein ist die Pflicht zur Identifizierung eines jeden ein Nummernkonto oder Wertpapierdepot eröffnenden Neukunden sowie – allgemein gehalten – die Identifizierung des Vertragspartners bei der Aufnahme einer Geschäftsbeziehung für Finanzgeschäfte – seit Inkrafttreten des Gesetzes über die beruflichen Sorgfaltspflichten bei Finanzgeschäften[172] und der die Art und Weise der Identifizierung näher bestimmenden Sorgfaltspflichtverordnung[173] für alle auf dem Gebiet der Vermögensverwaltung tätigen natürlichen und juristischen Personen rechtsverbindlich geworden. Dem Sorgfaltspflichtgesetz unterstehen alle im Fürstentum tätigen Banken und Finanzgesellschaften, alle zur Vermögensverwaltung berechtigten Berufsgeheimnisträger wie Rechtsanwälte, Treuhänder und Mitglieder der Geschäftsleitung oder Vertreter einer Stiftung oder Treuhänderschaft (Trust), Versicherungsgesellschaften, Investmentunternehmen (Anlagefonds) sowie auch Wechselstuben.

Die Pflicht zur Identifizierung des Vertragspartners erstreckt sich auf die Aufnahme von Geschäftsbeziehungen jeglicher Art, wenn sie zum Zweck der Entgegennahme von Vermögenswerten dienen. Hierunter fällt neben der Eröffnung eines Kontos/Depots bei einer liechtensteinischen Bank auch die Vornahme von Treuhandgeschäften, die Vermietung von Schrankfächern sowie die Abwicklung von Kassageschäften ab einem bestimmten Grenzbetrag.

Die Identifizierung der Vertragspartner ist durch Vorlage eines beweiskräftigen Dokuments (amtlicher Ausweis) und Festhalten der wesentlichen persönlichen Daten durchzuführen. Darüber hinaus legen die Liechtenstein-Banken für jeden Kunden gemäß Art. 6 der Sorgfaltspflichtverordnung ein „Profil" an. Diese Profile sollen im Rahmen der Geldwäschebekämpfung zur besseren Unterscheidung von gewöhnlichen und ungewöhnlichen Transaktionen dienen. Kundenprofile für natürliche Personen enthalten u.a. folgende Daten:[174]

- Persönliche Angaben über den Kontoinhaber (u.a. auch: Politiker/ wirtschaftliche Persönlichkeit);
- Angaben über die berufliche Tätigkeit des Kontoinhabers;

---

[172] LGBl. Nr. 116 v. 22. August 1996 i.d.F. LGBl. 2002 Nr. 62.
[173] LGBl. Nr. 236 v. 11. Dezember 2000 i.d.F. LGBl. 2002 Nr. 58.
[174] Vgl. Abbildung 6: Fragebogen Profil für natürliche Personen.

- wirtschaftlicher Hintergrund und Herkunft der eingebrachten Vermögenswerte; die Bank fragt hier u.a. nach dem Einkommen, Erlöse aus Beteiligungen, Immobilien Erbschaften und Schenkungen usw.;
- Daten über Art und Eingang der Vermögenswerte; in diesem Zusammenhang von besonderem Interesse ist, ob die Vermögenswerte u.a. durch Bareinzahlung erfolgen oder auf sonstigem Wege (mit erforderlichen Referenzen);
- Angaben über Bevollmächtigte;
- Angaben über die wirtschaftlich berechtigte Person;
- Verwendungszweck der eingehenden und angelegten Vermögenswerte.

Bestehen bei Kontoeröffnung bzw. bei der „Entgegennahme von Vermögenswerten" Zweifel, dass es sich bei dem eingebrachten Vermögen um dasjenige des Erschienenen handelt – etwa weil das mitgebrachte Bargeld nicht in den persönlichen Rahmen des Betreffenden passt –, ist dieser zu befragen, ob die eingebrachten Werte ihm oder einem Dritten gehören. Erklärt der Vertragspartner, für Rechnung einer oder mehrerer Person(en) zu handeln, ist derjenige, für der Erschienene tätig wird, festzustellen und mit Name und Adresse in den Akten festzuhalten.

Die hinter einem treuhänderisch tätigen Vertragspartner stehende Person bezeichnet das Gesetz als den „wirtschaftlich Berechtigten" oder als den „Begünstigten" der in Frage stehenden Güter und Geldmittel. Wirtschaftlich Berechtigter ist stets derjenige, von dem das Vermögen herstammt, wobei das liechtensteinische Sorgfaltspflichtgesetz jene Personen als die wirtschaftlich Berechtigten ansieht, welche „an den in Frage stehenden Vermögenswerten letztendlich wirtschaftlich berechtigt sind" („Ultimate Beneficial Owner"). Eine juristische Person gilt als „letztendlich" wirtschaftlich Berechtigter nur dann, wenn sie im Sitzstaat einen Handelsbetrieb oder ein anderes nach kaufmännischer Art geführtes Gewerbe betreibt. Nicht als letztendlich wirtschaftlich berechtigt im Sinne des liechtensteinischen Sorgfaltspflichtgesetzes gelten Stiftungen und Treuhänderschaften (Trusts), sofern sie nur zur Vermögensanlage dienen. Letztendlich wirtschaftlich berechtigt ist bei Stiftungen und Trusts immer der diskrete Geldanleger, von dem die Vermögenswerte stammen, was im Klartext heißt, dass der Geldanleger von der das Stiftungsnummernkonto führenden Liechtenstein-Bank namentlich festzustellen ist.

Kto./Depot:_____ Nr.:_____

Profil der Geschäftsbeziehung gem. Art. 6 Sorgfaltspflichtverordnung

Natürliche Personen:

1. **Kontoinhaber/Vertragspartner** (Name, Vorname, Geburtsdatum, Nationalität, Wohnsitzadresse, Wohnsitzstaat)

_____

_____

- Politiker/Wirtschaftliche Persönlichkeit: ☐ Ja ☐ Nein

2. **Berufliche Tätigkeit**

- Branche/Haupttätigkeit (Handel, Produktion, Investition, Dienstleistung, sonst. Tätigkeit):

_____

- involvierte Länder:_____

☐ selbständig ☐ unselbständig

3. **Herkunft der eingebrachten Vermögenswerte/Wirtschaftlicher Hintergrund**

- Erwerbseinkommen/Geschäftstätigkeit	☐
- Beteiligungen/Gesellschaftsverkauf	☐
- Immobilien	☐
- Erbschaft/Schenkung	☐
- Finanzerträge	☐
- Sonstiges	☐

- wirtschaftlicher Hintergrund:_____

- Zeitraum, in welchem die Mittel erwirtschaftet wurden:_____
- geplante Zielgrösse:_____
- Datum, bis wann die Zielgrösse erreicht werden soll:_____
- geschätztes Totalvermögen:_____

4. **Information über Art und Eingang der Vermögenswerte**

Bareinzahlung	☐
Überweisung	☐
Übertrag	☐
Scheckeinreichung	☐
Sonstiges/Referenzen mit Adresse:	☐ _____

5. **Bevollmächtigte** (Name, Vorname, Geburtsdatum, Wohnsitzadresse, Wohnsitzstaat, Nationalität, Verbindung/Verhältnis zum wirtschaftlich Berechtigten)

_____

6. **Angabe zur wirtschaftlich berechtigten Person** mit Name, Adresse, Beruf, Geschäftstätigkeit (nur bei Aufnahme der Geschäftsbeziehung auf dem Korrespondenzweg)

_____

7. **Verwendungszweck der eingehenden Vermögenswerte**
   (z. B. Kommerzielle/Strukturbedingte Transaktionen, Vermögensanlagen)

Vermögensanlage/Verwaltung	☐
Geschäftskonto	☐
Kredit-/Hypothekarkonto	☐
Sonstiges	☐

Ort und Datum   Visum Kundenbetreuer

Abbildung 6: Fragebogen Profil für natürliche Personen

- **Luxemburg**

In Luxemburg ist die Führung von Nummern- und Pseudonymkonten von der Luxemburger Bankaufsichtsbehörde zugelassen; jeder Kontotyp kann dort auf Nummer oder Pseudonym lauten. Um zu garantieren, dass das Bank- und Finanzwesen nicht zum Transfer von aus kriminellen Handlungen stammenden Geldern missbraucht wird, sind die Banken dazu aufgefordert, eine Legitimation von allen Klienten zu verlangen, die mit ihnen in Geschäftsbeziehung treten wollen. Ohne Ausnahme gilt, dass sich jede natürliche oder juristische Person, die mit einer Luxemburger Bank in Geschäftsbeziehungen treten möchte, bei Eröffnung von Konten (Nummernkonten) aller Art, Sparbüchern oder wenn komplette Depot- und Vermögensverwaltungsverträge angeboten werden (Art. 39 Abs. 1 Gesetz vom 5. April 1993) gegenüber dieser auszuweisen hat. Identitätsprüfungen sind vom Bankangestellten stets selbst durchzuführen; sie sind nicht delegierbar. Als offizielles Ausweisdokument gelten Reisepass oder Personalausweis.

Die Legitimationspflicht bezieht sich dabei nicht ausschließlich auf denjenigen, der das Konto einrichtet. Der im Gesetz gebräuchliche Begriff „Klient" umfasst vielmehr sämtliche Kontomitinhaber und Treuhänder. Luxemburger Banken verlangen außerdem eine schriftliche Erklärung, ob das Nummernkonto zur Anlage eigener Geldmittel verwendet wird oder ob es sich bei den eingebrachten Geldmitteln um Vermögen Dritter handelt. Erklärt der Kunde, nicht im eigenen Namen zu handeln bzw. besteht die Gewissheit, dass der Kunde für fremde Rechnung handelt, ist die Identität derjenigen Personen einzuholen, für die der Kunde handelt (Art. 39 Abs. 3 Gesetz vom 5. April 1993). Für die Identifizierung dieses so genannten *wirtschaftlich Berechtigten* gelten dieselben Regeln wie für die Identifizierung des Kontoinhabers. Lautet das Nummernkonto auf Namen einer Holding oder eines Trusts, muss der Bankier entweder die schriftliche Erklärung des Kontoinhabers einholen, dass dieser auf eigene Rechnung handelt oder den hinter solchen Gebilden stehenden wirtschaftlich Berechtigten – wie dargelegt – identifizieren.

- **Österreich**

Österreichische Kredit- und Finanzinstitute haben nach dem Bankwesengesetz die Identität des Kunden bei Anknüpfung einer *dauernden Geschäftsbeziehung*, d.h. bei Eröffnung von Konten und Depots aller Art, festzustellen. Einschlägige Vorschriften für die Identifizierung der Konto-inhaber und Zeichnungsberechtigten ergeben sich aus dem Bankwesen-gesetz (BWG) und dem Devisenrecht (Feststellung des devisenrechtlichen Status).

Kredit- und Finanzinstitute haben außerdem jeden Kunden vor Eröffnung eines Nummernkontos zu fragen, ob er für eigene oder fremde Rechnung tätig wird. Gibt der Kunde zu erkennen, dass er ein Konto auf fremde Rechnung eröffnen will (z.b. bei Eröffnung eines Treuhand- oder Anderkontos), ist er nach § 40 Abs. 2 Satz 2 BWG verpflichtet, dem Kreditinstitut gegenüber die Identität des Treugebers (des wirtschaftlich Berechtigten) nachzuweisen. Werden über das neu eingerichtete Konto sowohl Treuhandgelder als auch eigenes Vermögen verwaltet, ist dieser Umstand dem Kreditinstitut ebenfalls bekannt zu geben, wie auch bekannte Treugeber. „Der Kunde muss dann aber nicht von sich aus tätig werden, sodass dem Gesetzeszweck nur dadurch Rechnung getragen werden kann, dass das Kreditinstitut bei Aufnahme einer dauernden Geschäftsbeziehung den Kunden auch verpflichtet, weitere Treugeber, für die er allenfalls in der Zukunft tätig werden wird, dem Kreditinstitut bei der ersten Transaktion für diesen Treugeber bekannt zu geben".[175]

● **Kanalinseln**

Die Kanalinseln sind zwar diskret; aber die dort eröffneten Nummernkonten ebenfalls nicht anonym! Anonym geht auf den Inseln gar nichts – schon allein aus der Notwendigkeit der Geldwäschebekämpfung heraus. Zwar gehören die Inseln nicht der FATF, der Geldwäschebekämpfungs-Sondergruppe der OECD, an, weil die Inseln Dependenzen der britischen Krone sind, halten sich aber dennoch an die Empfehlungen der FATF. Die Channel-Islands-Banken verfolgen strikt das „know your customer"-Prinzip. Das „Proceeds of Crime (Jersey) Law" sieht ein vierstufiges System der Customer-Identifizierung vor: „Identification", „record-keeping", „internal reporting procedures" und sonstige Verfahrensweisen der internen Kontrolle und Kommunikation.

---

[175] Laurer, Rene, in: Fremuth/Laurer/Linc/Pötzelberger/Strobl, 2003 BWG, § 40, Rz. 8.

Das geheime Postfach

Zum Servicepaket eines Geheimkontos gehört die Einrichtung eines Postfachs oder einer persönlichen Postmappe. Postfach und Postmappe können nur entweder vom Kontoinhaber selbst oder seinem Betreuer eingesehen werden. Der Vorteil solcher Einrichtungen liegt darin, dass die Korrespondenz bei der Bank hinterlegt werden kann und dem Kontoinhaber nicht zugesandt werden muss.

Diskrete Anlagekonten in Dubai

In Dubai sind Kontoeröffnungen möglich für Privatpersonen, Trusts, Offshore-Gesellschaften, Personenvereinigungen und Firmenkunden. Die Eröffnung eines diskreten Anlagekontos für private Geldanleger in Dubai kann nur auf den Namen des Anlegers erfolgen. Nummernkonten oder Pseudonyme sind nicht zulässig.

Bei der Kontoeröffnung fallen die banküblichen Identifizierungsschritte wie Passlegitimation usw. an. Erforderlich ist ein so genanntes „Client agreement", die Unterzeichnung des Formulars „Beneficial owner", welches zur Feststellung des wirtschaftlich Berechtigten erforderlich ist und im Prinzip dem in der Schweiz üblichen Formular A entspricht,[176] die Unterschriftenkarte und das so genannte „US-Withholding Tax form", durch dieses der europäische diskrete Geldanleger bestätigt, nicht in den USA steuerpflichtig zu sein. Je nach Kreditinstitut wird darüber hinaus ein so genannter „Letter of Introduction", also ein Empfehlungsschreiben der Hausbank des diskreten Geldanlegers mit attestiertem Vermögensreport der letzten drei Monate verlangt. Weitere Vereinbarungen wie „fax agreement" oder „E-Mail agreement" können vereinbart werden; der diskrete Geldanleger wird hier jedoch meist banklagernde Post (so genannte „Retained Mail") vereinbaren wollen. Diesbezügliche „Retained Mail"-Vereinbarungen sind u.a. Gegenstand des Client Agreements.

Dubai-Banken erstellen für jeden Kontoinhaber ein „Client Profile" (Kundenprofil). Je nach Art des Kunden/Kontoinhabers (natürliche Person, Gesellschaft, Personenvereinigung oder Trust) gibt es unterschiedliche Kundenprofile. Für natürliche Personen (Individuals) speichert die Bank neben den persönlichen Daten:

---

[176] Vgl. Abbildung 5: Formular A.

Konto- und Depoteröffnungsantrag

Kontonummer: / Depotnummer:

Konto-/Depotnummer: _____/_____

Zeichnungsberechtigung für Konto, Depot und allfällige Subkonten

Zeichnungsart: Es gilt für alle Konto- und Depotinhaber und Zeichnungsberechtigten Einzelverfügungs- bzw. Zeichnungsberechtigung. Die Zeichnungsberechtigten bestätigen die Kenntnisnahme und Anerkennung der Bedingungen und Regelungen zu diesem Konto bzw. Depot.

1
Name und Vorname des (der) Kontoinhabers (in) bzw. des (der) Zeichnungsberechtigten

Geburtsname | Geburtsdatum | Wortlaut der Pseudonym-Unterschrift**

Straße / Nummer

Staat / PLZ / Ort | Pseudonym-Unterschrift**

PA* ☐ RP* ☐ Nr. | Behörde | Ausstellungsdatum

Originalunterschrift | ☐ KI oder ☐ ZB ☐ Touch-Lock

2
Name und Vorname des (der) Kontoinhabers (in) bzw. des (der) Zeichnungsberechtigten

Geburtsname | Geburtsdatum | Wortlaut der Pseudonym-Unterschrift**

Straße / Nummer

Staat / PLZ / Ort | Pseudonym-Unterschrift**

PA* ☐ RP* ☐ Nr. | Behörde | Ausstellungsdatum

Originalunterschrift | ☐ KI oder ☐ ZB ☐ Touch-Lock

3
Name und Vorname des (der) Kontoinhabers (in) bzw. des (der) Zeichnungsberechtigten

Geburtsname | Geburtsdatum | Wortlaut der Pseudonym-Unterschrift**

Straße / Nummer

Staat / PLZ / Ort | Pseudonym-Unterschrift**

PA* ☐ RP* ☐ Nr. | Behörde | Ausstellungsdatum

Originalunterschrift | ☐ KI oder ☐ ZB ☐ Touch-Lock

4
Name und Vorname des (der) Kontoinhabers (in) bzw. des (der) Zeichnungsberechtigten

Geburtsname | Geburtsdatum | Wortlaut der Pseudonym-Unterschrift**

Straße / Nummer

Staat / PLZ / Ort | Pseudonym-Unterschrift**

PA* ☐ RP* ☐ Nr. | Behörde | Ausstellungsdatum

Originalunterschrift | ☐ KI oder ☐ ZB ☐ Touch-Lock

* Personalausweis (PA) bzw. Reisepass (RP)
** nicht möglich bei Wertpapier-Namenskonto

☐ weitere Zeichnungsberechtigte(n) sind vorhanden: siehe Zusatzblatt „Zeichnungsberechtigung".

Abbildung 7: Kundenaktblatt I

Konto- und Depotnummer: _____

Festlegung der Zeichnungsberechtigungen und bei Nummernkonten **Vereinbarung einer Pseudonym-Unterschrift** auf Basis der auf der Rückseite angeführten „Bedingungen zur Vereinbarung einer Pseudonym-Unterschrift für die Abwicklung bestimmter Transaktionen". Die Pseudonym-Unterschrift kann (muss jedoch nicht) gleich lauten wie das Losungswort. Sie hat mindestens 5, maximal 15 Buchstaben (keine Ziffern).

ZEICHNUNGSBERECHTIGUNG FÜR KONTO UND DEPOT

ZEICHNUNGSART: Es gilt für alle Kontoinhaber und Zeichnungsberechtigten Einzelverfügung bzw. -zeichnungsberechtigung. Die Zeichnungsberechtigten bestätigen die Kenntnisnahme und Anerkennung der Bedingungen und Regelungen zu diesem Konto bzw. Depot.

Abbildung 8: Kundenaktblatt II

- den steuerlichen Wohnsitz (Tax Residence),
- die Herkunft des zu investierenden Vermögens (Origin of Funds for Investment),
- die Herkunft sonstiger Vermögens- und Ertragsquellen (Origin of Wealth/Income),
- die Gründe zur Eröffnung eines Kontos
- sowie den Sinn und Zweck der Konteröffnung und weitere sonstige Vermögenswerte (Other Assets).

Aus dem Kundenprofil ersichtlich sind somit das gesamte wirtschaftliche Umfeld des diskreten Geldanlegers sowie alle von ihm beabsichtigten und geplanten Wertpapiertransaktionen.[177]

Lässt der diskrete Geldanleger sein Vermögen über einen Trust oder Treuhänder verwalten, muss er sich gegenüber der Bank als so genannter „Main Beneficiary" identifizieren. Auf dem entsprechenden Kundenprofil werden u.a. festgehalten:

- Name,
- Wohnsitzadresse,
- Geburtsdatum.

Festzuhalten ist auch, ob der diskrete Geldanleger Kontovollmacht besitzt oder nicht.[178]

Die Kontoeröffnung wird in der Regel vom Besitz einer Aufenthaltsbewilligung des Kontoeröffners in den Vereinigten Arabischen Emiraten (VAE) abhängig gemacht, die in den Reisepass des Anlegers eingestempelt sein muss. Zu diesem Zweck muss sich jeder Einreisende am Flughafenausgang einer Passkontrolle unterziehen.

Eine solche Aufenthaltsbewilligung gibt es für den Anleger wiederum nur, wenn dieser eine VAE Arbeitsbewilligung hat, bzw. zur Familie einer solchen Person gehört. Bei der Kontoeröffnung muss eine Gehaltsbestätigung vom Arbeitgeber sowie eine Adressbestätigung in der Form einer Telefonrechnung oder Stromrechnung vorgelegt werden.

Eine Kontoeröffnung ohne Aufenthaltsbewilligung ist innerhalb des Dubai International Financial Centers[179] möglich, sofern der diskrete Geld-

---

[177] Vgl. Abbildung 10: Client Profile für natürliche Personen (Individuals).
[178] Vgl. Abbildung 11: Client Profil für Trusts und Treuhänderkonten.
[179] Zum Dubai International Financial Centre vgl. Teil VI, Abschnitt: Das Bankensystem in Dubai und das Dubai International Financial Centre.

anleger die erforderlichen Vermögenswerte nachweist. Vermögende Privatanleger kommen auch durch den Kauf einer Immobilie in den Genuss einer Aufenthaltsbewilligung und können damit diskrete Bankkonten eröffnen. Durch den Kauf einer Villa oder Wohnung in einigen bestimmten Gebieten, wo auch Ausländer kaufen dürfen, partizipiert der vermögende Privatanleger auch von der vollständigen Steuerfreiheit. Es fallen weder Einkommen- noch Vemögensteuern in den VAE an.

Bestimmte Banken wie die HSBC und bestimmte britische Banken besitzen noch Banklizenzen aus Jahren vor 1976[180]. Bei den Briten resultiert dies aus der ehemaligen Besatzungszeit vor 1972. Bei solchen Banken können diskrete Geldanleger aus Europa ohne „Residency Visa" so genannte „Non-Resident Savings Accounts" oder Festgeldkonten („Term Deposit Accounts") in lokaler Währung (Dirham-AED) oder jeder ausländischer Währung eröffnen. Kreditkarten oder Schecks gibt es aber auch dort nur mit Aufenthaltsbewilligung. Bei der HSBC Bank beispielsweise beinhalten solche Konten folgenden Service:

- Bankomatkarte (Savings Accounts),
- Telefonbankenservice,
- Internet-Banking rund um die Uhr.

Für ein Savings Account sollte eine Mindesteinlage von 2.000 Euro oder 5.000 AED vorhanden sein. Festgeldkonten lassen sich bei HSBC bereits ab einem Betrag von 10.000 Euro eröffnen und bieten daher für den diskreten Geldanleger mit mittlerem Vermögen eine Einstiegsmöglichkeit in den Finanzplatz Dubai mit einem eventuell späteren Wechsel in das DIFC.

---

[180] Seit 1976 hat die Nationalbank der VAE keine Banklizenzen mehr erteilt, weshalb sich das Geschäft der meisten Auslandsbanken auch auf das DIFC beschränkt.

Establishment of the Beneficial Owner's Identity*

Accont No.   Contracting partner

The undersigned hereby declares:
(mark with a cross where appropriate)

☐ that the contracting partner is the only beneficial owner of the assets concerned
☐ that the beneficial owner/owners of the assets is/are:

Full name/firm   Adress/Domicile, Country

Date of birth   Nationality

The contracting partner undertakes to inform the Bank, of his own accord, about any changes.

Place, date   Signature

Confirmation of the beneficial owner that the statement made by the contracting partner is true and correct (if the contracting partner is not the only beneficial owner of the assets concerned):

Place, date   Signature

* Important note
The concept „beneficial owner" refers to:
1. a natural person who ultimately owns client's assets or controls a client account; or
2. a person on whose behalf a transaction is being conducted; or
3. a person who exercises ultimate effective control over a legal person or arrangement; or
4. a person on whose instructions the signatories of an account, or any intermediaries instructing such signatories, are for the time being accustomed to act.

Abbildung 9: Formular „Establishment of the Beneficial Owner's Identity" zur Feststellung des wirtschaftlich Berechtigten eines Dubai-Kontos

Client Profile – Individuals

I. Personal Data File

Full Name _____
Date of Birth_____ Nationality_____
Country of Residence_____ Country of_____
Place and Country of_____
Passport No_____ National Identification_____
Occupation_____
Employer and Address_____
Marital_____ Name of Spouse_____
Number of Children, Names and_____
_____

Personal Details (joint holders where applicable)

Full Name _____
Date of Birth_____ Nationality_____
Country of Residence_____ Country of_____
Place and Country of_____
Passport No_____ National Identification_____
Occupation_____
Employer and Address_____
Marital_____ Name of Spouse_____
Number of Children, Names and_____
_____

II. Address (give permanent residential address – not a post office box)

Address_____
_____
Postcode_____
Telephone_____ Fax No(s)_____
E-mail Adress_____

III. Alternative Correspondence Details

If correspondence is not to be sent to the above address, please give alter-
native below. (If mail to be retained by us, please refer to the Client Agreement,
Section 3, Portfolio Advisory)
Address_____
_____
Postcode_____
Telephone_____ Fax No(s)_____
E-mail Adress_____

IV. Main Bank Account Details

Name of Bank _____

Adress_____

_____

Postcode_____

Name of_____

Sort/Swift Code_____   A/C No_____

V. Special Instructions/Additonal Information

_____
_____
_____
_____
_____
_____
_____
_____

VI. Tax Residence

_____
_____

VII. Origin of Funds for Investment

_____
_____

VIII. Origin of Wealth/Income

_____
_____

IX. Reason of Opening Account

_____
_____

X. Purpose of Account

_____
_____
_____

XI. Other Assets

_____
_____

Abbildung 10: Client Profile für natürliche Personen (Individuals)

Client Profile – Trusts, Nominees, Fiduciaries

I. Identification
Name (registered name if) _____

Trade Names (if any)_____

Date of_____ Legal Form_____

Place of_____

Registration No./Trade Licence No. (with renewal)_____

Business_____

Regulatory Body (if)_____

Trade addresses (if different from registered)_____

Name and address of Group (if)_____

II. Trust Details
Type of_____

Category of_____

Trust Instrument_____

III. Settlor Details
Full Name_____

Occupation/Profession_____

Nationality_____ Date of Birth_____

IV. Address
Contact_____

Address_____

Postcode_____

Telephone_____ Fax No(s)_____

E-mail Address_____

V. Alternative Correspondence Details
If correspondence is not to be sent to the above address, please give alternative below. (If Mail is to be retained by us, please refer to the Client Agreement, Section 2, Portfolio Mandate.)

Contact_____

Address_____

Postcode_____

Telephone_____ Fax No(s)_____

E-mail Address_____

VI. Main Bank Account Details
Name of Bank _____

Adress_____

_____

Postcode_____

Name of_____

Sort/Swift Code_____ A/C No_____

VII. Special Instructions/Additonal Information
_____
_____
_____
_____
_____

VII. Tax Residence
_____
_____

IX. Origin of Funds for Investment
_____
_____

X. Origin of Wealth/Income
_____
_____

XI. Reason of Opening Account
_____
_____

XII. Purpose of Account
_____
_____

XIII. Nature and Level of Business to be Conducted
_____
_____

XIV. Other Assets
_____
_____

XV. Additional Information

1.) Main Beneficiary Details

Full Name_____

Permanent Residential_____

Postcode_____ Date of Birth_____

Additional_____

Permanent Residential_____

Postcode_____ Date of Birth_____

Additional_____

2.) Do Any Beneficiaries Exercise Control over the Account?

☐ Yes ☐ No

3.) Trustee Details

Full Name_____

Permanent Residential_____

Postcode_____ Date of Birth_____

Full Name_____

Permanent Residential_____

Postcode_____ Date of Birth_____

Full Name_____

Permanent Residential_____

Postcode_____ Date of Birth_____

4.) Principal Controller (any person qho has power to remove trustee)

Full Name_____

Permanent Residential_____

Postcode_____ Date of Birth_____

5.) Main Point of Contact

Name_____

Telephone_____ Fax No(s)_____

E-Mail Address_____

6.) Name of External Auditor (if applicable)

_____

_____

Abbildung 11: Client Profil für Trusts und Treuhänderkonten

Diskrete österreichische Sparbücher

Losungswort-Sparbücher

Österreichische Losungswort-Sparbücher sind im Außenverhältnis anonyme Sparbücher, die auf eine bestimmte Bezeichnung lauten können, wobei allerdings erdichtete Namen wie beispielsweise „Peter Müller" oder „Franz Huber" unzulässig sind (§ 31 Abs. 1 BWG). Zulässig ist hingegen jede andere (Orts-)Bezeichnung wie „Feuerbach oder „Feuerstein" usw. Der Sparbucheröffner muss sich gegenüber der Bank nach den für Namenskonten geltenden Vorschriften legitimieren. Die kontoführende Bank stempelt nach erfolgter Legitimation den Aufdruck „identifiziert" unter die Sparbuchnummer, trägt aber nicht den bürgerlichen Namen des Kontoeröffners ein. Die Vereinbarung eines Losungswortes ist hier zwingend (§ 31 Abs. 3 BWG). Nach erfolgter Legitimation und Losungswortvereinbarung kann jede Person über das Sparbuchguthaben verfügen, welche dieses vorlegt und das vereinbarte Losungswort nennt (§ 32 Abs. 2, Abs. 4 Nr. 1 BWG).[181] Auf der Sparurkunde ist grundsätzlich jede Transaktion in Form einer Ein- und Auszahlung zu vermerken (§ 32 Abs. 1 BWG).

Beim Losungswort-Sparbuch darf die Höhe des Guthabens die Grenze von 15.000 Euro nicht erreichen bzw. überschreiten. Erreicht oder überschreitet der Guthabensstand diese Grenze durch bare oder unbare Geldeingänge (nicht aber durch Zinsgutschriften), ist das Losungswort-Sparbuch fortan als Namenssparbuch (siehe unten) zu führen. Verfügungsberechtigt ist ab diesem Zeitpunkt nur noch derjenige, der sich der Bank gegenüber identifiziert hat. Das ist im Regelfall der Sparbucheröffner; nur an diesen darf ausbezahlt werden (§ 32 Abs. 4 Nr. 2 BWG). Wird die Guthabensgrenze von 15.000 Euro hingegen nur durch Zinsgutschriften überschritten, kann das Losungswort-Sparbuch als solches weiter geführt werden, sofern die Zinsen unmittelbar nach dem Nachtrag abgehoben werden und sich der Guthabensstand so wieder unter 15.000 Euro mindert.

Werden Losungswort-Sparbücher von Todes wegen erworben, kann darüber auch ohne Losungswort verfügt werden (§ 31 Abs. 3 BWG). Der

---

[181] Ist das Sparbuch als verloren gemeldet, hemmt ein behördliches Verbot oder eine behördliche Sperre die Auszahlung, dürfen keine Zahlungen angewiesen werden (§ 32 Abs. 4 Satz 2 BWG). Dasselbe gilt bei begründetem Verdacht auf Geldwäsche (§ 41 BWG), es sei denn, die Strafverfolgungsbehörde hat sich nicht innerhalb der gesetzlich festgelegten Frist geäußert.

rechtmäßige Erwerb einer Sparurkunde von Todes wegen setzt aber einen gerichtlichen Beschluss voraus, der als Nachweis für den Vermögensübergang gilt und die Bank in der Frage der Eigentumszuordnung entlastet. Regelmäßig haben sich Erben eines Losungswort-Sparbuches – wenn sie das Losungswort nicht wissen – der kontoführenden Stelle gegenüber zu legitimieren, um ihre erbrechtlichen Ansprüche nachweisen zu können.

Über Guthaben auf Losungswort- Sparbüchern, die nach dem Tod eines Erblassers nicht aufgefunden werden können, kann vonseiten der Erben nicht verfügt werden. Finden die Erben ein Sparbuch nicht, von dem sie aber wissen, dass es existiert, wird angenommen, dass es am Todestag nicht im Besitz des Erblassers gewesen ist. Es stellt dann keinen Bestandteil des Nachlasses dar.[182] Die Bank, von der der Erbberechtigte weiß, dass sie die Einlage verwaltet, ist selbst dann nicht verpflichtet, das von Todes wegen erworbene Sparguthaben auszuzahlen, wenn der Erbe zum Nachweis seiner Erbberechtigung zwar Erbschein und Personalausweis, jedoch nicht das Sparbuch selbst vorlegen kann.

Einlagen nicht mehr auffindbarer anonymer Sparbücher werden in aller Regel ca. 30 Jahre als „herrenlose Einlage" verzinst und gehen schließlich in das Eigentum der Bank über. Es ist aber auch möglich, dass unberechtigte Dritte an das Sparbuch geraten, das Losungswort herausfinden und das Guthaben abräumen. Österreichische Banken sind zwar verpflichtet, Verfügungen über Konten und Depots nur aufgrund eines Beschlusses des Abhandlungsgerichts oder der Einantwortungsurkunde zuzulassen, sobald sie vom Ableben eines Kunden Kenntnis erlangt haben, die Vorschrift kann aber auf Losungswort- Spareinlagen keine Anwendung finden, da Banken solche Sparbücher nicht dem Vermögen eines Verstorbenen zuordnen können, denn der zu diesem Sparbuch als zuletzt identifizierter Kunde Vorgemerkte könnte das Sparbuch genauso gut zu Lebzeiten verschenkt haben, sodass das Sparguthaben in das Eigentum eines unbekannten beschenkten Dritten übergegangen sein könnte.

Nummernkontosparbücher

Für Einlagesummen über 15.000 Euro bieten sich Nummernkontosparbücher an. Die Legitimierung des Kontoeröffners erfolgt analog der Eröffnung eines Nummernkontos. Verfügungsberechtigt über das Sparbuch-

---

[182] Landesgericht für Zivilrechtssachen (LGZ), Urt. v. 4.10.1990, 47 R 736/90.

guthaben ist nur derjenige, der bankintern als Verfügungsberechtigter registriert ist bzw. Vollmacht über das Kontoguthaben besitzt. Nummernkontosparbücher sind im Außenverhältnis anonym.

Namenssparbücher

Namenssparbücher lauten auf den Namen des Kontoeröffners. Nur dieser bzw. ein Bevollmächtigter ist gegenüber der Bank verfügungsberechtigt. Die Legitimierung des Kontoeröffners erfolgt analog der Eröffnung eines Namenskontos. Losungswort-Sparbücher, bei denen das Sparguthaben die o.g. Legitimationsgrenze von 15.000 Euro übersteigt, werden automatisch als Namenssparbuch weiter geführt. Verfügungsberechtigt ist dabei nur der zuletzt der Bank gegenüber legitimierte Sparbuchhalter.

Diskrete Geldanleger eröffnen Namens- oder auch Nummernkontosparbücher gern auf Namen älterer Verwandter, die im Rentner- oder Pensionistenstatus nicht mehr primär im Fokus der Finanzbehörden stehen. Geben diese Personen dann dem diskreten Geldanleger entsprechende Vollmacht über das Sparbuch, kann dieser uneingeschränkt verfügen. Soweit allfällige Auskunftsersuchen (Gerichtsbeschlüsse) an österreichische Banken nur den Sparbucheröffner als den legitimierten Kunden erfassen, kann der diskrete Geldanleger auch bei Ermittlungen im Verborgenen bleiben. Banken bieten Vollmachtsverhältnisse bei Sparbüchern im Regelfall nicht an, richten diese aber ein, wenn der Kunde dies wünscht.

Vollmachtsverhältnisse über Sparbücher sind sowohl für den eigentlichen wirtschaftlichen Eigentümer eines Sparbuchguthabens als auch für den als Kontoinhaber vorgeschalteten Strohmann nicht ohne Risiko. Der Strohmann riskiert, dass ihm die Vermögenswerte auch steuerlich zugerechnet werden. Der eigentliche wirtschaftliche Eigentümer riskiert beispielsweise dann seine Einlage, wenn gegen den Strohmann Vollstreckungsmaßnahmen laufen.

Und selbst wenn nur der wirtschaftliche Eigentümer im Besitz des Sparbuches und des Losungswortes ist, kann der vorgeschaltete Strohmann als der Bank gegenüber legitimierte Kontoinhaber gleichwohl an die Sparbucheinlage heran. Dies dann, wenn er erklärt, das Sparbuch verloren zu haben und dieses dann nach bestimmter Aufgebotsfrist für kraftlos erklärt wird. Nach erfolgter Kraftloserklärung kann der Strohmann die Einlage ohne weitere Nachweise bzw. Losungswort beheben.

Das Goldfinger-Nummernkonto® –
Garant für höchste persönliche Sicherheit
und Diskretion

Wesentliche Kriterien für Sicherheit und Diskretion von Geldanlage-
konten sind neben dem Schutz durch ein gesetzlich verankertes Bankgeheimnis auch die Art des bankinternen Handlings der Kundendaten sowie
die Art und Zahl von Unterlagen und Dokumente, die der diskrete Geldanleger für die zur Kontoverfügung notwendigen Legitimation gegenüber seiner Bank benötigt und daher ständig mitführen muss. Spezifische Bankdokumente wie Konto- oder Bankomatkarten sind hier vielfach nicht geeignet. Sicherer und vor allem komfortabler legitimiert sich der diskrete Geldanleger in der Tiroler Zollexklave Jungholz, genauer gesagt beim Bankhaus
Jungholz: Hier genügt bereits sein Fingerabdruck!

Das zur Raiffeisenbank Reutte gehörende Bankhaus Jungholz offeriert ihren Kunden das urheberrechtlich geschützte Goldfinger-Nummern-
konto®, ein Nummernkonto in Verbindung mit einem Fingerprint-Legiti-
mationssystem. Dieses hochwertige biometrische System zur Personen-
identifikation macht im Bankalltag die Vorlage eines Lichtbildausweises
oder sonstiger Bankdokumente überflüssig und beugt außerdem Unter-
schriftenfälschungen vor. Die Verfügungsberechtigung des Kunden wird
stattdessen über einen vollelektronischen Fingerabdruck-Scanner geprüft.
Die Speicherung erfolgt elektronisch und ist nur mit dem bankinternen
Goldfinger-System zu entschlüsseln.

Das Goldfinger-Nummernkonto® dient als Basiskonto für sämtliche
Anlagevarianten, z.B. als Kontokorrentkonto, als Festgeldkonto oder als
Wertpapier- und Edelmetalldepot. Bei Transaktionen nennt der Kontoinhaber – und nur dieser – einfach sein Losungswort und quittiert mit seinem
Fingermuster und Pseudonymunterschrift. Das System gewährt zudem einen optimalen Schutz vor Datenveruntreuung, da die persönlichen Daten
des Anlegers nicht in der EDV gespeichert sind, sondern sicher in einem Datensafe verwahrt werden.

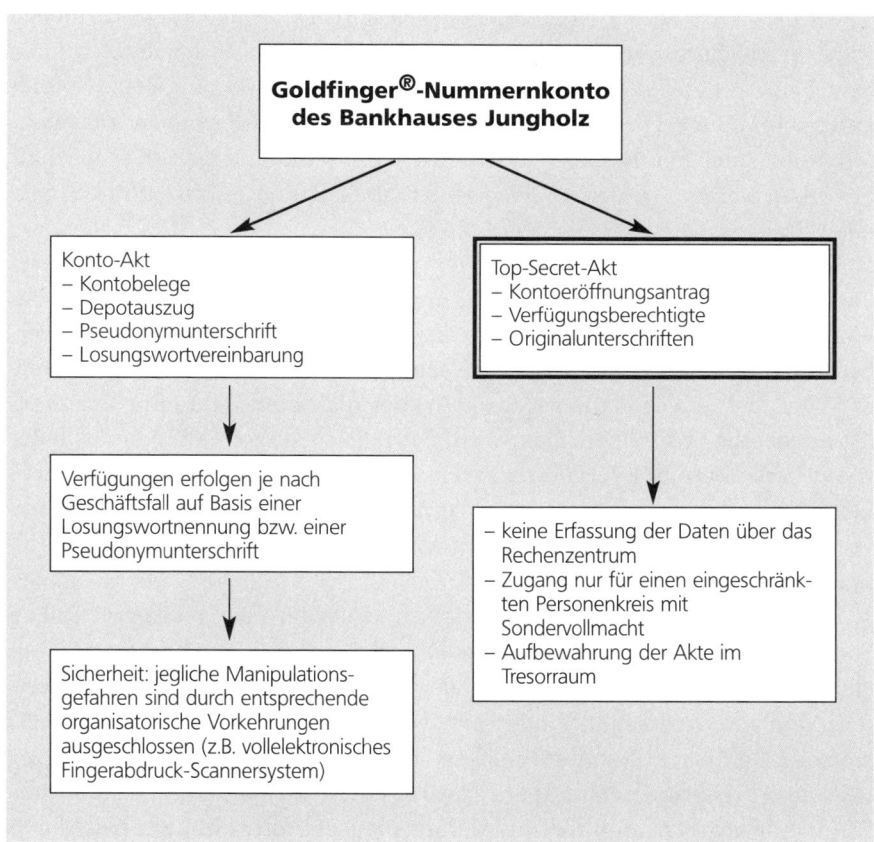

Abbildung 12: Das diskrete Goldfinger-Nummernkonto (Quelle: Bankhaus Jungholz)

Diskrete Sondervermögen „Liechtensteiner Art"

Sondervermögen ist, wie anfänglich bereits dargestellt, fremdverwaltetes, von einem bestimmten oder unbestimmten Anlegerkreis aufgebrachtes Vermögen, welches von einer bestimmten Stelle (der Bank) verwaltet wird und vom eigenen Vermögen des Verwalters (der Bank) zu trennen ist. Es stellt daher eine als „Sondervermögen" bezeichnete separate und kollektive Vermögenseinheit dar. Sondervermögen sind nach dem so genannten

„Vertrags- oder Treuhandtyp" aufgebaut und in Form einer Gesellschafts- oder eines sonstigen Beteiligungstyps organisiert. Das Sondervermögen wird für Rechnung und zugunsten des Kunden, aber in eigenem Namen bzw. Namen des Sondervermögens in Wertpapiere usw. angelegt. Beteiligungen an Sondervermögen können beispielsweise in Form von Aktienanteilen an einer der Bank gehörenden Portfolio-Management-Gesellschaft erworben werden. Diese Gesellschaft ist vielfach eine „Limited" mit Sitz in einer Steueroase.

Sondervermögen von Banken sind dem liechtensteinischen Gesetz über Investmentunternehmen nicht unterstellt und stellen auch keine Publikumsfonds dar. Sondervermögen sind mit einem öffentlichen Werbeverbot belegt, jede Form öffentlicher Werbung ist untersagt. Als Nichtkunde wird der diskrete Geldanleger diese Art der diskreten Geldanlage nicht offen angeboten bekommen. Das von den Anlegern aufgebrachte und von der Bank verwaltete Sondervermögen besitzt keine eigene Rechtspersönlichkeit. Der Anleger erwirbt ein vom Vermögen der Bank getrenntes Sondervermögen durch die Zeichnung bestimmter Rechnungseinheiten oder Beteiligungsscheine.

Zu unterscheiden ist im Regelfall zwischen den „festverzinslichen Sondervermögen", den „Aktien-Sondervermögen" und den „Strategie-Sondervermögen". Festverzinsliche Sondervermögen können wiederum unterteilt sein in „Geldmarkt-Sondervermögen" und „Obligationen-Sondervermögen". Geldmarkt-Sondervermögen investieren in Anleihen mit kurzer Restlaufzeit, Commercial Papers, Floater oder Eurofestgelder. Geldmarkt-Sondervermögen eignen sich für einen Anlagezeitraum von ca. drei Monaten. Obligationen- oder Anleihe-Sondervermögen legen einen mehrjährigen Anlagehorizont zugrunde. Anleger, die Anleihe-Sondervermögen zeichnen, beteiligen sich an den wichtigsten Obligationenmärkten der drei wichtigsten Kernwährungen Schweizer Franken, Euro und US-Dollar. Aktien-Sondervermögen setzen einen gewissen Grad an Risikobereitschaft voraus. Aktien-Sondervermögen beinhalten eine breite Auswahl von Aktien aus unterschiedlichen Ländern und Regionen. Die Performance von Aktien-Sondervermögen hängt wesentlich von der Entwicklung der Aktienmärkte ab. Strategie-Sondervermögen investieren in den Geldmarkt-, Obligationen- und Aktienmarkt. Strategie-Sondervermögen bilden eine komplette Anlagepolitik in einem Produkt ab; sie basieren auf Modellportfolios der betreffenden Bank. Die Anlagepolitik ist dabei in diversen Risikostufen eingeteilt.

So kann sich der risikoscheue Anleger beispielsweise für ein Strategie-Sondervermögen „Zins", bestehend aus erstklassigen Anleihen, entscheiden; dem risikofreudigen Anleger steht ein Sondervermögen „Kapitalertrag" zur Wahl, mit dem er sich an einer ausgewogenen Aktienanlage, gemanagt nach den Vorgaben des gleichnamigen Musterportfolios beteiligen kann.

Sondervermögen ermöglichen niedrigere Börsenkommissionen, günstigere Festgeldsätze und engere Devisenmargen als Einzelanlagen. Sie kosten keinen Ausgabeaufschlag.[183] Für die Verwaltung stellt die Bank eine Gebühr in Rechnung. Hinzu kann je nach Sondervermögen eine jährliche Erfolgsgebühr treten. Der Verkauf erfolgt ausschließlich an Anleger, welche bei einer Liechtenstein- Bank ein Depot eröffnet haben bzw. bereits Kunde sind. Die Abgabe geschieht zum Inventarwert; der Anleger zahlt keine Depotgebühren und im Fall eines Wechsels von einem Sondervermögen in ein anderes im Regelfall keine Konversionsgebühr.[184]

Jedes Sondervermögen basiert auf eigenen Anlagegrundsätzen. Diese sowie weitere Bestimmungen muss die Bank in einem Reglement definieren. Das Reglement informiert über Anlagepolitik, die Anlageformen, Kosten, Organisation, Handelbarkeit der Anteile sowie über die Ausgabe- und Rücknahmepreise. Dieses Reglement sollte beim Kauf unbedingt erst einmal gründlich studiert werden. Hieraus ist u.a. ersichtlich, ob derivate Finanzinstrumente (Futures) auf Wertpapiere, Devisen, Zinsen oder Börsenindices verwendet werden dürfen und unter welchen Bedingungen, in welche Währungen die Anlagen erfolgen können und welche Rechnungswährung für das Sondervermögen gilt, in welche Anlagefonds investiert wird und welche Kosten für die Verwaltung anfallen.

Konten auf Namen Dritter (Strohmannkonten)

Allgemeines

Deutsche diskrete Geldanleger wissen, dass die Errichtung von Konten, die auf eine Nummer, auf einen falschen oder erdichteten Namen lauten, wegen des Gebots der „Kontenwahrheit" verboten ist (§ 154 Abgabenordnung). Wohl aber ist es zulässig, in Deutschland ein Konto auf den Na-

---

[183] Beim Anteilskauf wird eine eidgen. Pflichtabgabe von 0,15 Prozent erhoben.
[184] Konversionsgebühren werden dagegen bei segmentierten Fonds beim Wechsel in ein anderes Segment erhoben.

men eines Dritten zu eröffnen und auf dessen Bezeichnung lauten zu lassen. So erreicht der diskrete Geldanleger beispielsweise, dass das Kontoguthaben nicht in die Erbmasse fällt. Der Zustimmung des Dritten bedarf es zur Kontoeröffnung nicht; der Dritte muss zwar rechtsfähig, braucht aber nicht geschäftsfähig zu sein. Es ist lediglich ein Existenznachweis erforderlich, der die Verwendung eines erdichteten Namens ausschließen soll.

Die Eröffnung eines Kontos auf den Namen eines Dritten ist nicht mit einer *Handlung unter fremdem Namen* oder einer *Stellvertretung* zu verwechseln. Von einer Handlung unter fremdem Namen kann dann gesprochen werden, wenn sich der Kontoeröffner gegenüber der Bank als eine andere Person ausgibt, also einen falschen Namen benutzt und die Bank das Konto unter dem angegebenen Namen errichtet. Bei der Stellvertretung handelt der Kontoeröffner im Namen des Vertretenen. Zivilrechtlich kommt die Vertragsbeziehung in diesen Fällen nicht zwischen dem Handelnden und der Bank, sondern ausschließlich zwischen dem Namensträger, für den sich der Handelnde ausgibt, bzw. zwischen dem Vertretenen und der Bank zustande.

Bei einem Konto auf den Namen eines Dritten ist die Vertragsbeziehung diskreter Kunde – Bank dagegen zweigeteilt: Während die Pflichten aus dem Vertrag weiterhin dem Eröffnenden (also dem diskreten Geldanleger) obliegen, weil es schließlich Verträge zulasten Dritter nicht geben kann, wird ein gewisser Grad an Berechtigung (Begünstigung) an den Dritten übertragen, auf deren Name der diskrete Geldanleger das Konto eröffnet. Der Bank stehen also sozusagen zwei Vertragspartner gegenüber, einmal der Geldanleger als Eröffner und einmal der Dritte, auf dessen Namen das Konto lautet. Behält sich der Anleger als Kontoeröffner nicht die generelle Verfügungsmacht über das Konto vor und darf der (förmliche) Kontoinhaber gewisse (ihn begünstigende) Transaktionen ausführen, tritt bei unklarer Abgrenzung regelmäßig das Problem der so genannten *konkurrierenden Verfügungsmacht* auf.

Wann liegt Namensmissbrauch vor?

Bankintern kann die Beurteilung, unter welchen Voraussetzungen Namensmissbrauch oder ein rechtmäßiges Konto auf den Namen eines Dritten vorliegt, nicht in allen Fällen klar und eindeutig erfolgen. In der Tat sind die Grenzen fließend. Anhand folgender fünf Fallbeispiele werden einige diskrete Anlagetechniken unter Verwendung von Konten auf Namen Dritter aufgezeigt:

- **Fall 1:**

Der langjährige Kunde der Bank X, Großvater A, errichtet auf den Namen seiner neunjährigen Enkelin B ein Sparkonto. Er zahlt monatlich einen gewissen Sparbetrag ein. Über das anwachsende Vermögen behält er sich das alleinige Verfügungsrecht bis zu seinem Tode vor. Danach soll der Enkelin die Verfügungsmacht übertragen werden. Die Existenz der Enkelin wird dadurch nachgewiesen, dass der Großvater das Kind zur Kontoeröffnung mitbringt. Der Sachbearbeiter der Bank X führt die Legitimationsprüfung für Großvater A nach den Vorschriften des Geldwäschegesetzes durch (er lässt sich von A also den Ausweis zeigen und fertigt eine Kopie an). A wird in das Gläubiger- und Bevollmächtigtenverzeichnis eingetragen.

Hier liegt eine Kontoeröffnung auf den Namen eines Dritten vor. Der Name der B ist weder falsch noch erdichtet. Der Existenznachweis wurde durch die Anwesenheit des Kindes rechtmäßig erbracht. Der *Existenznachweis* ist von der Legitimationsprüfung klar zu unterscheiden. Ein Existenznachweis ist im Vergleich zur Legitimation immer ein *Weniger* und hat lediglich zu beweisen, dass der Dritte tatsächlich lebt. Die Bank trägt A in das Gläubiger- und Bevollmächtigtenverzeichnis ein. Ob B überhaupt Verfügungsmacht über das Kontoguthaben erlangt, bleibt im Zeitpunkt der Kontoeröffnung offen. A gibt jedoch zum Ausdruck, dass er die B als Gläubigerin nach seinem Tode einzusetzen plant. Aus diesen Umständen lässt sich ableiten, dass der Name der B nicht ausschließlich dazu benutzt wurde, steuerliche Verhältnisse zu verschleiern. Folglich liegt ein rechtmäßiges Konto auf den Namen eines Dritten vor. Anhaltspunkte für einen Namensmissbrauch sind nicht zu erkennen.

- **Fall 2:**

Der in Frankfurt wohnende Geschäftsmann B sucht eine Bankfiliale der Bank A in Düsseldorf auf. Er will ein Konto auf den Namen seines Neffen N, der in Stuttgart wohnt, eröffnen und darauf den bereits mitgebrachten Geldbetrag einzahlen. Dabei möchte er sich das alleinige Verfügungsrecht über das Konto vorbehalten. Da der Neffe noch minderjährig ist, soll er erst nach seinem Tod von der Existenz des Kontos Kenntnis erlangen. Bank A entspricht dem Wunsch des B, notiert Adressen und Personaldaten von B und N, führt B gegenüber eine Legitimationsprüfung durch und trägt diesen in das Gläubiger- und Bevollmächtigtenverzeichnis ein. Der Existenznachweis des Neffen wurde anhand der Geburtsurkunde geführt.

Hier liegt eine rechtmäßige Kontoeröffnung auf den Namen eines nichtverfügungsberechtigten Dritten vor. Die kontoführende Bank hat gegenüber dem alleinigen Gläubiger B die Legitimationsprüfung durchgeführt, B in das Gläubiger- und Bevollmächtigtenverzeichnis eingetragen und die Angaben über Person und Anschrift von B und N festgehalten. B hat durch Vorlage einer Geburtsurkunde des N dessen Existenz rechtmäßig nachgewiesen.

- **Fall 3:**

Der unbekannte Kunde K erscheint in den Geschäftsräumen einer ländlichen Bankfiliale mit einem dezenten, schwarzen Aktenkoffer. Nachdem er seine Entrüstung über die hohen Fiskalabgaben lautstark kundgetan hat, erklärt er augenzwinkernd gegenüber dem Schaltersachbearbeiter S, er hätte Schwarzgeld dabei, das er anlegen möchte. K bittet daraufhin den S, ein Konto auf den Namen seiner Freundin F einzurichten. Den Existenznachweis führt K anhand der zahlreichen Liebesbriefe und Postkarten aus dem Urlaub. K behält sich das alleinige Verfügungsrecht über das Kontoguthaben vor und erklärt gegenüber der Bank, dass das Kontoguthaben im Fall seines Todes seinen Kindern zufallen soll.

Fall 3 unterscheidet sich von den ersten beiden Beispielen insofern, als K mit der Bank B eine vertragliche Vereinbarung getroffen hat, nach der im Todesfall des K nicht die F, sondern die Kinder des K über das Kontoguthaben Verfügungsberechtigung erlangen. Damit hat K deutlich zum Ausdruck gebracht, dass er die F zu keiner Zeit als Gläubigerin über das Kontoguthaben einsetzen will. Sein „außergewöhnliches Verhalten" gegenüber dem Bankangestellten unterstreicht die daraus resultierende Vermutung, dass K das im Namen der F errichtete Konto nur zu Steuerhinterziehungszwecken oder zur Geldwäsche missbrauchen will. Obwohl ein Namensmissbrauch im rechtlichen Sinne nicht gegeben ist (denn K ist ja mit seinem richtigen Namen aufgetreten), dürfte ein solches Konto nicht eingerichtet werden.

● **Fall 4:**

Mutter M eröffnete 1991 ein Konto bei ihrer Hausbank. Als Bevollmächtigten setzte sie ihren Sohn ein. Die Bank nahm die Personalien des Sohnes in ihre Bevollmächtigtendatei auf. Am Tage der Kontoeröffnung reichte M zwei Schecks ein. Weitere Habenumsätze beruhten ausschließlich auf Scheckeinreichungen des Sohnes. Er allein verfügte über das Kontoguthaben und nahm Barabhebungen vor. M ist seit Kontoeröffnung nicht mehr erschienen.

Diesem sich tatsächlich so zugetragenen Fall liegt im Gegensatz zu den übrigen Sachverhaltsdarstellungen keine Kontoerrichtung auf den Namen eines Dritten zugrunde. Denn M ist persönlich erschienen und hat das Konto auch selbst eingerichtet. Nur das Kreditinstitut sah aus der Tatsache, dass der Sohn über das Konto allein verfügte, einen Verstoß gegen das Gebot der Kontenwahrheit und weigerte sich später, Guthaben ohne Zustimmung des Finanzamts auszuzahlen. M klagte gegen die Bank und verlangte die Aufhebung der Kontosperre. Mit Erfolg!

Die Voraussetzungen für eine Kontosperre lagen nach Ansicht des Bundesgerichtshofs[185] nicht vor. Denn M hatte das Konto nicht auf falschen, sondern auf ihren eigenen Namen errichtet und auch keine Buchungen unter falschem Namen vornehmen lassen. „Aus wessen Mitteln die eingezahlten Gelder stammten, ist demgegenüber ebenso unerheblich wie der Umstand, dass auf dem Konto Geldbeträge verbucht wurden, die steuerlich möglicherweise einem Dritten – dem Bevollmächtigten – zuzuordnen sind", so der BGH. Für die Bank ist es allein entscheidend, wer bei der Kontoeröffnung als Forderungsberechtigter nach außen erkennbar aufgetreten ist. Und das war M. Freilich verhinderte die Aufhebung der Kontosperre letztlich nicht, dass die Finanzbehörden von der Verfügungsmöglichkeit beider Personen über das Konto erfahren haben und zielgerichtete Ermittlungen anstellen konnten.

● **Fall 5:**

Kaufmann K erscheint in den Geschäftsräumen seiner Hausbank H in der Absicht, drei Konten zu eröffnen. Dabei schlägt er das nebenliegende Telefonbuch auf und sucht wahllos drei Personen mit den dazugehörigen Adressen aus, auf deren Na-

---

[185] Urt. v. 18.10.1994, XI ZR 237/93.

men die Konten lauten sollen. K vertritt dabei die Meinung, dem Existenznachweis sei dadurch Genüge getan. Von einer Legitimationsprüfung wird abgesehen, da K bereits mehrere Geschäftskonten bei der Bank unterhält. K behält sich das alleinige Verfügungsrecht vor. Nach seinem Tode wünscht er, dass die Kontoguthaben seiner Frau zugesprochen werden.

Obwohl die Namen, die K aus den Telefonbüchern ausgewählt hat, weder falsch noch erdichtet sind, darf die Bank keine Konten auf solche Namen eröffnen. Denn aus den Umständen ist ersichtlich, dass K das Konto und die Namen der Telefonteilnehmer nur zur Verschleierung wahrer Vermögensverhältnisse missbrauchen will.

Wie diskret sind solche Konten?

Für den deutschen diskreten Geldanleger beantwortet sich diese Frage danach, ob es gelingt, einem Eintrag in das Gläubiger- und Bevollmächtigtenverzeichnis zu entgehen. Bundesdeutsche Kreditinstitute haben ihrer Auskunftssicherungspflicht wegen ein „besonderes alphabetisch geführtes Namensverzeichnis der Verfügungsberechtigten" zu führen. Dieses Verzeichnis wird Gläubiger- und Bevollmächtigtenverzeichnis genannt und geht sechs Jahre zurück. Solche Verzeichnisse gibt es übrigens auch in anderen Ländern und sogar in der so verschwiegenen Schweiz. Dort führen die Banken neben separaten Kundendossiers ein so genanntes *Zentralregister der Vertragspartner und der wirtschaftlich Berechtigten*, das im Prinzip einem Gläubiger- und Bevollmächtigtenverzeichnis deutscher Banken gleicht.

Einem Eintrag in das Gläubiger- und Bevollmächtigtenverzeichnis entgeht der deutsche diskrete Geldanleger mit einem Konto auf den Namen eines Dritten in aller Regel nicht. Auf eine Legitimationsprüfung und auf die Eintragung in das alphabetisch geführte Namensverzeichnis kann nur dann verzichtet werden, wenn Eltern als gesetzliche Vertreter ihrer minderjährigen Kinder ein Konto zu deren Gunsten eröffnen und die Voraussetzungen für die gesetzliche Vertretung durch amtliche Urkunden nachgewiesen werden. Weitere Ausnahmetatbestände bestehen unter anderem für Vormundschaften und Pflegschaften, für Konkursverwalter, Zwangsverwalter, Nachlassverwalter oder Testamentsvollstrecker, für Pfandnehmer bei Mietkautionskonten, bei denen die Einlage auf einem Konto des Mieters erfolgt und an den Vermieter verpfändet wird, sowie bei Vollmachten auf den Todesfall (auch nach diesem Ereignis), zur einmaligen Verfügung über ein Konto oder bei Verfügungsbefugnissen im Lastschriftverfahren. Solche Ausnahmetatbestände greifen bei diskreten Konten und dem damit verbundenen Anlagemotiv nicht, da der Kontonamensträger als sofortiger Verfügungsberechtigter einzusetzen ist und selbst alle Vollmachten über das Guthaben aufgegeben werden müssen. Dann gilt das Geld praktisch als verschenkt! Behält sich dagegen der diskrete Geldanleger das alleinige Verfügungsrecht vor – was er schließlich will – liegt eine Kontoeröffnung auf den Namen eines nichtverfügungsberechtigten Dritten vor. Der Geldanleger wird als alleinig Verfügungsberechtigter in das Gläubiger- und Bevollmächtigtenverzeichnis eingetragen und der Dritte ist dann nur Strohmann.

Konten auf Namen nichtverfügungsberechtigter Dritter aus dem nahen Verwandtenkreis werden zum Versteck für diskrete Gelder gerne zweckentfremdet. Dessen ist sich auch die Finanzverwaltung bewusst. Steuerstrafrechtliche Ermittlungen dehnen sich deshalb regelmäßig auch auf „Oma-Konten" und Konten von nahen Verwandten aus, die in bescheidenen Verhältnissen leben. Solche Personenkreise werden üblicherweise nicht näher überprüft, weil es bei diesen häufig zu gar keiner Steuerfestsetzung kommt.

Hinweise für deutsche diskrete Geldanleger

Strohmänner werden allgemein als „Treuhänder im weiteren Sinn" behandelt, das heißt, die vom Strohmann gehaltenen Vermögenswerte werden als *sein Eigentum* betrachtet und nicht dem Hintermann zugerechnet. Der Hintermann hat im Fall eines Konkurses des Strohmanns weder ein Aussonderungsrecht noch kann er einer Zwangsvollstreckung seitens der übrigen Gläubiger widersprechen.

Dafür aber können dem „Hintermann" die Kapitaleinkünfte steuerlich zugerechnet werden, selbst wenn er nicht Inhaber des Kapitalvermögens war. Kapitalerträge sind nämlich nach höchstrichterlicher Rechtsprechung demjenigen zuzuordnen, der im Zeitpunkt der Fälligkeit der Zinsen berechtigter Inhaber der Kapitalforderung ist. Die Finanzgerichtsrechtsprechung stellt im Bereich der Einkünfte – anders als bei der Vermietung und Verpachtung – nicht allein darauf ab, wer die rechtliche und tatsächliche Macht hat, das den Kapitalerträgen zugrunde liegende Kapitalvermögen anderen entgeltlich auf Zeit zur Nutzung zu überlassen. Inhaber einer

Kapitalforderung ist derjenige, der den Vertrag über die Eröffnung des Spar- oder Depotkontos oder den Wertpapier-Kaufvertrag mit der Bank abgeschlossen hat.

Richten Eltern ein Spar- oder Depotkonto zugunsten ihrer minderjährigen Kinder ein, können die Erträge nur dann dem Kind steuerlich zugerechnet werden, wenn die Eltern bei Abschluss des Vertrags über die Einrichtung des Kontos und bei der Einzahlung der Einlagen den Willen hatten, die Guthabenforderung dem Kind sofort zuzuwenden, und dieser Wille für die Bank erkennbar war. Richten die Eltern dagegen das Konto zwar auf den Namen des minderjährigen Kindes ein, verwalten sie dieses Vermögen aber wie eigenes Vermögen, so sind die Kapitalerträge den Eltern zuzurechnen. Um nun mit einem auf den Namen des Kindes errichteten Konto den Sparerfreibetrag des Kindes nutzen zu können, dürfen die Eröffnungsblätter weder für die Bank noch fürs Finanzamt erkennen lassen, dass sich die Eltern die Gläubigerschaft an den Wertpapieren und Kapitalforderungen vorbehalten haben. Vertragspartner der Bank muss ausschließlich das Kind sein.

Was deutschen diskreten Geldanlegern mit Konten auf den Namen der Kinder oder mit Strohmannkonten nicht gelingt, können diese mittels eines Jersey Trusts , einer Offshore-Gesellschaft auf den Cayman Islands, den Bahamas oder in Dubai oder einer liechtensteinischen Stiftung sehr leicht und ohne Risiko erreichen. Offshore-Gesellschaften, Trusts und Stiftungen offerieren die Möglichkeit, Anlagegelder diskret über Wertpapierkonten und Depots zu verwalten, die keine Konten des diskreten Geldanlegers sind, diesem jedoch die mittelbare Verfügungsmacht über diese Konten zusteht. Offshore-Gesellschaften, Trusts und Stiftungen sind in den nachfolgenden Teilen XII, XIII und XIV näher dargestellt.

Automated Savings Plans, Premier Banking und Custody Accounts auf Jersey

Jerseys „finance industry" trägt mehr als 50 Prozent zum Bruttoinlandsprodukt der Insel bei und stellt den am stärksten expandierenden Wirtschaftsfaktor dar. Besonders an Stellenwert hat dabei das Private Banking gewonnen. Es erfuhr in den letzten Jahren erhebliche Änderungen. So wendet man sich auf Jersey mehr und mehr dem „Mittelklasse-Kunden" zu.

Angeboten werden unter anderem Tagesgeldkonten in Pfund Sterling oder anderen frei konvertierbaren Währungen („Instant Access Account"), Anlagekonten mit 30-, 60- oder 90-tägiger Kündigungsfrist („30, 60, 90 Day Notice Accounts") oder Festgeldkonten in Pfund Sterling mit Laufzeiten von 30 Tagen bis zu einem Jahr („One Year Term Account" oder „Fixed Deposits"). Verfügungen über das Guthaben können weltweit beispielsweise über einen Sterling Scheck, einen Bankscheck oder mit Reiseschecks getroffen werden („Cheque Deposit Account").

Selbstverständlich sind auch Kreditkarten („International Debit Cards") erhältlich. 24-Stunden Telefon-/Fax- und Internetbanking ist bei vielen Offshore-Banken bereits selbstverständlich, wobei Geldanleger in den „General terms and conditions" vielfach den Hinweis finden, dass keine schnurlosen Telefone benutzt werden sollten. Zumindest übernehmen Offshore-Banken keine Haftung, wenn der Kunde abgehört wird und man Passwort und „Personal Banking Number" knackt.

Interessant für den diskreten Geldanleger sind so genannte „Automated Savings Plans". Der Automated Savings Plan hat den Vorteil, dass diskrete Gelder ohne große Formalität oder Einzelordererteilung am Kapitalmarkt laufend platziert werden können und dennoch in bestimmter Höhe jederzeit verfügbar sind. Im Rahmen eines solchen Sparplans überträgt die Offshore Bank im ersten Schritt jeden Monat bestimmte Beträge vom Tagesgeldkonto („Offshore Bank Account") auf ein 30-Tage-Festgeldkonto („30 Day Notice Account"). Diese Übertragungen vollziehen sich – einmal vereinbart – diskret und ohne Formalität. Der Geldanleger, der sich allerdings gegenüber der Offshore Bank legitimieren muss, teilt lediglich die Mindestsumme („trigger balance") mit, die er auf seinem Tagesgeldkonto zur freien Verfügung halten will.

Im zweiten Schritt integriert die Bank quartalsweise Beträge vom 30-Tage-Festgeldkonto in ein „Managed Investment Service Portfolio". Hierbei kann der Anleger zwischen folgenden drei Musterportfolios auswählen: Gehört er zu den eher konservativen Anlegern, wählt er das „Cautious Portfolio". Die vierteljährlich investierten Gelder werden hier ausschließlich in festverzinslichen Wertpapieren (*gilts, bonds*) und nur ein geringer Teil in Aktien investiert. Das „Balanced Portfolio" ist dagegen für risikofreudigere Investoren konzipiert; der Aktienanteil entsprechend höher. Wer höhere Risiken für größere Gewinnchancen in Kauf nimmt, wählt schließlich das „Adventurous Portfolio". Dieser Portfoliotyp investiert in Aktien von stark expandierenden Newcomern mit allgemein niedriger Marktkapitalisierung.

Für den „Discretionary Portfolio Management Service", also der Erteilung eines Vermögensverwaltungsmandats sind in aller Regel 250.000 britische Pfund mitzubringen. Die umfassende Vermögensverwaltung kostet zwischen 0,90 Prozent (Portfolio kleiner als 1 Mio. Pfund) und 0,50 Prozent (Portfolio größer als 5 Mio. Pfund) vom Kurswert der durchschnittlich gehaltenen Vermögenswerte.

Das „premier banking", das eine regelmäßige Vermögensaufstellung und Gewinnplanung beinhaltet, gibt es aber schon ab 25.000 Pfund. 50.000 Pfund sind für ein komplettes Fonds-Management erforderlich. Es wird sozusagen der Fonds aus Fonds offeriert.

Jersey-Niederlassungen Schweizer Privatbanken offerieren Kontokorrent- bzw. Wertschriftendepots ab 100.000 Pfund. Für dieselbe Mindesteinlage gibt es auch „Custody-Accounts" ab 100.000 Pfund. Hier kann der Anleger einen unabhängigen Treuhänder für sein Vermögen benennen. Normale Festgeldanlagen mit Laufzeiten von mindestens 30 Tagen gibt es ab 50.000 Pfund; wer eine halbe Million bringt, kann auch wochenweise anlegen. Selbstverständlich wird auf Wunsch ein banklagerndes Dossier eröffnet und sämtliche Korrespondenz zurückbehalten.

Offshore-Banking ist auf Jersey nicht anonym. Verlangt werden stets der vollständige Name des Kontoantragstellers („applicant") sowie die vollständigen Namen aller Kontomitinhaber und Verfügungsberechtigten („second applicants"). Darüber hinaus sind u.a. anzugeben: Nationalität, Wohnsitzstaat, Geburtsdatum, Familienstand, Anzahl der unterhaltsberechtigten Kinder und ggf. der Geburtsname. Bei Kontoeröffnung auf dem Postweg ist stets eine von der Hausbank gegengezeichnete Ausweiskopie beizulegen. Des Weiteren müssen diskrete Geldanleger die Offshore-Bank in aller Regel zur Einholung einer Bankreferenz ermächtigen.

Anonym geht also nichts. Geldanleger können aber dafür sorgen, dass es am diskretesten geht. Erfahrene diskrete Geldanleger geben der Bank gegenüber keine Telefonnummern bekannt, erklären unter „Keeping you informed", dass keine laufenden Kundeninformationen (das heißt Werbesendungen) gewünscht sind, und vereinbaren unter „Summary statement", dass dieses bei der Bank zur Abholung zu hinterlegen ist.

Was diskrete Geldanleger über Namensaktien wissen sollten

Gegen Namensaktien ist im Grunde nichts einzuwenden ...

In den vergangenen Jahren haben immer mehr Unternehmen begonnen, ihre Inhaberaktien in Namensaktien umzuwandeln. Darunter ist sicherlich nichts Anrüchiges versteckt. Die börsennotierten Aktiengesellschaften begründeten diesen Schritt u.a. mit der Möglichkeit einer besseren Pflege der Beziehungen zu ihren Anteilseignern. Dagegen ist nichts einzuwenden: Kennt man die Namen und Adressen seiner Aktionäre, kann man selbstverständlich engeren Kontakt pflegen.

... doch was die Vorstände der AGs übersehen haben!

Folgender Negativeffekt: Auch die Finanzbehörden dürften sich Zugang zu der Adressdatei der Namensaktionäre verschaffen können. Und dann kann es sein, dass nicht ein Brief vom Vorstand der Aktiengesellschaft, sondern ein Brief von einem Finanzamtsvorsteher im Briefkasten des ahnungslosen Aktionärs landet. Letzterer hat sicher auf das Bankgeheimnis vertraut und dabei vergessen, dass sich Informationen über seinen Anteilsbesitz auch aus anderen Quellen erschließen lassen.

Was für Schweizer Namensaktien gilt

Diskrete Geldanleger sollten für Schweizer Namensaktien eine generelle Eintragungsermächtigung erteilen. Bei banklagernder Post und beim Handel mit Schweizer Namensaktien sollte, um unnötigen Schriftverkehr an die Heimatadresse zu vermeiden, der Depotbank eine generelle Eintragungsermächtigung erteilt werden. Diese Ermächtigung ermöglicht es der Bank, sämtliche im Zusammenhang mit dem Erwerb von schweizerischen Namensaktien anfallenden Eintragungsformalitäten direkt mit dem Aktienregister der betreffenden Gesellschaft zu erledigen. Es steht dem Anleger selbstverständlich jederzeit frei, die generelle Eintragungsermächtigung zu widerrufen.

Edelmetalle glänzen auch in Sachen Diskretion

Wenn diskrete Anleger wieder einmal in krisensichere Anlagen flüchten, haben sie vielleicht Angst vor einem neuen Börsencrash. Doch die immer wieder neu aufflammende Euphorie für Gold, Silber und Platin hat auch andere Gründe: z.b. ihre Wertbeständigkeit. Ein weiteres Kaufargument ist aber sicherlich auch die Diskretion. Denn durch den Kauf und Verkauf von Edelmetallen wird die so genannte „Papierspur", also diejenige, die bis zur ursprünglichen Herkunft der diskreten Geldmittel führt, buchmäßig verlängert und komplizierter, ja durch den physischen Bezug sogar ganz unterbrochen. Barren sind im Verhältnis zu Münzen immer günstiger. Beim Kilobarren muss der diskrete Geldanleger mit einem Aufgeld (für Herstellungskosten und Prägung) von ca. 2,3 Prozent rechnen. Bei Münzen dagegen sind Aufschläge in Höhe von sechs bis zehn Prozent üblich. Bei den so genannten „Bullion Coins" (z.B. beim Wiener Philharmoniker) zahlt der diskrete Anleger nur den reinen Goldpreis und nichts extra für aufwendige Prägungen. Gold ist also unbestritten eine Geldanlage, bei der diskrete Geldanleger nicht mit dem Problem der diskreten Einlösung von Zinskupons konfrontiert werden. Goldmünzen lassen sich außerdem diskret „aus dem Geldbeutel" weiter übertragen, an die Erben oder einfach an eine Person besonderer Wahl.

Diskrete Tafelgeschäfte und Tafelpapiere

Als Tafelgeschäft bezeichnet man ein Handelsgeschäft, das Zug um Zug (Geld gegen Ware) über die Tafel, d.h. am Bankschalter[186] und gegen Bargeld abgewickelt wird und keine dauernde Geschäftsbeziehung begründet. Als Tafelpapier werden jene Anleihen bzw. Wertpapiere bezeichnet, die im Zuge eines Tafelgeschäftes erworben wurden.

Tafelgeschäfte in der klassischen Form sind in der heutigen Bankenpraxis nicht mehr anzutreffen. Ein echtes oder „klassisches" Tafelgeschäft lag vor, wenn eine Bank aus ihrem Eigenbestand oder ihrem Konsignationslager Wertpapiere entnimmt und diese dem Schalterkunden gegen Barzahlung ausgehändigt hatte und die Verbuchung des Geschäftsfalls ausschließlich über bankinterne Verrechnungskonten erfolgte. Da Tafelpapiere häufig

---

[186] Daher kommt auch der Begriff OTC-Produkte, für „over the counter".

zur Steuerhinterziehung genutzt wurden, ist man in *Deutschland* und anderen Ländern von der Praxis abgekommen, Tafelpapiere anonym zu verkaufen und einzulösen. Nach einer Entscheidung des deutschen Bundesfinanzhofs[187] soll der (Anfangs-)Verdacht einer Steuerhinterziehung schon dann begründet sein, wenn ein Kunde Wertpapier-Tafelgeschäfte bei seiner Bank in bar abwickelt, obwohl er dort ein Konto oder ein Depot führt. Dies wurde damit begründet, dass bei anonymer Barabwicklung derartiger Geschäfte trotz Vorhandenseins eines Konto oder Depots der Verdacht bestehe, dass der Kunde mit dieser Art der Geschäftsabwicklung möglicherweise die Weiche für eine nachfolgende Steuerverkürzung oder Steuerhinterziehung stellen will.

Die Argumentation des Bundesfinanzhofes ist freilich ganz nachzuvollziehen. Denn diskrete Geldanleger, die Zinsscheine aus Tafelpapieren bei inländischen Banken einlösen, müssen sich auf den Zinsertrag einen 35%igen Zinsabschlag abziehen lassen.[188] Demzufolge ist eine Steuerhinterziehung allenfalls bei Einlösung der Kupons im Ausland möglich; jedoch fällt auch hier unter Umständen EU-Zinssteuer an (siehe unten).

Diskrete Geldanleger, die sich Zinsen aus Tafelpapieren ohne Steuerbescheinigung auszahlen lassen, versteuern unter Umständen doppelt. Dies nämlich dann, wenn es später anlässlich einer Fahndung zur Auffindung der Papiere kommt und der diskrete Geldanleger keine Steuerbescheinigung vorweisen kann, da er sich eine solche aus Gründen der Diskretion nicht hat ausstellen lassen oder bereits vernichtet hat. In solchen Fällen wird das Finanzamt die Steuer auf die Zinserträge erneut fordern. Eine Anrechnung des Zinsabschlags kann mangels Steuerbescheinigung nicht erfolgen. Eine rückwirkende Ausstellung ist im Regelfall nicht möglich, da der diskrete Geldanleger die Zinsscheine anonym eingelöst hat.

In Luxemburg wurden Tafelgeschäfte seit jeher schon nicht praktiziert. Denn im Großherzogtum bestehen für den An- und Verkauf von Wertpapieren einschlägige von der Geldwäsche-Bekämpfung unabhängige Legitimationspflichten nach dem Gesetz vom 3. September 1996 „concernant la possession involontaire de titres au porteurs". Die Legitimationspflicht nach diesem Gesetz ist unabhängig von der Höhe der Wertpapiertransaktion und der Tatsache, dass die für sonstige Schalterbar- oder Geldwechsel-

---

[187] Beschluss vom 15.06.2001 – VII B 11/00.
[188] § 43a Abs. 1 Nr. 3 i.V. m. § 44 Abs. 1 Satz 4 Nr. 1 Buchst. a Doppelbuchst. bb EStG.

transaktionen geltende Legitimationsgrenze von 15.000 Euro nicht überschritten wird. Das Verbot des diskreten Verkaufs von Wertpapieren gilt auch für die Luxemburger Filialen deutscher Kreditinstitute und schließt alle mit Wertpapiertransaktionen zusammenhängende Nebengeschäfte ein. Luxemburger Kreditinstitute lösen jedoch grundsätzlich Kupons von allen Emittenten ein. Sofern der Kuponeinbringende allerdings nicht Kunde ist, kann eine Barauszahlung nur gegen Vorlage eines gültigen Personalausweises erfolgen; ggf. ist EU-Zinssteuer einzubehalten.[189] Ein weiterer Grund für das „aussterbende" Tafelgeschäft ist, dass Schuldner von Anleihe-Neuemissionen heute keine effektiven Stücke mehr emittieren.

In der heutigen Bankenpraxis spielen Tafelpapiere praktisch nur noch in solchen Fällen eine Rolle, in denen der Anleger am Bankschalter Zinskupons zur Einlösung vorlegt, das Tafelpapier „fällig" und dem Emittenten (der Bank) zur Rückzahlung vorgelegt wird oder der diskrete Anleger eine Einbuchung der Papiere in sein Wertpapierdepot wünscht. Geschieht die Einbuchung in Deutschland, kann eine Verrechnung von vereinnahmten mit gezahlten Stückzinsen nicht erfolgen, weil mangels Legitimation keine Verrechnung mit beim Kauf von anderen Wertpapieren gezahlten Stückzinsen möglich ist. Werden Tafelpapiere mit Zinskupons vor Endfälligkeit und zwischen den einzelnen Zinsterminen veräußert, fallen ebenfalls Stückzinsen an, welche bei in Deutschland veräußerten Tafelpapieren voll dem Zinsabschlag unterliegen.

Unter Bezeichnungen wie „Übernahme von Tafelpapieren auf EDV-mäßige Depotverwahrung" bieten österreichische Banken die Einlieferung von Tafelpapieren auf ein österreichisches diskretes Wertpapierdepot an. Die Einlieferung von Tafelpapieren empfiehlt sich insbesondere des Diebstahlschutzes wegen. Tafelpapiere sind Inhaberpapiere, die vom Dieb zu Bargeld gemacht werden können. Des Weiteren entfällt mit der Einlieferung in ein österreichisches Wertpapierdepot das lästige Schnibbeln der Kupons. Bei Fälligkeit werden die Zinserträge valutagerecht von der Bank dem Konto (ggf. unter Abzug einer EU-Zinssteuer) gutgeschrieben. Die Verwahrung von Tafelpapieren im Depot einer Bank beinhaltet außerdem eine Verlosungskontrolle. Die Bank überwacht Kündigungen, Auslosungen und

---

[189] Vgl. hierzu Teil XV, Abschnitt: Meldung und Besteuerung diskreter Kapitaleinkünfte nach der EU-Zinsrichtlinie.

Schließung von Fonds – so kann dem diskreten Geldanleger aus der Nichtkenntnis dieser Umstände kein Nachteil entstehen.

Die Gebühren für die Einlieferung von Tafelpapieren betragen je nach Institut zwischen 30 und 50 Euro pro Position zzgl. Mehrwertsteuer und fremder Spesen. In den österreichischen Zollausschlussgebieten Jungholz und Kleinwalsertal werden in aller Regel 0,25 Prozent vom Nominalwert berechnet, mindestens aber 52 Euro/Position zzgl. Mehrwertsteuer.[190] Grob gerechnet müssen diskrete Geldanleger für Wertpapiere im Nennwert von 100.000 Euro mit etwa 200 Euro einmaliger Gebühren rechnen.

An Depotgebühren werden jährlich etwa 0,5 Prozent, in den Zollausschlussgebieten 0,2 Prozent des Kurswertes fällig (jeweils zzgl. Mehrwertsteuer). Für im Zeitpunkt der Einlieferung bereits fällige Kupons berechnen österreichische Kreditinstitute ein zusätzliches Inkasso. Tafelpapiere sollten deshalb schon mindestens sechs bis acht Wochen vor dem Kupontermin (der Fälligkeit) in ein Depot einer österreichischen Bank eingeliefert werden. Denn nur wenn die Wertpapiere bei Einlieferung noch nicht fällig sind, fällt keine österreichische Kapitalertragsteuer an. Reines Kuponinkasso sowie die Einlieferung von bereits fälligen Anleihen oder Laufzeitfonds sind generell kapitalertragsteuerpflichtig.

Zinsen, Tilgungs- und Verlosungserlöse fordert das depotführende Kreditinstitut nach der Einlieferung automatisch an und legt die Beträge (ohne Abzug der österreichischen Kapitalertragsteuer) bis zum Datum der Behebung verzinslich an, und zwar auf einem so genannten *diskreten Erträgniskonto*. Dieses Konto ist ein im Außenverhältnis anonymes Konto, dient ausschließlich der Gutschrift der Zinserträge aus Tafelpapieren und kostet eine Jahrespauschale von ca. 12 Euro.

Die Schweiz sowie das Fürstentum Liechtenstein erheben seit dem 1. Juli 2005 einen so genannten „EU-Steuerrückbehalt"[191] auf die der EU-Zinssteuer-Richtlinie unterliegenden Kapitalerträge. Sofern Einnahmen aus Tafelpapieren unter die vom Steuerrückbehalt erfassten Kapitalerträge fallen, was regelmäßig der Fall ist, wenn es sich um „Zinszahlungen" aller Art handelt, ist die auszahlende Schweizer Bank als Zahlstelle angehalten,

---

[190]Vgl. Tabelle 4: Gebührenübersicht Banken Österreich-Inland und Banken in den österreichischen Zollexklaven.

[191] Eine ausführliche Darstellung des EU-Steuerrückbehalts in der Schweiz und Liechtenstein erfolgt in Teil XV.

Identität und Adressangabe in jedem Fall und unabhängig vom Betrag auf der Grundlage von beweiskräftigen Dokumenten festzustellen.[192] Führt die Adressfeststellung dabei dazu, dass der Schalterkunde einen Wohnsitz in einem EU-Mitgliedstaat hat, wird ein Steuerrückbehalt einbehalten.

Der diskrete Safe

Für die sichere Aufbewahrung von (in der Vergangenheit erworbenen) Tafelpapieren, Sparbüchern, Goldmünzen und -barren sowie für andere Wertgegenstände ist die Anmietung eines diskreten Schrank- oder Schließfachs unbedingt erforderlich. Geschieht die Anmietung eines Safes durch deutsche diskrete Geldanleger bei einer deutschen Bank, kann es allerdings sein, dass eines Tages Steuerfahnder auftreten und eine lückenlose Auflistung aller Schließfachinhaber verlangen.

In Österreich ist der diskrete Nummernsafe hingegen die Maxime. Bei Anmietung eines solchen Nummernsafes ist allerdings die Legitimation des Kunden erforderlich, weil die Bank bei Anmietung von Schrankfächern eine dauernde Geschäftsbeziehung mit dem Mieter knüpft, für die das Bankwesengesetz die Festhaltung der Identität des Kunden verlangt. Die Anmietung eines Schließfachs zur sicheren Verwahrung von Losungswortsparbücher ist daher nur nach Legitimation gemäß § 40 Abs. 1 Nr. 1 BWG möglich.

Zutrittsberechtigt ist, wer den Safeschlüssel vorlegt und das Losungswort nennen kann. Mehr ist nicht erforderlich: weder Einlasskarte (wie in Deutschland üblich) noch Ausweisvorlage oder Unterschriftsleistung. Je nach Fachhöhe müssen Anleger beispielsweise im deutschen Zollanschlussgebiet Jungholz mit einer Mietgebühr von jährlich 25–30 Euro (bei einer Fachhöhe von 6 cm) und 80–85 Euro (bei einer Fachhöhe von 21 cm) rechnen.[193] Diskrete Geldanleger, die bei der *Volksbank im Kleinwalsertal* ein Bankschließfach unterhalten, benötigen keinen Safeschlüssel. Der diskrete Geldanleger erhält die Zugangsberechtigung mittels seines „Fingerprints". Hierzu braucht er einfach seinen Finger auf ein Fingerprint-Gerät

---

[192] Vgl. Wegleitung der Eidgenössischen Steuerverwaltung zur EU-Zinsbesteuerung (Steuerrückbehalt und freiwillige Meldungen) vom 24.6.2005, Tz. 82.
[193] Durchschnittspreise inkl. gesetzl. Mehrwertsteuer.

legen und kann schnell und einfach über sein Bankschließfach verfügen. Das Fingerprint-System hat für den diskreten Geldanleger zwei Vorteile: Das Mitführen eines Schlüssels ist nicht mehr notwendig und er kann sicher sein, dass nur er Zugang zu seinem verwahrten Vermögen bekommt.

In der Schweiz können Mietverträge für Schrankfächer auf eine feste Zeitdauer oder auf unbestimmte Zeit abgeschlossen werden. Der Zugang zu den Tresorräumen steht dem Kunden werktäglich in aller Regel bis 16.30 Uhr, donnerstags auch vielfach bis 18.00 Uhr offen. Bei Betreten der Tresorräume wird eine Zugangslegitimation verlangt. Jedes Schrankfach steht unter dem eigenen Verschluss des Mieters und dem Mitverschluss der Bank. Der Safe kann nur von beiden gemeinschaftlich geöffnet und geschlossen werden. Der Kunde hat für jeden Zutritt eine Unterschrift auf der Kundenkarte zu leisten und sich vor dem Verlassen der Bank beim zuständigen Fachpersonal zu melden, damit das Schrankfach wieder ordnungsgemäß verschlossen werden kann. Der Tag des Zugangs zum Tresorraum wird EDV-mäßig erfasst, die Uhrzeit jedoch nicht.

Verfügungsberechtigt über den Tresor ist jeder, der der Bank als Mieter bzw. als „Mieter in Solidarität" durch Referenzen/Identitätsausweis bekannt ist, sich „nach dem Ermessen der Bank" als hierzu berechtigt ausweist und einen Safeschlüssel hat. Dritte können bevollmächtigt werden. Die Vollmacht ist schriftlich zu erteilen und der Bank zu übergeben.

Der diskrete Geldanleger zahlt bei Schweizer Banken für ein kleines Schrankfach (ca. 6 cm hoch, 30cm breit, 48cm tief) um die 86–90 Schweizer Franken/Jahr, für ein mittelgroßes (ca. 30cm hoch/breit und 48cm tief) zwischen 370 und 590 Schweizer Franken und für große Schrankfächer mit 94cm Höhe, 60cm Breite und 100cm Tiefe zwischen 1.900 und 2.500 Schweizer Franken, jeweils zzgl. 7,6 Prozent MWSt. Die Gebühr für eine eventuelle Schlüsselverwahrung (in einem versiegelten Umschlag) beträgt um die 90 Schweizer Franken pro Jahr. Eine Aufbewahrung der Schlüssel bei der Bank ist nicht nur aus Diskretionsgründen zu empfehlen: Bei Verlust muss der Mieter für jede missbräuchliche Benützung des Schlüssels haften und der Bank für die Kosten einer Änderung des Schlosses aufkommen. Die Verwahrungsgebühr ist wie die Safemiete jährlich im Voraus zu entrichten. Anzumerken ist, dass die meisten Schweizer Banken im Regelfall nur an solche Kunden diskrete Safes vermieten, die bereits dort Kunde sind, also ein Konto/Depot unterhalten.

Diskrete Safes sind auch in Luxemburg erhältlich, allerdings auch dort nur mit Legitimation. In Luxemburg werden Safegebühren meist nach Kubikdezimetern berechnet. Ähnliches gilt auch in Belgien. Auch dort ist der Einzelmieter („locataire") und bei mehreren Mietern jeder Safemieter („co-locataire") sowie jeder Verfügungsberechtigte („mandataire") der Bank namentlich bekannt. Nach Bezahlung der ersten Jahresrate erhält der „locataire" Safeschlüssel und Zugangskarte („carte d'accès aux installations") ausgehändigt. Die Zugangskarte berechtigt zum Betreten der Tresorräume. Mehrere „co-locataires" erhalten zusammen einen Schlüssel und je eine Zugangskarte; Zugangskarten erhalten auch die Verfügungsberechtigten. „Colocataires" und „mandataires" müssen bei jedem Zutritt Unterschrift im „registre ad hoc" der Bank leisten. Wertpapiere in belgischen Safes sind in aller Regel auf bis zu vier Millionen belgische Francs gegen Diebstahl versichert. Für Bargeld, Gold oder Schmuck gelten vielfach niedrigere Haftungsgrenzen.

Verstirbt der Safeinhaber unverhofft, kommt die Lebensgefährtin, deren Vermächtnis in diesem Safe schlummert, oftmals nur schwer an den Safeinhalt heran. So sind z.B. belgische Banken berechtigt – selbst wenn es sich um den Vermächtnisnehmer handelt –, den Zugang zu den von dem Verstorbenen gemieteten Banksafe nur auf Vorlage des schriftlichen Einverständnisses aller Erben zu gestatten, die gemäß Erbschein die Gesamtheit oder einen Teil des Nachlasses – sei es aufgrund der gesetzlichen Erbfolge oder einer testamentarischen Verfügung – erhalten sollen, und unabhängig davon, ob die betreffenden Personen bestimmt sind oder nicht, die Vermögenswerte in Empfang zu nehmen, die sich im Besitz der Bank oder in einem von der Bank vermieteten Safe befinden.

Besser wäre es, die Vermächtnisnehmerin als Safemieterin oder als Mitverfügungsberechtigte eintragen zu lassen, sodass diese noch an das Vermögen gelangt, bevor die Bank vom Tod des Safeinhabers Kenntnis erhält. Natürlich darf hierbei nicht übersehen werden, dass die Vermächtnisnehmerin als zweite Safemieterin („co-locataire") oder als Verfügungsberechtigte („mandataire") beim Betreten der Tresorräume Unterschrift im „registre ad hoc" der Bank leisten musste. Damit gelingt den Erben stets der Nachweis, dass die Lebensgefährtin nach dem Tod des Erblassers noch Dispositionen tätigte. Die Erben bleiben dabei freilich noch den Beweis schuldig, ob der Tresor erst nach dem Todesfall geleert worden ist oder ob er seit jeher leer war. Die Lebensgefährtin kann auch – sofern sie als Zweitmieterin legitimiert ist, den Mietvertrag kündigen und einen neuen Vertrag im eigenen Namen abschließen. Dann ist es vielfach gar nicht notwendig, die Sachen aus dem Tresor zu räumen.

Stille und diskrete Schenkungen werden oft auf diese Weise bewerkstelligt. Das ist auch österreichischen Gerichtskommissären bekannt. Diese machen sich jedenfalls kaum mehr auf den Weg und halten Nachschau nach dem Inhalt solcher Safes, bei denen der Verstorbene nur ein Mitmieter war. Anscheinend zeigte es die Praxis, dass keine Nachlasswerte mehr zu holen waren.

In der Schweiz legt man besonderen Wert darauf, Zutritts- und Verfügungsrechte ausschließlich im Verhältnis des Mieters (der Mieter) zur Bank zu regeln. Interne Verhältnisse bzw. Eigentumsrechte der Mieter ihren Rechtsnachfolgern gegenüber interessieren dort nicht. Über ein Schweizer Schrankfach haben im Fall des Ablebens eines Mieters die übrigen Mieter Zutritts- und Verfügungsrecht – wohlgemerkt unter Ausschluss der Erben und Testamentsvollstrecker.

Höhe (cm)	Breite (cm)	Tiefe (cm)	Preis pro Jahr in Schweizer Franken (jew. exkl. 7,6 Prozent MWSt)
6	30	48	50,–
9	30	48	70,–
12	30	48	90,–
15	30	48	100,–
30	30	48	200,–
36	30	48	250,–
30	60	48	400,–
36	60	48	450,–
60	60	48	750,–

Tabelle 13: Mietgebühren für Schrankfächer (Durchschnittswerte Finanzplatz Liechtenstein) Quelle: Liechtensteinische Landesbank AG Stand: Juli 2006.

Auslandsimmobilie als diskrete Geldanlage?

Inwieweit der diskrete Geldanleger diskretes Geld nun getrost zum Kauf von Auslandsimmobilien verwenden kann, kommt auf die Auskunfts- und Meldefreudigkeit der Behörden des jeweiligen Landes an. Besonders die Meldefreudigkeit diverser EU-Länder hat sich seit Einführung der EU-Zinssteuer seit dem 1. Juli 2005 erheblich gesteigert! Diskrete Immobilienanleger übersehen nämlich in diesem Zusammenhang oft, dass sie für die Abbuchung laufender Unterhaltskosten, Hausgelder usw. im Regelfall ein Girokonto in Spanien oder Frankreich oder in einem anderen „meldepflichtigen" Ferienland eingerichtet haben, in dem sie diese Immobilie besitzen. Wird dieses Girokonto im Haben geführt und werden auf dieses Guthaben Tagesgeldzinsen bezahlt, meldet die Bank das Konto und den Zinsertrag. Damit erlangen heimische Finanzbehörden Kenntnis von dem Konto im Ausland und einer damit zusammenhängenden Immobilie, die man vor dem heimischen Finanzamt lieber geheimgehalten hätte. Diskretionsbedürftige Auslandsimmobilienanleger verzichten daher auf ein verzinsliches Tagesgeld-Girokonto zur Abrechnung von Wohngeld und Nebenkosten.

Dass Auslandsimmobilien mehr und mehr ins Visier der Steuerbehörden der Hochsteuerländer geraten, ist nicht neu. Für Unruhe sorgen aber diverse Anweisungen deutscher Oberfinanzdirektionen an die Finanzämter. Einmal gibt es da die Verfügung der Oberfinanzdirektion Münster (S 1301 – 35 St 22 34) sowie die Verfügung der Oberfinanzdirektion Kiel (Aktenzeichen S 1301 A – St 365). Die Kieler Finanzbeamten bestätigen darin, dass „die spanische Steuerverwaltung" damit begonnen hat, „den deutschen Finanzbehörden Spontanauskünfte über Grundstücke in Spanien, die in Deutschland ansässigen Personen gehören, zur steuerlichen Auswertung zu erteilen". Die übermittelten Informationen sollen Einnahmen aus in Spanien belegenem Grundbesitz betreffen und der Klärung der Frage dienen, ob die Mieteinnahmen in Deutschland zutreffend versteuert worden sind.

Die Frage nach Mieteinnahmen dürfte Eigennutzer zunächst wenig berühren. Doch in der Verfügung steht auch, dass die Frage nach der Mittelherkunft bzw. -verwendung von besonderem Interesse sei. Und „sollten die Spontanauskünfte steuerlich relevant sein, ist der Steuerpflichtige im Rahmen der Auswertung auf seine erhöhte Mitwirkungspflicht bei Auslandssachverhalten hinzuweisen und um Auskunftserteilung zu bitten", heißt es in der Verfügung weiter.

In der Tat genießt der deutsche diskrete Geldanleger *im Besteue-rungsverfahren* (anders als im Steuerstrafverfahren) kein Auskunfts- oder Mitwirkungsverweigerungsrecht. Der Steuerpflichtige sowie sonstige Beteiligte sind für die Finanzbehörde die erste und zunächst auszuschöpfende Informationsquelle. Es bestehen für diese Personenkreise daher Mitwirkungspflichten bei der Ermittlung aller Steuersachverhalte, die seine Steuerpflicht betreffen. Die Mitwirkungspflichten des Steuerpflichtigen bzw. der Beteiligten bestehen u.a. auch in der Beantwortung „ergänzender Fragen" der Finanzbehörde und der Vorlage von Urkunden.

Was nun das hier zu behandelnde Immobilienvermögen im Ausland betrifft, so obliegt dem deutschen Steuerpflichtigen hier eine *besondere Mitwirkungspflicht.* Eine solche „besondere" Mitwirkungspflicht trifft den Steuerpflichtigen bei der Aufklärung ausländischer Rechtsgeschäfte und Tatbestände, sofern diese Vorgänge im Inland eine Steuerpflicht hervorrufen. Die besondere Mitwirkungspflicht geht über die „normale" Mitwirkungspflicht bei der Ermittlung von Steuersachverhalten dergestalt hinaus, dass der Steuerpflichtige den Auslandssachverhalt aufzuklären und die erforderlichen Beweismittel zu beschaffen hat.

Die Finanzämter können diskrete Geldanleger aber nicht nach Belieben zur Mitwirkung zwingen. In Deutschland wie auch beispielsweise in Österreich gilt, dass Auskunftsbegehren *erforderlich, verhältnismäßig, erfüllbar* und *zumutbar* sein müssen. Nutzte der diskrete Geldanleger die Auslandsimmobilie bisher ausschließlich privat, kann es unter Umständen an der Erfüllbarkeit des Auskunftsbegehrens fehlen; nämlich dann, wenn private Kontounterlagen fehlen, mit denen die „legale" Finanzierung der Spanien-Finca nachgewiesen werden soll. Die Mitwirkungspflichten des Steuerpflichtigen gehen nicht so weit, dass dieser einen in sich geschlossenen, lückenlosen Nachweis über die Herkunft seines Privatvermögens zu führen hätte. Es besteht auch keine über die allgemeine – für Belege und Buchungsunterlagen – geltende Aufbewahrungspflicht hinausgehende Aufbewahrungspflicht für private Kontounterlagen, Urkunden usw.

Sollte sich der „böse" diskrete Geldanleger nicht kooperativ zeigen, müssen die ausländischen Finanzkollegen um weitere Auskünfte gebeten werden. So schreibt denn auch die OFD Kiel in der o.g. Verfügung: „Sofern die Sachverhaltsaufklärung durch den inländischen Beteiligten nicht zum Ziel führt oder keinen Erfolg verspricht, kann versucht werden, den Sachverhalt durch ein Auskunftsersuchen an die spanischen Finanzbehörden aufzuklären."

Maßgebliche Rechtsgrundlage wäre hier aus EU-Amtshilfe-Gesetz. Das EU-Amtshilfe-Gesetz ist Ergebnis der Umsetzung einer Richtlinie der Europäischen Gemeinschaften über die gegenseitige Amtshilfe im Bereich der direkten Steuern und der Mehrwertsteuer in deutsches Recht und regelt die Amtshilfe an und durch deutsche Steuerbehörden. Das hier über die Erteilung von Amtshilfe durch deutsche Finanzbehörden Gesagte gilt daher stellvertretend für die Steuerbehörden aller EU-Staaten. Das EU-Amtshilfe-Gesetz bzw. die Richtlinie der Europäischen Gemeinschaften über die gegenseitige Amtshilfe in Steuersachen berührt dagegen jene diskrete Geldanleger nicht, die diskrete Geldanlagen auf den Channel Islands tätigen, nach Liechtenstein gehen oder ein Haus in der Schweiz kaufen.

Das EU-Amtshilfe-Gesetz lässt Auskünfte auf Ersuchen, Spontanauskünfte und einen automatischen Auskunftsverkehr für steuerliche Zwecke zu. Spontanauskünfte erteilen die Finanzbehörden der EU-Staaten unter anderem, wenn Gründe für die Vermutung bestehen, dass Steuern verkürzt worden sind oder werden könnten oder wenn ein Sachverhalt für den Steuerpflichtigen zu einer Besteuerung oder Steuererhöhung in einem Mitgliedstaat führen könnte.

Solche Spontanauskünfte erfassen auch Zufallserkenntnisse und Zufallsfunde, die innerhalb eines Steuerstrafverfahrens gewonnen werden und die in keinem Besteuerungsverfahren hätten mitgeteilt werden müssen. Ob die deutschen Finanzbeamten allerdings auf diesem Wege in Sachen diskreter Spanien-Immobilien fündig werden, ist fraglich. Denn einerseits fällt der Tatbestand des Eigentums und der Eigennutzung von Spanien-Immobilien nicht unter den Anwendungsbereich dieses Gesetzes. Des Weiteren erfahren die spanischen Finanzbehörden im Regelfall nur über das Grundbuch vom Besitzwechsel oder Kauf einer Spanien-Immobilie durch Deutsche. Wenn sich im Grundbuch nichts ändert, erfährt der spanische Fiskus nichts. Dies gilt dann auch für den deutschen Fiskus. So werden viele größere Objekte über spanische Gesellschaften (GmbH-Sociedad Limitada. SL) gehalten oder über Gesellschaften, die in Steueroasen sitzen. Die Gesellschaftsanteile werden in einer Stiftung oder einem Trust gehalten und intern weiter gereicht, sodass Außenstehende von einem Besitzwechsel nichts erfahren und die Spur zum wahren Eigentümer für die

Finanzbehörden kaum mehr nachvollziehbar ist. Auch aus dem Handelsregister dürften die spanischen Finanzämter auch nicht viel erfahren. Denn nur Gründungsgesellschafter sind und bleiben eingetragen, spätere Übertragungen werden nicht vermerkt. Des Weiteren dürften wohl die wenigsten deutschen oder österreichischen diskreten Geldanleger von einem Einfamilienhaus in Spanien profitieren, sondern eine Wohnung in einer Wohnanlage innehaben und einer Wohnungseigentümergemeinschaft angehören. Die Daten von einer Wohnungseigentümergemeinschaft unterliegen aber dem Datenschutz nach innerspanischen Vorschriften. Diskrete Geldanleger sind darin also gut und diskret aufgehoben.

Schließlich könnte da noch die Ausländererkennungsnummer (die NIE) etwas verraten. Diese NIE, wie sie verwaltungsintern abgekürzt wird, sollte jeder ausländische nicht residierende Immobilieneigentümer beantragen, muss dies aber nicht unbedingt. Wer auf die NIE verzichtet, taucht in den Akten erst gar nicht als Ausländer auf. Und wie heißt es so schön: Nicht in den Akten, nicht in der Welt!

Fazit: Auslandsimmobilien können – richtig gekauft wohlgemerkt! – durchaus eine solide und diskrete Geldanlage darstellen.

Teil VIII
Diskrete Direktbanken:
Online- und Telefonbanking

Diskretes Internet-Banking gewinnt neben dem traditionellen Telefon-banking zunehmend an Bedeutung. Ein Online-Konto beispielsweise auf den Bahamas ist faktisch nicht weiter entfernt als das Online-Konto der Hausbank von nebenan. Um ein diskretes Online-Konto zu beheben und die Zinserträge, Dividenden oder Spekulationsgewinne vereinnahmen zu können, müssen diskrete Geldanleger nicht um die halbe Welt reisen oder Bargeld physisch in den Euro-Raum zurückschleusen. Es geht auch alles vom Wohnzimmer aus! Wer online geht, lässt sich im Regelfall auch gleich eine Kreditkarte ausstellen, mit der er weltweit an jedem Geldautomaten Bares bekommt. Discount Broker bieten Kreditkarten gleich mit an, mit Kreditkartenkonten, die auf den Namen eines Trusts oder einer verschleierten Offshore-Gesellschaft lauten.

Modernes Internet-Banking bringt aber auch Gefahren mit sich. Neben den gängigsten Missbrauchsgefahren beim Hantieren mit PIN oder TAN machen die neuesten Abhör- und Aufspürungsmöglichkeiten von Telefon- und Online-Verbindungen den diskreten Geldanleger zum gläsernen Geldanleger.[194] Dieser Teil enthält daher auch Möglichkeiten für den diskreten Geldanleger, seine elektronische Spur verwischen zu können.

---

[194]Vgl. insbesondere die Ausführungen in: Götzenberger, Anton Rudolf, Der gläserne Steuerbürger, Herne 2006, Teil I, Abschnitt 9: Kommunikationseinrichtungen als Daten- und Informationsquelle für Finanzbehörden.

Allgemeines

Online-Banking erfreut sich immer größerer Beliebtheit. Wer es besonders diskret haben will, geht ins Internet-Café um die Ecke oder nutzt ein öffentliches Internet-Terminal. Denn im Gegensatz zur eigenen Telefonleitung lassen sich nicht alle Anschlüsse sämtlicher Internet-Cafes gleichzeitig anzapfen, ein Problem, mit dem Geldwäsche- und Steuerfahnder alltäglich zu kämpfen haben. Auch spezielle Computerkenntnisse sind nicht erforderlich. Man tippt die Internet-Adresse seines Discount Brokers ein, und findet schon auf der Homepage den Hinweis zu „Broking" oder „your account". Auf Online-Broking klicken und es öffnet sich eine „https-gesicherte" Seite der Direktbank, auf der sich der diskrete Geldanleger mit PIN oder digitaler Signatur anmelden kann.[195] Und schon kann es losgehen. Für den ungeübten Investor verfügen die Direktbanken über Hilfeseiten bzw. Online-Broker wie Charles Schwab & Co oder DBS TD Waterhouse über so genannte „Demos". Einfach auf „Demo" klicken und es startet eine audiovisuelle Show, die den Online-Anleger alle Schritte aufzeigt.

Eröffnung diskreter Online-Konten

Die Eröffnung eines Online-Kontos ist mit wenigen Mausklicken erledigt. Egal ob es sich um international tätige Online-Broker wie *Charles Schwab* oder *DBS TD Waterhouse Hongkong* handelt oder ob der diskrete Geldanleger eine feine Direktbank im nahegelegenen Österreich wie z.B. die Direkt Anlage in Österreich[196] wählt: überall geht es online. Sämtliche Kontoeröffnungsformblätter stehen auf den jeweiligen Homepages zum Herunterladen bereit. Österreichische Kreditinstitute wie die *Direkt-Anlage in Österreich* bieten dem deutschen diskreten Geldanleger mittels Post-Ident-Service ein bequemes Kontoeröffnungsverfahren an. Das Verfahren ist in wenigen Schritten erledigt. Der Postbote bringt ein neutrales Kuvert, dessen Erhalt durch Vorzeigen des Ausweises mittels persönlicher Unterschrift bestätigt wird. Dadurch wird das Konto legitimiert. Sofern diskrete Geldanleger auf den Weg in den Urlaub nach Tirol oder Italien über Füssen-Reutte bzw. Garmisch-Ehrwald fahren, lässt sich die persönliche Vorsprache mit

---

[195] Beispiel: *Direkt-Anlage in Österreich*, www.daio.at.
[196] Die Direkt-Anlage in Österreich ist ein Tochterunternehmen der Raiffeisenbank Reutte, www.daio.at.

einem Berater vor Ort in Reutte damit verbinden bzw. ist es ein bequemer Weg, das Konto persönlich zu eröffnen und die Bankgeschäfte zu erledigen. Dabei können wichtige Themen rund um die Nachlassregelung und individuelle Lösungsmöglichkeiten gleich mit besprochen werden. Die Kontoführung bei der *Direkt-Anlage in Österreich* bietet zudem die Vorteile der Kontoführung über Jungholz.[197]

Online-Broker, die das Post-Ident-Verfahren nicht anbieten, verlangen meistens die notarielle Beglaubigung der Unterschrift des Geldanlegers auf dem Kontoeröffnungsformular. Ebenfalls notariell beglaubigt sein muss die den Formblättern beizulegende Kopie des Reisepasses bzw. Personalausweises. Zum Nachweis, dass die Adresse stimmt, reicht den Institutionen ein Bankauszug, eine Kopie der letzten Steuererklärung (sofern darauf die eigene Zustelladresse sichtbar ist) oder einfach ein anderes „Addressproof-Dokument". Bei Eröffnung eines diskreten Online-Kontos bei einem US-Broker sollte der diskrete Geldanleger, der nicht US-Staatsbürger ist, den Kontoeröffnungsunterlagen das so genannte W8BEN-Formular ausgefüllt beilegen. Anhand dieses Formulars W8BEN versichert der diskrete Geldanleger, dass er nicht in den USA steuerlich veranlagt wird. Bei US-Anlagen fallen in diesem Fall keine Quellensteuern auf Verkaufserlöse an. Verkauferlöse sind stattdessen vom diskreten Geldanleger in seinem Heimatstaat zu versteuern. Sämtliche Unterlagen sind per Post an die auf den Kontoeröffnungsformularen angegebene Adresse des Online-Brokers zu schicken und nach wenigen Tagen kann es schon losgehen.

In bestimmten Steueroasenländern wie z.B. den Bahamas hält man es allerdings für wichtig, dass man sich persönlich kennt. Der „Code of Conduct", also die vom bahamesischen Bankenverband aufgestellten Sorgfaltspflichten erfordern dort, dass Banken und Broker ihre Kunden kennen. Diskrete Geldanleger, die ihre Gelder auf die *Bahamas* auslagern wollen, müssen also mindestens bei der Kontoeröffnung dorthin reisen und mit ihrem Online-„Broker-Dealer" persönlich sprechen und sich identifizieren.

Wer auf den Bahamas ein Online-Konto eröffnet, kann sicher sein, dies bei einem geprüften und staatlich überwachten Broker-Dealer getan zu haben. Online-Banken und Broker auf den Bahamas oder auch den Cayman Islands benötigen ebenso wie die namhaften Geschäftsbanken eine staatli-

---

[197] Zu Jungholz vgl. Teil VI, Abschnitt: Ausgewählte diskrete Geschäftsbanken in Kleinwalsertal/Vorarlberg und Jungholz/Tirol .

che Lizenz zum Betreiben von Finanzgeschäften. Diese erhalten sie nur, wenn sie alle Voraussetzungen erfüllen, die nationale Regulierungs- und Aufsichtsbehörden auf Basis ihrer Gesetzgebung auferlegen. So unterliegen Banken oder Online Broker auf den Bahamas den Vorschriften des „Banks and Trust Company Registration Act 2000" und werden von der dortigen Zentralbank laufend überwacht. Der Finanzplatz Bahamas ist dem der Schweiz sehr ähnlich, und dies einschließlich des strikten Bankgeheimnisses und der Gesetzgebung. Auf die Tatsache, dass sich die Bahamas und Cayman Islands im Einzugsbereich der USA befinden, reagieren die dortigen Online-Banker gelassen. In der Tat haben die Amerikaner nach den Ereignissen vom 11. September 2001 ihre Zügel im Umgang mit Steueroasen stark angezogen und in 2001/2002 mit den namhaften Karibik-Offshore-Finanzplätzen Cayman Islands, Bahamas und den British Virgin Islands so genannte TIEAs (Tax Information Exchange Agreements) abgeschlossen. Diese TIEAs sehen einen uneingeschränkten Informationsaustausch in Steuerstrafsachen sowie einen Informationsaustausch auf Anfrage für alle übrigen Steuerangelegenheiten vor. Diskrete Geldanleger aus Europa betrifft dies jedoch nicht: Sofern Geldanleger aus der EU nicht noch eine amerikanische Staatsbürgerschaft haben oder im Besitz einer Green Card sind, interessiert sich die amerikanische Steuerbehörde für diese Geldanleger nicht.

1. Kontoeröffnungsantrag von der Internetseite herunterladen und gemäß der Ausfüllhilfe oder telefonischer Rückfrage ausfüllen und unterschreiben.
2. Konto-Unterlagen, Depotüberträge, inkl. Reisepass- bzw. Personalausweis-Kopie per Post an die Bank senden.
3. Post Ident Service – Der Kunde bekommt eine diskrete Postsendung (Start-Paket) eingeschrieben, eigenhändig mit Rückschein und bestätigt den Erhalt mit der Unterschrift. – Das Konto ist nach Eingang der Rücksendung eingerichtet.
4. Zeitversetzt erfolgt die Zusendung der Zugangscodes fürs Internet, deren Erhalt Sie ebenso bestätigen.
5. Sobald das Konto bzw. Depot dotiert ist, kann der Kunde via Internet oder telefonisch Wertpapieraufträge erteilen.

Tabelle 14: Das Post-Ident-Verfahren: In fünf Schritten zum diskreten Online-Konto (Quelle: Direkt-Anlage in Österreich, www. daio.at)

Der Vermögenstransfer auf ein Online-Konto

Der Transfer von Geld- und Wertpapiervermögen auf ein Online-Konto erfolgt problemlos und diskret, wenn der diskrete Geldanleger innerhalb des Kreditinstituts wechselt. Die Kontoführung bei der Direkt-Anlage in Österreich bietet zudem die Vorteile der Kontoführung über Jungholz, sodass im Idealfall die Vermögenswerte auch dort belassen werden können.[198] In allen übrigen Fällen wird dem diskreten Geldanleger jedoch zur Vermeidung diverser Papierspuren die Liquidation bestehender Wertpapiervermögen, verbunden mit der Auflösung des Kontos, einer Barentnahme und Neueinlage zugunsten des eröffneten Online-Kontos empfohlen werden. Der bloße Wechsel der Bank bzw. ein Geldtransfer von der bisherigen Anlagebank auf ein legitimiertes Konto bei einem zugelassenen und lizenzierten Online-Broker in einem Offshore-Finanzplatz ist problemlos möglich und stellt keinen nach den Geldwäschebestimmungen meldepflichtigen Verdachtstatbestand dar. Entscheidet sich ein diskreter Geldanleger, sein klassisches diskretes Konto bei seiner Hausbank aufzulösen und will er „online" auf die Bahamas oder nach Singapur gehen, ist das kein Geldwäschedelikt, sondern eine gewöhnliche Kontoauflösung. Ein solcher Verdachtstatbestand würde höchstens dann vorliegen, wenn der Anleger größere Geldbestände schnell wieder abzieht oder ohne plausiblen Grund die Verbuchung des Geldtransfers über bankinterne Durchlaufkonten, Nostro- oder CpD-Konten verlangen würde. Verlegt also ein legitimierter und der Bank bekannter langjähriger Kunde seine Einlagen online z.B. auf die Bahamas, schützt ihn das Bankgeheimnis des jeweiligen Landes, in dem er seine bisherigen Depotbestände hatte.

Sicherheitstipps und -tools für ein diskreteres Online-Banking

Allgemeines

Online-Banking ist aus dem täglichen Leben des diskreten Geldanlegers nicht mehr wegzudenken. Für den Nutzer und Bankkunden stellt Online-Banking jedoch ein massives Sicherheitsrisiko dar, falls nicht gewisse

---

[198] Zu Jungholz vgl. Teil VI, Abschnitt: Ausgewählte diskrete Geschäftsbanken in Kleinwalsertal/Vorarlberg und Jungholz/Tirol.

Spielregeln beachtet werden. Nachfolgende Ausführungen sollen Anlegern den richtigen Weg in Richtung eines sicheren und diskreten Online-Bankings aufzeigen.

E-Mail und Phishing-Mails

Online-Banking wird für diskrete Geldanleger meist durch einen sorglosen Umgang mit E-Mails zum Sicherheitsrisiko. Anleger veranlassen vielfach ihre Finanzberater per E-Mail zum Wertpapierkauf und zu Depotumschichtungen, Überweisungen usw. und geben dabei ganz sorglos Kontodaten bekannt. Wenn Anleger ihrer Bank einen Auftrag per E-Mail erteilen, ist es in keinem Fall notwendig, die persönlichen Daten wie Bankkonto, PIN und TAN, Kreditkartendaten oder Passwörter preiszugeben. Dies gilt insbesondere für das Nummern- und Pseudonymkonto. Weil der diskrete Geldanleger unter der Nummer bzw. dem Pseudonym der Bank namentlich bekannt ist, braucht er bei Übersendung einer E-Mail auch seinen bürgerlichen Namen nicht zu nennen.

Mit so genannten Phishing-Mails fordern Datendiebe in betrügerischer Absicht Bankkunden auf, vertrauliche Daten preiszugeben. Dabei werden die Kunden per E-Mail gebeten, persönliche Daten wie PIN und TAN in ein Eingabe-Fenster einzutragen, das dem Design des Anbieters – beispielsweise einer Bank – täuschend ähnlich sieht. Solche Phishing-Mails sollten Anleger stets ignorieren. Denn Banken fragen niemals nach persönlichen Identifikationsnummern (PIN), Transaktionsnummern (TAN) oder anderen Passwörtern – weder per Telefon noch übers Internet oder per E-Mail. Diskrete Geldanleger sollten sich stets vergewissern, ob die auf der Webseite umfassend geforderten Eingaben in Zusammenhang mit der von ihnen gewünschten Aktion sinnvoll sind.

Sicherer Bankzugang nur über SSL-Verbindungen

Persönliche Daten darf der Anleger nur über SSL-verschlüsselte Internetseiten eingeben und auch nur auf den Seiten von Unternehmen, die der Anleger kennt und denen er vertrauen kann. SSL-gesichertes Online-Banking erkennt der Anleger am Schlosssymbol in seinem Internet-Browser. Darüber hinaus ist zu prüfen, ob die in der Adresszeile des Browsers angegebene Internet-Adresse mit der zertifizierten Adresse der Bank übereinstimmt. Die zertifizierte Adresse kann der Anleger per Doppelklick auf das

Schlosssymbol unten rechts in seinem Browser prüfen. Bei Verdacht auf eine manipulierte Webseite sollte diese sofort verlassen werden. Auf keinen Fall dürfen die dort angegebenen Anweisungen befolgt werden. Schließlich sind sämtliche Kontobewegungen regelmäßig zu prüfen und Unstimmigkeiten dem Bankberater mitzuteilen. Ein sicherer Bankzugang ist niemals gewährleistet, wenn der Anleger über Links in E-Mails, Internetseiten oder sonstiger Nachrichten auf seine Bankseite gerät! Die Adresse der Bank ist stets von Hand in die Adresszeile des Browsers einzugeben. Gefahrlos ist es auch, den Eintrag in den Favoriten des Microsoft Internet-Browsers abzuspeichern.

Das HBCI-Verfahren

HBCI steht für „Home Banking Computer Interface". HBCI ist ein nationaler Standard, der vom Zentralen Kreditausschuss (ZKA) entwickelt worden ist. HBCI definiert sicheres, multibankfähiges Online-Banking zwischen Kundensystemen und Bankrechnern. Der diskrete Geldanleger meldet sich per HBCI-Chipkarte mit einem Chipkartenleser, der die sichere PIN-Eingabe (Sicherheitsklasse 2 oder höher) unterstützt. Bei diesem Verfahren kann weder der kryptografische Schlüssel der Karte ausgelesen werden, noch ist das Belauschen der PIN-Eingabe mit einem Keylogger oder Trojaner möglich. Phishing ist bei diesem Verfahren ebenfalls prinzipiell ausgeschlossen, da man zum erfolgreichen Ausführen einer Transaktion im Besitz der elektronischen Signatur sein muss, also die Chipkarte besitzen muss. Das Verfahren bietet maximale Sicherheit ist jedoch teuer und aufwendig.

Das MTAN-Verfahren

MTAN oder SMSTAN bezieht den Übertragungskanal SMS mit ein. Dabei wird dem Onlinebanking-Kunden nach Übersendung der ausgefüllten Überweisung im Internet seitens der Bank per SMS eine nur für diesen Vorgang verwendbare TAN auf sein Handy gesendet. Diese gibt er im Online-Banking ein und schließt damit den Überweisungsvorgang ab. Der Vorteil ist, dass diese Nummer nur kurze Zeit gültig ist. Zusammen mit der TAN werden weitere Transaktionsdetails übermittelt. Manipulationsversuche wären somit erkennbar. Dieses Verfahren wird allgemein als sehr sicher eingestuft.

Das richtige Handling mit PIN und TAN

Diskrete Geldanleger speichern vertrauliche Daten wie PIN und TAN oder Passwörter niemals auf der Festplatte. Anleger, die dies tun, schaffen sich selbst eine fatale Sicherheitslücke, da Datenhacker den gesamten Datenbestand auf einer Festplatte mühelos ausspionieren können. Sicherheitsorientierte Anleger ändern – wenn möglich – regelmäßig ihre PIN und die Passwörter. Sollte die TAN-Liste verloren worden sein, ist der Online-Zugang sofort zu sperren. Zusätzlicher Schutz entsteht durch das „Tan+-Verfahren". Dabei werden Kontrollzahlen als Liste zur Verfügung gestellt. Die Koordinaten des Zeichens werden zusätzlich, nach dem Zufallsprinzip, bei der Auftragserfassung abgefragt. Mit der Eingabe des Buchstabens oder der Zahl innerhalb einiger Sekunden wird der Auftrag bestätigt.

Bei diesen sicheren Homebanking-Methoden besteht allerdings stets ein theoretisches Restrisiko, nämlich jenes, dass das eigentliche Homebanking-Programm durch einen Angreifer manipuliert wird. In diesem Fall könnte dieses Programm statt eines erteilten Auftrags einen veränderten Auftrag an den Bankserver schicken. Jegliches Homebanking ist daher nur unter der Annahme möglich, dass das verwendete Homebanking-Programm nicht manipulierbar ist.

Die richtige Passwortwahl

Ein vom diskreten Geldanleger frei gewähltes Passwort stellt dann ein großes Sicherheitsrisiko dar, wenn dieser leicht zu erratende Kennwörter wie gleiche Zeichen und regelmäßige Zeichenfolgen (12345) oder Geburtstage, Postleitzahlen, Telefonnummern oder bekannte Zeichenfolgen wie 4711 und 0815 wählt. Wie sicher ein frei gewähltes Kennwort ist, kann der Anleger mittels eines „Passwörter-TÜV" unter www.datenschutz.ch feststellen. Während die Passwortfolge 12345 in weniger als einer Sekunde herauszufinden ist, würde ein Hacker für REM3bD4 beispielsweise 51 Jahre bei 500.000 Tests pro Sekunde benötigen. Das Passwort muss gewechselt werden, wenn die Möglichkeit besteht, dass es publik wurde, spätestens aber nach zwei Monaten oder wenn es nicht den vorgenannten Kriterien entspricht.

Ein sicheres Passwort sollte mindestens sechs Zeichen (bei sensitiven Anwendungen besser acht Zeichen) umfassen. Es sollte viele verschiedene Zeichen sowie Ziffern, Sonderzeichen und Groß- und Kleinschreibung enthalten. Es darf auch kein Wort sein, das im Wörterbuch steht. Das Passwort sollte auch niemals gleich sein wie die Benutzer-Identifikation. Gute Passwörter enthalten Groß- und Kleinschreibung.

Gefährliche Passwörter sind: eigener Name (Eigennamen), Name des Partners, der Eltern oder Kinder, Name des Haustiers, Namen von Kollegen, Namen von bekannten Persönlichkeiten, Name des Betriebssystems oder des Rechners, Wörter aus Wörterbüchern, Telefonnummern, Autonummern, PIN-Code der Bankkarte, Geburtstage, typische persönliche Daten, leicht tippbare Sequenzen.

Die verräterische IP-Adresse und anonymes Surfen

● **Allgemeines**

Der eigene Rechner eines jeden diskreten Geldanlegers verfügt über eine sogenannte IP-Adresse. IP steht für Internet-Protocol. Jede Ressource im Web wird zudem durch eine URL (Uniform Resource Locator) eindeutig bezeichnet. Beide Daten werden einer Kommunikation des diskreten Geldanlegers im Web als Kopfzeile vorangestellt und an jedem Netzknoten, den ein Datenpaket durchläuft, gelesen und temporär festgehalten. IP und URL könnten theoretisch von allen am Kommunikationsvorgang Beteiligten gespeichert werden.

Der Provider des diskreten Geldanlegers erfährt auf diese Weise beim Aufbau der Verbindung folgende Details: IP-Adresse des Rechners, verwendetes Betriebssystem, Typ und Version des Browsers, Protokolle, die verwendet werden, URL der Dokumentenseite, von der der diskrete Geldanleger gekommen ist, Wahl der Sprache und ggf. bereits gespeicherte Cookies. Mit Analyseprogrammen ist es möglich, diese Daten detailliert auszuwerten. Möglich sind nicht nur Nutzungsstatistiken oder nutzerbezogene Aussagen, sondern es können auch direkte Nutzerprofile angefertigt werden. Und selbstverständlich sind solche Daten auch gegenüber dem Finanzamt nicht tabu; jeder Teledienstanbieter muss Schnittstellen bzw. „Anknüpfungspunkte" bereithalten, die eine Überwachung des Kommunikationsverkehrs des diskreten Geldanlegers in bestimmten Fällen ermöglichen.[199]

---

[199]Vgl. hierzu Näheres unter Götzenberger Anton-Rudolf, Der gläserne Steuerbürger, Herne/Berlin 2006.

● Zwischenschaltung eines Proxy-Servers

Um es vorwegzunehmen: Ein absolut wasserdichtes und anonymes Online-Banking gibt es trotz Anwendung modernster Techniken nicht! Geltende Gesetze wie oben erläutert stehen dem schon aus rechtlicher Seite entgegen. Der diskrete Geldanleger kann sich jedoch eine „Tarnkappe" überstülpen bzw. mittels einer „Tarnkappe" vom Wohnzimmer aus seinen diskreten Geldgeschäften nachgehen. Eine solche Tarnkappe stellt ein „Proxy-Server" dar. Der Proxy-Server ist der Online-Verbindung des diskreten Geldanlegers mit seiner (Offshore-)Bank zwischengeschaltet und übernimmt folgende Funktion: Lädt der diskrete Geldanleger mit einem Internet-Browser eine Seite, die auf dem Server seiner Online-Bank auf den Bahamas oder den Cayman Islands usw. liegt, bedeutet dies normalerweise, dass der Browser eine TCP-Verbindung über das Internet zu dem Server in Amerika aufbaut und von dort die Daten empfängt. Konfiguriert der diskrete Geldanleger diesen Browser für die Verwendung eines Proxy-Servers, baut der Browser eine Verbindung zum Proxy-Server auf, sagt diesem die Adresse (URL) der gewünschten Seite auf den Bahamas oder den Cayman Islands und der Proxy-Server holt die Daten über das Internet vom Original-Server und reicht sie an den Browser des diskreten Geldanlegers – den Client – durch. Ein Proxy-Server erledigt somit Übertragungen aus dem Internet auf Anforderung von Clients (dem Browser des diskreten Geldanlegers). Ist ein Proxy-Server mit einem Cache konfiguriert – das ist dann der Proxy-Caching-Server – speichert er die empfangenen Dokumente zusätzlich auf einem lokalen Datenträger. Letzteres hat den Vorteil, dass der Proxy-Server dem Client die gewünschten Informationen bei erneutem Aufruf schnell zur Verfügung stellen kann, ohne die Daten nochmals via Internet empfangen zu müssen. Teils kostenfreie Dienste im Netz finden diskrete Geldanleger unter: www. anonymsurfen.com oder www. anonymizer.com.

● Maßgeschneiderte Software-Lösungen

Die Sicherheitslücke für den diskreten Geldanleger liegt bei Zwischenschaltung eines Proxy-Servers darin, dass der Betreiber des Proxy-Servers die Herkunft, das Ziel und die verschickten Inhalte des diskreten Geldanlegers kennt und im Rahmen seiner gesetzlichen Pflichten als Telekommunikationsanbieter den Strafverfolgungsbehörden Auskunft geben muss. Als Weiterentwicklung bieten daher Datenschützer und Wissen-

schaftler den so genannten „AN.ON-Dienst" an (www.anon-online.de) mit
entsprechender „JAP"-Software.[200] Mit JAP benutzt der diskrete Geldanleger zum Internet-Surfen eine feste Adresse, die er sich mit den anderen
JAP-Nutzern teilt. Dadurch erfährt weder der angefragte Server noch ein
Lauscher auf den Verbindungen, welcher Nutzer welche Webseite aufgeru-
fen hat. Die Anonymisierung der Internetzugriffe erreicht JAP, indem sich
die Computer der Nutzer nicht direkt zum Webserver verbinden, sondern
ihre Kommunikationsverbindungen verschlüsselt über einen Umweg mehrerer Zwischenstationen, so genannte Mixe, schalten. Im Regelfall werden
die Zwischenstationen (Mixe) von unabhängigen Institutionen betrieben,
die in einer Selbstverpflichtung erklären, dass sie weder Log-Files über die
geschalteten Verbindungen speichern noch derartige Daten mit den anderen Mix-Betreibern austauschen. Bei JAP ist vorgegeben, in welcher Rei-
henfolge die Mixe verwendet werden können. Eine Folge zusammengeschal-
teter Mixe nennt man Mixkaskade. Die Nutzer können zwischen verschiedenen Mixkaskaden auswählen.

Da viele Benutzer gleichzeitig diese Zwischenstationen des Anonymi-
tätsdienstes nutzen, werden die Internetverbindungen jedes Benutzers unter denen aller anderen Benutzer versteckt: Niemand, kein Außenstehen-
der, kein anderer Benutzer, nicht einmal der Betreiber des Anonymitäts-
dienstes kann herausbekommen, welche Verbindungen zu einem bestimmten Benutzer gehören.

Eine rückwirkende Aufdeckung von Verbindungen durch die Mix-
Kaskaden ist nach Angaben der Anbieter der Software nahezu unmöglich:
Wenn ein so genannter Bedarfsträger die nachträgliche Aufdeckung einer
Verbindung wünscht, muss er alle eingehenden und ausgehenden Nach-
richten aller Mixe aufzeichnen und dem jeweiligen Mix zur Deanonymisie-
rung vorlegen. Dies hätte allerdings nur Sinn, solange der öffentliche
Schlüssel des Mix noch gültig ist. Nach einem Schlüsselwechsel kann selbst
der Mix die alten Nachrichten nicht mehr entschlüsseln, da der private
Schlüssel vernichtet wird. Im derzeitigen Zustand ist das allerdings noch
nicht implementiert. Wie oft der öffentliche Schlüssel gewechselt wird,

[200] JAP ist eine Entwicklung im Projekt „Anonymität im Internet", das von der Deutschen Forschungsge-
meinschaft und vom Bundesministerium für Wirtschaft und Technologie (BmWi) gefördert wird. Das
Projekt arbeitet eng mit dem Unabhängigen Landeszentrum für den Datenschutz Schleswig-Hol-
stein zusammen.

hängt vom Mix-Betreiber ab. Im Endausbau des Systems kann dies alle paar Stunden geschehen.

Eine Überwachung zukünftiger Verbindungen durch die Mix-Kaskaden setzt voraus, dass jeder Mix die Ein-Ausgabe-Zuordnung einer bestimmten Nachricht sofort online mitprotokolliert. Es wird die zu enttarnende Verbindung markiert. Dadurch kann unter Mitarbeit aller Mixe die Nachricht deanonymisiert werden. Diese Markierung kann lediglich von den beteiligten Mixen erkannt werden. Die Funktionsweise ähnelt der der Fangschaltung im Telefonnetz. Auf diese Weise ist es möglich, die Zugriffe auf eine bestimmte Webadresse zu protokollieren. Die aktuelle Version der Mix-Software enthält eine entsprechende Strafverfolgungsfunktion, die dies erlaubt. Zur Aufdeckung einer Verbindung ist auch bei Aktivierung dieser Funktion die Mitarbeit aller Mix-Betreiber erforderlich.

In einer Erklärung der Partner des Projektes „AN.ON – Anonymität.Online" zum zukünftigen Umgang mit Strafverfolgungsbehörden verpflichten sich die Projektbetreiber u.a., dass ein in Zukunft gegenüber den Projektpartnern eingehender richterlicher Beschluss gemäß §§ 100a, b StPO „zunächst von den Mitarbeitern des Unabhängigen Landeszentrums für Datenschutz einer juristischen Prüfung unterzogen wird, danach werden gegebenenfalls von den Projektpartnern an der Technischen Universität Dresden und der Freien Universität Berlin technische Maßnahmen zur Umsetzung des Beschlusses ergriffen". Die JAP-Software erschwert somit zwar die Aufdeckung diskreter Geldgeschäfte über das Internet, schützt aber jene diskrete Geldanleger nicht mehr, gegen die ein Steuerstrafverfahren eingeleitet ist.

● Bankenkorrespondenz via E-Mails

Anonyme Mails lassen sich erzeugen über Plattformen (www.anonymouse.ws) oder mit Software erzeugen (www.safersurf.com). Auch eine digitale Signatur kann für Online-Banking sinnvoll sein. Sie ist Ausweis für die Echtheit des Absenders und zeigt dem Empfänger (dem Bankvertreter), dass die Mail nicht verändert wurde. Das Bundesamt für Sicherheit in der Informationstechnik bietet eine kostenlose Software plus Handbuch unter www.bsi-fuer-buerger.de an. Eine für diskrete Geldanleger empfehlenswerte Verschlüsselungsmethode ist PGP (vgl. www.datenschutzzentrum.de).

Übersicht: Ausgewählte Direktbanken, Internet-Discountbroker und Online-Broker Dealer

Anbieter	Direkt-Anlage Österreich	Charles Schwab & Co. Inc. (Schwab US)	Charles Schwab Hong Kong Ltd.	DBS TD Waterhouse	Dominion Investments
Sitz	Reutte Jungholz/ Tirol	San Francisco (Schwab International Service Center)	Hongkong	HongKong, Singapore	Nassau, Bahamas
Online-Wertpapier-Kauf/ Verkauf möglich (Börsen)	Deutsche Börsen (Heimatbörsen), Wien, London, Euronext, NYSE, NASDAQ, Direkthandel, Fondshandel u.v.a	USA	USA, Asien	USA, Kanada, Hongkong	USA
E-Mail	info@daio.at	international @schwab.com	Asia@schwab. com.hk	info@dbstd waterhouse. com	W.davis@ bloomberg. net
Internet-Adresse	www.daio.at	www.schwab-global.com	www.schwab. com.hk	www.dbstd waterhouse. com	www.domi nioninvest ments.com

Tabelle 15: Banken- und Brokerübersicht

Teil IX
Die diskrete Vermögensverwaltung

Will der diskrete Geldanleger sein eigener Portfolio Manager sein, muss er nicht nur die notwendigen Kenntnisse der zur Verfügung stehenden Anlagemöglichkeiten haben. Er muss auch über volkswirtschaftliche Zusammenhänge und deren Einflüsse auf die Finanzmärkte im Bilde sein und deren Auswirkungen auf seine Finanzanlagen richtig einschätzen können. Darüber hinaus gehören auch spezielle Kenntnisse rechtlicher und steuerlicher Art dazu sowie die Zeit und die Möglichkeit, jederzeit rasch reagieren und handeln zu können.

Der durchschnittliche Geldanleger ist hier im Regelfall überfordert. Sowohl die Bestimmung und Formulierung seiner Anlageziele als auch die Auswahl der für dieses Anlageziel adäquaten Anlageinstrumente erfordern entsprechende Fachkenntnis. Unerfahrene diskrete Geldanleger sollten daher ein Vermögensverwaltungsmandat erteilen. Ein Vermögensverwaltungsmandat hat nicht nur den Vorteil, sich um nichts mehr kümmern zu müssen; auch das Halten eines stetigen fernmündlichen oder schriftlichen Kontakts mit der Depotbank erübrigt sich.

Grundzüge der standardisierten und diskretionären Vermögensverwaltung

Leider gibt es sie nicht! Gemeint ist die optimale Geldanlagestrategie ohne Risiko, mit höchstem Ertrag und kurzer Anlagedauer. Es gilt vielmehr der Grundsatz oder die „Gesetzmäßigkeit", dass ein hoher Ertrag nur mit entsprechendem Risiko erwirtschaftet werden kann. Die moderne Portfoliotheorie, welche im Tenor besagt, dass sich langfristige Anlageerfolge nur einstellen, wenn die Anlageprodukte breit gestreut werden, setzt sich mehr und mehr durch. Statistiken zufolge schlagen Vermögensverwalter mit Engagements in Einzelaktien die jeweiligen Indices nur in Ausnahmefällen und dann nur unter Inkaufnahme höherer Risiken.

Die individuelle – vom Fondsgedanken losgelöste – Verwaltung größeren Vermögens stellt hohe Anforderungen an den Portfolio Manager. Zwar unterstützt die Bank beispielsweise in Liechtenstein, der Schweiz oder dem verschwiegenen Jungholz den Anleger im Rahmen der Anlageberatung bei der Finanzanlageentscheidung. Diese allgemeine Finanz- oder Anlageplanung, eine Vorstufe zur Vermögensverwaltung, nimmt aber dem Anleger die definitive Anlageentscheidung selbst nicht ab. Mit Erteilung eines Vermögensverwaltungsmandates kann der Anleger die erforderlichen Anlageentscheidungen auf Experten seiner Auslandsbank delegieren.

Diskrete Anleger können ihrer Bank den Auftrag erteilen, das Wertpapierdepot

- im Rahmen einer „diskretionären Vermögensverwaltung" nach festgelegten Vorgaben (Anlagestrategien) und innerhalb eines definierten Anlagerahmens oder
- im Rahmen einer standardisierten Vermögensverwaltung unter Zuhilfenahme eines dem Risikoprofil des Geldanlegers entsprechenden Musterportfolios
- eigenmächtig zu verwalten.

Die diskretionäre oder standardisierte Vermögensverwaltung
- berücksichtigt individuelle Anlageziele,
- entlastet den diskreten Geldanleger von der zeitraubenden und kostspieligen Informationsbeschaffung,
- entbindet den diskreten Geldanleger von der ständigen Beobachtung der internationalen Finanzmärkte,

- gewährleistet eine dem stetig wechselnden Umfeld angepasste Verwaltung des Portfolios durch erfahrene Wertpapierexperten,
- ermöglicht eine breite Risikostreuung und
- gewährleistet die jederzeitige Verfügbarkeit des Kapitals.

Im Rahmen eines Vermögensverwaltungsauftrages kann der diskrete Geldanleger selbstverständlich alle Wertpapiere in allen Währungen kaufen lassen. Er kann auch Anlagen in ausländischen Devisen tätigen oder einen kleinen Schritt an den Terminmarkt wagen. Maßgeblich ist jeweils die mit der Bank getroffene Vereinbarung, welche jederzeit abänderbar oder kündbar ist. Monatliche oder vierteljährliche Statements sorgen dafür, dass der Geldanleger über die Entwicklung seines Vermögens stets informiert ist.

Für standardisierte Vermögensverwaltungsaufträge sind Mindestanlagesummen von etwa 100.000 Euro bzw. in der Schweiz/Liechtenstein von ca. 150.000 Schweizer Franken erforderlich. Für eine allumfassende diskretionäre Vermögensverwaltung gelten Mindesteinlagen zwischen 500.000 und 1 Mio. Euro. Schweizer und liechtensteinische Banken offerieren die diskretionäre Vermögensverwaltung im Regelfall ab 1 Mio. Schweizer Franken.

Die richtige Asset-Allokation für den diskreten Geldanleger

Allgemeines

Ein effizientes Vermögensmanagement steht und fällt mit der richtigen Auswahl der einzelnen Anlagetitel bzw. der Zusammensetzung des Wertpapierportfolios – der so genannten Asset-Allokation. Der Asset-Allokations-Prozess stellt für professionelle Vermögensverwalter akribische Kleinarbeit bis ins Detail dar. Da Anleger sehr unterschiedliche Anlagebedürfnisse und Investmentziele aufweisen, wie etwa die Sicherung einer bestimmten Mindestrendite oder die Abstimmung von Einlagen und Entnahmen, ist Asset-Allokation nichts von der Stange. Um heterogenen Anlegerzielen gerecht werden zu können, stützen sich professionelle Vermögensverwalter auf systematische Asset-Allokations-Prozesse mit geeigneten Instrumenten, um die investorspezifischen Bedürfnisse zu eruieren.

Bestimmungsfaktoren im Asset-Allokations-Prozess

Im Portfolio-Management zielen die Asset-Allokations-Entscheidungen im Kern auf die Strukturierung eines Anlegerportfolios nach *Anlagekategorien, Märkten und Währungen* ab. Darüber hinaus stellen *Einflussfaktoren des Anlegers* wie Risikotoleranz, Renditeerwartungen, Anlagezeitraum, Liquidität, Restriktionen und steuerliche Aspekte einen weiteren Bestimmungsfaktor im Asset-Allokations-Prozess dar.

Taktische Asset-Allokation und Titelselektion

Die strategische Asset-Allokation, welche unter Einfluss der Bestimmungsfaktoren „Markt" und „Anleger" die Ausarbeitung einer langfristigen Vermögensstruktur mit optimalen Ertrags- und Risikoprofilen zur Aufgabe hat, mündet in zweiter Stufe in der taktischen Asset-Allokation. Ziel der taktischen Asset-Allokation ist, die richtige Strategie des Markt-Timings zur Renditeoptimierung zu entwickeln. Schließlich erfolgt in dritter Stufe die eigentliche Titelselektion.

Anlageentscheidungsprozess mit Ergebniscontrolling

Unmittelbar an die Titelselektion schließt sich der Anlageentscheidungsprozess an. Im Rahmen des Anlageentscheidungsprozesses gilt es auf der Grundlage des Ergebniscontrollings notwendige Änderungen an der angestrebten Anlagepolitik sowie deren Umsetzung vorzunehmen.

Welches Anlegerprofil ist das passende?

Am Anfang eines diskreten Vermögensverwaltungsmandats steht stets das Kunden-Analysegespräch, in dem der Anlageberater mit dem Kunden zusammen unter Berücksichtigung und Analyse seiner persönlichen Verhältnisse und seinen Zielen das passende Anlegerprofil ermittelt. Dabei werden sämtliche relevante Aspekte wie Renditeerwartungen, Risikobereitschaft, Liquidität, familiäre Aspekte, der Zeithorizont oder die Referenzwährung (die Währung, in der der Anleger rechnet und denkt) des Kunden in die Überlegungen einbezogen.

Wichtige Check-ups im Kundengespräch sind:
- Kenntnis und die Beurteilung der persönlichen Einkommens- und Vermögensverhältnisse,

- Ermittlung der Risikobereitschaft und der Ertragserwartung des Anlegers,
- Festlegung des Anlagehorizontes, der in enger Beziehung zur Risikobereitschaft und Ertragserwartung steht,
- Definition des Liquiditätsbedarfs,
- Bestimmung der Referenzwährung.

Insbesondere die Definition des Liquiditätsbedarfs ist für die Wahl der richtigen Anlagestrategie erforderlich, da die Gewichtung zwischen dem Wunsch nach regelmäßigen Einkünften und der Zielsetzung nach Kapital- und Währungsgewinnen eine entscheidende Rolle spielt. Die Bestimmung der Referenzwährung, also jener Währung, in der der Anleger „denkt" und investiert, ist besonders für die Zusammensetzung des Kundenportfolios maßgeblich. Professionelle Vermögensberater werden die erwarteten Erträge und das Risiko der Anlagen in Referenzwährung optimieren.

Ist der diskrete Geldanleger ein eher defensiver, nicht risikobereiter Anleger mit mittel- bis langfristigem Zeithorizont und überdurchschnittlichen Liquiditätsbedürfnissen, und stehen bei ihm laufende Einnahmen im Vordergrund, gilt er als „konservativ". Das Anlegerprofil lautet also „konservativ". Ist der Geldanleger dagegen schon etwas aber nur wenig risikobereit, plant er sein Geld diskret mittel- bis langfristig anzulegen und stehen bei ihm die Kapitalerhaltung und das laufende Einkommen im Vordergrund, wird ihn der Vermögensberater der Kategorie „ausgewogen" zuordnen. Ist der Anleger ein eher risikobereiter Anleger mit längerfristigem Zeithorizont und geringen Liquiditätsbedürfnissen und steht in erster Linie der Kapitalzuwachs im Vordergrund (noch vor dem Einkommen), ist der Anleger „liberal". „Dynamische" diskrete Geldanleger sind schließlich risikobereit, fassen einen längerfristigen Zeithorizont ins Auge und haben nur geringe Liquiditätsbedürfnisse. Beim dynamischen Anleger steht allein der reale Kapitalzuwachs im Vordergrund. Er wird sein Anlageschwergewicht auf Aktien setzen.

Der Kundenanalyse folgt im Regelfall eine umfassende Marktanalyse. Hier beurteilt die Bank die Chancen und Risiken auf den Wertpapier- und Devisenmärkten, und zwar bezogen auf diejenigen Anlageinstrumente, welche dem analysierten Profil gerecht werden. Aus der Kundenanalyse und der Marktanalyse bestimmt der Berater das für den Anleger zugeschnittene Portfolio.

Die diskrete Vermögensverwaltung mit standardisierten Musterportfolios

Allgemeines

Welche Anlagestrategie der Portfolio Manager nun für das Depot eines diskreten Geldanlegers zugrunde legt, hängt von den Zielen und der Einstellung zu Risiko und Ertrag ab, also dem Anlegerprofil, das im Rahmen der Kundenanalyse erarbeitet worden ist. Grundsätzlich setzt sich jede Portfoliostrategie aus den Bestandteilen Aktien, Anleihen (Obligationen) und Geldmarktanlagen zusammen. Fallweise können auch Goldwerte gewählt werden. Diese einzelnen Elemente werden je nach gewählter Anlagestrategie und Anlageprioritäten unterschiedlich gewichtet, in verschiedene Währungen und auf einzelne Finanzmärkte oder Regionen verteilt. Die Gewichtungen werden der internationalen Wirtschaftsentwicklung entsprechend angepasst.

Je nach Höhe des Anlagebetrages stehen dem diskreten Geldanleger im Rahmen der professionellen Vermögensverwaltung zwei Wege offen: Er kann sein Depot

- nach eigenen Vorgaben individuell managen lassen (diskretionäre Vermögensverwaltung)
- oder ein auf sein Anlegerprofil zugeschnittenes Musterportfolio wählen (standardisierte Vermögensverwaltung).

Mit einem Musterportfolio erwirbt der Anleger ein ganzes Leistungsbündel mit einem ausgewogenen Verhältnis zwischen Risiko, eingesetzten Mitteln und erwirtschafteten Erträgen, abgestimmt auf ein bestimmtes Anlegerprofil. Jede Bank, zu deren Kerngeschäft die professionelle Vermögensverwaltung zählt, wird über mehrere Musterportfolios verfügen, die dem Anleger als Entscheidungs- und Orientierungshilfe dienen.

Die Namen für solche Musterportfolios und Anlagestrategien sind so vielfältig wie die Anlagephilosophie jeder einzelnen Bank. So kann ein Portfolio, das die Erhaltung des Kapitals und die Erwirtschaftung eines regelmäßigen Einkommens zum Ziel hat, ein *„Ertragsmodell"*, ein *„Einkommensportfolio"* oder – dem hierfür passenden Anlegerprofil entsprechend – ein *konservatives Portfolio* sein. Die Portfoliozusammenstellung (Asset-Allocation) gleicht sich aber weitgehend; angelegt wird überwiegend in kurzfristige Anlagen wie Geldmarktpapiere und Anleihen; bankspezifisch kann ggf.

auch ein geringer Anteil in Aktien investiert werden. Mit der Anlagestrategie „Einkommen" oder „Ertrag" wird der Anleger zwar nicht reich, trägt dafür aber ein nur geringes bzw. bei ausschließlicher Investition in Anleihen und Geldmarktpapieren so gut wie kein Risiko.

Anleger mit Vermögen bis zu 250.000 EUR wählen die Anlagestrategie „*Ausgewogen*". Ziel dieser Anlagestrategie ist es, sowohl ein regelmäßiges Einkommen als auch einen Wertzuwachs über Kursgewinne anzustreben. Mit der Begrenzung der Anteile der Anlagen in Aktien und Obligationen nach unten und nach oben wird ein ausgewogenes Rendite-Risiko-Verhältnis sichergestellt. Zwischen 30 und 50 Prozent des Anlagevolumens werden in Aktien angelegt. Der Anleger hält außerdem maximal 20 Prozent des Portfolios in liquiden Anlagen, um kurzfristig auf Marktchancen reagieren zu können. Der Anleger nimmt hier kurzfristige Schwankungen bewusst in Kauf, um einen höheren langfristigen Vermögenszuwachs zu realisieren.

Die Anlagestrategie „*Zuwachs*" – oder auch „*Wachstum*" genannt – setzt mit einer Übergewichtung an Aktien (Anteil bis zu 50 Prozent) unter Inkaufnahme erheblicher Kursrisiken auf Kapitalbildung. Zur Erwirtschaftung eines regelmäßigen Einkommens wird zwar ein Anteil an Anleihen von etwa einem Drittel und ein Anteil an Geldmarktpapieren von 5 bis 20 Prozent ins Depot genommen; die Einkommenserzielung tritt aber im Vergleich zur Vermögensmehrung in den Hintergrund. Die Strategie „*Zuwachs*" oder „*Wachstum*" setzt beim Kapitalanleger einen langfristigen Zeithorizont voraus. Das geeignete Anlegerprofil lautet hier „dynamisch".

Die Anlagestrategie „*Kapitalgewinn*" – oder auch zutreffend „*Aktien*" genannt – ist dem „dynamischen Anleger" mit Vermögen ab 1 Mio. Euro vorbehalten. Mit dieser Anlagestrategie bestückt der Portfolio Manager das Depot – abgesehen von einem geringen Prozentsatz an liquiden Mitteln oder alternativen Investments – ausschließlich mit Aktien und verfolgt rein das Ziel der Kapitalvermehrung. Weil die Aktienmärkte zeitweilig größeren Volatilitäten unterworfen sein können, muss kurz- bis mittelfristig allerdings mit größeren Wertschwankungen gerechnet werden. Um einen Teil dieses Risikos aus dem Gesamtportfolio zu nehmen, sollte der Anleger in einer Bandbreite von bis zu 30 Prozent des Gesamtanlagevolumens in Anleihen investieren. Alternative Investments wie Commodities (das sind börsengehandelte Produkte, die als „Massenware" gelten und sich hauptsächlich in ihrem Preis von anderen Produkten unterscheiden, wie Erdöl, Getreide usw.) oder Immobilien machen einen Anteil von maximal 10 Prozent aus; Hedge-Fonds können bis zu 15 Prozent beigemischt werden. Bei Letzteren lässt sich das Risiko bei nahezu gleichen Gewinnchancen durch den Kauf von „Dach-Hedge-Fonds" reduzieren. Letztlich liegt es in der Entscheidung des Geldanlegers selbst, wie er sein Geld anlegt. Somit kann nur er seine persönliche Anlagestrategie definieren und muss sich im Labyrinth der zahlreichen Musterportfolio-Bezeichnungen, welche gerade beispielhaft vorgestellt worden sind, zurechtfinden. Aber ganz egal, wie die einzelne Bank ihre Musterportfolios auch nennt; sie laufen alle entweder auf regelmäßigen moderaten Ertrag bei geringem Risiko oder einem langfristigen Vermögenszuwachs bei höherem Risiko, dafür aber mit überdurchschnittlichen Renditechancen hinaus.

Portfolio-Musterbeispiel für kleine, mittlere, größere und große Vermögen

Anlagestrategie „Einkommen" für kleine Vermögen (bis 50.000 EUR)

Anlageart	Anteil im Depot in Prozent
Geldmarkt/Liquidität	0–20
Anleihen	60–80
Aktien	15–25

Anlagestrategie „Ausgewogen" für mittlere Vermögen (bis 250.000 EUR)

Anlageart	Anteil im Depot in Prozent
Geldmarkt/Liquidität	0–20
Anleihen	40–60
Aktien	30–50

Anlagestrategie „Wachstum" für größere Vermögen (bis 1.000.000 EUR)

Anlageart	Anteil im Depot in Prozent
Geldmarkt/Liquidität	0–20
Anleihen	20–40
Aktien	30–50

Anlagestrategie „Kapitalgewinn" für große Vermögen
(ab 1.000.000 EUR)

Anlageart	Anteil im Depot in Prozent
Geldmarkt	0–20
Anleihen	15–30
Aktien	30–50
Alternative Investments:	
Commodities	0–10
Immobilien	0–0
Hedge Fonds	5–15

Rechtliche Rahmenbedingungen und Hinweise

Allgemeines

Ist eine dem Anlegerprofil entsprechende Anlagestrategie gefunden, schließt sich die Erteilung eines Vermögensverwaltungsmandates an. Mit der Vergabe eines Vermögensverwaltungsmandates schließt der Geldanleger mit seiner Auslandsbank einen Depot- und einen Verwaltungsvertrag ab. Beide Verträge sind unabhängig voneinander und hinsichtlich ihrer ordentlichen Vertragserfüllung separat zu werten.

Mit Unterzeichnung solcher Verträge beauftragt der Anleger die Bank – und räumt dieser die Befugnis ein –, „alle Handlungen auszuführen, die sie im Rahmen der üblichen bankmäßigen Vermögensverwaltung als zweckmäßig erachtet", wie es in Kapitel I Ziffer 1 der „Richtlinien der Schweizerischen Bankiervereinigung für Vermögensverwaltungsaufträge" heißt. Mit Übernahme einer aktiven Vermögensverwaltung verpflichtet sich die Bank, das Depot *aktiv* zu verwalten, d.h. es sind Anlageentscheide für den Kunden zu treffen und zu vollziehen; mindestens aber ist das Depot zu überwachen. Die Anlageentscheide müssen selbstverständlich im Interesse des Kunden getroffen werden; stehen jedoch innerhalb der Rahmenvorgaben des diskreten Geldanlegers im freien Ermessen der Bank.

Im Allgemeinen empfiehlt es sich, „All-in-Fees" zu vereinbaren. Unter All-in-Fees versteckt sich nichts anderes als eine Gebührenpauschale, die der Anleger an die Bank zahlt und die alles abdeckt. Dadurch wird dem Banker der Anreiz für unnötige Depotumschichtungen genommen. Mit einer All-in-Fee-Vereinbarung weiß der Anleger bereits von Anfang an, wie viel das Vermögensverwaltungsmandat samt Depot kostet und bleibt vor bösen Überraschungen gefeit.

Der Vermögensverwaltungsvertrag im Einzelnen

Gemäß den Standesregeln des Verbands Schweizerischer Vermögensverwalter soll ein Vermögensverwaltungsvertrag[201] mindestens folgende Punkte regeln:

„1. **Exakte Bezeichnung der Parteien**
 2. **Betroffene Bankbeziehung**
    (immer bei bankmäßig verwahrten Vermögenswerten)
 3. **Beauftragung und Ermächtigung zur Verwaltung der Vermögenswerte**

- Anlageziel(e) des Kunden, welche(s) auch in einem Besprechungsprotokoll festgehalten werden können/kann;
- Verwaltung nach eigenem Ermessen, nach spezifischen Richtlinien bzw. besonderen Instruktionen, wobei spezifische Richtlinien auch in einem Besprechungsprotokoll festgehalten werden können;
- Referenzwährung.
- Werden spezifische Richtlinien erteilt, so hat der Vermögensverwaltungsvertrag oder das entsprechende Besprechungsprotokoll über folgende Punkte Auskunft zu erteilen;
  – Depotstruktur (Depotanteil Beteiligungspapiere, Festverzinsliche, Edelmetalle etc.);
  – Länder/Währungen/Branchen, die bei der Anlage berücksichtigt werden oder von der Anlage ausgeschlossen werden sollen;
  – Maximalengagements pro Land/Währung/Branche;
  – Mindestanforderungen an Qualität und Handelbarkeit der zu tätigenden Anlagen;
  – Zulässigkeit und Umfang dauernder Kreditbenutzung;
  – Zulässigkeit und Umfang von Termin- und Derivatgeschäften bzw. Anlagen in hybride und strukturierte Finanzprodukte.
- Berechtigung des Vermögensverwalters zur direkten Belastung seines Honorars auf den Konti des Kunden.

---

[201] Vgl. Anhang B der Standesregeln.

- Soweit vorstehend ausgeführte Punkte individuelle Vereinbarungen über Anlageziele, Instruktionserteilung etc. enthalten, können diese auch in einem vom Vermögensverwalter und – wenn immer möglich – vom Kunden zu unterzeichnenden Besprechungsprotokoll festgehalten werden.

4. Verschwiegenheitspflicht des Vermögensverwalters.

5. Berichterstattung und Rechnungslegung durch den Vermögensverwalter

- Eigene Performanceauswertungen;
- Periodizität;
- Aufbewahrung durch Vermögensverwalter oder schriftliche Zustellung an den Kunden.

6. Art der Instruktionserteilung durch den Kunden

- Schriftlich, per Telefax, telefonisch, E-Mail;
- Haftung für Kommunikationsfehler.

7. Honorierung des Vermögensverwalters

- Berechnungsweise;
- Fälligkeit;
- Behandlung von Retrozessionen.

8. Vertragsauflösung (Empfehlung)

Zu beachten ist, dass nach schweizerischem Recht ausgeschlossene Vermögensverwalterverträge zwingend jederzeit und ohne Beachtung von Kündigungsfristen beendet werden können.

9. Rechtswahl und Gerichtsstand (Empfehlung)

Zum Schutz des Kunden werden die Wahl schweizerischen Rechts und die Vereinbarung des schweizerischen Gerichtsstandes am Sitz des Vermögensverwalters empfohlen."

Erteilt der diskrete Geldanleger einen Vermögensverwaltungsauftrag an eine Bank, richtet sich dieser Auftrag nicht gegen einen einzelnen Kundenbetreuer der Bank oder ein leitendes Bankorgan. Gemäß geltenden Standesregeln muss die Bank zur Annahme eines Vermögensverwaltungsauftrages über eine geeignete professionelle und ihren internen Verhältnissen angemessene Organisation verfügen. Vorsicht ist allerdings geboten, wenn derjenige Bankmitarbeiter, welcher sich mit der Vermögensverwaltung und der Anlagepolitik befasst, auch Konto- und Depotauszüge für Kunden erstellt!

Vermögensverwaltungsaufträge sind im Regelfall auf die „banküblichen Anlageinstrumente" beschränkt. Hierunter fallen insbesondere Festgeld- und Treuhandanlagen, Edelmetalle sowie Geld- und Kapitalmarktanlagen in Form von Wertpapieren wie Anleihen, Geldmarktpapiere, Aktien oder Investmentfonds, sofern der Fonds seinerseits in bankübliche Anlagen investiert.[202] Anteilscheine an von der Bank kontrollierten oder errichteten Gesellschaften gelten nur dann als banküblich, wenn es sich hierbei um börsenkotierte „übliche Publikumsinstrumente" handelt. Die Bank sorgt im Rahmen der Vertragsbeziehungen für eine angemessene Risikoverteilung und vermindert dadurch titelspezifische Risiken.[203]

Sofern der Anleger keine anders lautenden Weisungen erteilt, kann die Bank auch von Aktien, Anleihen usw. abgeleitete Instrumente wie Derivate bzw. Termingeschäfte zur Absicherung bestehender Positionen – aber nur hierzu – einsetzen. Wichtig ist, dass der Vermögensverwaltungsvertrag die *Termingeschäfte* betreffende Einschränkung enthält, dass solche von der Bank nur im Rahmen diverser bankaufsichtlicher (z.B. „Richtlinien der Schweizerischen Bankiervereinigung für Vermögensverwaltungsaufträge") oder standesrechtlicher Richtlinien wie beispielsweise den „Standesregeln des Verbands Schweizerischer Vermögensverwalter für die Ausübung der unabhängigen Vermögensverwaltung" getätigt werden dürfen. Nach den Richtlinien der Schweizerischen Bankiervereinigung für Vermögensverwaltungsaufträge darf beispielsweise eine Bank in der Schweiz oder in Liechtenstein so genannte „standardisierte Optionsgeschäfte" (das sind solche Optionsgeschäfte, die über vereinheitlichte Produkte lauten, die auf einem organisierten Markt gehandelt und über eine anerkannte Clearingstelle, welche für die Erfüllung der Optionskontrakte Sicherheit bietet, abgewickelt werden) nur dann ausüben, wenn diese auf das Gesamtportfolio des Anlegers keine Hebelwirkung haben und die Geschäfte im Rahmen der Anlagepolitik der Bank liegen.[204] Die Standesregeln des Verbands Schweizerischer Vermögensverwalter lassen Anlagen in Termin- und Derivatgeschäfte bzw. Anlagen in hybride und strukturierte Finanzprodukte nach individueller Ermächtigung des Anlegers zu.

---

[202] Nicht dazu gehören Immobilienfonds!

[203] In der Fachsprache „Klumpenrisiken" genannt.

[204] Vgl. Richtlinien für Vermögensverwaltungsaufträge der Schweizerischen Bankiervereinigung vom 1. Januar 2006, Ziffer 13.

Keine Hebelwirkung übt das Termingeschäft dann auf das Gesamt-portfolio aus, wenn das Depot beispielsweise beim Verkauf einer Kaufoption und dem Kauf einer Verkaufsoption eine dem Basiswert der Optionen ent-sprechende Position aufweist. *Mit anderen Worten:* Das Depot muss über ge-nügend Substanz oder Liquidität verfügen, um die eingegangenen Kon-trakte jederzeit erfüllen zu können. Dies gilt im besonderen Maße bei so ge-nannten „Stillhaltergeschäften", sofern die Bank für den Kunden solche durchführt. Des Weiteren muss den Richtlinien gemäß beim Verkauf von Fi-nancial Futures eine entsprechende Position in Basiswerten gegeben sein. Handelt es sich um Aktienindex-, Devisen- oder um Zinssatz-Futures, so ge-nügt es, wenn das Depot den Basiswert ausreichend repräsentiert.

Vertraglich ausgeschlossen sein sollte in allen Fällen die Befugnis, Guthaben oder Wertpapiere zurückzuziehen oder für Rechnung des Kunden zu verpfänden oder Vergütungen, soweit sie nicht für Anlagezwecke erfor-derlich sind, vorzunehmen. Auch die Aufnahme von Krediten soll ausge-schlossen sein.

Nach schweizerischem Recht abgeschlossene Vermögensverwal-tungsverträge unterliegen keiner Kündigungsfrist und können jederzeit von beiden Parteien mit sofortiger Wirkung aufgelöst werden; er erlischt al-lerdings nicht automatisch beim Tod oder bei allfällig eintretender Hand-lungsunfähigkeit des Depotinhabers.

Vermögensverwaltungsverträge mit österreichischen Banken wer-den mit Unterzeichnung wirksam und auf bestimmte Dauer abgeschlossen und können vom diskreten Geldanleger jederzeit unter Einhaltung einer Kündigungsfrist gekündigt werden. Vermögensverwaltungsverträge, die auf Nummernkonten basieren, können auch durch handschriftliche Anbrin-gung des entsprechenden Losungswortes gekündigt werden.

Vermögensverluste: Haftungsfragen beim Vermögensverwaltungsvertrag

Ein Vermögensverwaltungsvertrag ermächtigt die Bank, für Rech-nung des Kunden Verwaltungshandlungen jeglicher Art vorzunehmen, Ver-mögenswerte anzulegen, Wertpapierkäufe und -verkäufe zu tätigen, Wert-papiere zu konvertieren (umzuwandeln, z.B. Wandelanleihen in Aktien), Bezugsrechte auszuüben oder bestmöglich zu verkaufen, Guthaben auf Zeit anzulegen sowie alle sonstigen Maßnahmen zu treffen, die zur Verwaltung,

Betreuung und Vertretung des Depotguthabens *im Rahmen der gewählten Anlagestrategie,* sonstiger vorgegebener *Anlagerestriktionen* oder diverser *Verwaltungsrichtlinien* für nützlich oder notwendig erachtet werden. Der diskrete Geldanleger ermächtigt die Bank mit der Unterfertigung eines Vermögensverwaltungsvertrages zu obigen Handlungen im Regelfall ohne vorherige Einholung von Weisungen; ausgenommen ist regelmäßig die Aufnahme von Krediten. Vermögensverwaltungsmandate ermächtigen die Bank im Regelfall auch dazu, neue Spar-, Festgeld-, Fremdwährungskonten oder Depots zu eröffnen und darüber zu verfügen und diese auch wieder zu schließen, soweit dies für die Bank zweckmäßig erscheint.

In diesem „freien Ermessen" liegt naturgemäß eine breite Grauzone. Schweizer Banken schulden ihren Anlegern aus einem Vermögensverwaltungsmandat nämlich keinen bestimmten Erfolg. Der Verwaltungsvertrag verlangt lediglich eine Tätigkeit, die unter Beachtung der *gebotenen Sorgfalt* erbracht werden muss. „Sorgfalt" heißt, dass die Bank ihrem Kunden gegenüber ihre Aufklärungs- und Beratungspflichten erfüllt, welche sich insbesondere auch aus dem schweizerischen Obligationenrecht begründen. „Sorgfalt" heißt hier aber nicht, dass die Bank den „Vormund" spielen muss oder etwa unvorhersehbare Kursverluste trägt oder dass sie für die Sicherheit der Titel einzustehen hat. Wurden die gesetzlichen und vertraglichen Sorgfaltspflichten nicht verletzt, ist der Vertrag auch mit einer erfolglosen oder gar Verlust bringenden Vermögensverwaltung erfüllt. Der Sorgfaltspflicht schließt sich die Informations- und Treuepflicht des Artikel 11 des schweizerischen Börsen- und Effektenhandelsgesetzes an. Nachdem die Beratung Teil der Hauptschuld aus dem Vermögensverwaltungsvertrag ist, muss der Berater auch unaufgefordert aufklären. Ebenfalls von sich aus tätig werden muss der Berater, wenn der Anleger zwar erfahren ist, der Berater aber erkennt, dass der Anleger bestimmte mit dem gewünschten Geschäft im Zusammenhang stehende Risiken nicht sieht.

Bankkunden, die sich als Spezialist anbieten, können sich nach Ansicht des Schweizer Bundesgerichts grundsätzlich nicht mit der Begründung entlasten, die Bank hätte das Fehlen von Spezialkenntnissen für das gewünschte Geschäft erkennen müssen.[205] Der Kunde wird in solchen Fällen keine Anhaltspunkte dafür vorbringen können, dass die Bank den Mangel an Fachwissen tatsächlich gekannt und die Risiken bewusst in Kauf ge-

---

[205] BGE 4 C.427/1995 v. 7.10.1997.

nommen hat. Die Inanspruchnahme einer Schweizer Bank wegen Missachtung ihrer Sorgfaltspflichten setzt voraus, dass der Kunde ihr gegenüber eine Vertragsverletzung und den erforderlichen Kausalzusammenhang zwischen der Vertragsverletzung und dem erlittenen Vermögensschaden nachweist. Die Bank muss ihren Vermögensverwaltungsauftrag nicht so erfüllt haben, wie dies von einem professionellen und auf die Vermögensverwaltung spezialisierten Unternehmen zu erwarten ist. Eine diesbezügliche Beweisführung obliegt dem Auftraggeber (Geldanleger).

Bei fehlgeschlagenen Termingeschäften haben Privatanleger Schweizer Banken im Allgemeinen gute Karten, „verzockte" Anlagegelder wieder zurückzuholen, wenn sie unmittelbar nach Kenntnisnahme reklamieren (d.h. nicht erst dann, wenn Verluste eintreten). Laut einem neuen Grundsatzurteil des Schweizer Bundesgerichts ist der Kunde hinsichtlich der Risiken der beabsichtigten Investitionen aufzuklären, nach Bedarf in Bezug auf die einzelnen Anlagemöglichkeiten sachgerecht zu beraten und vor übereilten Entschlüssen zu warnen, wobei diese Pflichten inhaltlich durch den Wissensstand des Kunden einerseits und die Art des in Frage stehenden Anlagegeschäfts andererseits bestimmt werden. Unerfahrene Kunden sind über das Verlustrisiko sowie über die Minderung der Gewinnchancen je nach Höhe der von der Bank verrechneten Provisionen aufzuklären und mit der Gefahr vertraut zu machen, das Anlagegeld in kurzer Zeit zu verlieren[206], so der Tenor des Bundesgerichts.[207]

Die Wahrscheinlichkeit, dass Gerichte Haftungsausschlüsse Schweizer Banken für unzulässig erklären, ist angesichts des engen Haftungsmaßstabs, den das Bundesgericht bei Verlusten aus Vermögensverwaltung vorgibt, relativ hoch. Aber allein aus der Rechtsprechungstendenz heraus lässt sich nicht konkludent schließen, dass Schweizer Banken ihre Haftung für eine Vertragsverletzung nicht beschränken können. Es empfiehlt sich deshalb, vor Abschluss eines Vermögensverwaltungsvertrags über diverse Haftungsbeschränkungsklauseln im Kleingedruckten genau zu verhandeln.

Schließlich wird sich die mit der Vermögensverwaltung beauftragte Bank für ein bestimmtes Verwaltungsergebnis oder eine bestimmte vom diskreten Geldanleger erwartete Vermögensentwicklung nicht verantwortlich zeichnen und dafür nicht einstehen, dass das Wertpapierdepot Verluste

---

[206] BGE 124 III 163 E.3.a.
[207] BGE v. 7.10.1997, a.a.O.

erlitten hat. Der diskrete Geldanleger entbindet die Vermögensverwaltungsbank auch von jeglicher Haftung für die Richtigkeit der von ihr getroffenen Verfügungen, Maßnahmen und Anlageentscheidungen, insbesondere für die Auswahl der Wertpapiere oder anderer Vermögenswerte und für eventuell eintretende Kurs-, Währungs- oder sonstige Vermögensverluste.

Fazit: Die Vermögensverwaltungsbank haftet dem diskreten Geldanleger im Regelfall nur für grobe Fahrlässigkeit oder Vorsatz, nicht aber für leichte Fahrlässigkeit. Soweit sich die Vermögensverwaltungsbank bei der Durchführung des Vermögensverwaltungsauftrags Dritten bedient, haftet sie nur für grobes Auswahlverschulden.

Sorgfaltspflichten der Schweizer Banken nach den Richtlinien für Vermögensverwaltungsaufträge der Schweizerischen Bankiervereinigung

Im Bestreben, das Ansehen der schweizerischen Vermögensverwaltung im In- und Ausland und insbesondere deren hohe Qualität zu wahren und zu fördern, hat die Schweizerische Bankiervereinigung Richtlinien für Vermögensverwaltungsaufträge[208] aufgestellt, die für Schweizer Banken als „Standesregeln" verbindlich sind, jedoch keine direkten Auswirkungen auf das zugrunde liegende zivilrechtliche Verhältnis zwischen den Banken und ihren Kunden haben. Diskrete Geldanleger, die einer Schweizer Bank einen Auftrag zur Vermögensverwaltung gestellt haben, sollen sich darauf verlassen können, dass ihre Vermögen professionell und in ihrem Interesse verwaltet werden, auch wenn sie den Banken außer einer Zielvorstellung keine weiteren speziellen Weisungen erteilen.

Den Richtlinien liegen folgende Grundsätze zugrunde:

„1. Durch den Vermögensverwaltungsauftrag wird die Bank ermächtigt, alle Handlungen auszuführen, die sie im Rahmen der üblichen bankmässigen Vermögensverwaltung als zweckmässig erachtet. Die Bank übt den Auftrag nach bestem Wissen und Gewissen aus, unter Berücksichtigung der persönlichen Verhältnisse des Kunden, soweit sie ihr bekannt sein können. Sie handelt nach freiem Ermessen im Rahmen der mit dem Kunden festgeleg-

---

[208] In der aktuellen Fassung gültig seit 1. Januar 2006.

ten Anlageziele und unter Berücksichtigung von allfälligen speziellen Wei-
sungen des Kunden. Dagegen erlaubt der Vermögensverwaltungsauftrag
nicht, Aktiven zurückzuziehen."

Die Schweizer Bank hat danach den Kunden zu Beginn des Vermögensverwaltungsauftrages über dessen Inhalt zu orientieren. Sie soll mit
dem Kunden in direktem Kontakt seine Anlageziele erörtern und daran
festhalten. Zur Erreichung dieser Ziele legt die Bank die Anlagepolitik nach
freiem Ermessen fest. Die Bank kann die Anlagepolitik entweder für alle
Kunden einheitlich, nach bestimmten Kundengruppen oder für jeden Kunden individuell ausrichten. Erteilt der Kunde der Bank spezielle Weisungen
(ständige oder auf einzelne Transaktionen bezogene), so gelten die vorliegenden Richtlinien subsidiär. Ständige Weisungen und spätere Änderungen sind von der Bank schriftlich festzuhalten. Die übrigen Aufträge sind in
geeigneter Form zu registrieren.

Sind beim Vollzug von speziellen Weisungen besondere Risiken mit
der betreffenden Geschäftsart verbunden, so informiert die Bank den Kunden darüber.

„2. Der Vermögensverwaltungsauftrag wird in schriftlicher Form
nach dem von der Bank festgelegten Text erteilt und vom Kunden unterzeich-
net."

Es genügt nicht, dass der diskrete Geldanleger mündlich einen Auftrag zur bestmöglichen Verwaltung seines Vermögens erteilt.

„3. Die Bank sorgt dafür, dass der ihr erteilte Vermögensverwaltungs-
auftrag durch die zuständigen Mitarbeiter gemäss diesen Richtlinien und
allfälligen internen Weisungen sowie im Rahmen der jeweils gewählten An-
lagepolitik ausgeübt wird."

Durch diese Bestimmung wird die Verantwortlichkeit klar geregelt:
Der Vermögensverwaltungsauftrag wird der Bank selber und nicht einem
leitenden Bankorgan oder einem Bankmitarbeiter persönlich erteilt.

„4. Eine Bank, welche Vermögensverwaltungsaufträge entgegen-
nimmt, muss über eine professionelle und den Verhältnissen des Betriebes
angemessene Organisation verfügen."

Eine angemessene Organisation setzt voraus, dass diejenigen Bankmitarbeiter, welche sich mit der Vermögensverwaltung und mit der Anlagepolitik befassen, nicht zugleich auch die ordentlichen Auszüge von Konti
und Depots für den Kunden erstellen. Letzteres dürfte bei renommierten

Schweizer Banken, an die sich der diskrete Geldanleger wendet, die Ausnahme sein.

„5. Der Kunde erhält die Konto- und Depotauszüge vereinbarungsgemäss, damit er diese überprüfen kann."

Der Sinn dieser Bestimmung ist, dass der Kunde, auch wenn er nur sporadisch bei seiner Bank vorspricht, nicht in Unkenntnis der für ihn getätigten Bankgeschäfte gehalten wird.

„6. Die internen Kontrollorgane der Bank haben periodisch zu überprüfen, ob die hier erlassenen Richtlinien eingehalten werden."

Die Prüfung bezieht sich auf die Anwendung der vorliegenden Richtlinien und allfälligen internen Weisungen. Nicht der Prüfung unterliegt jedoch die Auswahl der Anlagen.

Hinsichtlich der Durchführung des Vermögensverwaltungsauftrags bestimmen die Richtlinien Folgendes:

„7. Das anvertraute Vermögen ist im Rahmen des Vermögensverwaltungsauftrags und dieser Richtlinien regelmässig zu überwachen. Die Bank ist verpflichtet, die ins Depot des Kunden aufzunehmenden Anlagen mit Sorgfalt auszuwählen."

Bei der Wahl der Anlagen hat sich die Bank auf zuverlässige Informationsquellen zu stützen. Sie überwacht die getätigten Anlagen regelmäßig. Die Bank kann jedoch nicht verantwortlich gemacht werden, wenn in der Folge sorgfältig ausgewählte Anlagen an Wert verlieren.

„Der Vermögensverwaltungsauftrag ist auf die banküblichen Anlageinstrumente beschränkt."

Als banktübliche Anlageinstrumente im Sinne dieser Richtlinien gelten insbesondere Festgeld- und Treuhandanlagen, Edelmetalle, Geld- und Kapitalmarktanlagen in Form von Wertpapieren und Wertrechten (z.B. Aktien, Obligationen, Notes, Geldmarktbuchforderungen), davon abgeleitete Instrumente und deren Kombinationen (Derivate, Hybride etc.) sowie Anlagefonds, Investmentgesellschaften und andere Instrumente der kollektiven Anlage (Anteile von Anlagefonds, bankinternen Sondervermögen, Unit Trusts etc.). Bei Investmentgesellschaften und Instrumenten der Kollektivanlage gilt als Voraussetzung, dass sie ihrerseits in bankübliche Anlagen oder Immobilien investieren.

Nicht banküblich im Sinne dieser Richtlinien sind alle Direktanlagen in Immobilien, Nichtedelmetallen, Rohstoffen etc., deren Indizes sowie Anlagen mit Derivaten darauf. Für solche Transaktionen muss der Kunde eine spezielle Weisung erteilen.

„9. Die Bank vermeidet Klumpenrisiken infolge unüblicher Konzentration auf eine zu kleine Anzahl von Anlagen."

Schweizer Banken müssen danach eine angemessene Risikoverteilung durch eine ausreichende Diversifikation zur Verminderung titelspezifischer Risiken bewerkstelligen.

„10. Die Vermögensanlage in Wertpapieren, Wertrechten und Edelmetallen beschränkt sich auf leicht handelbare Anlageinstrumente. Anlagen in Instrumenten, die von durch die Bank direkt oder indirekt kontrollierten oder errichteten Gesellschaften ausgegeben werden, sind nur insofern gestattet, als es sich um übliche Publikumsinstrumente handelt."

Kriterium für die leichte Handelbarkeit ist die Kotierung an einer Börse oder das Bestehen eines repräsentativen Marktes für den betreffenden Wert.

„11. Aufgrund des Vermögensverwaltungsauftrags dürfen weder Kredite aufgenommen noch potentielle Sollpositionen eingegangen werden."

Schweizer Banken dürfen danach ohne ausdrückliche Zustimmung des Kunden keine Kreditoperationen oder ähnliche Geschäfte tätigen, und zwar auch dann nicht, wenn die von der Bank intern festgelegte Sicherheitsmarge eingehalten werden kann.

„12. Nicht-traditionelle Anlagen: Zur Diversifikation des Gesamtportfolios können nicht-traditionelle Anlagen eingesetzt werden, wenn sie nach dem Fund of Funds-Prinzip strukturiert sind oder sonst für eine gleichwertige Diversifikation Gewähr bieten und die leichte Handelbarkeit im Sinne von Ziff. 10 gewährleistet ist."

Als nichttraditionell gelten Anlagen in Hedge Funds, Private Equity und Immobilien. Deren Anlagen sind nicht notwendigerweise auf bankübliche oder leicht handelbare Instrumente beschränkt. Beim Fund-of-Funds-Prinzip erfolgt die Anlage des Fonds in eine Mehrzahl rechtlich selbständiger Instrumente der kollektiven Anlage. Eine diesem Prinzip gleichwertige Diversifikation liegt vor, wenn die Anlage in einer einzigen Kollektivanlage zusammengefasst, aber nach dem Multi-Manager-Prinzip (durch mehrere, unabhängig voneinander arbeitende Manager) verwaltet wird.

Die Aufnahme von nicht traditionellen Anlagen muss durch die Anlagepolitik der Bank abgedeckt sein.

„13. Standardisierte Optionsgeschäfte (Traded Options) auf Wertschriften, Devisen, Edelmetallen, Zinssatzinstrumenten und Börsenindizes (Kauf und Verkauf von Calls und Puts) sind zulässig, wenn sie auf das Gesamtportfolio keine Hebelwirkung haben und im Rahmen der Anlagepolitik der Bank liegen. Für Geschäfte in Optionsinstrumenten, die nicht standardisiert sind (z.B. OTC-Optionen, Warrants, Stillhalteroptionen u.a.), gelten die gleichen Grundsätze. Stillhaltergeschäfte (Hinterlegung von Titeln des Kunden als Deckung für die Ausgabe von Optionen durch die Bank oder einen Dritten) dürfen nur mit ausdrücklicher Zustimmung des Kunden getätigt werden.“

„Standardisiert“ im Sinne dieser Bestimmung sind Optionsgeschäfte über vereinheitlichte Produkte, die auf einem organisierten Markt gehandelt und über eine anerkannte Clearingstelle, welche für die Erfüllung der Optionskontrakte Sicherheit bietet, abgewickelt werden.

„14. Financial Futures sind im Rahmen der Anlagepolitik wie folgt einsetzbar: Beim Verkauf von Financial Futures muss eine entsprechende Position in Basiswerten gegeben sein. Handelt es sich um Aktienindex-, Devisen- oder um Zinssatz-Futures, so genügt es, wenn der Basiswert ausreichend repräsentiert wird. Beim Kauf von Financial Futures muss die notwendige Liquidität bereits beim Kaufabschluss vollumfänglich vorhanden sein. Für nicht standardisierte Termingeschäfte gelten die gleichen Grundsätze.“

Regel Nummer 14 besagt schließlich, dass beim Verkauf von Devisen-Futures die Position in Basiswerten, insbesondere auch aus Anlagen bestehen kann, die auf die entsprechende Währung lauten.

Ganzheitliche Vermögensberatungs- und -betreuungskonzepte

Noch umspannender als die traditionelle Vermögensverwaltung präsentieren sich die im Regelfall von Privatbanken angebotenen ganzheitlichen Vermögensberatungs- und -betreuungskonzepte. Dieses Leistungspaket beinhaltet neben der Vermögensverwaltung auch die Beratung im Bereich Altersvorsorge, Steuern und Erbschaften. Dabei wird die gesamte finanzielle Situation des Kunden erfasst, analysiert und unter Berücksichtigung persönlicher und steuerlicher Gegebenheiten des Kunden nach seinen Wünschen und Zielen optimiert.

Die ganzheitlichen Vermögensberatungs- und -betreuungskonzepte schließen auch *nicht bankübliche Finanzanlagen* wie Immobilien, Antiquitäten, Rohstoffe oder Unternehmensbeteiligungen etc. ein. Solche Konzepte schließen im Regelfall auch die Gründung und Verwaltung von Trusts, Stiftungen oder privater Investitionsgesellschaften (so genannte PICs oder „Private Investment Companies") ein. Stiftungen und Trusts sichern Vermögen auf diskrete Weise vor dem Zugriff Dritter und erleichtern die Übertragung im Zuge der vorweggenommenen Erbfolge.[209]

---

[209] Zu Trusts und Stiftungen vgl. Teile XII und XIV.

Teil X
Diskrete Geldanlagen im Mantel liechtensteinischer Lebensversicherungen

Liechtenstein ist Mitglied des Europäischen Wirtschaftsraums; Versicherungsnehmer profitieren dadurch insbesondere von den europäischen Richtlinien („Europäischer Pass"). Das liechtensteinische Versicherungsaufsichtsgesetz ermöglicht es dem diskreten Geldanleger zudem, seine bisherigen Konten und/oder Wertpapierdepots als Einmalbeitrag in eine liechtensteinische Lebensversicherung diskret einzubringen; der diskrete Geldanleger stülpt sozusagen einen Mantel in Form einer Lebensversicherungspolice über seine Vermögensanlage. Damit kann er nicht nur unter den besonderen Voraussetzungen des jeweils für ihn anwendbaren Steuerrechts Erträge und Wertzuwächse unter Umständen zur Hälfte oder zur Gänze steuerfrei vereinnahmen oder auch besonders steuergünstig vererben. Eine fondsgebundene Lebensversicherungspolice unterscheidet sich zudem kaum gegenüber einer standardisierten fondsgestützten Vermögensverwaltung einer Bank.

Liechtensteinische Lebensversicherungen sind außerdem pfändungssicher (Konkursprivileg). Weil Liechtenstein die gleichen Systeme hat wie die Schweiz (Währung, Sprache, Post etc.) und ein Versicherungsabkommen zwischen der Schweiz und Liechtenstein existiert, können liechtensteinische Versicherungen auch durch Schweizer Staatsbürger gezeichnet werden.

Warum eine liechtensteinische Lebensversicherung?

Liechtenstein verfügt über moderne Gesetze: Es existieren ein Versicherungsgeheimnis, absolute Sicherheit der Kundendaten, ein Konkursprivileg (Unpfändbarkeit der Versicherungspolice). Praxisrelevante und für den Versicherungsnehmer wichtige EU-Regelungen wie unter anderem die Liquidationsrichtlinie für Versicherungen[210] hat Liechtenstein in das Versicherungsaufsichtsgesetz übernommen.[211] Mit Umsetzung dieser EU-RL wurde nicht nur ein langjähriges Anliegen der Versicherungswirtschaft erfüllt, um die Wettbewerbsgleichheit mit EU-konformer Praxis anderswo herzustellen. Der diskrete Geldanleger trifft auch in Liechtenstein auf einen finanzstarken Versicherungspartner und genießt denselben Vermögensschutz wie ihn Versicherer aus den EU-Hochsteuerländern gewähren.

Das liechtensteinische Versicherungsaufsichtsgesetz ist so flexibel, dass jedem Kunden eine personalisierte Lösung „nach Maß" angeboten werden kann. Versicherungsnehmer von liechtensteinischen Versicherungsgesellschaften genießen beispielsweise die freie Wahl der Anlagestrategie. Die Kapitalanlage (Prämie) oder auch bestehende Depots können von dem Bankberater des Versicherungsnehmers auch nach Einbringung in eine Lebensversicherungspolice unverändert weiter betreut und verwaltet werden. Der Kunde kann seine Hausbank als depotführendes Institut wählen, bei dem ein auf den Namen der Versicherungsgesellschaft lautendes Wertschriftenkonto eröffnet wird. Liechtensteinische Lebensversicherungen ermöglichen eine diskrete Geldanlage, ohne dass der Anleger bei einer Bank ein legitimiertes Konto eröffnen muss. Bei Abschluss einer Lebensversicherung eröffnet der Versicherer ein Konto bei einer von ihm gewählten oder seiner bisherigen Bank, das beispielsweise lautet auf: „Lebensversicherungspol. Nr. 1810/000xx". Auf dieses Konto kann der Anleger die Prämien einzahlen und wie bereits erwähnt, individuell anlegen bzw. verwalten lassen.[212] Es bestehen im Allgemeinen keine Beschränkungen bei der Wahl der zugrunde liegenden Finanzprodukte. Die Zusammensetzung des Wert-

---

[210] RL 2001/17 EG.
[211] Vgl. Ausführungen im Abschnitt Versicherungsaufsicht.
[212] Je nach Versicherungsgesellschaft und Tarif können unterschiedliche Regelungen zutreffend sein.

papierdepots kann jederzeit mittels einer einfachen Mitteilung an die Versicherungsgesellschaft geändert werden.

Liechtensteinische Lebensversicherungen ermöglichen die spezifische und freie Bezeichnung der Begünstigten, erlauben damit eine maßgeschneiderte Planung der Vermögensnachfolge, den Schutz für die Familie oder für Dritte, die Errichtung eines Vorsorgeplans, um nur ein paar Beispiele zu nennen.

Zinseinkünfte i.s. der EU-Zinsrichtlinie unterliegen in Deckungsstöcken einer liechtensteinischen Lebensversicherung nicht der Steuerpflicht. Das EU-Zinsabkommen betraf die Versicherungswirtschaft nur indirekt, weil eine Versicherungsgesellschaft nicht Zahlstelle i.S. der EU-Zinsrichtlinie ist. Steuerpflichtige Einkünfte, die der diskrete Geldanleger mit seinen in eine Lebensversicherung eingelegten Depots erwirtschaftet, können daher ohne Steuerabzug wieder reinvestiert werden, was über die Jahre hinweg einen nicht unbedeutenden Steuerstundungseffekt bedeutet.[213] Es ist allerdings Sache des Begünstigten, die erhaltenen Leistungen der Steuerbehörde seines Wohnsitzlandes zu melden und somit seine persönliche Situation zu regeln!

Eine liechtensteinische Versicherungspolice hat Ähnlichkeit mit einem Wertpapier. Der diskrete Geldanleger kann sie bei seiner Hausbank zusammen mit seinen Wertpapieren hinterlegen; die Police kann verpfändet oder bei Privatpersonen oder Banken als Sicherheit hinterlegt werden (wie jedes andere Wertpapier: Obligationen, Aktien, Anteilscheine von Anlagefonds usw.). Der Anspruch aus einem Versicherungsvertrag kann auch an Dritte abgetreten (verkauft) werden.

Eine liechtensteinische Versicherungspolice erfüllt alle Anforderungen des diskreten Geldanlegers, der eine Alternative zu einer Treuhänderschaft (einem Trust) oder einer Stiftung sucht, und stellt für geringere Vermögen eine einfache (weil kürzere administrative Abläufe und kostengünstigere) Lösung dar. Die Erbschaftsplanung ist beliebig gestaltbar und dem Versicherungsantrag kann ein Testament oder ein gleichwertiges Dokument beigelegt werden.

---

[213] Zum EU-Steuerrückbehalt in Schweiz und Liechtenstein siehe Teil XV, Abschnitt: Besteuerung diskreter Geldanlagen in der Schweiz und im Fürstentum Liechtenstein.

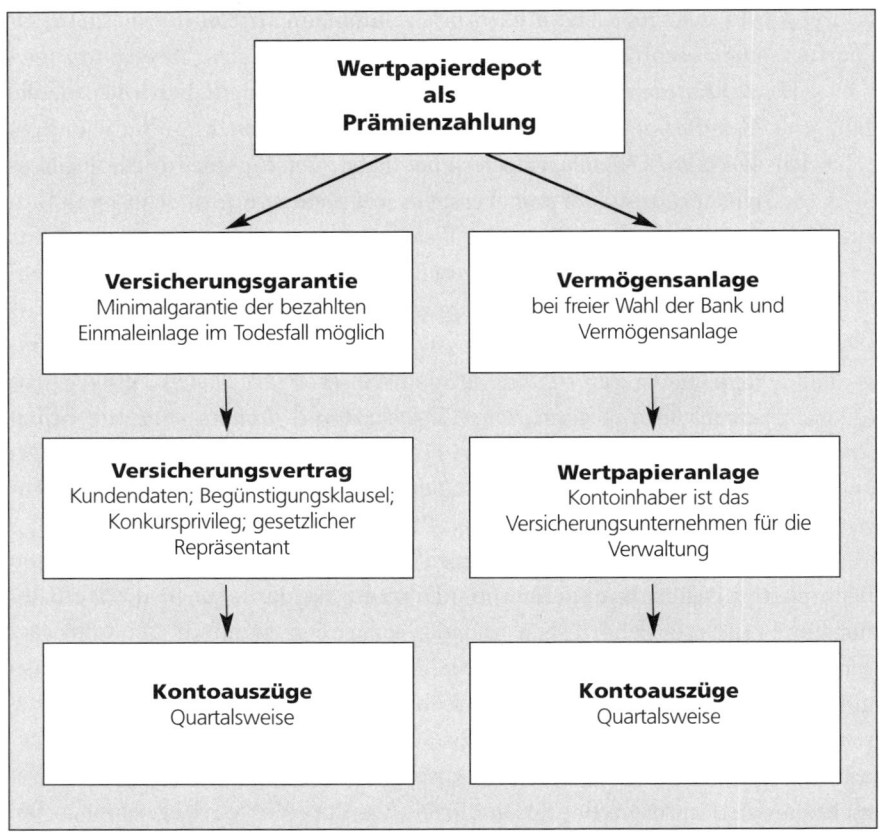

Abbildung 13: Prämienverlauf diskreter Vermögensanlagen im Mantel einer liechtensteinischen Lebensversicherung

Versicherungsgeheimnis

Das im liechtensteinischen Versicherungsaufsichtsgesetz (VersAG) unter Artikel 44 VersAG verankerte Versicherungsgeheimnis sichert diskreten Geldanlegern das Recht auf vertrauliche Handhabung zu.

Art. 44 Versicherungsaufsichtsgesetz[214] lautet:

„1) Die Mitglieder der Organe von Versicherungsunternehmen und ihre Mitarbeiter sowie sonst für solche Gesellschaften tätige Perso-

---

[214] I.d.F. LGBl. 2002 Nr. 157.

nen sind zur Geheimhaltung von nicht öffentlich bekannten Tatsachen verpflichtet, die ihnen aufgrund der Geschäftsverbindungen mit Kunden anvertraut oder zugänglich gemacht worden sind. Die Geheimhaltungspflicht gilt zeitlich unbegrenzt.

2) Werden Behördenvertretern bei ihrer dienstlichen Tätigkeit Tatsachen bekannt, die dem Versicherungsgeheimnis unterliegen, so haben sie das Versicherungsgeheimnis als Amtsgeheimnis zu wahren.

3) Vorbehalten bleiben die gesetzlichen Vorschriften über die Zeugnis- oder Auskunftspflicht gegenüber Gerichtsbehörden.

4) Die Aufsichtsbehörde kann vom Versicherungsgeheimnis entbinden, sofern dafür ein ausgewiesenes Interesse besteht, namentlich zur Erfüllung gesetzlicher Informationspflichten oder zur Erfassung und Überprüfung von Versicherungsrisiken. Die Aufsichtsbehörde nimmt in einem solchen Fall Rücksprache mit dem Datenschutzbeauftragten."

Das Versicherungsgeheimnis entspricht in Wesen und Umfang dem liechtensteinischen Bankgeheimnis. Diskrete Geldanleger in liechtensteinischen Lebensversicherungen sind also sozusagen „zweimal" geheimnisgeschützt. Begünstigend für diskrete Geldanleger wirkt, dass die Beaufsichtigung der Lebensversicherungsgesellschaften mit Sitz in Liechtenstein ausschließlich durch die liechtensteinische Aufsichtsbehörde erfolgt (so genanntes Single-licence- und Home-country-control-Prinzip). Es sickert nichts an ausländische Behörden durch. Absolute Verschwiegenheit in Bezug auf Vertragsabschluss und Policenverwaltung ist dem diskreten Geldanleger somit zugesichert.

Versicherungsaufsicht

Das liechtensteinische Versicherungsaufsichtsgesetz (VersAG) und die Versicherungsaufsichtsverordnung (VersAV) sehen für diskrete Geldanleger folgende Kapitalschutzregelungen vor:

Artikel 15 VersAG sieht vor, dass Versicherungsgesellschaften freie Eigenmittel und ungebundene Reserven mindestens im Umfang einer gewissen Solvabilitätsspanne auszuweisen haben. Der so genannte Garantiefonds soll ein Drittel der Solvabilitätsspanne ausmachen und muss mindestens 1,5 Mio. Schweizer Franken (ca. 1 Mio. EUR) betragen.

Die Versicherungsaufsichtsverordnung (VersAV) schreibt zudem vor, welche Eigenmittel und welche Art der Reserven zur Deckung der Solvabilitätsspanne angerechnet werden können und in welcher Höhe (Art. 19 Abs. 2 VersAV). Zur Deckung der Solvabilitätsspanne sind nur Eigenmittel und Reserven zugelassen, welche nicht an immaterielle Anlagewerte gebunden sind. Die Eigenmittel und Reserven werden permanent durch die Aufsichtsbehörden überwacht.

Sollten Eigenmittel und Reserven unter die vorgeschriebene Solvabilitätsspanne fallen, hat das Unternehmen der Aufsichtsbehörde eine Strategie zur Wiederherstellung gesunder finanzieller Verhältnisse zur Genehmigung vorzulegen.

Art. 16 VersAG verpflichtet Versicherungsgesellschaften, ausreichende technische Rückstellungen zu bilden. Diese technischen Reserven müssen so berechnet werden, dass allen jetzigen und künftigen, aus Versicherungsverträgen resultierenden, Verpflichtungen nachgekommen werden kann. Zu den technischen Reserven zählen Reserven für bestehende Versicherungsverträge, Reserven für künftige Versicherungsleistungen und Reserven für gewinnbeteiligte Policen. Die technischen Reserven werden von einem dafür ernannten „Aktuar" berechnet und beglaubigt. Sie werden jährlich durch die Aufsichtsbehörden und durch die Revisionsgesellschaft überprüft. Der ernannte verantwortliche Aktuar muss bei der Aufsichtsbehörde angemeldet und von dieser bezüglich fundierter Ausbildung und beruflicher Erfahrung anerkannt werden (Art. 13 VersAG). Das Gleiche gilt für die Revisionsgesellschaft (Art. 40 VersAG).

Liechtensteinische Versicherungsgesellschaften schützen sich gegen Risiken (wie z.B. Todesfall und Invalidität) durch Rückversicherungsverträge. Der Risikoanteil, welcher von den Versicherungen selbst getragen wird, hängt von der Höhe der Versicherungssummen ab. In zweiter Linie werden die Verträge an führende Rückversicherungsgesellschaften retrozediert.

Die Richtlinie 2001/17/EG des Europäischen Parlaments vom 19. März 2001 und Art. 59a des liechtensteinischen Versicherungsaufsichtsgesetzes (Vers AG)[215], welcher die Sanierung und Liquidation von Versicherungsunternehmen regelt, sehen vor, dass Leistungen aus Lebensversicherungen bei Konkurs einer Versicherungsgesellschaft Vorrang vor allen anderen Forderungen haben. In der Tat werden Versicherungsforderungen

---

[215] I.d.F. LGBl. 2005 Nr. 14.

im Konkursfall einer Versicherungsgesellschaft durch ein absolutes Vorrecht begünstigt. Dies bedeutet konkret: Vermögenswerte aus Versicherungspolicen diskreter Geldanleger zur Deckung der versicherungstechnischen Rückstellungen bilden eine – insolvenzgeschützte – Sondermasse.

Konkursprivileg

Liechtensteinische Lebensversicherungen genießen einen absoluten Pfändungsschutz, verankert in Artikel 78 des liechtensteinischen Versicherungsvertragsgesetzes (VersVG). Das Insolvenzprivileg gewährleistet, dass bei der Begünstigung naher Angehöriger im Fall eines Konkurses die privat getroffene Altersvorsorge dem Gläubigerzugriff entzogen ist.

Artikel 78 lautet: „Sind der Ehegatte oder die Nachkommen des Versicherungsnehmers Begünstigte, so unterliegen, vorbehaltlich allfälliger Pfandrechte, weder der Versicherungsanspruch des Begünstigten noch derjenige des Versicherungsnehmers der Exekution zugunsten der Gläubiger oder dem Konkurs des Versicherungsnehmers oder des Begünstigten. Dem Ehegatten gleichgestellt sind Personen, die mit dem Versicherungsnehmer in eheähnlicher Gemeinschaft leben."

Mit anderen Worten: Schließt ein deutscher oder österreichischer diskreter Geldanleger in Liechtenstein eine Lebensversicherung ab und setzt er einen direkten Nachkommen oder den Ehepartner als den Begünstigten ein, ist der Versicherungsanspruch privilegiert. Gläubiger eines in Liechtenstein Versicherten haben selbst dann keinen Zugriff, wenn ein ausländisches Gericht die Beschlagnahme der Police oder den Einschluss des Versicherungsanspruchs in das Insolvenzverfahren anordnet. Das Insolvenzprivileg gilt zudem sogar selbst dann, wenn die Begünstigtenstellung widerruflich ist.

Versicherungsprodukte im Überblick

Das liechtensteinische Versicherungsaufsichtsgesetz beinhaltet einen weniger strikten Versicherungsbegriff als beispielsweise das deutsche Recht. So können in Liechtenstein „Lebensversicherungen" abgeschlossen werden, die eigentlich gar keine sind, weil sie nichts anderes darstellen als reine Sparversicherungen mit garantierten Erlebensfallleistungen, ohne Todesfallschutz (so genannte Kapitalisationsversicherungen). Als Kapitalisationsgeschäfte gelten Geschäfte, denen ein mathematisches Verfahren zugrunde liegt, wobei gegen im Voraus festgesetzte einmalige oder regelmäßig wiederkehrende Zahlungen bestimmte Verpflichtungen übernommen werden, deren Dauer und Höhe genau festgelegt sind.

Beim Kapitalisationsprodukt zahlt der Versicherungsnehmer laufend während der vereinbarten Prämienzahlungsdauer – oder einmalig – Prämien ein. Im Erlebensfall erhält er die vereinbarte Versicherungssumme zuzüglich aufgelaufener Gewinnbeteiligungen ausbezahlt. Stirbt er während der Vertragsdauer, wird das *Deckungskapital* fällig. Das Deckungskapital ist die von der Versicherungsaufsichtsbehörde verlangte Sicherstellung des Kapitals, das benötigt wird, um jederzeit die Verpflichtung gegenüber den Versicherungsnehmern erfüllen zu können. Im Klartext heißt dies, dass die Hinterbliebenen von einer Kapitalisationsversicherung nur das bis dato mit dem garantierten (technischen) Zinssatz[216] verzinste Sparkapital plus die Gewinnbeteiligung zurück erwarten können.

Bei der *fondsgebundenen Kapitalisationsversicherung* kann der Versicherte seine Prämien beispielsweise in diejenigen Anlagefonds investieren, die in einem *Anlagestrategieplan* des Versicherers enthalten sind. Selbstverständlich kann sich der Anleger auch sein eigenes Versicherungsfondsdepot zusammenstellen, wobei die Auswahl auf bestimmte Fonds begrenzt sein kann. Bei Vertragsablauf erhält der Versicherungsnehmer im Erlebensfall das entsprechende Anteilguthaben ausbezahlt.

Gemischte Kapitallebensversicherung gegen Einmaleinlage

Die *gemischte Lebensversicherung* vereinigt Sparvorgang mit Risikoschutz. Unterschied zur Kapitalisationsversicherung: Bei der gemischten Lebensversicherung erhält der Versicherungsnehmer bei Vertragsablauf im Erlebensfall, also auch wenn die versicherte Person während der Vertragslaufzeit verstirbt, immer die volle vereinbarte Versicherungssumme ausbezahlt, zuzüglich eines vorhandenen Überschusses, soweit dieser einem Überschusssparkonto gutgeschrieben wurde. Beim Kapitalisationsprodukt leistet der Versicherer wie oben gesehen nur das Deckungskapital, also das zum technischen Zinssatz verzinste Sparkapital plus die aufgelau-

---

[216] Derzeit 2,5%.

fenen Überschüsse. Mit einer gemischten Kapitallebensversicherung gegen Einmaleinlage[217] deckt der diskrete Geldanleger sein Todesfallrisiko und bildet gleichzeitig Kapital für den Erlebensfall, ganz diskret, ohne Bankverbindung und Nummernkonto.

Die Versicherungssumme wird entweder im Versicherungsfall oder spätestens bei Vertragsablauf (im Erlebensfall) diskret ausbezahlt. Bei Eintritt des versicherten Ereignisses, also im Todesfall, erhalten die Begünstigten einen eigenen, direkten Anspruch. Gemischte Lebensversicherungen lassen sich auch in Form einer aufgeschobenen lebenslänglichen Leibrentenversicherung mit jährlichen garantierten Renten abschließen. Die jährliche Überschussbeteiligung wird hier auf einem zinstragenden Konto thesauriert und im Todesfall oder am Ende der Aufschubzeit in einer Summe ausbezahlt oder zu Beginn der Rentenzahlungen in eine Zusatzrente umgewandelt. Überschüsse entstehen stets dann, wenn der Kapitalertrag höher ist und/oder die Entwicklung der gedeckten Risiken und die Kosten vorteilhafter sind, als es die der Prämienberechnung zugrunde gelegten Annahmen voraussehen lassen.

Fondsgebundene Lebensversicherungen

Fondsgebundene Lebensversicherungen kombinieren die steuerlichen Vorteile einer Versicherungspolice mit den Ertragschancen am Kapitalmarkt. Bei einer *fondsgebundenen Lebensversicherung auf den Erlebens- und Todesfall* wählt der Anleger vor Vertragsbeginn zwischen diversen Anlageplänen aus, die der Versicherer für ihn zusammengestellt hat. Mit dem Anlageplan bestimmt der Anleger das Quotenverhältnis Aktien/Renten, nach welchem seine Prämien aufgeteilt werden. Änderungen der Anlage sind jederzeit möglich, wobei die gegenwärtigen Fonds zum Rücknahmepreis veräußert und die neuen Fonds zum Ausgabepreis ins Depot genommen werden.

Bei fondsgebundenen Lebensversicherungen bestimmt sich das Anteilguthaben immer durch Multiplikation der Anzahl der der Police zuordenbare Fondsanteile mit dem Rücknahmepreis des jeweiligen Fondsanteils am Stichtag. Diskrete Geldanleger sollten darauf achten, dass der Ver-

---

[217] Daneben besteht auch die Möglichkeit, Beträge in unregelmäßigen Abständen in ein Prämiendepot einzubezahlen, das entsprechend verzinst wird und aus dem die fälligen Jahresbeiträge entnommen werden.

sicherer im Erlebensfall das gegenwärtige Anteilguthaben ohne jegliche Abschläge auszahlt. Im während der Vertragslaufzeit eintretenden Todesfall erhalten die Begünstigten entweder das aktuell vorhandene Anteilguthaben (Gesamtwert der Fonds) oder aber mindestens das Inventardeckungskapital einer analogen nicht fondsgebundenen Versicherung.

Beispiel: Beträgt das Anteilguthaben im Todeszeitpunkt 250.000 Schweizer Franken, würde sich aber bei einer konventionellen Kapitallebensversicherung unter Zugrundelegung derselben Beitragsleistung und Laufzeit eine Todesfallleistung von 300.000 Schweizer Franken errechnen, erhalten die Begünstigten der versicherten Person 300.000 Schweizer Franken. Würde im umgekehrten Fall das Anteilguthaben mehr als 300.000 Schweizer Franken betragen, würden die Begünstigten dieses Anteilguthaben erhalten.

Bei *fondsgebundenen Leibrentenversicherungen* können Änderungswünsche bezüglich der Anlagestrategie nur an jedem Fälligkeitszeitpunkt einer Rente zulässig sein. Nach Ablauf der Aufschubdauer (das ist die Sparphase bis zum gewählten Rentenbeginn) ist das Guthaben entweder in Form einer Rente auszahlbar oder der Versicherte übt eine Option zur Kapitalablöse der Rente aus. Im Erlebensfall wird stets das bei Vertragsablauf vorhandene *Anteilguthaben* ausbezahlt.

Der Lebensversicherungs-Policenvertrag – das Kleingedruckte

● Grundlagen des Vertrages

Bestandteil eines jeden Versicherungsvertrages sind der Versicherungsantrag, die Police, die Allgemeinen Versicherungsbedingungen mit ggf. besonderen Bedingungen sowie bei fondgebundenen Versicherungen die Anlagereglemente und ein Risikoprotokoll.

● Versicherungsnehmer, versicherte Person und Begünstigter

Versicherungsnehmer ist die Person, die den Versicherungsvertrag mit der Versicherung abschließt und verpflichtet ist, die Beiträge zu zahlen. Versicherte Person ist jene Person, deren Leben versichert ist. Begünstigter oder Bezugsberechtigter ist derjenige, der als Leistungsempfänger benannt ist. Bekannt und legitimiert ist dem Versicherer gegenüber der Versicherungsnehmer. Ist der diskrete Geldanleger Versicherungsnehmer und zugleich versicherte Person, zahlt der Versicherer Leistungen nach seinem Ableben entweder nach entsprechenden Weisungen (Begünstigungen) aus oder – sofern keine anders lautende Erklärung vorliegt – an den Ehegatten, bei dessen Fehlen an die Kinder und bei deren Fehlen an die gesetzlichen Erben des diskreten Geldanlegers. Ist der diskrete Geldanleger Versicherungsnehmer und Bezugsberechtigter, aber nicht auch die versicherte Person, erhält er vertragliche Todesfallleistungen nur unter Vorlage eines amtlichen Todesscheins der versicherten Person.

● **Pflichtinformationen über das Einlagekapital**
Strenge Vorschriften zur Bekämpfung der Geldwäsche und dem internationalen Standard entsprechende „Know-your Customer"-Regelungen zwingen liechtensteinische Versicherer zur Verifizierung der in eine Lebensversicherung eingebrachten Gelder. Der Versicherungsnehmer muss hierzu bestätigen, dass er der wirtschaftlich Berechtigte ist oder die wirtschaftlich berechtigten Personen angeben. Ab ca. 500.000 Schweizer Franken oder Gegenwert in Euro müssen liechtensteinische Versicherungsgesellschaften auch die persönliche und berufliche Situation des wirtschaftlich Berechtigten Versicherungsnehmers abklären. Abzuklärende Punkte sind u.a. Familienzusammensetzung, die Ausübung öffentlicher Ämter, die berufliche Situation, Angaben zum jährlichen Umsatz (bei Selbstständigen) sowie der Ursprung und die Herkunft der für die Prämienfinanzierung verwendeten Gelder (z.B. aus beruflicher Tätigkeit, aus Scheidung, aus Erbschaft oder Schenkungen, jeweils unter Angabe der Daten des Erblassers/Schenkers, aus dem Verkauf von Immobilien oder sonstiger Anlagen).

● **Kündigung/Liquidation**
Soll das Versicherungsverhältnis gekündigt werden, ist dies im Regelfall frühestens nach einem Jahr Vertragslaufzeit möglich. Nach einer Teilkündigung muss der verbleibende Deckungsstock mindestens 20% der vereinbarten Beitragssumme betragen. Der diskrete Geldanleger kann den Rückkauf oder die Umwandlung seiner Versicherung verlangen. Der Rückkauf erfolgt zum aktuellen Rückkaufswert, dieser entspricht dem Wert des Deckungsstockes, errechnet mit dem Rücknahmepreis bzw. Marktwert des Investments zum Abrechnungszeitpunkt, ggf. vermindert um die nicht ge-

tilgten Nebenkosten. Der Rückkaufswert ist in der Regel niedrig und für den Versicherten ein schlechtes Geschäft. In vielen Fällen mag es daher vorteilhafter sein, die Versicherungssumme zu beleihen.

- **Policendarlehen**
Ein Rechtsanspruch auf das Policendarlehen besteht nicht. Nimmt der diskrete Geldanleger ein Policendarlehen in Anspruch, so wird die Höhe des möglichen Darlehensbetrages individuell festgelegt. Jährliche Bearbeitungsgebühr des in Anspruch genommenen Policendarlehens entstehen als Kosten während der gesamten Laufzeit. Das Policendarlehen wird nicht vorzeitig zurückgefordert. Der Versicherungsnehmer hingegen kann das Policendarlehen jederzeit ganz oder teilweise zurückzahlen. Die Leistung, die bei Tod, Ablauf oder Kündigung einer Lebensversicherung erbracht wird, verringert sich um den Wert, den der Versicherungsnehmer zum Fälligkeitstermin noch schuldet.

- **Erhöhungen**
Versicherungsnehmer können einmal jährlich die Beitragssumme durch eine zusätzliche Beitragsleistung durch separaten Antrag erhöhen. Der Mindesterhöhungsbeitrag wird individuell festgelegt.

- **Umwandlung**
Soll die Versicherungspolice umgewandelt werden, wird der Rückkaufswert (ist das Anteilguthaben, gekürzt um einen entsprechenden Rückkaufsabzug) als Einlage für eine andere prämienfreie Versicherung verwendet. Hatte der diskrete Geldanleger beispielsweise eine fondsgebundene Lebensversicherung abgeschlossen, wandelt der Versicherer die Police in eine prämienfreie, nicht fondsgebundene, lebenslänglich zahlbare Leibrente mit demselben Rentenzahlungsbeginn um.

- **Auszahlung der Lebensversicherungspolice bei Fälligkeit**
Ob im Versicherungs- oder im Erlebensfall: Liechtensteinische Versicherer zahlen die Versicherungsleistung diskret auf jedes gewünschte Konto. Der Anleger bestimmt, wer Bezugsberechtigter sein soll. Werden vom Versicherungsnehmer bestimmte Begünstigte bestimmt, fallen die Ablaufleistungen beim Tod des Versicherungsnehmers nicht in dessen Nachlass. Den Hinterbliebenen wird dadurch ein langwieriges Verlassenschafts-

verfahren erspart. Als begünstigt geltende Hinterbliebene können die Leistungen einer Liechtenstein-Lebensversicherung auch dann annehmen, wenn sie die übrige Erbschaft ausschlagen.

Hat der diskrete Geldanleger keine begünstigte(n) Person(en) bestimmt, zahlt die Gesellschaft im Erlebens- oder – je nach Vertragsgestaltung auch im Erwerbsunfähigkeitsfalle – an den Versicherungsnehmer aus. Im Todesfall gelangen der Ehepartner oder die Kinder an das Geld. Hat die versicherte Person weder Kinder noch andere Nachkommen, zahlen die Lebensversicherer an Eltern oder Geschwister sowie an die übrigen Erben aus. Zu den „übrigen Erben" gehören keine Drittpersonen. Diese müssen als begünstigte Person im Vertrag ausdrücklich genannt sein. Bei Auszahlung der Versicherungsleistung ergehen keine Meldungen an ausländische Behörden.

- **Rücktrittsrecht**

Diskrete Geldanleger können im Regelfall innerhalb von 30 Tagen nach Abschluss des Versicherungsvertrages diesen schriftlich widerrufen. Die Frist beginnt mit Zugang der Versicherungspolice, jedoch erst, wenn das Versicherungsunternehmen alle Unterlagen vollständig vorgelegt hat. Vorzulegen sind neben der Police auch die Versicherungsbedingungen. In allen Fällen muss der Versicherer den Versicherungsnehmer über sein Rücktrittsrecht und die Widerspruchsfrist schriftlich belehrt haben. Ist dies nicht geschehen, endet die Widerspruchsfrist erst nach *einem Jahr*. Kosten darf das Unternehmen im Rücktrittsfall nicht berechnen.

- **Nachweise bei Eintritt der versicherten Ereignisse**

Zur Begründung der Versicherungsansprüche müssen im Allgemeinen folgende Unterlagen eingereicht werden: die Versicherungspolice, eine beglaubigte Pass- oder Ausweiskopie des/der Anspruchsberechtigten, bei Tod der versicherten Person zusätzlich einen amtlichen Todesschein und ein ärztliches Zeugnis über die Todesursache. Der Versicherer überweist die geschuldeten Leistungen innerhalb von fünf Arbeitstagen nach Erhalt des Anspruchsnachweises auf das von der anspruchsberechtigten Person bezeichnete Konto. Ist keine Zahladresse bekannt, erfüllt der Versicherer seine Zahlungspflicht am Sitze der Gesellschaft. Können die der Police zugrunde liegenden Referenzaktiven nicht innerhalb sechs Wochen nach Fälligkeit der Leistung realisiert werden, werden den Anspruchsberechtigten die nicht realisierten Aktiven übergeben.

● **Leistungseinschränkungen im Todesfall**
Der Versicherungsschutz besteht grundsätzlich weltweit, unabhängig davon, auf welcher Ursache der Versicherungsfall beruht, im Besonderen auch dann, wenn der Versicherte in Ausübung des Wehr- oder Polizeidienstes oder bei inneren Unruhen den Tod gefunden hat.

Bei Ableben des Versicherten in unmittelbarem oder mittelbarem Zusammenhang mit kriegerischen Ereignissen beschränken sich die Leistungspflichten allerdings auf die Auszahlung des für den Todestag berechneten Wert des Deckungsstocks. Diese Einschränkung der Leistungspflicht gilt allerdings nicht, wenn der Versicherte in unmittelbarem oder mittelbarem Zusammenhang mit kriegerischen Ereignissen stirbt, denen er während eines Aufenthaltes außerhalb der Bundesrepublik Deutschland ausgesetzt und an denen er nicht aktiv beteiligt war.

Bei Selbsttötung der versicherten Person besteht Versicherungsschutz mit Ablauf von drei Jahren. Während der Versicherungslaufzeit nach Ablauf dieser Frist erstattet der Versicherer den vorhandenen Wert des Deckungsstocks, ggf. vermindert um die noch nicht getilgten Abschluss- und Verwaltungskosten sowie noch offenen Provisionsforderungen, jedoch mindestens 10% der eingezahlten Beitragssumme. Die eingezahlte Beitragssumme bezeichnet die Summe der bis zum Zeitpunkt des Versicherungsfalles eingezahlten Beiträge abzüglich derjenigen Beträge, die in den bis dahin erfolgten Auszahlungen bzw. Teilkündigungen enthalten sind. Jede Auszahlung bzw. Teilkündigung führt zu einer Neuberechnung der Beitragssumme. Auszahlungen sowie Teilkündigungen werden von der Beitragssumme in Abzug gebracht. Vor Ablauf der Drei-Jahres-Frist erstattet erstattet beispielsweise die CapitalLeben den tatsächlichen Wert des Deckungsstocks.

● **Anpassung der Anlagepolitik an geänderte Wünsche des Geldanlegers**
Der Versicherungsnehmer kann jederzeit die Zusammenstellung seines Sparguthabens oder die vereinbarte Strategie ändern, einmal jährlich kostenfrei. Diese Anpassung erfolgt aufgrund einer vom diskreten Geldan-

leger erteilten schriftlichen Aufforderung. Die Anpassung wird innerhalb der üblichen Bankfristen vorgenommen. Erfolgt eine Anpassung, so stellen die Versicherer im Regelfall administrative Aufwandskosten nach dem im entsprechenden Zeitpunkt gültigen Reglement in Rechnung. Somit kann der Anleger bis zu einem gewissen Maß kostenlos umschichten.

● **Referenzwährung**

Referenzwährung ist diejenige Währung, in der alle Leistungen aus dem Versicherungsvertrag bemessen und bezahlt werden. Diskrete Geldanleger sollten als Referenzwährung diejenige Währung festsetzen, in der sie denken und welche am Wohnsitz gesetzliches Zahlungsmittel ist. Allfällige Wechselgebühren, die nach Versicherungsabschluss durch den Wechsel der Währung entstehen, gehen zulasten des Versicherungsnehmers.

● **Zustelladresse**

Wird vom diskreten Geldanleger eine Zustelladresse in Liechtenstein gewünscht, stehen hierzu stets Adressen von Treuhändern oder Wirtschaftsprüfungsgesellschaften parat, welche als Rechtsdomizil gelten. Es genügt auch die Nennung einer Bank als Zustellungsbevollmächtigte. Manche Lebensversicherer versenden aber die Post im Doppel. Diskrete Geldanleger sollten ihrer Versicherung deshalb ausdrücklich mitteilen, wenn sie keine Post an die Wohnsitzadresse geschickt haben wollen.

Anlagebeispiel

CapitalLeben bietet seine Produkte unter dem Oberbegriff „Liechtenstein FundLife" an. Sie wird in zwei Versionen angeboten: zum einen als *Liechtenstein FundLife CapitalOpen*, zum anderen als *Liechtenstein Fund-Life PensionOpen*.

Liechtenstein FundLife CapitalOpen ist eine fondsgebundene Lebensversicherung mit variabler Beitragszahlung (Einmalbeitrag oder laufende Zahlung). Jährliche Zu- und Auszahlungen sind möglich. Die fondsgebundene Lebensversicherung berücksichtigt die Vorschriften des deutschen Einkommensteuerrechts und kombiniert die Vorteile einer steuerbegünstigten Lebensversicherung mit den Ertragschancen einer Investmentanlage. Besondere Vorteile sind die freie Wahl der Anlagestrategie, der Depotbank und des

Vermögensverwalters. Dies ermöglicht einen individuellen Vermögensaufbau sowie eine steueroptimierte Vermögensanlage bzw. Vermögensweitergabe.

Liechtenstein FundLife PensionOpen ist eine fondsgebundene Rentenversicherung mit variabler Beitragszahlung (Einmalbeitrag oder laufende Zahlung). Die fondsgebundene Rentenversicherung bietet eine steuerbegünstigte Leibrente nach Ende der Aufschubdauer oder eine Kapitalauszahlung, ebenfalls steuerbegünstigt (Kapitalwahlrecht). Nach Ende der Aufschubdauer wird eine Leibrente oder auf Wunsch des Versicherungsnehmers der Wert des vorhandenen Versicherungsdepots ausbezahlt – errechnet auf Basis des Nettoinventarwerts vom letzten Börsentag vor Vertragsablauf. Es besteht die Wahl zwischen einer Geldleistung und einer Leistung in Wertpapieren in Form eines Wertpapierübertrags. Dies gilt auch für die Leistung im Todesfall.

Die Rentenzahlung kann in unterschiedlichen Varianten erfolgen – bspw. lebenslang oder abgekürzt – mit oder ohne Rentengarantie. Die Rentenhöhe wird hierbei auf Basis des unversteuerten Nettoinventarwerts am Ende der Aufschubdauer berechnet und ist damit steuerlich attraktiv. Eine lebenslange Leibrente wird in der Auszahlungsphase nur mit dem niedrigen Ertragsanteil besteuert.

Im Falle der Auszahlung oder einer abgekürzten Rentenzahlung werden die Erträge nach der derzeitigen deutschen Gesetzeslage wie folgt besteuert: Die Differenz zwischen der Versicherungsleistung und den geleisteten Beiträgen unterliegt dem persönlichen Einkommenssteuersatz. Bei altersnaher Auszahlung, das heißt nach Vollendung des 60. Lebensjahres und Ablauf von mindestens zwölf Jahren, unterliegen nur die Hälfte der Erträge der persönlichen Besteuerung. Im Ablebensfall – bei Tod der versicherten Person – erfolgt die Auszahlung an die Begünstigten ertragsteuerfrei.

Für beide Tarife gelten ein frei vereinbarer Mindesttodesfallschutz zwischen 10 und 60 Prozent der vereinbarten Beitragssumme. Dies ist gedacht als „Abfederung nach unten" im Fall, dass der Wert des Deckungsstockes im vorzeitigen Versicherungsfall aufgrund volatiler Marktveränderungen den gewählten Wert unterschreitet.

Die sonstigen Rahmenbedingungen der *Liechtenstein FundLife CapitalOpen* und der *Liechtenstein FundLife PensionOpen* sind gleich. Der Abschluss ist möglich ab einer Einmalprämie von mindestens 100.000 Euro und/oder einer jährlichen Beitragszahlung von 10.000 Euro. Die Laufzeit eines Versicherungsvertrages kann bis zu 99 Jahre betragen, das Eintrittsalter des Versicherungsnehmers kann zwischen dem Alter 18 und 99 liegen.

CapitalLeben bezeichnet seine Angebote mit dem Begriff „Private Insuring". Damit ist gemeint – in Anlehnung an das Private Banking der Banken –, dass im Rahmen der Versicherungslösung individuelle Vermögensverwaltung betrieben werden kann. Zum einen kann sich der Versicherungsnehmer die Bank bzw. den Vermögensverwalter seiner Wahl aussuchen. Dort erfolgt dann im Namen der CapitalLeben die Steuerung der gewählten Assets (Kauf, Verkauf, Umschichtung).

Für die Dauer der Lebensversicherung erfolgt diese Anlage weitgehend steuerfrei. Dies bedeutet z.b. einen nicht unerheblichen Steuerstundungseffekt für den Versicherungsnehmer, denn in seinem privaten Vermögensdepot wären permanente Steuerzahlungen auf Erträge und ggf. Verkäufe fällig.

Weiterhin besteht für Geldanleger die Möglichkeit, fast das gesamte Anlageuniversum zu nutzen. Die Wertpapieranlagen beschränken sich nicht nur auf inländische Investmentfondsanteile. Sofern es sich um depot- und bewertungsfähige Anlagen handelt, können

- Einzeltitel (Aktien),
- in- und ausländische ausschüttende oder thesaurierende Investmentfonds sowie ausländische Investmentfonds ohne Veröffentlichung der Besteuerungsgrundlagen und/oder Steuervertreter (z.b. Hedgefonds, Private Equity und sonstige Beteiligungen),
- Wandelanleihen,
- Genussscheine,
- Gewinnobligationen,
- Zertifikate,
- Optionsanleihen,
- Optionsscheine sowie
- Warrants

in den Deckungsstock eingebracht werden. Dabei ist es unerheblich, ob die Prämienzahlung in Form von Geldüberweisung oder Einbringung bereits vorhandener Wertpapiere erfolgt.

Ein weiterer Zusatznutzen für den Anleger als Versicherungsnehmer ist z.b. die völlige Transparenz des Produktes. Der Versicherungsnehmer weiß immer aktuell, wie sich der Wert seiner Lebensversicherung entwickelt (keine Black Box wie bei herkömmlichen Anbietern).

Sofern die Rahmenbedingungen dem deutschen Alterseinkünftegesetz angepasst sind (Mindestlaufzeit zwölf Jahre, frühester Auszahlungstermin der Versicherung ist das Alter 60), erfolgt die Besteuerung der ausgezahlten Gewinne nur zur Hälfte mit dem persönlichen Steuersatz des Versicherungsnehmers (CapitalOpen) oder dem geringen Ertragsanteilsatz (PensionOpen).

In Summe bietet die CapitalLeben damit eine Konstruktion an, die im Besonderen für langfristig orientierte Anleger ein hohes Maß an Flexibilität bietet, eingebettet in europäische und nationale rechtliche Rahmenbedingungen.

Weitere Informationen und Kontakt:

CapitalLeben Versicherung AG
In der Specki 3, FL-9494 Schaan, Tel.: +423/377 70 00
www.capitalleben.li
E-Mail: office@capitalleben.li
Kontakte Deutschland:
d.eckhardt@capitalleben.li, k.voigt@capitalleben.li

Steuerliche Hinweise für deutsche diskrete Geldanleger

Leistungen aus Kapitallebensversicherungen wie auch Auszahlungen aus fondsgebundenen privaten Rentenversicherungsverträgen (mit Todesfallschutz als Alternative zur Kapitallebensversicherung) unterliegen in Höhe des Unterschiedsbetrages zwischen der Versicherungsleistung und den geleisteten Prämienzahlungen der Besteuerung im Rahmen der Einkünfte aus Kapitalvermögen. Bei Versicherungspolicen, die

- seit dem 1. Januar 2005 abgeschlossen worden sind und
- bei denen die Versicherungsleistung erst nach Vollendung des 60. Lebensjahres,
- bzw. frühestens zwölf Jahre nach Vertragsabschluss auszahlbar ist,

unterliegt nur der hälftige Unterschiedsbetrag zwischen der Auszahlleistung und der Summe der geleisteten Prämien der Besteuerung im Rahmen der Einkünfte aus Kapitalvermögen[218].

---
[218] Halbertragsbesteuerung, § 20 Abs. 1 Nr. 6 Satz 2 EStG.

Wünscht der diskrete Geldanleger die Auszahlung des Guthabens in laufenden Beträgen (wählt er also die Rentenvariante), versteuert er die Bezüge mit dem so genannten Ertragsanteil. Die Höhe des Ertragsanteils richtet sich dabei nach den jeweils bei Leistungsbeginn vollendeten Lebensjahren des Bezugsberechtigten Des Weiteren kommt hinzu, dass sich während der Laufzeit einer liechtensteinischen Fondspolice die Gewinne aus dem eingelegten Wertpapierdepot steuerfrei in der Police ansammeln können.

Wegen der im Fall der Einmalauszahlung nur zur Hälfte zu besteuernden Ertragszuwächse machen sich schon geringste Steigerungen der angewachsenen Ertragssumme durch eine größere Palette der Anlageproduktmöglichkeiten bei der effektiven Nettoauszahlung deutlich bemerkbar, wie nachfolgendes Beispiel zeigt:

Der diskrete Geldanleger A ist 50 Jahre alt. Er legt ein Wertpapierdepot im Wert von 250.000 Euro in eine liechtensteinische Lebensversicherung ein. Die Vertragsgestaltung ist so konzipiert, dass die Police unter die deutsche Halbertragsbesteuerung fällt. Mit 62 lässt sich A das Versicherungsguthaben auszahlen und finanziert damit seinen Vorruhestand.

Beispielhafte Ertragsbetrachtung*

Beitragssumme	250.000 €			
Bruttoertrag	250.000 €			
Bruttoauszahlung	500.000 €	Rendite vor Steuern	6%*	
Nettoauszahlung	450.000 €	Rendite nach Steuern	5%	Steuern gemäß Halbertragsverfahren: 50.000 €
*) Berechnungsgrundlagen: Tarife „Liechtenstein FundLife CapitalOpen" und „Liechtenstein FundLife PensionOpen" der CapitalLeben Lebensversicherung AG, Steuersatz bei Ablauf des Vertrages 40% auf zu versteuernden Ertrag von 125.000 Euro (die Hälfte des Bruttoertrages von 250.000 Euro) – systematische Darstellung ohne Berücksichtigung von Kosten.				

Tabelle 16: Beispielhafte Ertragsbetrachtung für deutsche diskrete Geldanleger (Quelle: CapitalLeben Versicherung AG, www.capitalleben.com)

Steuerliche Hinweise für diskrete Geldanleger mit steuerlichem Wohnsitz in Österreich

Geldanlagen in liechtensteinische Lebensversicherungen bewirken für österreichische Geldanleger eine – ganz legale – Steuerstundung, eine steuerbegünstigte Rentenauszahlung bzw. steuerfreie Kapitalauszahlung bei Einhaltung der gesetzlichen Erfordernisse. Zinsen, Dividenden und thesaurierende Gewinne fließen grundsätzlich in der Versicherung steuerfrei zu. Liechtensteinische Lebensversicherungen unterliegen keiner Spekulationssteuer. Die Versicherung fällt nicht in den Nachlass, langwierige Nachlassverfahren können somit vermieden werden.

Teil XI
Diskrete Geldanlagen über einen Treuhänder

Der Beruf des Treuhänders genießt in Liechtenstein weitaus mehr Bedeutung als in Deutschland oder in Österreich. Während die Ausübung der Treuhändertätigkeit in Liechtenstein an strenge Voraussetzungen gebunden ist, darf sich in Deutschland oder auch in der Schweiz quasi jedermann „Treuhänder" nennen. Deshalb ist es gerade in diesen Ländern so wichtig, die Spreu vom Weizen zu trennen. Wie diskrete Geldanleger das am besten tun können, wurde in Teil VI erläutert. Geldanlagen über einen Treuhänder sind diskret, aber nicht anonym. Geltende Normen zur Bekämpfung der Geldwäsche verlangen die Feststellung des Treugebers als den wirtschaftlich Berechtigten von der das Vermögen verwaltenden Bank. Keinen Schutz und Diskretion versprechen dem deutschen diskreten Geldanleger Anderkonten; auch diese sind vom automatischen Kontenabruf nicht ausgenommen. In der Schweizer Bankenpraxis und auch in Liechtenstein spielen Treuhandanlagen eine besondere Rolle. Bei Treuhandanlagen verwalten Schweizer (oder liechtensteinische) Banken Kundengelder auf Treuhandkonten, die auf den Namen der Bank bei ausländischen Drittbanken (Anlagebanken) geführt werden. In angelsächsischen Anlageländern bieten sich Pooled Client's Call Deposit Accounts für diskrete Geldanleger an.

Was versteht man unter einer Treuhand?

Nach liechtensteinischem Recht ist ein Treuhandverhältnis entstanden, wenn eine Einzelperson, eine Firma oder Verbandsperson bewegliches oder unbewegliches Vermögen eines anderen (des Treugebers) oder ein Recht, welcher Art auch immer, als Treugut im eigenen Namen als selbstständiger Rechtsträger zugunsten eines oder mehrerer Dritter (Begünstigter) mit Wirkung gegen jedermann verwaltet und verwendet.[219] Liechtensteinische Treuhänderschaften stehen insbesondere wegen ihrer absoluten Diskretion in der Gunst ausländischer Anleger. Die liechtensteinische Rechtsordnung zeichnet sich außerdem durch ein strenges Berufsgeheimnis der Treuhänder aus sowie – im Insolvenzfall – durch die Aussonderung der Treugüter aus der Konkursmasse des Treuhänders.

Im deutschen Recht ist die Treuhand nicht geregelt oder definiert. Allgemein unterscheidet man zwischen: (1) der uneigennützigen (fremdnützigen) oder Verwaltungstreuhand und (2) der eigennützigen Treuhand. Bei der eigennützigen Treuhand überträgt der Treugeber (in der Eigenschaft als Schuldner) Wertgegenstände, Forderungen oder sonstige Rechte an den Treuhänder (in der Eigenschaft des Gläubigers bzw. Abtretungsempfängers) mit der schuldrechtlichen Abrede, dass der Treuhänder nur dann über die übertragenen Rechtsgüter verfügen kann, wenn der Treugeber eine dem Treuhänder gegenüber bestehende Verbindlichkeit nicht anderweitig erfüllen kann. Die eigennützige Treuhand stellt also eine Art Forderungsabtretung dar, nur mit dem feinen Unterschied, dass der Abtretungsempfänger (Zessionar) nicht sofort über das abgetretene Gut frei verfügen kann und im Fall einer Leistung des Treugebers zur Rückerstattung der Sicherheiten verpflichtet ist.

Die fremdnützige Treuhand (Verwaltungstreuhand) – und nur diese soll uns im weiteren Verlauf interessieren – bewirkt eine Vollrechtsübertragung, verbunden mit einer schuldrechtlichen Abrede über die Verwaltung von Vermögen im eigenen Namen. So kann auf einem Bankkonto anstatt der eigenen Werte das Guthaben eines Dritten verbucht sein. Der nach außen erscheinende Kontoinhaber ist in solchen Fällen ein Treuhänder, dem das diskrete Geld als Treugut voll übertragen wurde. Der Treuhänder un-

---

[219] Art. 897 PGR.

terscheidet sich vom Stellvertreter dadurch, dass er nach außen im eigenen Namen auftritt. Gegenüber dem Treugeber ist der Treuhänder durch eine schuldrechtlich wirkende Treuhandabsprache (Treuhandurkunde) gebunden. Bestes Beispiel einer fremdnützigen Treuhand ist die *liechtensteinische Treuhänderschaft*. Hierüber mehr in Teil XII.

Sorgfaltspflichten der Treuhänder bei der Anlage und Verwaltung fremder Gelder in der Schweiz

Wie im anschließenden Abschnitt „Verdeckte und offene Treuhandkonten" noch dargestellt wird, stellt die die Treuhandgelder verwaltende Bank den Treugeber, also den wirtschaftlich Berechtigten nur fest, und zwar nach den Angaben des Treuhänders. Weitergehende Prüfungspflichten hinsichtlich der Richtigkeit der Angaben sind erst bei begründetem Verdacht auf Geldwäsche nötig. Diese relativ „freie" und unkontrollierbare Feststellung des wirtschaftlich Berechtigten eines Treuhandkontos setzt hinsichtlich einer möglichen Verschleierung wahrer Vermögensverhältnisse zum Zweck der Geldwäsche bereits beim Treuhänder selbst gewisse Sorgfaltspflichten voraus.

Das schweizerische Bundesgesetz zur Bekämpfung der Geldwäscherei im Finanzsektor (GwG), das am 1. April 1998 in Kraft getreten ist, trägt dem Rechnung. Es verpflichtet Finanzintermediäre – darunter fallen insbesondere Treuhänder bzw. alle Personen, die berufsmäßig fremde Vermögenswerte annehmen oder aufbewahren oder helfen, sie anzulegen oder zu übertragen –, sich einer indirekten Beaufsichtigung durch privatrechtlich organisierte Selbstregulierungsorganisationen (so genannte SROs) zu unterwerfen.

Der Berufsverband muss in diesem Zusammenhang u.a. Sorge tragen, dass

- das Verbandsmitglied seinen Vertragspartner bei der Aufnahme von Geschäftsbeziehungen mittels eines beweiskräftigen Dokuments identifiziert;
- das Verbandsmitglied von seinem Mandanten eine schriftliche Erklärung darüber einholt, wer die wirtschaftlich berechtigte Person[220] ist, wenn

---

[220] Zum Begriff vgl. in diesem Teil Abschnitt: Die Feststellung des wirtschaftlich Berechtigten (Treugeber).

- der Klient nicht mit der wirtschaftlich berechtigten Person identisch ist oder daran Zweifel bestehen,
- die Vertragspartei eine Sitzgesellschaft[221] ist,
- erhebliche Geldsummen bar eingebracht oder umgetauscht werden;

● das Verbandsmitglied den wirtschaftlich Berechtigten erneut feststellt, wenn im Laufe der Geschäftsbeziehungen Zweifel über die wahre Identität aufkommen;

● das Verbandsmitglied die gesetzlichen Dokumentationspflichten beachtet und über sämtliche Transaktionen Belege so erstellt, dass fachkundige Dritte sich ein zuverlässiges Urteil über die Transaktionen und Geschäftsbeziehungen bilden können;

● das Verbandsmitglied bei begründetem Verdacht auf Geldwäsche gegenüber der Zentralstelle zur Bekämpfung des organisierten Verbrechens Meldung erstattet.

Die Berufsverbände als Selbstregulierungsorganisationen unterliegen ihrerseits der Aufsicht durch eine staatliche Kontrollstelle, die die eidgenössische Finanzverwaltung führt. Die Kontrollstelle überwacht hauptsächlich die Durchsetzung der Reglemente. Verstöße gegen die Reglemente müssen verbandsintern durch Konventionalstrafen oder – in gravierenden Fällen – durch Ausschluss geahndet werden.

Verdeckte und offene Treuhandkonten

Allgemeines

Ein Geldanlagekonto kann als *Treuhandkonto* bezeichnet werden, wenn darauf ausschließlich Vermögenswerte eines *Treugebers* verbucht sind. Bei Treuhandkonten stehen Konto und Depot dem der Bank gegenüber Berechtigten nur treuhänderisch zu; effektiver Eigentümer ist also nicht der Kontoinhaber, sondern ein Dritter.

Das Bankgewerbe unterscheidet zwischen *offenen* und *verdeckten* Treuhandkonten. Ein offenes Treuhandkonto liegt vor, wenn ein solches für

---

[221] Hierunter fallen sowohl die eigentlichen Gesellschaften als auch Stiftungen und Trusts. Festzustellen ist, „welche Person oder welche Gruppe von Personen die Gesellschaft dominiert oder einen entscheidenden Einfluss auf sie ausübt".

die Bank erkennbar ist oder unter normalen Umständen erkennbar sein muss (wenn es z. B. den Zusatz „für Herrn oder Frau X" oder „Sonderkonto Y" trägt). Nach ständiger Rechtsprechung des Bundesgerichtshofs gilt ein Treuhandkonto als offen, wenn seine Treuhandnatur der Bank im Zeitpunkt der Kontoerrichtung offengelegt und ihr deutlich gemacht wird, dass darauf ausschließlich Werte gelangen sollen, die dem Kontoinhaber nur fiduziarisch zustehen.

Ein verdecktes Treuhandkonto liegt vor, wenn es für die Bank als solches nicht erkennbar ist. Verdeckte Treuhandkonten erscheinen der Bank gegenüber als „normale" Giro- oder Festgeldkonten. Vom Namen des Treugebers erhält die Bank keine Kenntnis. Die Bank weiß auch nichts darüber, dass sie anstatt eigener Werte des Kontoinhabers fremde Werte darauf verbucht, welche im Verhältnis des Kunden zu einem Dritten (Treugeber) Letzterem zustehen. Diesbezügliche Offenlegungen würden selbstverständlich auf Kosten der Diskretion geschehen. Denn die Bank hätte dann dem Geldwäschegesetz entsprechend nach dem wirtschaftlich Berechtigten zu fragen. Hält man sich aber bedeckt, setzt man als Treugeber eigenes Vermögen der Pfändung aus, wenn der Treuhänder der Bank gegenüber in Zahlungsverzug gerät. Denn schließlich bleibt bei verdeckten Treuhandkonten das Fremdinteresse im Bankverhältnis unerheblich.

Die Feststellung des wirtschaftlich Berechtigten (Treugeber)

Als „wirtschaftlich Berechtigter" wird der eigentliche Eigentümer von Vermögenswerten (Bankeinlagen, Geld- oder Wertpapiervermögen) bezeichnet. Der wirtschaftlich Berechtigte ist gegenüber dem treuhänderischen Kontoinhaber im Innenverhältnis weisungsbefugt. Das Verhältnis zwischen dem wirtschaftlich Berechtigten Hintermann und dem der Bank gegenüber als Kontoinhaber auftretenden Strohmann ist ein Treuhandverhältnis, wobei der Hintermann der „Treugeber" und der Strohmann der „Treuhänder" ist. Wirtschaftlich Berechtigter ist also nicht beispielsweise das Familienmitglied, das im Einzelfall eine bestimmte Transaktion ausübt, weil der Kontoinhaber derzeit selbst verhindert ist.

In Deutschland ist jeder, der ein Konto oder Depot eröffnen will, das heißt eine dauernde Geschäftsbeziehung mit einem Kreditinstitut anknüpft, den Vorschriften des Geldwäschegesetzes entsprechend zu befragen, ob er für eigene oder fremde Rechnung handelt.

Schweizer Banken gehen bei Eröffnung von Konten und Depots grundsätzlich von der Vermutung aus, dass der Vertragspartner auch der wirtschaftlich Berechtigte ist. Schweizer Banken dürfen laut ihren Standesregeln auch davon ausgehen.[222] Nur wenn Zweifel bestehen, ob der Vertragspartner auch der tatsächliche Eigentümer der zur Verwahrung, Anlage oder für einzelne Transaktionen bestimmter Vermögenswerte ist, holen Schweizer Banken eine schriftliche Erklärung über Name und Adresse des wirtschaftlich Berechtigten ein. Hierzu sind so genannte A-Formulare aufgelegt worden, die vom Kontoinhaber ausgefüllt und unterschrieben werden müssen.[223] Gemäß Artikel 3 der Standesregeln zur Sorgfaltspflicht (VSB 03) muss der wirtschaftlich Berechtigte in Zweifelsfällen[224] festgestellt werden: bei Eröffnung von Konten und Depots, bei der Vornahme von Treuhandgeschäften, bei der Annahme von Aufträgen zur Verwaltung von Vermögen, die bei Dritten liegen, sowie bei der Ausführung von Handelsgeschäften über Effekten und Devisen sowie Edelmetalle und andere Waren über Beträge von mehr als 25.000 Schweizer Franken.

In Belgien ist der wirtschaftlich Berechtigte eines Kontos festzustellen, wenn entweder Zweifel bestehen, ob der Kunde auf eigene Rechnung handelt, oder wenn es offensichtlich ist, dass dieser als Treuhänder auf das Konto nur Vermögen eines anderen platziert.

Luxemburger Kreditinstitute müssen Informationen über die Identität von Personen einholen, für die ein Kunde tätig ist, sofern nicht hinreichend festgestellt werden kann, ob im eigenen Namen und für eigene Rechnung gehandelt wird.

Und österreichische Kreditinstitute fragen auf jedem Kontoeröffnungsformular, ob für eigene oder fremde Rechnung gehandelt wird. Nach § 40 Abs. 2 des österreichischen Bankwesengesetzes sind dortige Kreditinstitute verpflichtet, den Kunden aufzufordern, „bekannt zu geben, ob er die Geschäftsbeziehung" (also die Eröffnung eines Kontos) „oder die Transaktion auf eigene oder fremde Rechnung betreiben will". Geschieht die Konto-

---

[222] Vgl. Art. 3 Vereinbarung über die Standesregeln zur Sorgfaltspflicht der Banken (VSB 03).

[223] Vgl. Teil VII, Abbildung 5: Formular A.

[224] Zweifel sind u.a. angebracht: bei Erteilung einer Vollmacht an eine Person, welche erkennbar nicht in einer genügend engen Beziehung zum Vertragspartner steht, oder wenn die mitgebrachten oder in Aussicht gestellten Werte außerhalb des finanziellen Rahmens liegen, der der Bank über die Person, die eine Kontoeröffnung beantragt, bekannt ist oder wenn der Kontakt mit dem Kunden andere außergewöhnliche Feststellungen ergibt (vgl. Erläuterungen zu Art. 3 VSB 03).

eröffnung auf fremde Rechnung, hat der Kontoinhaber auch die Identität des Treugebers nachzuweisen.

Gleiche Feststellungspflichten gelten auch für die Liechtenstein-Bank. Bestehen bei Kontoeröffnung bzw. bei der „Entgegennahme von Vermögenswerten" Zweifel, dass es sich bei dem eingebrachten Vermögen um dasjenige des Erschienenen handelt – etwa weil das mitgebrachte Bargeld nicht in den persönlichen Rahmen des Betreffenden passt – wird die Liechtenstein-Bank den Treuhänder befragen, ob die eingebrachten Werte ihm oder einem Dritten gehören. Erklärt der Vertragspartner, für Rechnung einer oder mehrerer Person(en) zu handeln, ist derjenige, für den der Erschienene tätig wird, festzustellen und mit Name und Adresse in den Akten festzuhalten, wobei das liechtensteinische Sorgfaltspflichtgesetz jene Personen als die wirtschaftlich Berechtigten ansieht, welche „an den in Frage stehenden Vermögenswerten letztendlich wirtschaftlich berechtigt sind" („Ultimate Beneficial Owner"). Eine juristische Person gilt als „letztendlich" wirtschaftlich Berechtigte nur dann, wenn sie im Sitzstaat einen Handelsbetrieb oder ein anderes nach kaufmännischer Art geführtes Gewerbe betreibt. Nicht als letztendlich wirtschaftlich berechtigt im Sinne des liechtensteinischen Sorgfaltspflichtgesetzes gelten Stiftungen und Treuhänderschaften (Trusts), sofern sie nur zur Vermögensanlage dienen. Letztendlich wirtschaftlich berechtigt ist bei Stiftungen und Trusts immer der diskrete Geldanleger, von dem die Vermögenswerte stammen, was im Klartext heißt, dass der diskrete Geldanleger von der das Stiftungs- oder Trustkonto führenden Liechtenstein-Bank namentlich festzustellen ist. Doch dazu noch mehr in den Teilen XII und XIV.

Was alle genannten Finanzplätze aber gemeinsam haben, ist, dass die Kreditinstitute Name und Anschrift des wirtschaftlich Berechtigten zwar feststellen, den Treugeber aber nicht identifizieren müssen. Es genügen jeweils die Angaben des Kontoinhabers (Treuhänders). Außerdem bleibt offen, ob nicht der vom Kontoinhaber angegebene wirtschaftlich Berechtigte selbst Treuhänder ist. Oftmals wird es einem Treuhänder auch nicht möglich sein, Nachforschungen anzustellen, ob er für den tatsächlichen wirtschaftlich Berechtigten handelt oder ob dieser wiederum einen Strohmann vorgeschoben hat. So bedienen sich Geldwäscher großen Stils des so genannten *Treuhandkonstrukts*[225]. Hier schließt eine Person mit ei-

---

[225] Vgl. Schwander-Auckenthaler, Missbrauch von Bankgeschäften zu Zwecken der Geldwäscherei, Bern 1995, Seite 19.

nem Treuhänder einen Call/Put-Vertrag ab, das heißt der Treugeber verkauft einem Treuhänder irgendwelche Beteiligungen und behält sich gleichzeitig vor, diese zu einem bestimmten Preis wieder zurückkaufen zu können. In der Zwischenzeit gründet der Treuhänder eine Briefkastenfirma, in die er die Beteiligungen einbringt und anschließend verwaltet. Als wirtschaftlich Berechtigter erscheint der Treuhänder. Es lassen sich hier viele Beteiligungen verwalten und entsprechende Geldbeträge „säubern". Selbstverständlich funktioniert so ein Konstrukt auch bei größeren Summen diskreten Geldes.

Anderkonten als offene Vollrechtstreuhandkonten

Bei einem Vollrechtstreuhandkonto tritt der Treuhänder gegenüber der Bank im eigenen Namen auf und eröffnet ein Konto, das allein auf seinen Namen lauten soll. Ist nach außen hin nicht erkennbar, ob der Betreffende das Konto zur Einzahlung eigener Guthaben oder zur Verwaltung eines ihm überlassenen Treuvermögens einrichten möchte, liegt ein so genanntes *verdecktes Vollrechtstreuhandkonto* vor.

Anderkonten gehören dagegen zu den „offenen Vollrechtstreuhandkonten", das heißt, der Bank ist bekannt, dass hierauf Vermögenswerte verbucht sind, über die der Kontoinhaber nur uneingeschränkte Verfügungsmacht hat. Die wirtschaftliche Berechtigung liegt dagegen bei einem Dritten.

Anderkonten unterscheiden sich von den oben dargestellten offenen Treuhandkonten lediglich in der Kontoführungsberechtigung. Während zur Eröffnung von Treuhandkonten alle geschäftsfähigen Personen berechtigt sind, dürfen Anderkonten ausschließlich von Angehörigen bestimmter Berufsgruppen eröffnet und unterhalten werden, die bezüglich der Kontoführung ihrem eigenen Standesrecht und einer entsprechenden Standesaufsicht unterliegen. Hierzu zählen: Rechtsanwälte, Rechtsbeistände, Notare, Patentanwälte sowie Treuhänder im Sinne der Geschäftsbedingungen für Anderkonten und Anderdepots von Angehörigen der öffentlich bestellten wirtschaftsprüfenden und wirtschafts- und steuerberatenden Berufe (das sind Wirtschaftsprüfer, vereidigte Buchprüfer, Steuerberater und Steuerbevollmächtigte). Diese „besonderen Berufsgruppen" genießen dem kontoführenden Kreditinstitut gegenüber keine Sonderrechte.

Österreichische Anderkontoinhaber (das sind neben dem o.g. Personenkreis auch so genannte „Wirtschaftstreuhänder") dürfen sich nicht auf ihre berufsmäßige Schweigepflicht berufen, wenn das Kreditinstitut nach dem wirtschaftlich Berechtigten fragt. Treuhänder in Österreich haben die Identität des Treugebers dem Kreditinstitut gegenüber bekannt zu geben. Mitzuteilen sind (jeweils in Schriftform) der Vor- und Zuname, das Geburtsdatum und die Tatsache, ob es sich um einen Devisen-In- oder -Ausländer handelt.

Anderkontounterlagen, die sich bei einer deutschen Geschäftsbank befinden, sind beschlagnahmefähig. Der Bankangestellte, der das Anderkonto führt, gilt nicht als *Berufshelfer* eines Berufsgeheimnisträgers. Es stehen ihm somit keine gesonderten Auskunftsverweigerungsrechte zu. In der Praxis führt dieser Umstand selbstverständlich dazu, dass das gesetzliche Auskunfts- und Zeugnisverweigerungsrecht eines Berufsgeheimnisträgers bei Anderkonten völlig unterlaufen wird.

Vollständig umgangen wird das gesetzliche Auskunfts- und Zeugnisverweigerungsrecht deutscher Berufsträger auch durch den automatisierten Kontenabruf. Ein solcher ist auch gegenüber Anderkonten nach Ansicht des deutschen Bundesfinanzministeriums zulässig. Denn ein Kontenabruf erfolgt bei dem Kreditinstitut und nicht bei dem Berufsgeheimnisträger. Das Kreditinstitut hat aber kein Auskunftsverweigerungsrecht und muss daher Auskunft geben darüber, ob bei festgestellten Konten eines Berufsgeheimnisträgers eine andere Person wirtschaftlich Berechtigter ist.[226]

Ein automatisierter Kontenabruf ist auch im Besteuerungsverfahren eines deutschen Berufsgeheimnisträgers grundsätzlich zulässig. Einziges Zugeständnis der deutschen Finanzbehörden: Über Anderkonten eines Berufsgeheimnisträgers, die durch einen Kontenabruf im Besteuerungsverfahren des Berufsgeheimnisträgers festgestellt werden, fertigt die deutsche Finanzverwaltung keine Kontrollmitteilungen!

Ähnlich ist es auch mit Anwälten in der Schweiz. Beauftragt der diskrete Geldanleger dort eine Anwaltskanzlei mit der Verwaltung von Vermögen, also mit Aufgaben, wie sie auch von Treuhändern oder Vermögensverwaltern getätigt werden können, ist das Berufsgeheimnis streng genommen gar nichts mehr oder zumindest nicht mehr wert als das Bankgeheimnis. Denn die Beschlagnahme von Anderkontounterlagen ist auch in der Schweiz uneingeschränkt zulässig.

---

[226] Vgl. BMF v. 10.3.2005, IV A 4 – S 0062 – 1/05, Tz. 2.5. Zur Problematik des automatisierten Kontenabrufs vgl. Teil II, Abschnitt: Der automatisierte Kontenabruf: eine deutsche Spezialität.

In einem Fall beantragten spanische Behörden Schweizer Rechtshilfe zur Verfolgung eines ehemaligen Direktors der Guardia civil. Die Bank gab die Unterlagen über ein Rechtsanwalts-Anderkonto (wirtschaftlich Berechtigter über das Konto war ein deutsches Unternehmen), zu dessen Lasten diverse Schecks gezogen wurden, unter Hinweis auf das Bankgeheimnis nur versiegelt heraus. Der Untersuchungsrichter, den weder das Banknoch das Berufsgeheimnis interessierte, brach das Siegel und leitete die Unterlagen weiter. Mehrere hundert Millionen Mark flossen über dieses Konto. Die Tätigkeit des Anwalts war deshalb rein kommerziell und hatte mit einem Anwaltsmandat nichts mehr zu tun. Die Kontounterlagen konnten daher nicht als „beschlagnahmefrei" angesehen werden.[227]

Treuhandanlagen

In der Schweizer Bankenpraxis und auch in Liechtenstein spielen Treuhandanlagen eine besondere Rolle. Bei Treuhandanlagen verwalten Schweizer (oder liechtensteinische) Banken Kundengelder auf Treuhandkonten, die auf den Namen der Bank bei ausländischen Drittbanken (Anlagebanken) geführt werden.

Beispiel: Der diskrete Geldanleger A möchte nicht sein gesamtes Vermögen bei der X-Bank in Vaduz angelegt wissen. Er beauftragt die X-Bank, einen Teil seines Vermögens bei der B-Bank auf Namen seiner Auslandsbank, der X-Bank in Vaduz, anzulegen. Das von der X-Bank im eigenen Namen aber im Auftrag und für Risiko des diskreten Geldanlegers A angelegte Vermögen legt die B-Bank auf dem Euromarkt an.

Vorteil für den diskreten Geldanleger: Die Treuhandbank tritt gegenüber der Korrespondenzbank im eigenen Namen auf. Der Kunde bleibt nach außen hin anonym, ist aber der Treuhandbank selbstverständlich bekannt. Im Klartext: Vertragspartei der B-Bank ist ausschließlich die X-Bank in Vaduz; der Geldanleger A erscheint bei der B-Bank nicht als Kunde auf. Das ganze Gebilde wird als „Vermittlung von Festgeldern (in- und ausländischer Währung) bei Banken oder Gesellschaften im Ausland gegen Erhebung einer Kommission umschrieben"[228].

---

[227] Schweiz. Bundesgerichtsentscheid 1P.64/1996 v. 11. April 1996.
[228] Schweizerische Bankiervereinigung: Empfehlungen betreffend Treuhandgeschäfte, Zirkular Nr. 1079 D v. 22. Juni 1993, Seite 1.

Was die Schweiz betrifft, so haben Treuhandanlagen neben der Anonymität des Kunden noch einen weiteren Vorteil: die Befreiung von der Verrechnungssteuer. Im Fürstentum Liechtenstein tätigt man Treuhandanlagen mehr unter dem Gesichtspunkt der Bonitätsrisikostreuung. Treuhandanlagen ermöglichen es nämlich, Festgelder auf mehrere Banken zu verteilen. So scheint beispielsweise das auf dem Euromarkt angelegte Treuhandgeld des diskreten Geldanlegers A nicht in der Bilanz der Vaduzer X-Bank, welche vielleicht nur ein Bonitätsrating von A+ besitzt, auf. Das Verlustrisiko des diskreten Geldanlegers liegt vielmehr in der Bonität der B-Bank. Wäre diese in ihrer Bonität beispielsweise mit AAA bewertet, hätte der diskrete Geldanleger zugunsten einer besseren Bonitätsklasse gestreut.

Zur Begründung solcher Treuhandanlagen muss der diskrete Geldanleger über eine Kontoverbindung verfügen und – sofern kein Vermögensverwaltungsauftrag mit der Bank besteht – einen entsprechenden Treuhandvertrag abschließen, wobei er die Wahl zwischen zwei Vertragsarten hat: dem Rahmen(treuhand)vertrag für die mehrmalige Anlage von Festgeldern (der Rahmentreuhandvertrag regelt die Wiederanlage von Treuhandfestgeldern) und dem Einmalvertrag. Die Treuhandbank handelt dabei als treuhändig Beauftragte und legt die jeweilige Anlage entsprechend den Kundeninstruktionen fest. Selbstverständlich bleibt es dem Kunden vorbehalten, der Bank Einzelanweisungen zu erteilen. Beim *Einmalvertrag* schließt der Anleger für jedes einzelne Geschäft einen separaten Vertrag ab, wobei er die ausländische Bank, bei der die Anlage getätigt werden soll, selbst bezeichnen kann. In der Schweiz ist der Treuhandvertrag für mehrmalige bzw. einmalige Festgeldanlagen Voraussetzung für eine Quellensteuerbefreiung. Was die Schweiz betrifft, so liegt der Nachteil von Einmalverträgen darin, dass bei jeder späteren Wiederanlage ein neuer Vertrag unterzeichnet werden muss, weil die Zinserträge sonst verrechnungssteuerpflichtig werden.

Treuhandanlagen geschehen wie oben bereits erwähnt ausschließlich auf Rechnung und Risiko des Anlegers. Treuhandanlagen sollten daher ausschließlich bei bekannten erstklassigen Instituten platziert werden, für welche bankintern entsprechende Treuhandanlage-Linien ausgesetzt worden sind. Auch innerhalb eines umfassenden Vermögensverwaltungsmandats dürfen Treuhandanlagen nur bei Bankinstituten platziert werden, für welche bankintern ein Limit ausgesetzt worden ist. Bei Treuhandanlagen ist die Bank alleinig verpflichtet, dem Kunden diejenigen Beträge zu vergüten, die ihr von der Korrespondenzbank zur freien Verfügung gutgeschrieben worden sind. Die Bank trägt weder das Währungs- noch das Transfer- oder Delkredererisiko. Der Grund hierfür mag unter anderem darin liegen, dass eine Übernahme des Währungs-, Transfer- und Delkredererisikos steuerrechtliche Vorteile aufheben und zu einer Bilanzierungspflicht bei der Treuhandbank führen würde.

Um Unregelmäßigkeiten bei Treuhandanlagen nach Möglichkeit auszuschließen, hat die Schweizerische Bankiervereinigung Empfehlungen im Hinblick auf die Durchführung, Abwicklung und Überwachung dieser Geschäftssparte aufgestellt.[229] Demnach sollte jede Bank eine Liste erstklassiger ausländischer Korrespondenzbanken (Anlagebanken) führen, welche für Treuhandanlagen in Frage kommen. Diese Liste ist von einer internen Zentralstelle laufend zu überwachen. Des Weiteren ist die Zusammensetzung der getätigten Treuhandanlagen stets zu überwachen, wobei innerhalb einer Treuhandbank nur wenige, genau bezeichnete Spezialisten ermächtigt werden sollen, die Platzierung von Treuhandanlagen vorzunehmen.

Treuhandanlagen und Treuhand-Call-Gelder werden zu Euromarktsätzen platziert. Aus markttechnischen Gründen können Treuhandanlagen erst ab Mindestbeträgen von ca. 200.000 Schweizer Franken getätigt werden. Bei Treuhand-Call-Geldern liegt die Mindestanlagesumme bei 5 Mio. Schweizer Franken. Die Treuhandbanken berechnen für Treuhandanlagen eine von der Höhe des Anlagebetrages abhängige Kommission. In Liechtenstein sind Sätze zwischen 0,5 Prozent (bei Beträgen ab 200.000 Schweizer Franken) und 0,125 Prozent (bei Beträgen ab 10 Mio. Schweizer Franken) im Jahr üblich.

Pooled Client's Call Deposit Accounts auf Guernsey/Jersey

Treuhandgesellschaften bieten diskreten Geldanlegern in Zusammenarbeit mit englischen und amerikanischen Banken so genannte *Pooled Client's Call Deposit Konten* an. Bei diesem Kontotyp handelt es sich im

---

[229] Zirkular Nr. 1079 D v. 22. Juni 1993.

Grunde um ein auf Pfund-Sterling, US-Dollar oder Euro lautendes Festgeldkonto, allerdings mit dem wesentlichen Vorteil,

- dass für die „gepoolten" Gelder im Vergleich zur Individualanlage höhere Zinssätze erzielt werden können und
- dass die Gelder dennoch täglich verfügbar sind und bei Behebung keine „Strafzinsen" anfallen.

Und was für diskrete Anleger von besonderen Vorteil ist: Es entfällt die Eröffnung und Unterhaltung eines eigenen Kontos. Die Pooled Client's Call Deposit Accounts lauten nämlich auf den Namen des Treuhänders (Nominees). Nur der Nominee tritt den Poolbanken gegenüber als Kontoinhaber auf. Dieser tätigt auch sämtliche Kontodispositionen.

Zinsen werden quartalsweise gutgeschrieben, jedoch auf Tagesbasis berechnet. Das heißt, dass Einzahlungen sofort verzinst und Abhebungen inklusive der Zinsen jederzeit möglich sind. Monatlich erhält jeder „Client" ein seinen Anlageanteil betreffenden Kontoauszug, der sämtliche Geldbewegungen beinhaltet. Überweisungen können diskret unter Angabe eines „sort codes", der „account number" und einer Referenznummer getätigt werden. Bei den von den Nominees ausgewählten Korrespondenzbanken handelt es sich ausschließlich um Institute erster Bonität.

Teil XII
Diskrete Geldanlagen über einen Trust

Trustvermögen lässt sich im Außenverhältnis problemlos als Vermögen einer schweigsamen Bank darstellen, wenn das kontoführende Geldinstitut als Trustee fungiert und außerdem noch einem Bankgeheimnis untersteht. So gesehen kommt man also mit einem Trust dem Herzenswunsch eines diskreten Geldanlegers erheblich näher: Über ein Anlagekonto zu verfügen, das nicht auf seinen Namen lautet, sondern als Vermögen einer anderen Person oder gar als Vermögen der Bank erscheint und über das er dennoch Verfügungsmacht hat.

Trusts sind der kontinentaleuropäischen Rechtstradition und somit auch dem deutschen Recht fremd. Um die diskrete Geldanlage mittels eines Trusts zu betreiben, müssen sich diskrete Geldanleger in Länder des angelsächsischen Rechtskreises begeben, beispielsweise nach England, auf die Channel Islands, auf die Isle of Man oder auf die Cayman Islands. In der unmittelbaren Nachbarschaft haben diskrete Geldanleger nur in Liechtenstein eine Chance. Dort existieren Instrumente der „besonderen Vermögenswidmung" wie die Treuhänderschaft, die einem angelsächsischen Trust weitgehend entspricht. Die liechtensteinische Treuhänderschaft wird in diesem Teil gesondert dargestellt.

Was ist ein Trust?

Um es vorwegzunehmen: ein äußerst diskretes und flexibles Instrument zur treuhänderischen Geldanlage, Vermögensverwaltung und zur Erbfolgeplanung. Der Begriff *Trust* entstammt aus den beiden altdeutschen Begriffen „trost" und „true", was soviel wie Vertrauen oder Treue bedeutet. Der Trust ist eine privatrechtliche Vereinbarung zwischen mindestens zwei Personen, in der eine Person (Trustee genannt) verpflichtet wird, mit Vermögenswerten, die ihm von der anderen Person (dem Settlor) zuerkannt worden sind, in bestimmter Weise zu verfahren und sie zugunsten Dritter (den Begünstigten oder Beneficiaries) im eigenen Namen zu verwalten und zu verwahren. Der Trust gleicht damit einer Treuhand, unterscheidet sich aber von der Treuhand („fiducia") in zwei wesentlichen Punkten: Zum einen beruht der Trust nicht auf einem Vertrag, sondern einem einseitigen Rechtsgeschäft. Zum anderen ist der Trust, von Sonderfällen abgesehen, als Rechtsverhältnis nicht an die jeweilige Person von Treugeber und Treuhänder gebunden; der Trust bildet vielmehr ein verselbstständigtes – diskretes – Sondervermögen. Er ist ein eigenständiges Rechtsgebilde, das in Bestand und Identität von den an ihm beteiligten Personen unabhängig ist.

Der angelsächsische Trust lässt auch auf den ersten Blick starke Parallelen zur Stiftung[230] erkennen. Der Trust unterscheidet sich von der Stiftung jedoch in zwei wesentlichen Punkten: Zum einen hält der Trust nicht selber das Zweckvermögen, sondern das Eigentum hieran liegt bei den Trustees. Des Weiteren hat der Trust aufgrund seiner mangelnden Rechtsfähigkeit auch keine formellen Verpflichtungen. Für die Verbindlichkeiten in Zusammenhang mit einem Trust sind vielmehr die Trustees verantwortlich. Einzige Pflicht, die dem Trust zukommt, ist die Leistungspflicht gegenüber den Begünstigten, zu denen sich regelmäßig der diskrete Geldanleger entweder ausschließlich oder zusammen mit weiteren Personen zählt.

Seit jeher war der Trust ein vitales und effizientes Instrument zur Umgehung von gesetzmäßigen Einschränkungen und Auflagen oder zur Verschleierung der wahren Herkunft von Vermögensmitteln. So bot der Trust im Mittelalter die einzige Möglichkeit, jemandem in Umgehung des Vererbungsverbots für Grundbesitztum (dem Lehen) Liegenschaften zuzu-

---

[230] Diskrete Geldanlagen über Stiftungen werden im nachfolgenden Teil XIV erörtert.

wenden oder sich lehnsrechtlichen Bindungen zu entziehen, um so etwaige Ansprüche von Lehnsherrn (der Lords) abzuwenden.

Besondere Umstände wie die Pflicht zur Teilnahme an den Kreuzzügen sorgten vor allem dafür, dass der Trust fester Bestandteil der englischen Geschichte geworden ist. Die Kreuzritter übertrugen ihr Vermögen Freunden oder anderen Personen, um es zugunsten der zurückgebliebenen Familienmitglieder zu verwalten und zu erhalten. Auch die Kirche, die zur damaligen Zeit kein Grundvermögen haben durfte, bediente sich des Trusts, um sich die Herrschaft über diverse Besitztümer zu sichern. Die Rolle als „Asset Protektor" ist dem Trust neben weiteren Funktionen bis heute geblieben.

Zusammenfassung

Trusts

- schützen Vermögen vor Devisenkontrollen oder übermäßigen politischen Eingriffen;
- helfen bei der Verwaltung von Vermögen, das über mehrere Länder verstreut ist;
- eignen sich besonders zur Verlagerung von Vermögen in Offshore-Niedrigsteuerländer;
- unterstützen bei der Länderrisikoplanung;
- verhelfen zu einem langfristigen Erhalt des Familienvermögens, da Zuwendungen des Trusts aus dem Vermögen an begünstigte Familienangehörige in das Ermessen des Trustees gestellt werden können; der Trustee somit in der Lage ist, das Familienvermögen vor finanziell unerfahrenen oder verschwenderisch veranlagten Familienangehörigen zu schützen; Letztere sowie die übrigen Familienmitglieder können so vor dem finanziellen Ruin bewahrt werden;
- ersparen den Erben unnötige Formalität und Zeitverzögerungen bei der Vermögensübertragung, weil der Trust beim Tod des Erblassers (Trustgründers) mit den Erben als Begünstigten weiterlebt;
- ermöglichen ein Vererben ohne Erbschein und ohne Testament.

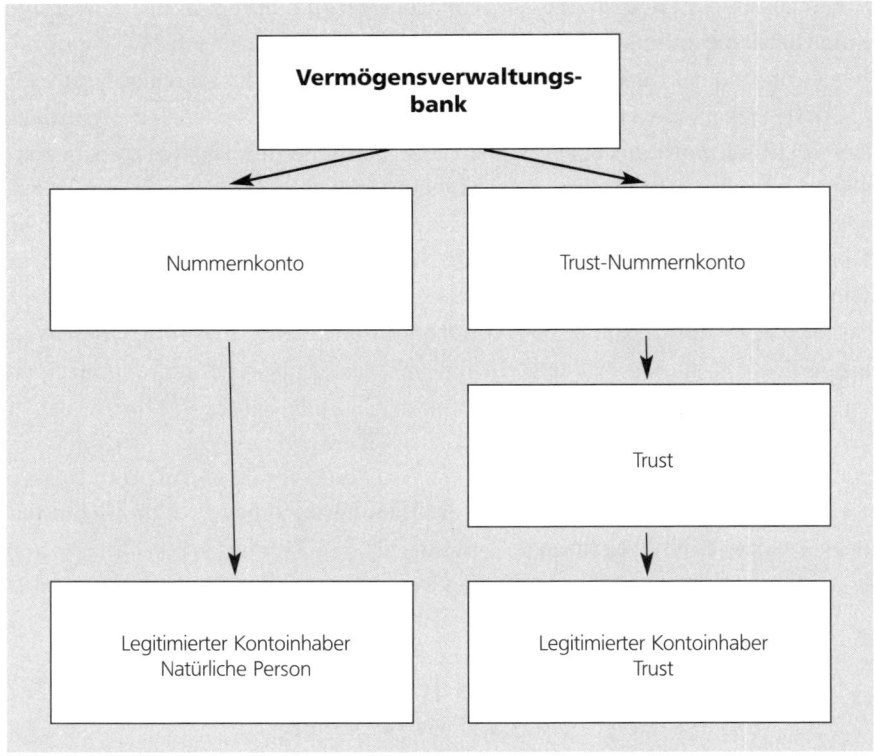

Abbildung 14: Diskrete Vermögensverwaltung mit Nummern- oder Trust-Nummernkonto

Welche Personen sind am Trust beteiligt?

Am Trust sind beteiligt: Der Settlor, der den Willen zur Errichtung eines Trusts bekundet und die Eigentumsübertragung veranlasst (das ist der diskretionsbedürftige Geldanleger), der Trustee, der mit der Übernahme und Verwaltung des Trustvermögens betraut ist und schließlich – um das Triumvirat komplett zu machen – der Begünstigte (oder auch Beneficiary genannt). Beneficiary ist derjenige, der aus dem Trustvermögen begünstigt werden soll (das können wiederum der Geldanleger und/oder seine Familienangehörigen sein). Diskrete Geldanleger, die von Natur aus misstrauisch sind, können zusätzlich einen Protektor bestimmen. Protektoren vertreten die Interessen des Trusterrichters und stellen sicher, dass die Wünsche und Absichten des Trusterrichters entsprechend in Übereinstimmung mit der Trusterrichtungsurkunde („trust instrument") berücksichtigt und umgesetzt werden. Zum Protektor kann jede Vertrauensperson ernannt werden. Selbstverständlich kann sich der diskrete Geldanleger selbst zum Protektor ernennen.

Hat der Geldanleger einen Protektor bestimmt, kann er in der Anlage zur Trusturkunde festlegen, welche Dispositionen die Trustee nur im Einvernehmen mit dem Protektor ausüben darf. Der Geldanleger kann den Protektor auch pauschal ermächtigen, Abschriften von Kontoauszügen und Kontobelegen einsehen zu dürfen oder über die Ernennung und Abberufung von Trustees zu entscheiden.

Ein Protektor kann manchmal aber auch hinderlich sein, wenn etwa eilige Entscheidungen zu treffen sind und der „Aufseher" gerade mal nicht zur Stelle ist. So werden Trustees empfehlen, auf einen Protektor entweder zu verzichten oder diesem bloße passive Kontroll- und/oder Mitspracherechte zukommen zu lassen (z.B. bei risikobehafteten Investments). Dessen ungeachtet sollte der Investor aber die Ernennung eines Protektors zumindest für eine befristete Zeit vornehmen, bis der Trustee seine Fähigkeiten bewiesen hat und ihm Vertrauen geschenkt werden kann.

Wie und wo kann ein Trust gegründet werden?

Diskrete Geldanleger können Trusts in erster Linie in allen Ländern des angloamerikanischen Rechtskreises (Länder des Common Law) errichten. Darüber hinaus haben diverse Staaten, in denen ein trustfremdes Rechtssystem herrscht, die so genannte Haager Konvention über das anwendbare Trustrecht und die Anerkennung danach begründeter Trusts vom 1. Juli 1985 ratifiziert. In diesen Staaten ist der Trust als eigenständige Entität der Vermögensanlage- und Erbfolgeplanung anerkannt. Die Haager Trustrechtskonvention ist seit dem 1. Januar 1992 in Kraft und gilt derzeit für Italien, die Niederlande, Malta, Australien, Kanada, Großbritannien und Hongkong. *Deutschland* und auch *Österreich* haben die Konvention bis dato nicht ratifiziert. Die Schweiz hingegen hat die Ratifikation des Haager Übereinkommens über das auf Trusts anzuwendende Recht und über ihre Anerkennung vollzogen und das Bundesgesetz über das Internationale Privatrecht (IPRG) entsprechend angepasst.[231] Trusts spielen bei den Eidge-

---

[231] Mit einem Inkrafttreten ist zum 1. Juli 2007 zu rechnen.

nossen etwa im internationalen Privatkundengeschäft der Schweizer Banken, aber auch bei der Unternehmensfinanzierung eine immer wichtigere Rolle. Der Trust wird daher nach dem geltenden schweizerischen Recht anerkannt. In der Schweiz kann der Trust u.a. folgende Funktionen des schweizerischen Rechts übernehmen: Verwaltungstreuhand, Sicherungsübereignung, Stiftung, Familienstiftung, Verein, Genossenschaft, Auflage bei Schenkung oder Verfügung von Todes wegen, Vermächtnis, Nacherbeneinsetzung oder Nachvermächtnis, Stockwerkeigentum, Aktionärsbindungsvertrag sowie Vermögensverwaltung oder -liquidation im Rahmen eines Nachlassvertrages. Ein Trust von Gesetzes wegen besteht bei: Nachlassverwaltung, Willensvollstreckung, Vormundschaft, Verwaltung von Konkursmassen.

Der formale Ablauf des Gründungsakts bemisst sich nach den Vorschriften des jeweiligen Trustrechts. So kann ein Jersey Trust auch formfrei (also mündlich oder durch schlüssige Handlung) gegründet werden, nicht aber ein Madeira Trust. Einen Madeira Trust muss ab Überschreiten einer bestimmten Dauer registriert werden. In allen Fällen ist es aber empfehlenswert, die Errichtung eines Trusts in Form einer Urkunde zu dokumentieren.

Die Trusturkunde bzw. der Trustvertrag wird als *Trust Deed* oder *Trust Instrument* bezeichnet. Die Trusturkunde ist ein der Öffentlichkeit nicht zugängliches privatschriftliches Dokument, welches neben den Handlungsbefugnissen der Trustees sowie den Rechten und Pflichten aller am Trust Beteiligten auch das erstmals in den Trust eingebrachte Vermögen („Initial Property") dokumentiert. Üblich ist es, einen Trust zunächst mit einer nur kleinen Summe zu gründen (für einen Jersey Trust reichen im Prinzip schon 100 Pfund) und die hauptsächlichen Vermögensgegenstände („Substantial Assets") später nachzureichen.

Bei der Trusturkunde wird zwischen zwei Formen unterschieden: dem „Settlement" (der üblichen Form) und der „Declaration". Das Settlement unterzeichnen beide Parteien: Settlor und Trustee. Hingegen tritt bei der „Declaration" ausschließlich der Trustee in Erscheinung und erklärt, Vermögen für *einen anderen* zu verwalten. Hierbei nennt er den diskreten Geldanleger selbstverständlich nicht. Die Errichtung eines Trusts durch „Declaration" bietet sich an, wenn der Settlor aus Gründen der Diskretion im Hintergrund bleiben möchte. Die Declaration führt allerdings nur *zu-*

sammen mit einem vom Settlor verfassten „Letter of Intent", also einem Absichtsschreiben, das den Willen des Settlors klar hervorhebt, zur Errichtung eines rechtsgültigen Trusts.

Aus der Trust Deed müssen folgende drei Voraussetzungen entnehmbar sein: dass (1) der Settlor festen Willens ist, einen Trust zu errichten, dass (2) ein Vermögenstransfer stattgefunden hat und dass (3) Begünstigte bestimmt sind. Diese drei Voraussetzungen werden im Fachjargon die „three certainties" genannt. Spricht der Trustee von „certainty of words", meint er die feste Intention, einen Trust zu errichten; „certainty of subject matter" bedeutet, dass bestimmtes Vermögen in den Trust einzubringen ist und mit „certainty of objects" sind schließlich die Begünstigten gemeint.[232] Selbstverständlich kann der Geldanleger alleiniges „certainty of objects" sein.

Der Eigentumsdualismus – wem gehört das Trustvermögen?

Diese Frage scheint angesichts der eingangs erwähnten Tatsache, dass das Nummernkonto und Nummerndepot des diskreten Geldanlegers nach außen als dasjenige der Trustees bzw. des Trusts erscheint, durchaus berechtigt.[233] Denn diskrete Geldanleger, die einen Trust gründen wollen, müssen in Erfüllung der oben genannten „three certainties" ihr diskretes Vermögen zum formellen Eigentum des Trustee erklären. Um es deutlicher zu sagen: Der Trustee ist nicht nur Bevollmächtigter über das Vermögen, sondern er wird auch der *rechtliche Eigentümer*. Obwohl der Trustee das Treuvermögen des diskreten Geldanlegers von seinem Privatvermögen strikt trennen muss, kann er doch als rechtlicher Eigentümer darüber verfügen.

Die Vorstellung, dass der Trustee letztlich nur eine moralische Verpflichtung gegenüber seinem Treugeber (Settlor) hat, bereitete Geistlichen und Kreuzrittern schon vor mehreren hundert Jahren Probleme. Weder der Settlor noch die Begünstigten besaßen gegen einen untreu gewordenen Trustee eine juristische Handhabe, weil damaliges angelsächsisches Recht

---

[232] Vgl. JG Riddall, The Law of Trusts, London 1992, page 34.
[233] Siehe Abbildung 14: Diskrete Vermögensverwaltung mit Nummern- oder Trust-Nummernkonto.

(das Common Law) die Treuhänderschaft nicht erfasste. Anfänglich schüchterten die Kirchenoberhäupter ihre Trustees unter Androhung geistlicher Strafen ein, bis schließlich der königliche Lordkanzler (chancellor), welcher bis ins 16. Jahrhundert hinein selbst ein hoher Geistlicher war, Settlor und Begünstigten eines Trusts Schutz nach „Billigkeitsrecht" zusprach. Settlor und Beneficiary konnten sich an den Kanzler wenden, welcher daraufhin untreue Trustees vorladen ließ und sie unter Androhung ernster Konsequenzen zur Pflichterfüllung zwang.

Im Zuge der Zeit entstand daraus eine eigene (Kanzler-)Rechtsprechung, welche als „equity jurisdiction" bezeichnet neben das Common Law trat und dieses ergänzte bzw. korrigierte. Diese so genannte Billigkeitsrechtsprechung des Lordkanzlers stärkte mehr und mehr die Rechtsstellung von Settlor und Beneficiary gegenüber dem Trustee und verschaffte dem Trustvermögen zunehmend (etwa einige Zeit nach 1660) Konkursfestigkeit, indem sich die „equity jurisdiction" auch gegenüber den Gläubigern des Trustee durchsetzte und das Treuvermögen unpfändbar machte. Der Trustee verlor zwar das alleinige Eigentumsrecht am Trustgut nicht, doch stellte der Lordkanzler diesem Recht ein „eigentumsähnliches" Recht gegenüber, den so genannten „equitable title", der den rechtlichen Verfügungsrahmen der Trustees entsprechend den Billigkeitsrechten von Settlor und Begünstigten einschränkte.

Den „equitable title" (also das Billigkeitsrecht) besitzt ein Settlor oder ein Beneficiary gegenüber dem Trustee bis heute, nur der „Court of Chancery" ist verschwunden. Der „equitable title" darf auch in jener Vorstellung beruhigen, der Trustee würde über das Trustvermögen nach Belieben verfügen können. Diskreten Geldanlegern oder den Personen, die als Begünstigte bestimmt sind, steht mit dem „equitable title" ein im Vergleich zum juristisch formalen *Eigentumsrecht* des Trustees nicht minder wirkendes *Vermögensrecht* zu, das heute jederzeit gegenüber dem High Court of Justice, der sowohl nach „equity" als auch nach Common Law entscheidet, eingeklagt werden kann.

Diese doppelten dinglichen Rechtsansprüche an ein und demselben Trustgut werden allgemein als Eigentumsdualismus bzw. auf Englisch als „duality of ownership" bezeichnet und klassifizieren den angelsächsischen Trust. Die beiden nebeneinander kursierenden Rechtskreise – das Billigkeitsrecht einerseits und das strenge angelsächsische Recht andererseits – machen jeweils unterstützt durch eigene Rechtsprechungssysteme das Zusammenspiel von Settlor, Trustee und den Begünstigten überhaupt erst möglich.

Wer fungiert als Trustee?

Ein Trust ist zwar schon durch Übertragung von Vermögen an eine einzelne Person rechtmäßig entstanden. Doch ist der Einzeltrustee heute auf Jersey kaum noch relevant und auf Madeira der „Standards" wegen gar nicht zugelassen. Kreditinstitute, international tätige Treuhand-, Steuerberatungs- und Wirtschaftsprüfungsgesellschaften oder Rechtsanwaltssozietäten bieten heute als „Corporate Trustees" den professionellen Trustservice an, der sich eigentlich von einem vollumfassenden Vermögensverwaltungsmandat nur dadurch unterscheidet, dass das Depot nicht auf den Namen des Geldgebers, sondern auf den Namen des Trusts lautet.

Diskrete Geldanleger, die einen Trust nach bestimmtem Trustrecht gründen, zum Beispiel nach dem Trustrecht der Kanalinsel Jersey, sollten einen Trustee beauftragen, der dort ansässig ist. Sofern nämlich die Trustees einem anderen Rechtskreis angehören, unterliegen sie nicht dem Common Law und auch nicht der dortigen Rechtsprechung.

Welche Vermögenswerte können in einen Trust eingebracht werden?

Theoretisch kann Vermögen aller Art in einen Trust eingebracht werden. Im Regelfall kommen Trusts aber nur für solche Vermögenswerte in Betracht, die in jenen Ländern belegen sind, die über ein entsprechendes Trustrecht verfügen und in denen der Trust als eigenständiges Rechtssubjekt anerkannt ist. Andernfalls kann sich der diskrete Geldanleger im Regelfall nicht auf eine wirksame Trusterrichtung berufen mit der Folge, dass die dem Trust gewidmeten diskreten Gelder weiter dem Trusterrichter steuer- und zivilrechtlich zugerechnet werden.

Gerade wenn pflichtteilsberechtigte Erben ihre Ansprüche gerichtlich durchsetzen[234], besteht die Gefahr, dass besonders deutsche und österreichische Richter in Anwendung des entsprechenden Erbrechts den Trust

---

[234]Vgl. Teil XVI, Abschnitt: Mit Stiftungen und Trusts kann zwingendes nationales Pflichtteilsrecht im Prinzip nicht umgangen werden.

negieren und in ein artverwandtes nationales Rechtsinstitut umwandeln. In den meisten Fällen dürfte die Umdeutung in eine Dauertestamentsvollstreckung oder eine Treuhänderschaft münden.

Folglich kann man sich vor Gerichten in Nicht-Common-Law-Ländern nur dann wirksam auf die Übertragung von Vermögen auf einen Trust berufen, wenn diese Vermögenswerte in Common-Law-Ländern bzw. in Ländern belegen sind, welche den Trust als eigenständige Entität nach Maßgabe des Haager Übereinkommens anerkannt haben.

Trusts eignen sich also zur Übertragung des diskreten Auslandswertpapierdepots, das bisher beispielsweise von einer Schweizer Bank, einer liechtensteinischen Institution oder einem Treuhänder auf den Channel Islands gemanagt worden ist, jedoch nicht für beispielsweise in Deutschland oder Österreich belegenes Grundvermögen.

Wie diskret ist der Trust gegenüber der das Trustvermögen verwaltenden Bank?

Um es vorwegzunehmen: Ein Vermögenstrust und mit ihm der diskrete Geldanleger als Trusterrichter ist nur im Außenverhältnis anonym! Die das Trustvermögen verwaltende Bank muss den Trusterrichter (Settlor) als den wirtschaftlich Berechtigten feststellen und kennen. Schweizer Banken verlangen unter Bezugnahme auf die Vereinbarung über die Standesregeln zur Sorgfaltspflicht der Banken (VSB 03) bei Eröffnung von Konten auf Namen des Trustees von diesem folgende Erklärungen: Bestätigung, dass der Trust ein Discretionary Trust ist, die Namen der Begünstigten, die Namen und Vollmachten sonstiger weisungsbefugter Personen sowie Namen und Adresse des wirtschaftlich Berechtigten (des Trusterrichters). Können keine wirtschaftlich Berechtigten genannt werden, weil – wie es beim Discretionary Trust der Fall ist – gar keine Berechtigten festgestellt werden können, verlangen die Schweizer Banken stattdessen eine schriftliche Erklärung, welche diesen Sachverhalt bestätigt. Diese Erklärung muss Angaben enthalten über die effektiven (nicht treuhänderischen) Gründer und, falls bestimmbar, Angaben über Personen, die dem Vertragspartner oder seinen Organen gegenüber instruktionsberechtigt sind, sowie den Kreis von Personen, die als Begünstigte in Frage kommen können. Die Bank wird hier die Familienangehörigen des Gründers wissen wollen. Ist der

Trust widerruflich (so genannter Revocable Trust), ist immer der Gründer (der effektive, nicht der treuhänderische) auch der wirtschaftlich Berechtigte, der somit in der Schweiz wie auch in anderen Ländern aktenkundig wird. Eine namentliche Feststellung des Trustgründers als wirtschaftlich Berechtigter obliegt auch jeder Liechtenstein-Bank. Im Fürstentum gelten Trusts (wie auch Stiftungen) nicht als letztendlich wirtschaftlich berechtigt im Sinne des liechtensteinischen Sorgfaltspflichtgesetzes, sofern sie nur zur Vermögensanlage dienen. Letztendlich wirtschaftlich berechtigt ist bei Trusts immer der diskrete Geldanleger, von dem die Vermögenswerte stammen. Im Klartext heißt das, dass der diskrete Geldanleger von der das Trustkonto führenden Liechtenstein-Bank namentlich festzustellen ist.

Welche Trusts gibt es?

Trusts können in erster Linie in „Private" und „Commercial" Trusts unterteilt werden. Zu den Letzteren gehören unter anderem die Pension Trusts und Voting Trusts, die ESOP-Trusts („employee share ownership plan"), Unit Trusts oder Joint-Venture Trusts.

Für deutsche oder österreichische diskrete Geldanleger sind allerdings nur die *Private Trusts* relevant, und hier auch nur der Intervivos Trust, also der zu Lebzeiten durch Rechtsgeschäft errichtete Trust. Das angelsächsische Recht ließe zwar im Prinzip auch die Errichtung eines Trusts durch Testament („by will") zu. Diese Art von Vermögens- und Erbfolgeplanung ist deutschen oder österreichischen Geldanlegern aber nicht zugänglich, weil diese in der Testamentsgestaltung dem deutschen bzw. österreichischen Recht (Erbstatut) unterstehen.

Der Intervivos Trust kann als widerruflich („revocable") oder unwiderruflich („irrevocable") errichtet werden. Kann der Trust während der vereinbarten Zeit von keiner Partei gekündigt werden, handelt es sich um einen Irrevocable Trust. Ist der Trust dagegen jederzeit widerrufbar, wie beispielsweise der unten dargestellte „Revocable Short Form Trust", liegt ein Revocable Trust vor.

Des Weiteren unterscheidet man beim Intervivos Trust zwischen einem Strict bzw. Fixed Interest und einem Discretionary Trust (Ermessenstreuhand). Einen Strict bzw. Fixed Interest Trust können diskrete Geldanleger gründen, wenn sie unbedingt ständigen Einfluss auf die Zuteilung von

Trusteinkommen und Trustvermögen ausüben wollen. Der Discretionary Trust hingegen räumt den am Trust Begünstigten keinerlei Ansprüche auf Zahlungen aus dem Trustvermögen und/oder dem Trusteinkommen ein. Das heißt, dem Treuhänder (Trustee) kommt eine selbstständige autonome Stellung zu. Der Trustee kann zwar durch Vereinbarung in der Errichtungsurkunde verpflichtet sein, vor Ausführung bestimmter Handlungen die Erlaubnis bestimmter Drittpersonen, beispielsweise eines Protektors einzuholen. Dennoch entscheidet der Trustee über die Verwaltung des Trustvermögens, über die Verwendung der Erträge und über die Auskehrung des Vermögens an die Begünstigten bei Auflösung des Trusts. Diskrete Geldanleger können dem Trustee allerdings mittels eines „Letter of Wishes" mitteilen, wie sie ihr diskretes Vermögen verwaltet haben wollen und was er welchen Begünstigten zukommen lassen soll. Der Letter of Wishes ist zivilrechtlich allerdings nicht durchsetzbar, daher auch nicht steuerschädlich. Der Trustee wird den Letter of Wishes allerdings des Billigkeitsrechtes wegen respektieren.

Trusts ausgewählter europäischer und außereuropäischer Offshore-Finanzplätze

Der Jersey Trust: Diskretion nach feinster englischer Art

● **Allgemeines**

Jersey ist mit einer Fläche von 116 km und etwa 85.000 Einwohnern die größte und zugleich am südlichsten gelegene Insel und teilt sich zusammen mit Guernsey das auf über 50 Mrd. Pfund geschätzte Trust Business. Die Stärke eines Jersey Trusts liegt zweifelsohne mitunter darin, dass er Vermögen verwalten kann, das auf der gesamten Welt verstreut ist, und zwar ohne jegliche Einschränkungen. Jersey verfügt über ein eigenes Trustrecht, das *Trusts (Jersey) Law 1984.* Gemäß Art. 2 dieses Gesetzeswerkes existiert der Jersey Trust bereits, wenn eine Person (als Trustee bezeichnet) fremdes Vermögen zugunsten irgendeiner Person (egal ob bereits existent oder namentlich bestimmt) oder für jeden nicht den Trustee begünstigenden Zweck hält.

Für den Jersey Trust gilt im Gegensatz zum englischen Trust die so genannte „rule against perpetuities" nicht. Die „rule against perpetuities" wendet sich gegen langfristige Nachlassbindungen und bezieht sich auf das so genannte „contingent interest" eines Begünstigten. Unter „contingent interest" eines am Trust Begünstigten versteht man einen Anspruch auf das Trustvermögen, welcher an den Eintritt eines unbestimmten Ereignisses gebunden ist. Die Regel verlangt, dass ein unbestimmtes Ereignis („contingency"), das der Trusterrichter als Voraussetzung für eine Übertragung des Trustvermögens an Begünstigte bestimmt hat (zum Beispiel eine Heirat, die Geburt eines Enkelkindes oder ein Examensabschluss), unter objektiven Gesichtspunkten spätestens 21 Jahre nach Ende der Lebenszeit des Trusterrichters oder einer anderen frei bestimmten lebenden Person auch wirklich eintreten kann. Spätestens 21 Jahre nach dem Tod des Settlors muss sich nach der rule against perpetuities „contingent interest" in „vested interest" umwandeln. Dies ist der Fall, wenn ein Begünstigter ein Anrecht auf den sofortigen oder künftigen Besitz des Trustvermögens hat, und zwar unabhängig von „contingency", also unabhängig von einem unbestimmten Ereignis, das möglicherweise eintritt oder nicht.

Mit dem Jersey Trust lässt sich sozusagen „alles" konstruieren. So kann Vermögen eines Settlors in eine Offshore-Gesellschaft mit Sitz auf den Cayman Islands oder den British Virgin Islands eingebracht, von einem Jersey Trust verwaltet und das Vermögen selbst, das offiziell der Offshore-Gesellschaft gehört, über den Trust, bzw. unter der „Regie" eines erfahrenen Trustees wiederum beispielsweise in Hong Kong oder in Amerika investiert werden. Solche Konstruktionen sind unter dem Namen „multi or twin jurisdiction administrative arrangements" bekannt. Für solche Zwecke behalten sich Trustees in der Trusturkunde in aller Regel „power to form companies" vor. Verfügen die Trustees über „power to form companies", kann ein in Deutschland oder Österreich belegenes Vermögen ohne größere Schwierigkeiten über eine Offshore-Gesellschaft gehalten werden. Insbesondere unbewegliche Vermögenswerte („real estate") werden von Trusts über eine Offshore-Gesellschaft gehalten. So lauten deutsche Vermögenswerte beispielsweise auf den Namen der XYZ (offshore) Limited, deren Anteilseigner der Trust ist. Besitzverhältnisse über solche Vermögenswerte sind dann zweifach verschleiert: zum einen durch die Anonymität der Offshore-Gesellschaft und zum anderen durch die Diskretion des Jersey Trusts.

● **Errichtung**
Der Errichtungsakt selbst vollzieht sich sehr diskret. Es ist weder eine Eintragung in einem öffentlich zugänglichen Register erforderlich noch

die Notwendigkeit gegeben, anderweitig den Besitz, die Existenz oder diverse Befugnisse der am Trust Beteiligten bekannt zu geben. Ein Jersey Trust kann ohne große Formalität entstehen; eine so genannte „Declaration of Trust" in Verbindung mit einem „Letter of Intent" genügt. Der Jersey Trust kann für einen beliebigen Zeitraum, maximal für 100 Jahre, errichtet werden. Nach Ablauf der vereinbarten Zeit ist das Trustgut entweder zu Gunsten des diskreten Geldanlegers oder zugunsten der vorgeschlagenen Anfallsberechtigten (Letztbegünstigten) auszukehren, oder es wird ein Anschlusstrust gegründet (so genanntes „Resettlement"). Falls keine Anfallsberechtigten benannt sind, wird von Gesetzes wegen unterstellt, dass das Vermögen für den Settlor „absolutely" – also für den Geldanleger selbst – gehalten wurde. Infolgedessen fällt das Vermögen bei Auflösung eines Trusts (sofern dieser nicht für 100 Jahre ausgelegt war) grundsätzlich an den Anleger zurück.

- **Pflichten und Befugnisse des Trustee bei der Vermögensanlage (Power of Investment)**

Der Trustee (in aller Regel ein „Corporate Trustee" wie Bank, Wirtschaftsprüfungs- oder ein Treuhandunternehmen) ist verpflichtet, das Trustvermögen gewinnbringend zu investieren, und zwar so, wie es der gewöhnliche vorsichtig orientierte Anleger für Personen tun würde, für die er sich moralisch zur Unterstützung verpflichtet fühlt.[235] Die Sorgfalt des Trustees bei der Anlage von Trustvermögen geht also über das Maß jener (alleinstehenden) Person hinaus, welche eigenes Geld auch einmal in riskantere Anlageformen stecken würde. Die Interessen der Beneficiaries sind *primär* zu verfolgen.[236]

Trustees eines Jersey Trusts sind von Gesetzes wegen berechtigt, Zuwendungen aus dem Trustvermögen *im Voraus* an genau bestimmbare Personen zu gewähren, sofern dies der diskrete Geldanleger als Settlor nicht ausdrücklich untersagt hat. Beim im Regelfall als Discretionary Trust ausgelegten Jersey Trust hat der Trustee das Trustvermögen seinen Kenntnissen und Fähigkeiten entsprechend bestmöglich („to the best of his ability and skill") und in angemessener Weise zu verwalten.

[235] J. G. Riddall, The Law of Trusts, London 1992, S. 279; freie Übersetzung des Autors.
[236] J. G. Riddall, a.a.O., S. 280; Cowan v. Scargill, [1985] Ch 270, [1984] 2A II ER 750, [1985] Conv 52 (P. Pearce and A. Samuels): „The court held that the duty of trustees towards their beneficiaries was paramount."

Für den Settlor ergeben sich aus dem Trustverhältnis weder Rechte noch Pflichten. Der Trustee ist nicht Marionette, der Settlor kein die Fäden ziehender Marionettenspieler. Der diskrete Geldanleger kann sich jedoch in der Trusturkunde bestimmte Gestaltungsrechte vorbehalten, zum Beispiel in Form eines Widerrufsrechts, der Änderung der Trusturkunde, oder auch Begünstigtenstellung einnehmen.[237] Des Weiteren kann der Settlor dem Trustee mittels eines so genannten „Letter of Wishes" einen entsprechenden „Aktionsradius" vorgeben. Der „Letter of Wishes" ist ein informelles an den (die) Trustee(s) adressiertes Dokument, das weder für den Settlor noch für den Trustee bindend ist, jederzeit widerrufen, ersetzt oder abgeändert werden kann. Mit einem solchen „Wunschzettel" kann der diskrete Geldanleger beispielsweise darlegen, in welcher Weise er gerne das Trustvermögen verwaltet haben möchte oder mit welchen Anteilen laufende Kapitalerträge an bestimmte oder bestimmbare Begünstigte ausgeschüttet werden sollen und (wenn überhaupt) mit welchem Bruchteil von Einkommen und Vermögen karitative „Scheinbegünstigte" (zum Beispiel das Rote Kreuz) bedient werden sollen. Der Trustee wird sich im Rahmen seines Treuhandmandates und seiner Sorgfaltspflichten an die Vorschläge im „Letter of Wishes" halten, zumal der Settlor entweder durch Widerrufsvorbehalt (beim Revocable Trust) oder als Alleinbegünstigter die jederzeitige Rückführung des Trustvermögens erreichen kann.[238]

Begeht ein Trustee Trustbruch („Breach of Trust"), erstreckt sich seine Haftung sowohl auf den eigentlichen Vermögensverlust als auch auf entgangene Gewinne (Kapitalerträge). Als „Breach of Trust" wird jede Zuwiderhandlung des Trustees gegen geltendes Jersey Trustrecht oder gegen die Trustbestimmungen bezeichnet. „Breach of Trust" setzt nicht notwendigerweise voraus, dass der Trustee bewusst vertrauenswidrig handelte oder dass dem Trust Verluste entstanden sind.[239]

● Rechtsstellung der Begünstigten

Begünstigter eines Jersey Trusts kann jede Person sein, die Genussrechte am Trusteinkommen oder am Trustvermögen innehat oder zu deren Gunsten Trusteinkommen oder Trustvermögen nach freiem Ermessen des

---

[237] Vgl. nachfolgenden Abschnitt: Rechtsstellung der Begünstigten.
[238] Nach Saunders v. Vautier, vgl. Abschnitt: Rechtsstellung der Begünstigten.
[239] Matthews Paul/Sowden Terry, The Jersey Law of Trusts, London 1992, S. 169.

Trustees zugewendet bzw. ausgekehrt werden kann. Selbstverständlich kann der Geldanleger selbst zum begünstigten Personenkreis gehören, ja ggf. sogar Alleinbegünstigter sein. Denn in Art. 8A Abs. 1 des Trusts (Jersey) Law ist klar festgelegt, dass die Regel „donner et retenir ne vaut" („Geben und wieder Nehmen geht nicht") unerheblich ist. Geldanleger können also diskretes Vermögen einem Jersey Trust übertragen („donner") und dieses gleichzeitig über ein absolutes Begünstigtenrecht bezüglich „income" und „capital" wieder zurückholen („retenir").

Begünstigte eines Jersey Trusts verfügen nicht nur über den „equitable title", sondern über echtes „proprietary interest". Der feine Unterschied zum „equitable title" liegt darin, dass „proprietary interest" gegen das Trustvermögen oder gegen die bereits erwirtschafteten Mittel des Trusts gerichtet ist, während der „equitable title" – wie bereits gesehen – bloßes Billigkeitsrecht verkörpert. *Konkret*: Dem Begünstigten eines Jersey Trusts „gehört" das Trustvermögen, er verfügt nicht über einen bloßen Forderungsanspruch gegenüber dem Trustee oder – wie der Begünstigte eines US-Trusts – über ein bloßes Anspruchsrecht („personal right"). Beneficiaries eines Jersey Trusts sind hiermit ein klein wenig besser gestellt.

Des Weiteren müssen Begünstigte eines Jersey Trusts aus Diskretionsgründen nicht namentlich genannt werden. Sie müssen nur (intern) bestimmbar und identifizierbar sein. Der Kreis der Begünstigten eines Jersey Trusts kann jederzeit erweitert oder beschränkt werden. Begünstigte eines Jersey Trusts können ungeachtet der Trustbestimmungen und ggf. gegen den Willen des Errichters per Einstimmigkeit beschließen, den Trust aufzulösen. Dem Trustee obliegen in solchen Fällen die Auflösung des Trusts und die anteilmäßige Auskehrung des Trustvermögens. Neben der Einstimmigkeit ist Voraussetzung, dass alle Begünstigten existent und geschäftsfähig sind.

Dass Begünstigte eines Trusts diesen auflösen können, sofern sie sich einig, voll geschäftsfähig und „absolutely entitled" sind, gilt im Übrigen für jeden Trust. So wurde in einem der spektakulärsten Fälle des englischen Trustrechts, in „Saunders v. Vautier" einem 21-jährigen Begünstigten das Trustvermögen zugesprochen, obwohl ihm dieses laut der Trust Deed erst bei Vollendung des 25. Lebensjahres zugestanden hätte. Der Begünstigte begründete seine Forderung mit einer bevorstehenden Heirat und einem dringenden Geldbedarf wegen seiner Firmengründung. Die Richter meinten hierzu, dass die „equity", also die Billigkeitsrechtsprechung, im Trustee in erster Linie einen neutralen Verwalter sehe, der die Interessen der Begünstigten zu berücksichtigen hätte. Und sofern sich alle Begünstigten einig sind, verliere der Trust seine Daseinsberechtigung.[240]

● Was ein Jersey Trust kostet

Für die Errichtung eines Trusts werden auf der Insel zwischen 500 und 1.000 Britische Pfund berechnet. Die Gründungsgebühr („Trust Formation Fee") schließt u.a ein: Beratung, Übernahme der Trusteetätigkeit und aller steuerlich erforderlichen Formalitäten sowie die Ausarbeitung der Trusturkunde. Um die 500 Britische Pfund kostet die Beendigung eines Jersey Trusts mit Abwicklung und Auskehrung des Trustvermögens. Die jährlichen Verwaltungskosten („Trust Management Fees") betragen zwischen 700 und 1.200 Britische Pfund pro Jahr. Im Regelfall wird hier ein bestimmter Prozentsatz, etwa 0,15 Prozent vom Trustvermögen, nach unten begrenzt durch eine Minimumgebühr angesetzt. Amtliche Gebühren (zum Beispiel Wertstempel- oder Registrierungsgebühren) oder Steuern entstehen nicht. Bei Errichtung eines Trusts für einen ausländischen Settlor wird in aller Regel eine Bestätigung des Comptrollers eingeholt, dass dieser weder Trustee noch Beneficiary zur Einkommensteuer heranzieht. Der Comptroller behält sich in solchen Fällen nur vor, von Zeit zu Zeit die Aufzeichnungen des Trusts einzusehen.

● Checkliste

Diskrete Geldanleger, die einen Jersey Trust errichten, sollten außer ihren persönlichen Daten wie Namen, Adresse und Nationalität folgende Angaben und Unterlagen bereithalten:

- Angaben über die „Jurisdiction" (des anwendbaren Rechts), unter der der Trust geführt werden soll. Standardmäßig ist Jersey Trustrecht maßgeblich;
- den Namen des Trusts;
- den vollständigen Namen, Adresse und Nationalität des Settlors;
- Name, Nationalität, Geburtsdatum und Adresse eines jeden Begünstigten;

---

[240] Aus diesem Fall sehen diskrete Geldanleger, dass ihnen als Settlor grundsätzlich die Rolle eines Schenkers zukommt und dass sie von der Aktionsfläche des Trusts verschwinden, wenn sie sich nicht in der Trust Deed gewisse Rechte vorbehalten haben.

- Aufstellung über das dem Trust zuwendbare Vermögen (diskrete Konten, Kontonummern, Bankverbindungen);
- Angaben über den gewünschten Trusttyp (Discretionary, Fixed Interest, Accumulation & Maintenance oder Special Purpose)
- Angaben über die Art der Trusterrichtung(surkunde) (diskrete Geldanleger wählen hier die „Declaration of Trust", wenn sie auf dem Trust-Instrument nicht namentlich erscheinen wollen);
- Persönliche Angaben des Protektors (sofern ein solcher bestellt werden soll) bzw. des Enforcers (bei Purpose Trusts);
- Angaben über die Vollmachten des Protektors/Enforcers;
- den persönlich verfassten Letter of Intent (wenn die Declaration of Trust gewählt wurde);
- den persönlich verfassten Letter of Wishes (dient als Entscheidungs- und Aktionsrahmen für den Trustee);
- Angaben über die steuerlichen Verhältnisse (inkl. Angaben über den Wohnsitz),
- Näheres über die Gründe und die Ziele des Trusts,
- Angaben über Beginn und Ende des Rechnungsjahres sowie Einzelheiten über das periodenmäßige Berichtswesen (monats- oder quartalsweise);
- Angaben über bevorzugte Kreditinstitute, bei denen die Trustees Konten auf Namen des Trusts eröffnen sollen;
- Referenzen über die Person des Settlors.

Der Brunei Trust

- **Allgemeines**

Das Sultanat Brunei (malaiisch: Brunei Darussalam genannt) ist ein Kleinstaat an der Nordküste der Insel Borneo im Südchinesischen Meer. Die Fläche des Staatsgebietes beträgt 5770 km und stellt den Rest eines in früheren Zeiten weit größeren Sultanates dar, das zwischen dem 16. und dem 19. Jahrhundert) grob die komplette Nordküste dem Herrschaftsbereich des Sultans von Brunei zuordnete. Heute umfasst das von Sultan Hassanal Bolkiah geführte Sultanat ca. 370.000 Einwohner und ist vollständig von dem malaysischen Bundesstaat Sarawak umschlossen. Amtssprache ist Malaiisch; Landeswährung ist der Brunei-Dollar (BND), welcher im Verhältnis 1:1 an den Singapur-Dollar gekoppelt ist. 1 BND ist in etwa 0,50 EUR wert.

Das Sultanat entspricht flächen- und einwohnermäßig dem Zehnfachen des Fürstentums Liechtenstein. Neun Geschäftsbanken sind aktuell in Brunei ansässig. Brunei betreibt ein so genanntes „Currency Board System" ohne Zentralbank. Zuständige Regulierungsbehörde für den Bankensektor ist die Regierung. Öl und Gas fließt täglich im Wert von jeweils 14 Millionen Dollar aus dem Sultanat heraus. Gerade einmal etwa 110.000 Touristen haben sich bisher pro Jahr in dieses Land verirrt, bis zum Jahr 2020 sollen es dreimal so viele werden. Zu den touristischen Attraktionen zählen nämlich nicht nur die Pracht der Jem-Asr-Hassanil-Bolkiah-Moschee – größte des kleinen Landes –, deren goldene Dome und komplex ornamentierte Minarette das Stadtbild Bandar Seri Begawans prägen. Neben der Haupteinnahmequelle, dem reichlich vorhandenen Erdöl, sowie der sich langsam entwickelnden Tourismusbranche, setzt Brunei durch seine Steuerpolitik zunehmend auf ein drittes Standbein: Das Sultanat will neben Hong Kong, Singapur und Dubai zu einem attraktiven Finanzplatz im asiatischen Raum werden. Brunei ist unter anderem Mitglied des Internationalen Währungsfonds und der ASEAN-Freihandelszone AFTA und in Währungsgemeinschaft mit Singapur verbunden. Mit der „Brunei International Trusts Order 2000" hat Brunei auch ein modernes Trustrecht.

● **Errichtung**

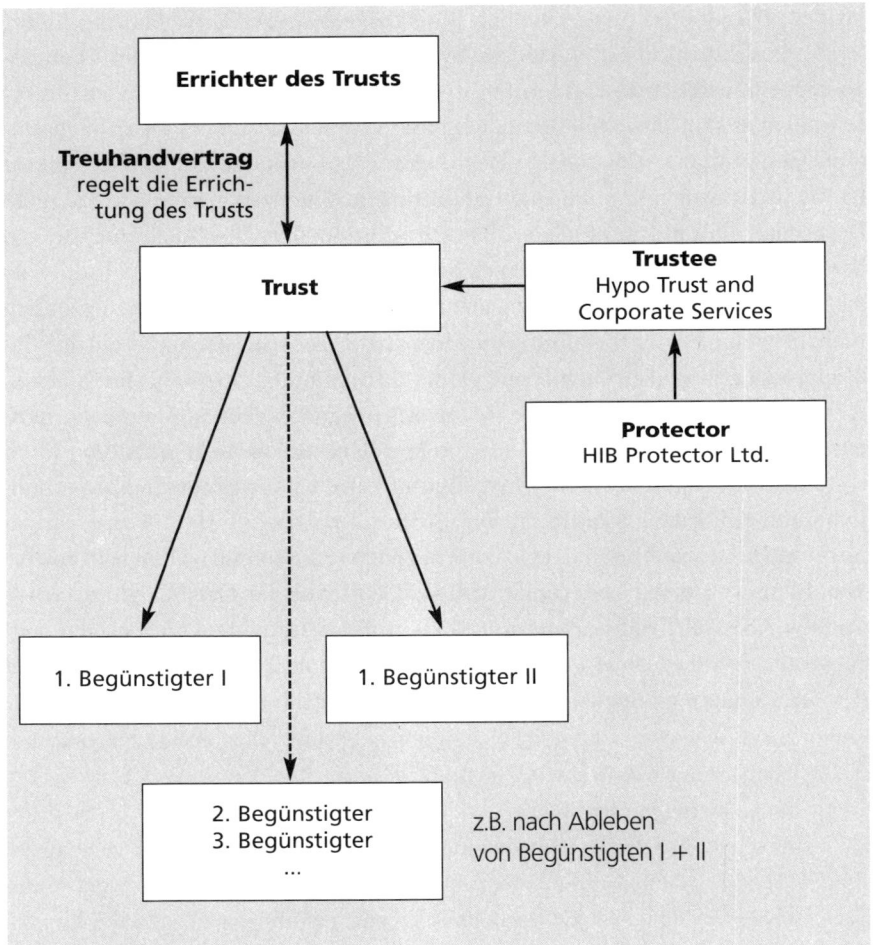

Abbildung 15: Aufbau und Organisation des Brunei Trusts (Quelle: Hypo Investment Bank [Liechtenstein] AG, Vaduz, Liechtenstein)

Der Brunei-Trust ist einfach, schnell und diskret errichtet. Formelles Erfordernis zur Begründung eines Trustverhältnisses ist der Abschluss eines Treuhandvertrages, in dem der diskrete Geldanleger die „Errichter (Principal)" als Trustees[241] beauftragt, einen Trust zu begründen (Letter of Intent

---

[241] Beispielsweise die Hypo Trust and Corporate Services (Brunei) Ltd. als so genannte Trustees. Die Hypo Trust and Corporate Services (Brunei) Ltd. wurde 2006 – als 100%-Tochterunternehmen der

oder Instruction Letter). Die Errichtung des Brunei-Trust erfolgt per „Declaration". Hier treten ausschließlich die Trustees im Außenverhältnis in Erscheinung und erklären, Vermögen für einen anderen zu verwalten. Dem anglo-amerikanischen Vorbild entnommen ist keine konstitutive Registereintragung mit Hinterlegung öffentlich beurkundeter oder beglaubigter Statuten vorgesehen. Der Brunei-Trust gilt so mit Abschluss des Treuhandvertrages mit dem entsprechenden Treuhandunternehmen als errichtet.

Die Errichtung eines Brunei Trusts vollzieht sich für den diskreten Geldanleger im Wesentlichen in drei Schritten:

- Der diskrete Geldanleger erteilt einen Auftrag zur Errichtung des Trusts (Instruction Letter oder Letter of Intent).
- Der diskrete Geldanleger definiert die einzubringenden Vermögenswerte. In den Trust eingebracht werden können ausschließlich Bankguthaben, Aktien oder festverzinliche Wertpapiere.
- Der diskrete Geldanleger definiert den Kreis der Begünstigten (z.B. sich selbst, Verwandte, Dritte, gemeinnützige Organisationen)

Rechtsgrundlage des Trusts ist die diskretionäre Treuhänderschaft gemäß Brunei International Trusts Order, 2000. Danach können auch Trusts für bestimmte Zwecke errichtet werden, welche keine gemeinnützigen sein müssen. Solche „*Purpose-Trusts*" eignen sich für solche Geldanleger, die einen Brunei Trust beispielsweise für das Halten bestimmter Aktienpakete oder Vermögen allgemein auf bestimmte Zeit errichten wollen und keine Begünstigten bestimmen können/wollen. Nach Brunei-Recht gegründet, wird der Trust im Aussenverhältnis durch seine Trustees (die Treuhänder) vertreten, die das Treuhandvermögen in ihrem eigenen Namen halten und verwalten. Da die Trustees eine Vertrauensstellung innehaben, werden sie regelmäßig durch einen Protektor bzw. ein Protektorunternehmen[242] überwacht. Als Trustee eines Brunei Trusts fungiert im Regelfall ein unter der „Registered

---

Hypo Investment Bank (Liechtenstein) AG – gegründet. Sie hat von der örtlichen Finanzmarktaufsicht alle Bewilligungen erhalten. Die Hypo Trust and Corporate Services (Brunei) Ltd. errichtet ausschließlich für Kunden der Hypo Investment Bank (Liechtenstein) AG Trusts. Diese dienen der Vermögensanlage und -verwaltung und sichern somit über Generationen hinweg das Familienvermögen. Die Hypo Trust and Corporate Services (Brunei) Ltd. errichtet dabei ausschließlich unwiderrufliche Trusts. Der jeweilige Trust ist autorisiert, lediglich mit der Hypo Investment Bank (Liechtenstein) AG Bankverbindungen zu errichten.

[242] Beispielsweise der HIB Protector Ltd. ein Tochterunternehmen der Hypo Investment Bank (Liechtenstein) AG.

Agents an Trustees Licensing Order 2000 (RATLO)" lizenziertes Treuhandunternehmen. Die Rechte und Pflichten der Trustees sind in einem eigenen
Declaration of Trust festgelegt. Die jährlichen Kosten für die Verwaltung eines Trusts belaufen sich auf CHF 999,–. Die Gründung eines Trusts ist kostenlos![243]

- **Der diskrete Vermögenstransfer**

Zentraler Bestandteil des Trusts ist das diskrete Vermögen – Treu-
handgut genannt –, zu dessen Haltung, Verwaltung und Verwendung zugunsten der Begünstigten das Trustverhältnis errichtet wird. Der Vermögenstransfer erfolgt sehr diskret durch bankinterne Übertragung der Vermögenswerte beispielsweise aus einem Liechtenstein-Depot. Die so genannten „Assets to be transferred" werden im Regelfall in einem separaten „Deed
of Addition" aufgelistet und erscheinen nicht auf dem Gründungsformular
(so genannter „Instruction Letter").

Gegenstand des Treuevermögens können alle geldwerten Gegenstände des Rechtsverkehrs sein. Der Brunei-Trust kann sowohl Konten und
Depots in Brunei als auch Konten in Europa bzw. Vaduz oder der Schweiz unterhalten. So ist es im Regelfall nicht notwendig, in Liechtenstein oder der
Schweiz unterhaltene Anlagekonten und Wertpapierdepots an den Sitz des
Trusts zu verlagern. Auch für Anlagekonten, die der Trust auf seinen Namen
in der Schweiz oder Liechtenstein unterhält, fällt der EU-Steuerrückbehalt
auf nach der EU-Zinssteuer-Richtlinie steuerpflichtige Kapitalerträge nicht
an, da die Trustees durch eine juristische Person mit Sitz außerhalb des terri-
torialen Geltungsbereichs der EU-Zinssteuer-Richtlinie bzw. außerhalb von
der Schweiz/Liechtenstein gestellt werden.[244] US-Investments können mittels eines Brunei-Trusts allerdings nicht getätigt werden.

- **Die Begünstigten**

Der diskrete Geldanleger legt in der Treuhandurkunde den Begünstigtenkreis fest. Dabei besteht auch die Möglichkeit, einer Mehrzahl von
Personen gleichzeitig oder in zeitlicher Aufeinanderfolge und in unter-
schiedlichem Umfang eine Begünstigung am Vermögen eines Brunei-

---

[243] Quelle und Gebührentarif: Hypo Investment Bank (Liechtenstein) AG.

[244] Bei der Konzeption der Hypo Investmentbank (Liechtenstein) AG z.B. durch die Hypo Trust and Corporate Services (Brunei) Ltd. Zur EU-Zinssteuer und dem EU-Steuerrückbehalt in Schweiz und Liechtenstein vgl. Teil XV.

Trusts zu gewähren. Bei Errichtung des Brunei Trusts als Discretionary Trust gehören im Regelfall auch gemeinnützige Institutionen dem Begünstigtenkreis an. Die Begünstigten scheinen namentlich nur im Instruction Letter (dem Gründungsauftrag) auf. Keine Begünstigten müssen bei Errichtung eines Purpose-Trusts bestimmt werden.

- **Zusammenfassende Übersicht: Vorteile des Brunei Trusts auf einen Blick**
  - Bündelung von international verstreutem Vermögen auf steuerneutralem Terrain.
  - Der Brunei Trust hält ausschließlich mit der Korrespondenzbank in Europa eine Bankverbindung.
  - Die zufließenden Zinsen, Dividenden und Coupons sind steuerfrei (eine EU-Quellensteuer fällt nicht an).
  - Kursgewinne sind steuerfrei.
  - Beim Ableben des Errichters des Trusts entsteht keine Erbschaftsteuer.
  - Verlegen die Begünstigen ihren Wohnsitz in steuerneutrales Terrain, können Zuwendungen steuerfrei vereinnahmt werden.
  - Die persönlichen Daten des diskreten Geldanlegers sind lediglich der Tochtergesellschaft der Korrespondenzbank in Brunei bekannt. Es erfolgt keine öffentlich zugängliche Registereintragung, die Anonymität des diskreten Geldanlegers bleibt gewahrt.
  - Gläubiger des Treugebers haben grundsätzlich keinen direkten Zugriff auf das Treugut. Unter bestimmten Umständen können sie jedoch aufgrund von Gläubigerbenachteiligung einen Anspruch gegen das Treugut geltend machen.
  - Die Anfechtung der Treuhänderschaft wegen Verkürzung eines Pflichtteilsanspruchs nach ausländischem Recht ist in Brunei jedoch zumindest hinsichtlich beweglichen Vermögens gemäß Section 108 der „Internationale Trust Order, 2000" grundsätzlich nicht möglich.

(Quelle: Hypo Investment Bank [Liechtenstein] AG, www.hypo.li.)

Der Madeira Trust: Diskrete Geldanlage auf der Blumeninsel Portugals

- **Allgemeines**

Auf Madeira wird nicht nur der Urlauber von einem milden Mittelmeerklima verwöhnt; die Insel bietet auch eine ideale Atmosphäre für diskrete Geldanlagen. Madeira liegt ca. 600 km von Afrika, 450 km von den Kanaren, 800 km von den Azoren und 900 km vom Festland Portugals entfernt. Madeiras Hauptstadt Funchal hat etwa 260.000 Einwohner. Die Insel erhielt 1976 ihre politische Unabhängigkeit, gilt seither als autonome Region Portugals und ist in die Europäische Union integriert. Die Staatsgewalt teilt sich der von Lissabon ernannte Präsident (Gouverneur) mit einem demokratisch gewählten Parlament und einem Berufungsgericht erster Instanz. Eine Gesetzgebung von 1986 garantiert gleiche Rechte für alle ausländischen Investoren, gleich welcher Nationalität.

Als „Company Management Centre" bietet Madeira bedeutende Vorteile gegenüber den Offshore Centres Channel Islands, Isle of Man und Gibraltar. Madeira darf sich als ernsthafter Konkurrent zu den „Steuerplanungsländern" wie den Niederlanden, Irland und Luxemburg zählen. Zu den Vorzügen Madeiras zählen u.a. eine Steuerexemption bis zum Jahre 2011 für durch die Madeira Development Company (SDM) lizenzierte Gesellschaften, Steuerbefreiung von Schenkungs- und Erbschaftsteuern, EU-Vollmitgliedschaft sowie die Anerkennung von Trusts. Obwohl Madeiras Gesellschaftsrecht auf dem Napoléonic-Code aufgebaut ist, können Trusts auf Basis einer von Madeiras Parlament entworfenen und von Lissabon abgesegneten eigenständigen Gesetzgebung errichtet werden. Gesetzlich verankert und ermöglicht werden Trusts durch die „Decree Law 352-A/88".

Seit 1994 sind voll eingerichtete und operationsfähige Niederlassungen ausländischer Banken erlaubt. Überwacht werden die Kreditinstitute von der portugiesischen Bankenaufsicht nach den Standards der Europäischen Union. Portugal verfügt über ein gesetzlich geregeltes Bankgeheimnis. Verstöße gegen die Geheimhaltungspflicht ziehen strafrechtliche Sanktionen nach sich. Diskrete Konten können in allen frei konvertierbaren Währungen eröffnet werden. Diskrete Geldanleger zahlen auf Madeira außer der ggf. anfallenden EU-Zinssteuer keine weiteren Quellensteuern auf Zins- oder Dividendeneinkünfte.

Ein weiterer vom diskreten Geldanleger geschätzter Vorteil dürfte sein, dass Madeira nicht offiziell als „Steueroase" behandelt und bezeichnet wird, weil die SDM-Companies lediglich von den portugiesischen Steuern ausgenommen sind, der Steuersatz selbst aber mit einer Rate von durchschnittlich 38 Prozent EU-Niveau erreicht. Des Weiteren hat die Europäische Union die Steuervergünstigungen sowie die Regionalpolitik Madeiras offiziell befürwortet, sodass es andererseits nicht möglich ist, Madeira zusammen mit anderen Steueroasen auf eine schwarze Liste zu setzen.

- **Errichtung**

Standardmäßig gilt bei Errichtung eines Trusts Madeira-Recht. Der diskrete Geldanleger kann aber beispielsweise auch das Jersey-Trustrecht wählen. Wie die Trust Deed beim Jersey Trust muss auch die Urkunde des Madeira Trusts Angaben über den Namen des Settlors und des Trusts enthalten, das Trustvermögen bestimmen und die Begünstigten sowie den Willen des Settlors erkennen lassen, einen Trust zu gründen (die so genannten „three certainties"[245]). Des Weiteren sind festzuhalten: die Ziele, welche mit dem Trust verfolgt werden sollen (zum Beispiel die Verwaltung und Anlage von privatem Familienvermögen), die Rechte und Befugnisse des oder der Trustees (power of investment), Ausschüttung und Verwendung des Trustvermögens, Bestimmungen über die Akkumulierung von Trusteinkommen, die Errichtungsdauer des Trusts, das für den Trust geltende Recht sowie Zeit und Ort der Gründung.

Zu den Besonderheiten des Madeira Trusts gehört zum einen, dass die Unterschrift des Settlors auf der Trusturkunde durch einen Notar zu beglaubigen ist, und zum anderen, dass der Trust binnen sechs Monaten nach Errichtung im Handelsregister eingetragen (registriert) werden muss, wenn er für *länger als ein Jahr* ausgerichtet ist. Die eigenhändige Unterschrift des Settlors ist dagegen auch beim Madeira Trust nicht erforderlich. Sofern aus Diskretionsgründen erwünscht, kann auch der Trustee allein unterschreiben (Errichtung des Trusts durch Declaration).

Wichtig für den diskreten Geldanleger zu wissen ist, dass sein Name sowie ggf. die Namen der von ihm bestimmten Begünstigten in den Registrierungsurkunden nicht erscheinen und außerdem strikter Geheimhaltung unterliegen. Benötigt werden nur Name des Trusts und die Zielsetzung

---

[245] Vgl. hierzu in diesem Teil Abschnitt: Wie und wo kann ein Trust gegründet werden?.

(zum Beispiel Vermögensverwaltung), das Gründungsdatum und der Zeitraum, über den der Trust bestehen soll. *Konkret*: Bei der Registrierung tritt also nur der Trustee namentlich auf.

- **Der Trustee eines Madeira Trusts muss ein Corporate Trustee sein**

Um einen hohen Standard an Kompetenz und Geheimhaltung zu garantieren, dürfen auf Madeira nur juristische Personen Trustee sein. Offshore-Trust-Gesellschaften sind im Allgemeinen so genannte „Sociedads Anonimas". Die SAs entsprechen in Wesen und Struktur einer deutschen Aktiengesellschaft; nur mit dem feinen Unterschied, dass mindestens 51 Prozent des Aktienkapitals in Namensaktien gehalten werden müssen.

- **Settlor und Begünstigte eines Madeira Trusts genießen einen gesetzlich verankerten Diskretionsschutz**

Während das Jersey-Trustrecht dem Trustee nur das Recht einräumt, Auskunftsersuchen seitens Dritter zurückzuweisen, bestimmt Art. 11 des Madeira-Trustrechts, dass Verstöße gegen die Geheimhaltungspflichten strafrechtlich wie eine unzulässige Durchbrechung des Bankgeheimnisses zu bestrafen sind. Settlor und Begünstigte eines Madeira Trusts erscheinen namentlich nur auf der Trusturkunde. Dritten gegenüber darf das Dokument nur auf gerichtliche Anweisung hin offenbart werden. Unterhält der Trust auch ein Geldanlagekonto auf Madeira, unterliegt dieses außerdem noch dem portugiesischen Bankgeheimnis. Diskrete Gelder auf Madeira, geführt unter der Regie eines Trustees, erfreuen sich also einer *zweifach strafrechtlich geschützten Geheimhaltungspflicht*: zum einen des Bankgeheimnisses und zum anderen der „secrecy and confidentiality" des Art. 11.

- **Was ein Madeira Trust kostet**

Mit dem Trust ist der diskrete Geldanleger auf Madeira von jeglicher Steuer befreit. Die Gründungskosten sind moderat; sie liegen im Regelfall unter 1.000 Euro. An laufenden Kosten fällt eine jährliche „Trustrate" an. Die jährlichen Verwaltungskosten bewegen sich etwa in Höhe der einmaligen Gründungskosten.

● **Checkliste**

Bei Errichtung eines Madeira Trusts zur Vermögensanlage und -verwaltung sollten folgende Angaben bereitgehalten werden:

- Name für den Trust, Name des diskreten Geldanlegers, die Namen der Ehefrau und Kinder und sonstiger Begünstigter sowie die jeweiligen Geburtsdaten;
- Aufstellung über das Trustvermögen (der diskreten Konten mit Kontonummern und Bankverbindungen, die in den Trust eingebracht werden sollen);
- der persönlich verfasste Letter of Wishes (dient als Entscheidungs- und Aktionsrahmen für den Trustee),
- Näheres über die Gründe und die Ziele des Trusts;
- Angaben über die gewünschte Errichtungsdauer (falls länger als ein Jahr, muss der Trust registriert werden);
- Angaben über das gewünschte Trustrecht (zum Beispiel Madeira- oder Jersey-Trustrecht).

Der Malta Trust: Ein diskretes Vehicle inmitten der Europäischen Union

Malta hat in Übereinstimmung mit der Haager Convention „on the Law Applicable to Trusts and on their Recognition" den Trust als eigenständige und rechtsfähige Vermögensmasse anerkannt (Recognition of Trusts Act 1994). Das innerstaatliche maltesische Trustrecht stellt im Wesentlichen eine Rezeptur des auf der Kanalinsel Jersey geltenden Trustrechts, des Trusts (Jersey) Law 1984, dar. Wie in anderen Ländern des Common Law üblich, kann auch in Malta ein Trust unter demjenigen Trustrecht errichtet und geführt werden, welches der Settlor (Trusterrichter) wählt. Enthält die Trusterrichtungsurkunde keine Regelungen, gilt im Regelfall maltesisches Recht (dasjenige Trustrecht, zu dem der Trust die engsten Beziehungen aufweist).

Errichtet werden können so genannte „Fixed Trusts", „Discretionary Trusts", „Accumulation Trusts" sowie „Maintenance Trusts". Als zur Errichtung eines Trusts „qualifizierte Person" i.S.d. Trusts Acts gilt jeder Errichter, sofern er keinen Wohnsitz in Malta hat. Dasselbe gilt für die Begünstigten eines Malta-Trusts. Auch sie dürfen dort nicht ansässig sein. Der Errichter eines maltesischen Trusts (Settlor) kann Begünstigter (auch Alleinbegünstigter) des Trusts sein. Als Trustee eines Malta-Trusts sind ausschließlich autorisierte „nominee companies" zugelassen bzw. einer von mehreren Trustees muss eine solche zugelassene Treuhandgesellschaft sein. Das Trustvermögen darf darüber hinaus nicht aus auf Malta belegenem Immobilienvermögen bestehen. Als solches Immobilienvermögen gelten auch Anteile an einer maltesischen Gesellschaft, die maltesisches Immobilienvermögen hält.

Jeder Trust muss auf einen entsprechenden Namen lauten und beim Malta Financial Services Centre als Registrierungsbehörde für Trusts eingetragen sein. Voraussetzung für die Registrierung ist u.a. eine Bescheinigung des Trustee, dass der Trust die gesetzlichen Anforderungen des Trusts Act erfüllt. Das Trustregister ist nicht öffentlich zugänglich. Die Beschäftigten des MFSC unterliegen wie die Bankbediensteten dem „Professional Secrecy Act". Die Registrierungsgebühr beträgt 200 Maltesische Lira. Denselben Betrag erhebt Malta als jährliche Pauschalsteuer auf jeden Trust. Der Trustname ist jederzeit abänderbar. Malta-Trusts können – in Anlehnung an das Jersey Trust Recht – auf 100 Jahre gegründet werden.

Der Liechtenstein-Trust (die Treuhänderschaft)

Liechtenstein ist das einzige kontinentaleuropäische Land, das mit der *Treuhänderschaft* (Art. 897 PGR) ein dem angelsächsischen *Trust* gleichendes Gebilde rechtlich geregelt hat. Die Treuhänderschaft wurde ins liechtensteinische Personen- und Gesellschaftsrecht bereits 1926 aus dem Common Law mit gewissen Abänderungen rezipiert.

Eine Treuhänderschaft ist begründet, wenn eine natürliche oder juristische Person (Treugeber, Settlor) Vermögen (Treugut genannt) einem Treuhänder (Trustee) zuwendet, um dieses in Zukunft nach Maßgabe einer vom Treugeber aufgestellten Trustsatzung vom Trustee in seinem Namen und in der Eigenschaft als selbstständiger Rechtsträger zugunsten Dritter (den Begünstigten) verwalten zu lassen. Der Treugeber wendet dem Treuhänder somit Vermögen mit der Verpflichtung zu, es in Zukunft als Treugut nach bestimmten Kriterien zu verwalten oder zu verwenden. Die Treuhänderschaft unterscheidet sich von der Stiftung dadurch, dass Erstere keine juristische Person darstellt und eine solche auch nicht begründet wird. Bei der Treuhänderschaft handelt es sich um eine *privatschriftliche Vereinbarung* (Treuhandvertrag zwischen Treugeber und Treuhänder), weshalb die Treuhänderschaft allgemein als „besondere Vermögenswidmung" bezeichnet wird. Des Weiteren kennt die Treuhänderschaft nach liechtensteinischem Recht keine Zweckbeschränkung, wie sie im Stiftungsrecht gegeben ist. Das Treuhandverhältnis gilt grundsätzlich mit der Begründung als entstanden. Wird die Treuhänderschaft jedoch auf eine Dauer von mehr als zwölf Monaten begründet, ist das Treuhandverhältnis im Öffentlichkeitsregisteramt entweder zu registrieren oder die Treuhandurkunde zu hinterlegen. Im Unterschied zur Liechtenstein-Stiftung wird der Trust vorzugsweise im Öffentlichkeitsregister eingetragen. Eine entsprechende Meldung erfolgt durch den Treuhänder (Trustee) unter Angabe der Bezeichnung des Trusts, des Datums der Errichtung der Dauer (bestimmt oder unbestimmt[246]) sowie Name, Sitz und Anschrift des Trustee. Im Fall der Hinterlegung ist die Treuhandurkunde zu hinterlegen, welche auch die Namen der Begünstigten enthält. Abgesehen von der allfälligen Pflicht der Übersetzung des Wortlauts der Urkunde ist bei Hinterlegung die Offenlegung der Begünstigtenverhältnisse nicht zu umgehen.

Der Treuhänder einer liechtensteinischen Treuhänderschaft wird Eigentümer des Treuguts, nimmt also die Rolle des „legal owners" ein wie der Trustee eines angelsächsischen Trusts. Das Treuvermögen ist stets als Fremdvermögen des Treuhänders zu betrachten oder, wie es das Personen- und Gesellschaftsrecht an mehreren Stellen ausdrückt: als im Innenverhältnis klar ausgegrenztes *Sondergut (wie in der Treuurkunde niedergelegt)*. Der Treugeber einer Treuhänderschaft kann keine Bestimmungen aufstellen, welche den Treuhänder an fortlaufende Weisungen des Treugebers binden. Besteht eine solche Abmachung (z.B. in Form eines Mandatsvertrages mit Weisungsrecht), liegt ein Auftragsverhältnis (Fiducia) i.S. des bürgerlichen Rechts vor, d.h. das Trustvermögen verbleibt im Vermögen des Treugebers.

Wie der Trustee eines angelsächsischen Trusts tritt auch der liechtensteinische Treuhänder gegenüber der Vermögensverwaltungsbank und nach außen als selbständiger Vollrechtsträger auf, ist aber verpflichtet, gem. Art. 21 Abs. 1 der Verordnung zum liechtensteinischen Sorgfaltspflichtgesetz[247] der

---

[246] Im Gegensatz zum angelsächsischen Trust kennt das liechtensteinische Trustrecht keine „Rule against Perpetuities", sodass die Errichtung auf unbestimmte Dauer möglich ist.

[247] Vom 11. Dezember 2000, LGBl. 2000 Nr. 236. Die Vorschrift lautet: „Bei Personenverbindungen oder Vermögenseinheiten, für die es keine bestimmte wirtschaftlich berechtigte Person gibt, wie z.B. beim Discretionary Trust, muss der Vertragspartner eine Erklärung vorlegen, die diesen Sachverhalt bestätigt. Die Erklärung muss zudem Angaben über den effektiven, nicht den treuhänderischen Gründer sowie, falls bestimmbar, über die Personen enthalten, die dem Vertragspartner oder ihren Organen

Bank den Treugeber (Settlor) namentlich bekannt zu geben. Bekannt zu geben ist auch der Begünstigtenkreis (z.b. Mitglieder der Familie des Settlors) sowie ein evtl. bestellter Protektor mit dem Hinweis, ob dieser instruktionsberechtigt ist oder nicht. Der Treuhänder ist im Innenverhältnis an die Bestimmungen in der Treuhandurkunde gebunden; bei Missachtung liegt Treubruch (Breach of Trust) vor, wobei der Treuhänder (Trustee) persönlich unbeschränkt haftet.

Konten, die auf Namen eines Liechtenstein-Trusts lauten, unterliegen wie die liechtensteinische Stiftung als juristische Person nicht dem in Liechtenstein seit dem 1.7.2005 geltenden EU-Steuerrückbehalt.

Bahamas Trust (Trusts and Asset Protection)

Die Bahamas eignen sich vorzüglich für die Etablierung aller Arten von Trusts. Mit dem Bahamas Trustees Act 1998 verfügt das Inselreich über eine der modernsten Trustgesetzgebungen im karibischen Raum.

Anonym geht auf den Bahamas allerdings auch nichts mehr. Den internationalen Geldwäsche-Standards entsprechend obliegt es auch einer mit dem Trustvermögen beauftragten Geschäftsbank auf den Bahamas, den Trusterrichter (den diskreten Geldanleger als „beneficial Owner") namentlich festzustellen.

Der Bahamas Trustees Act 1998 gibt diskreten Geldanlegern auch einen legalen Weg für Trusts zum Schutz bestimmter Begünstigter bzw. besonderer „high net worth individuals" vor dem Zugriff auf ihr Vermögen durch Gläubiger. *Asset Protection Trusts* basieren auf dem „Fraudulent Dispositions Act", welcher als Gesetz 1991 eingeführt wurde und in einen Trust übertragene Vermögenswerte nach mehr als zwei Jahren ab der Vermögensübertragung vor allen Pfändungen und Zugriffen schützt. Dabei ist es nicht erforderlich, dass sich das Trustvermögen auf den Bahamas befindet.

Bahamas Trusts können auch für bestimmte Zwecke errichtet werden, welche keine gemeinnützigen sein müssen. Solche *„Purpose-Trusts"* eignen sich für diskrete Geldanleger, die einen Trust beispielsweise für das Halten bestimmter Aktienpakete oder Vermögen allgemein auf bestimmte Zeit errichten wollen und keine Begünstigten bestimmen können oder wollen.

Instruktionen erteilen können, und die Personen oder den Personenkreis, die als Begünstigte in Frage kommen. Allfällige Kuratoren, Protektoren und sonstige eingesetzte Personen müssen ebenfalls in der Erklärung aufgeführt werden."

Selbstverständlich eignen sich Bahamas Trusts vorzüglich zur Vermeidung von Einkommensteuern, Kapitalgewinnsteuern, Erbschafts- und Schenkungssteuern und anderen Abgaben durch ausländische Begünstigte, welche auf den Bahamas regelmäßig als „non-resident for exchange control purposes" klassifiziert werden.

Diskrete Geldanleger, die sich für einen Bahamas Trust entscheiden, verfügen über umfassende „Discretionary Powers": Der Trustee Act verleiht diskreten Geldanlegern als Trusterrichter die Möglichkeit, den Trust zu widerrufen, das Trustvermögen dem Trust wieder zu entziehen, Trustees abzusetzen bzw. zu ergänzen oder zu ersetzen, Begünstigte zu ernennen oder auszuschließen und dem Trustee Weisungen zu erteilen. Somit gehen diskrete Geldanleger sicher, dass ihr Trust ihren Vorstellungen entsprechend verwaltet wird. Diskrete Geldanleger als Trusterrichter können außerdem einen Protektor bestellen.

Den Begünstigten eines Bahamas-Trusts stehen durch den Trustees Act gesetzlich definierte Auskunfts- und Informationsrechte bezüglich Trust und Trustvermögen usw. zu. Aus steuerlichen Gründen können die aus der Vermögensanlage generierten Kapitaleinkünfte thesauriert werden; die Kumulierung der Einkünfte im Trust ist im Rahmen der so genannten „Rule against Perpetuity" für einen Zeitraum von maximal 80 Jahren möglich.

Wichtig für den diskreten Geldanleger ist, dass er eine lizenzierte „Bank Trust Corporation" als Corporate-Trustee beauftragt, was gleichzeitig den Vorteil hat, dass dieser in den Genuss eines allumfassenden Services kommt.

Bahamas-Trusts können diskret errichtet werden; einer Eintragung bzw. Registrierung in öffentlich zugänglichen Registern bedarf es nicht. Die Errichtung eines Bahamas Trust kostet etwa zwischen 3.000–5.000 US-$ bzw. wertgleicher Bahamas-Dollar. An jährlichen Gebühren für den Trustee fallen ca 5.000 US-/Bahamas-$ an. Steuern fallen auf den Bahamas keine an.

Ordinary Trusts, Exempted Trusts und Star Trusts auf den Cayman Islands

● Allgemeines

Ordinary Trusts auf den Cayman Islands können auf einen Zeitraum von 150 Jahren errichtet werden. Beim Exempted Trust muss die Trusterrichtungsurkunde dem Registrar of Trusts vorgelegt und eine Gebühr von ca. 500 US-$ entrichtet werden. Erst dann ist der Exempted Trust rechtskräftig errichtet. Der Registrar of Trusts behält sich dabei diverse Informationsrechte vor. Trustees eines Exempted Trusts haben dem Registrar in regelmäßigen Zeitabständen oder auf Anforderung über die Ereignisse im Trust Bericht zu erstatten sowie im März eines jeden Jahres eine Gebühr von 120 US-$ an den Registrar of Trusts entrichten.

Trusterrichter oder die Begünstigten haben dabei nichts zu befürchten. Denn Exempted Trusts erhalten vom Gouvernor das Versprechen, für mindestens 50 Jahre steuerfrei zu sein. Dieses Undertaking gilt gerade für den Fall, dass es einmal direkte Steuern auf der Insel geben sollte. Dennoch werden Exempted Trusts selten gewählt. Grund hierfür stellt wohl die Berichterstattungspflicht der Trustees an den Registrar dar, welche für jegliche Veränderungen der Trusturkunde oder im Personenkreis der Begünstigten usw. greift.

Es gibt zwei Möglichkeiten, Trustvermögen in einem Cayman Islands Trust zu halten. Die Vermögenswerte können entweder unmittelbar durch den Trustee gehalten werden oder aber es wird eine Holding Company (vorzugsweise eine steuerfrei Exempt Company[248]) vorgeschaltet, welche das Vermögen hält. Die Anteile der Company werden dann im Trust gehalten. Letzteres ist zu empfehlen, wenn Trustkonten in Ländern eröffnet werden sollen, die den Trust als eigenständiges Rechtssubjekt nicht kennen. Ist der Trust dem Recht Cayman Islands unterstellt, gilt dies vor jedem anderen Recht, insbesondere vor dem Recht am Wohnsitz des Trustgründers. Hat Letzterer gegen geltendes Pflichtteilsrecht verstoßen, berührt dies den Cayman Islands Trust nicht.

War der Trusterrichter bei der Trustgründung rechtmäßiger Eigentümer der in den Trust eingebrachten Vermögenswerte, verstößt er aber mit Errichtung des Trusts gegen geltendes Recht in seinem Wohnsitzland, etwa weil das dort maßgebliche Recht die Errichtung von Trusts nicht anerkennt oder sogar verbietet oder weil die in der Trusturkunde festgelegte individuelle Erbfolgeregelung gegen für sein Wohnsitzland geltendes Pflichtteilsrecht verstößt, beeinträchtigt dies den Cayman Islands Trust nicht; dieser bleibt unabhängig davon bestehen.

---

[248] Vgl. Teil XIII, Abschnitt: Exempted Companies auf den Cayman Islands.

● **Der STAR-Trust**

Mehr Planungsflexibilität offeriert Anlegern der so genannte *STAR-Trust*. STAR steht für Special Trusts (Alternative Regime); Rechtsgrundlage ist das „Special Trusts (Alternative Regime) Law" aus 1997. Dieses Gesetz erlaubt die Gründung von Trusts für Personen (Begünstigte) oder für bestimmte beliebige Zwecke oder beides kombiniert, vorausgesetzt der Trust verstößt damit nicht gegen Gesetz oder gegen die öffentliche Ordnung.

Der STAR-Trust unterscheidet sich zum traditionellen Trust in folgenden Punkten:

● Enforcers müssen nominiert sein.

● Einer der Trustees muss ein auf den Cayman Islands lizenziertes Trust-Unternehmen sein.

● Der STAR Trust ist von der „rule against perpetuities" ausgenommen.

● Auf den Cayman Islands belegenes Immobilienvermögen kann nicht in den STAR-Trust eingebracht werden.

Der STAR Trust räumt diskreten Geldanlegern größtmögliche Flexibilität auch in Bezug auf die Übertragung von Kontrollrechten auf Nichtbegünstigte und der Ausstattung oder des Ausschlusses der Begünstigten mit Kontrollrechten („enforcement").

STAR erlaubt ferner die Errichtung eines so genannten „Mischtrusts". Selbst wenn der Trustgründer einen reinen Personentrust (Trust mit Begünstigten) wünscht, eröffnet ihm STAR zusätzliche Flexibilität in bestimmten Situationen. Eine STAR-Trusturkunde kann einfach errichtet werden und bedarf keiner detaillierten Ausarbeitung für die Klassifizierung des Trust als personen- oder zweckbezogenes Gebilde.

STAR ermächtigt den Trustgründer, so genannte *„Enforcer"* zu bestimmen. Die Funktion des Enforcers kann hierbei freiwillig oder vertragsmäßig ausgeübt werden. Soll der Trust indirekt zugunsten bestimmter Begünstigter wirken, kann die STAR-Trusturkunde diesen Personen ein Wahlrecht einräumen, diverse Kontrollrechte wahrzunehmen oder nicht. Der Trusterrichter kann variieren; er kann Dritten, die nicht zum Kreis der Begünstigten gehören, Aufsichts- und Kontollrechte zuordnen und er kann den Begünstigten oder bestimmten Begünstigten bestimmte Kontrollrechte untersagen.

STAR-Trusts können auf unbestimmte Zeit oder bis zum Eintritt einer bestimmten Situation (beispielsweise wenn das Trustvermögen aufgebraucht ist) errichtet werden. Es gelten keine Zeitlimits wie beispielsweise 100 Jahre für den Jersey-Trust oder etwa die „rule against perpetuities".

- **Anwendungsbeispiel**

Der Trusterrichter wünscht die Weiterführung des Familienunternehmens durch den Trust auch dann, wenn das Unternehmen keinen oder nur einen minimalen Gewinn abwirft, ungeachtet der Tatsache, dass der Zweck des Trusts, nämlich die finanzielle Absicherung und Versorgung der Familienmitglieder, mit einem Verkauf des Unternehmens verbunden mit einem Alternativinvestment des Verkaufserlöses besser gewährleistet wäre.

Die Existenz des Trusts soll den Begünstigten gegenüber bis zum Tod des Trusterrichters geheim gehalten werden. STAR ermöglich dem Settlor in diesen Fällen die Ausführung der Begünstigtenrechte bis auf den Todeszeitpunkt hinauszuschieben. In solchen Fällen sollte aber zu Lebzeiten des Trusterrichters ein Enforcer unbedingt bestellt werden.

Es soll ein so genannter „Spendthrift Trust" errichtet werden. STAR ermöglicht dem Settlor, entsprechende Vorkehrungen für jene Fälle zu treffen, in denen Gläubiger eines verschuldeten Begünstigten versuchen, auf das Trusteinkommen und/oder -vermögen zuzugreifen.

Der Trusterrichter möchte die Anlageentscheidungen hinsichtlich des Trustvermögens selbst treffen, die Trustees sollen aber nicht darüber besorgt sein müssen, ob die Geldanlagepolitik des Settlors im Sinne der Begünstigten ist.

Der Trust soll Holdingfunktion einnehmen, d.h. einziger Zweck des Trusts soll sein, die Anteile einer Offshore-Gesellschaft zu halten.

- **Kostenübersicht**

	Ordinary Trust	Star Trust
Gründungsgebühr Trust*	1.200–1.500 US-$	2.000 US-$
Jährliche Verwaltungsgebühren	1.500 US-$	Ca. 1.500 US-$
Trust mit Trustkonto**	Gebühr 0,5% p.a. minimum 5.000 US-$.	

* Bei Verwendung einer Standard-Trusturkunde, zzgl. Anwaltshonorar bei individueller Ausarbeitung.

** Minimumeinlage: Im Regelfall 1.000.000 US-$.

Tabelle 17: Kostenübersicht

Trusts in Dubai und dem Dubai International Financial Centre

Seit Mitte 2006 gibt es das erste Trustrecht im Mittleren Osten, welches im DIFC geschaffen wurde. Kurz darauf folgte Bahrain mit einem entsprechenden Gesetz. Beide halten sich an die bewährten Vorlagen des Common Law.

Von ausschlaggebender Bedeutung ist auch hier das Vertrauen in die Trustees. Es ist daher wichtig, dass man sich an ein lizenziertes Treuhandunternehmen (Anwaltsbüro) wendet, das die nötige, langjährige Erfahrung hat und wenn möglich Teil einer größeren, internationalen Gruppe ist.

Die Errichtungs- und laufenden Kosten für Trusts in Dubai betragen etwa 4.000 bis 6.000 US-$. Trusts, die ein Anlagekonto im Dubai International Financial Centre eröffnen wollen, müssen mit einem Nettovermögen (net asset) von mindestens 1 Mio. US-$ ausgestattet werden.

Trusts in Singapur

Singapur hat im Dezember 2004 ein neues sehr attraktives Trustgesetz erlassen, das eine große Nachfrage bewirkte. Von 2002 bis 2005 wurden die Vermögen in Singapur-Trusts von 25 Milliarden auf 50 Milliarden US-$ verdoppelt. Ein Großteil davon stammt von Personen, die ihre Wohnsitze in Hochsteuerländern haben.

Checkliste für die Errichtung diskreter Vermögenstrusts

Nachfolgend aufgelistete Fragen sollten diskrete Geldanleger zusammen mit dem jeweiligen Trustee vor Errichtung eines Vermögenstrusts unbedingt klären:

Vermögensverwaltung zu Lebzeiten

- Wie kann ich mein weltweit verstreutes Vermögen am einfachsten zusammenfassen und verwalten?
- Führen die Formalitäten, welche im Fall meines Todes notwendig werden dazu, dass meine Vermögensverhältnisse der Öffentlichkeit bekannt werden?
- Wie kann ich sicherstellen, dass die notwendige Diskretion gewahrt bleibt?
- Vermögensverwaltung nach meinem Tod oder im Fall gezwungener Abwesenheit?

- Kann ich mich hier auf meine Familienmitglieder verlassen und kann ich sicher sein, dass diese mein Vermögen nach meinen Grundsätzen entsprechend verwalten?

Besteuerung

- Gibt es Wege, meine steuerliche Situation zu optimieren, und zwar sowohl in meinem Wohnsitzland als auch im jeweiligen Belegenheitsstaat meines Vermögens?
- Wie kann ich ausländische Steuern auf mein Immobilienvermögen reduzieren?
- Welche Maßnahmen soll ich bei einem beabsichtigten Wegzug ins Ausland beachten?

Politische Risiken/Devisenbeschränkungen

- Drohen politische Risiken, welche mein Vermögen tangieren?
- Was passiert, wenn sowohl mein Wohnsitzland als auch ein Land, in dem sich Vermögenswerte befinden, plötzlich Einschränkungen in der Ein- und Ausfuhr von Devisen einführen?
- Gibt es eine Möglichkeit, meine Vermögenswerte zu schützen und kann ich die gegebene Flexibilität in der Vermögensanlage erhalten?

Vererbung des Trustvermögens auf die Begünstigten

- Bin ich gegenwärtig in der Lage zu entscheiden, wer definitiv aus meinem Vermögen profitieren soll und in welchem Umfang?
- Welche Einschränkungen ergeben sich durch gesetzliche Pflichtteilsrechte bei der Auswahl meiner Wunscherben?[249]
- Brauchen bestimmte Familienmitglieder mehr Hilfe als andere?
- Welche Formalitäten, Kosten und Verzögerungen entstehen meinen Angehörigen bei der Übertragung meines Vermögens im Fall meines Todes?

---

[249] Vgl. in diesem Zusammenhang auch die Ausführungen in Teil XV, Abschnitt: Mit Stiftungen und Trusts kann zwingendes nationales Pflichtteilsrecht im Prinzip nicht umgangen werden.

Teil XIII
Diskrete Geldanlagen über Offshore-Gesellschaften

Der angelsächsische Begriff „Offshore", welcher etwa mit „außerhalb der Küstengewässer liegend" übersetzt werden könnte, bezeichnete ursprünglich die zu einem Land gehörenden Hochseeinseln. Die Finanzwelt hingegen verwendet den Begriff „Offshore" für steuerlich begünstigte Gebiete und versteht unter „Offshore" in erster Linie, dass man sich mit dem Geldanlagekonto außer Reichweite seines Herkunftslandes bezüglich dessen Steuermacht befindet. Eine Offshore-Gesellschaft umschreibt also eine Gesellschaft, die in einem steuerlich günstigen Land errichtet wurde – in einer Steueroase. Eine solche Gesellschaft empfiehlt sich in erster Linie dann, wenn der diskrete Geldanleger neben Steuerbefreiungen vor allem Wert auf Diskretion legt.

Die Vorschaltung einer vermögensverwaltenden Offshore-Gesellschaft ermöglicht es, Bankkonten und Wertpapierdepots im Namen dieser Gesellschaft halten und verwalten zu können, deren Anteilseigner der diskrete Geldanleger ist. Die Errichtung einer Offshore-Gesellschaft erfordert in der Regel nur wenige Tage. Der unbeschränkte Haftungsschutz erfordert im Regelfall keine Stammeinlage. Buchführungspflichten usw. entfallen mangels Steuerpflicht in den meisten Offshore-Steueroasenländern. Absolute Anonymität gewährt eine Offshore-Gesellschaft heute allerdings auch nicht mehr. Im Zuge der Bemühungen zur Bekämpfung der Geldwäsche wurde die Ausgabe so genannter „bearershares" (anonyme Inhaberanteilscheine) untersagt bzw. an bestimmte Restriktionen (z.B. Hinterlegung beim Registeramt) geknüpft. Dadurch lassen sich die Besitzverhältnisse einer Offshore-Gesellschaft im Bedarfsfall feststellen. Dem diskreten Geldanleger bleibt es allerdings vorbehalten, einen Trust als Inhaber bzw. Alleingesellschafter seiner Offshore-Gesellschaft vorzuschalten. Damit wäre zumindest im Außenverhältnis absolute Anonymität gewährleistet.

Die gängigste Rechtsform für Offshore-Gesellschaften ist die englische Limited (Ltd). Offshore-Gesellschaften sind also im Regelfall „GmbH-ähnliche Kapitalgesellschaften" mit beschränkter Haftung.

Offshore-Gesellschaften als Basis- oder Domizilgesellschaften

Offshore-Gesellschaften eignen sich in der Ausgestaltung als private Holdinggesellschaften, Basis- oder Domizilgesellschaften sowohl zur privaten und diskreten Vermögensverwaltung als auch zur Aufnahme von Gewinn und Vermögen aus angehörigen Unternehmen in Hochsteuerländern oder zur Bündelung von Leistungen innerhalb eines Konzerns an Unter- und Obergesellschaften in Steueroasenländern, um diese von dort aus in andere Länder weiter zu schleusen. Für solche Zwecke werden so genannte „Basisgesellschaften" zwischen das inländische Unternehmen (den Gründer des Basisunternehmens) und einen anderen, nachgeordneten Rechtsträger im Ausland geschaltet.

Eine Spezialform der Basisgesellschaft ist die Domizilgesellschaft. Die Domizilgesellschaft ist eine ordnungsgemäß gegründete und in das örtliche Register eingetragene Unternehmung, der es jedoch an aktiver, eigener Geschäftstätigkeit fehlt. Eine Domizilgesellschaft hat auch in der Regel keine eigenen Büroräume und kein Personal. Die Tätigkeiten einer Domizilgesellschaft beschränken sich meist auf Verwaltungsaufgaben und die Verwertung von Rechten (Kapitalanlagen, Lizenzen, Patente). Das Kapital solcher Offshore-Gesellschaften kann ausschließlich aus Wertpapiervermögen bestehen; der diskretionsbedürftige Anleger und Eigentümer der Offshore-Gesellschaft kann mittels Kreditkarte vom Firmenkonto der Limited weltweit Barabhebungen tätigen.

Offshore-Gesellschaften haben in der Regel zwischen ein und drei Verwaltungsräte, welche im Regelfall Rechtsanwälte oder Treuhänder sind und die Gesellschaft im Außenverhältnis vertreten. Der diskrete Geldanleger kann die Funktion eines Verwaltungsrates der Gesellschaft innehaben. Sollte sein Bedürfnis an Diskretion extrem hoch sein, kann ihm auch eine Generalvollmacht über die Gesellschaft oder auch nur eine Vollmacht über das von der Offshore-Gesellschaft unterhaltene Bankkonto/Depot eingeräumt werden. Im Zeitalter des Internets ist es selbstverständlich möglich, das Depot einer Offshore-Gesellschaft von zu Hause aus zu betreuen. Die Verwaltungsräte werden in Fällen höheren Diskretionsbewusstseins von Dritten gestellt. Gegebenenfalls kann der Offshore-Gesellschaft auch ein Trust vorgeschaltet werden.

International Business Companies auf den Bahamas

Eine International Business Company (IBC) ist die gängigste Gesellschaftsform für Offshore-Gesellschaften auf den Bahamas. Die Gründung einer IBC kostet bei einem Einlagekapital von unter 50.000 $ etwa 330 $ und ist in 24 Stunden erledigt. Für die Gründung einer IBC ist kein Mindestkapital erforderlich. Eine IBC muss von zwei „Incorporators" gegründet werden; in der Regel sind das zwei Anwälte, welche gleichzeitig die „nominee shareholders" verkörpern und somit die „rechtlichen Eigentümer" darstellen. Gleichzeitig stellt das Anwaltsbüro auch den notwendigen „Registered Agent", welcher auf den Bahamas ansässig sein muss und als „Zustelladresse" für die IBC fungiert. Der Mandant scheint als tatsächlicher Anteilseigner (wirtschaftlicher Eigentümer – „beneficial owner") nicht auf. Hauptversammlungen der IBC können außerhalb der Bahamas abgehalten werden und müssen auch nicht protokolliert werden.

Eine IBC darf zwar auf den Bahamas keine Geschäfte tätigen oder Immobilien besitzen. Dafür ist sie aber universell einsetzbar; ob als „Underlying Company" in Verbindung mit einem Offshore Trust oder einfach zur Vermögensverwaltung. International Business Companies (IBCs) unterliegen keinerlei Devisenbeschränkungen. Jede IBC ist für 20 Jahre von allen bahamesischen Steuern und Abgaben, insbesondere auch der Stempelsteuer (stamp duty) befreit. Die Errichtung einer IBC kostet etwa 1.100 $ an Anwaltsgebühren. Für die Verwaltung der IBC und insbesondere für die Funktion des „Registered Agent" fallen jährlich etwa 2.500 $ an.

Exempted Companies auf den Cayman Islands

● **Allgemeines**

Über 45.000 Cayman-Island-Gesellschaften sind beim „Registry of Companies" registriert, jährlich kommen etwa 8.000 neue Gesellschaften hinzu. Private Gesellschaften in der Rechtsform einer – im Regelfall – Kapitalgesellschaft (Aktiengesellschaft oder Ltd.) kann für diskrete Anlagezwecke verwendet werden. Das Aktienkapital kann in US-$ oder jeder Drittwährung definiert sein.

Das Kapital kann ausschließlich aus Wertpapiervermögen und sonstigen Einlagen bestehen. Es können Namensaktien jeweils mit oder ohne Nennwert ausgegeben werden. Der Anleger und Eigentümer der Offshore Gesellschaft kann über Kreditkarte von Europa aus Barabhebungen tätigen. Der „Registrar of Companies" darf auf Anfrage nur den Namen und die Rechtsform der Gesellschaft, den Tag der Eintragung oder die Adresse des Registered Office bekannt geben. Weitere Einzelheiten unterliegen dem Confidential Relationship Law.

● Besteuerung

Die Gesellschaft zahlt keine Steuern und muss, abgesehen vom Honorar für die Verwaltungsräte nur gerade für eine „Government Licence Fee" von ungefähr 500 US-$ aufkommen. Zwar werden auf der Insel sowieso keine direkten Steuern auf Einkommen und Ertrag erhoben. Für den Fall, dass sich die Steuersituation auf den Cayman Islands ändert, erhalten Exempted Companies eine Steuerfreistellungsgarantie für einen Zeitraum von 20 Jahre nach Gründung. Die Steuerfreistellungsgarantie wird danach im Regelfall verlängert. Der Geldanleger kann die Funktion eines Verwaltungsrates der Gesellschaft innehaben. Sollte sein Bedürfnis an Diskretion extrem hoch sein, kann ihm auch eine Generalvollmacht über die Gesellschaft, oder auch nur eine Vollmacht über das von der Offshore-Gesellschaft unterhaltene Bankkonto/Depot eingeräumt werden. Die Verwaltungsräte werden in Fällen höheren Diskretionsbewusstseins von Dritten gestellt.

● Konten auf Namen einer Exempted Company

Bei der Eröffnung von Bankkonten auf den Namen der Exempted Company verlangen Cayman-Islands-Banken zusätzlich zu den Erfordernissen für die Eröffnung von Bankkonten (wie z.b. zwei Referenzen usw.) im Regelfall die Bekanntgabe der wirtschaftlich Berechtigten sowie allgemeine Informationen über den oder die Firmeneigner. Den Kontoeröffnungsunterlagen sind Ausweiskopien der wirtschaftlich Berechtigten sowie aller Zeichnungsberechtigten über das Firmenkonto beizufügen. Die Gesellschafter einer Exempted Company bleiben der Cayman Island Bank gegenüber also nicht anonym. Gegenüber sonstigen Dritten bestehen allerdings keine Offenlegungs- oder Veröffentlichungspflichten bezüglich der wirtschaftlich Berechtigten am Unternehmen und deren Beteiligungsverhältnisse. Dies gilt auch gegenüber öffentlichen Stellen.

Für die Errichtung einer Exempted Company ist kein Mindestkapital vorgeschrieben. Um in den Genuss der minimalen Lizenzgebühren zu gelangen, sollte das Einlagekapital 50.000 US-$ nicht übersteigen.

● **Kostenübersicht**

	Aktivität	Betrag
Gründung		
	Treuhänder-Errichtungsgebühren	1.000–1.200 US-$*
	Spesenfixum	250 US-$
	Lizenzgebühren-Errichtung	
	Kapital bis zu 50.000 US-$	575 US-$
	Kapital bis 1.000.000 US-$	805 US-$
	Kapital bis 2.000.000 US-$	1.690 US-$
	Kapital über 2.000.000 US-$	2.400 US-$
	Sonstige Auslagen	Nach Aufwand
Laufende Kosten		
	Lizenzgebühren – jährlich	wie oben
	Registered office	800–1.000 US-$
	Sekretariatsservice	250 US-$
	Gestellung von Direktoren (mind. ein Direktor erforderlich)	850–1.000 US-$**
	Gestellung von Namensaktionären	200 US-$ je Aktionär

* Ohne Anwaltshonorare oder sonstige externe Beratungskosten.
** Das Honorar für die Gestellung von Direktoren wird üblicherweise an der Größe des zu verwaltenden Vermögens und dem hierzu erforderlichen Zeitaufwand bemessen.

Tabelle 18: Kostenübersicht Excempted Company Cayman Islands

Offshore-Gesellschaften in den Vereinigten Arabischen Emiraten

Allgemeines

Die Vereinigten Arabischen Emirate (VAE) haben mehr als 20 so genannte „Free Zones" geschaffen. Die für den diskreten Geldanleger „Interessantesten" befinden sich dabei in Dubai, wie u.a. Internet City, Media City, Healthcare City, Knowledge Village oder auch Jebel Ali, Dubai Airport,

Sharjah Airport. Der wichtigste Vorteil solcher Free Zones ist, dass dort Gesellschaften ausschließlich mit bzw. durch ausländische Anteilseigner oder aber auch nur mit einem einzigen Gesellschafter – dem diskreten Geldanleger selbst – gegründet werden können. Des Weiteren genießen solche Gesellschaften eine Körperschaftsteuerfreiheit für mindestens 15 Jahre; die Anteilseigner zahlen keine Einkommensteuern. Anlagekapital sowie die Gewinne können in beliebiger Höhe ein- und ausgeführt werden.

Offshore-Gesellschaften in der Dubai „Free Zone" von Jebel Ali

Jebel Ali ist die älteste und größte Freizone in den VAE. Seit 2003 – genauer gesagt seit Inkrafttreten der „Jebel Ali Free Zone Authority Offshore Companies Regulations" mit 15. Januar 2003 – können ausländische natürliche Personen eine so genannte „Jebel-Ali-Offshore-Gesellschaft" errichten, welche ihren Namen aus der gleichnamigen Freihandelszone begründet.

Für den diskreten Geldanleger bietet sich eine Jebel-Ali-Offshore-Gesellschaft aus folgendem Grund an: Auf Namen der Gesellschaft kann der Anleger in Dubai ein Bankkonto eröffnen, ohne einen Wohnsitz in Dubai innehaben zu müssen. Die Jebel-Ali-Offshore-Gesellschaft ermöglicht somit nicht nur auch jenen diskreten Geldanlegern den Zugang zum Bankenplatz Dubai, die das für ein Konto im DIFC erforderliche Mindestkapitalvermögen nicht erreichen können und auch keine Immobilien kaufen wollen.[250] Die Jebel-Ali-Offshore-Gesellschaft eignet sich auch sehr gut zum „Vorschalten", sodass das Konto des diskreten Geldanlegers nach Außen nicht direkt mit seiner Person bzw. seinem Namen in Verbindung gebracht werden kann.

Die Gründung unter Unterhaltung einer solchen Gesellschaft gestaltet sich einfach. Mit Vergabe einer Registration Number sowie der Ausstellung einer Gründungsurkunde (Certificate of Incorporation) für die Offshore-Gesellschaft darf diese offiziell ihre Tätigkeit aufnehmen. Die Offshore-Gesellschaft ist nicht verpflichtet, eigenes Personal in den Emiraten einzustellen oder Büroräume anzumieten. Die Jebel-Ali-Offshore-Gesell-

---

[250] Solche Offshore-Gesellschaften können auch in bestimmten Gebieten von Dubai Liegenschaften erwerben. Seit kurzem ist es Ausländern erlaubt in speziellen Gebieten Villen und Wohnungen zu kaufen. Vorher konnten nur Einheimische kaufen.

schaft benötigt lediglich einen lokalen „Registered Agent", welcher als Ansprechpartner gegenüber den Behörden fungiert. Das Aktienkapital der Jebel-Ali-Offshore-Gesellschaft kann frei bestimmt werden, ein Mindest-(stamm)kapital ist nicht vorgeschrieben. Die Einlagen müssen allerdings in Inlandswährung (VAE Dirhams) geleistet werden.

Die Aktionäre können natürliche wie auch juristische Personen sein. Es müssen mindestens zwei Direktoren, ein Manager und ein Schriftführer (Company Secretary) benannt sein, was auch in Personalunion durchgeführt werden kann. Ein Direktor kann also zudem auch der Manager und Sekretär sein, wie das auch bei anderen Offshore Gesellschaften regelmäßig der Fall ist. Die Gründungskosten sowie die erste Jahresgebühr betragen etwa 3.300 Euro; die laufenden Jahreskosten ab dem zweiten Jahr betragen etwa 1.500 Euro.

Checkliste Gründung – bei der Verwaltung der Jebel Ali Freihandelszone sind einzureichen:

- Bei Gründung/Errichtung/Beteiligung durch/von einer oder mehreren juristischen Personen als Gesellschafter, z. B. einer anderen Offshore-Gesellschaft:
  - Handelsregisterauszug,
  - Satzung der beteiligten juristischen Personen,
  - Gesellschafterbeschluss.
- Bei Gründung/Errichtung/Beteiligung durch/von eine(r) natürliche(n) Person als Gesellschafter
  - Lebenslauf eines jeden Gesellschafters,
  - Passkopie,
  - „Certificate of good Standing" (Bankauskunft).

	Aktivität	Betrag in US-$
Gründung und erstes Jahr	Ausarbeitung der Gründungsunterlagen (Filing of Application)	2.750
	Registered Agent sowie sonstige Kosten der Firmengründung, Ausarbeitung des Gesellschaftsvertrages und sonstiger Büroservice	2.000
	Eröffnung von Bankkonten durch den Director/Manager	500
	Direktor/Manager	3.000

	Buchhaltung/Rechnungslegung (wird gegenwärtig nicht durchgesetzt)	
Ab 2. Jahr	Registration Fee	680
	Registered Agent	1.200
	Direktor/Manager	3.000
	Buchhaltung/Rechnungslegung (optional)	1.500

Tabelle 19: Kostenübersicht Jebel-Ali-Offshore-Gesellschaft

Offshore-Gesellschaften in der Ras Al Khaimah Free Zone des Emirats

Ras Al Khaimah ist eines der sieben Emirate im nördlichen Teil der Vereinigten Arabischen Emirate mit einer Fläche von ca. 1700 km^2. In der Ras Al Khaimah Free Zone (RAKFTZ) können diskrete Geldanleger ebenfalls Offshore-Gesellschaften zur diskreten Vermögensverwaltung gründen, ohne eine physische Präsenz (Büroräume usw.) vorhalten zu müssen. Der besondere Leckerbissen für den diskreten Geldanleger liegt darin, dass anonyme Inhaberaktien zugelassen sind, welche zwar beim Registered Agent hinterlegt werden müssen, im Außenverhältnis aber Anonymität gewährleisten und nicht auf den „diskreten Gesellschafter" schließen lassen. Lediglich dem Registered Agent gegenüber ist ein Eigentümerwechsel bzw. der wirtschaftlich Berechtigte am Gesellschaftsvermögen offenzulegen. Nur eine Person ist notwendig zur Besetzung der Positionen des Direktors und Managers. Die Offshore-Gesellschaft ist außerdem sehr günstig zu errichten und kann wiederum – um Vermögen gegenüber Dritten noch „diskreter" werden zu lassen – als Anteilseigner einer Offshore-Gesellschaft in einer anderen Freihandelszone der VAE eingesetzt werden.

	AED
Name Reservation	500
Certificate of Incorporation	2.000
Approval of Articles of Association	200
Registered Agent	4.000
Renewal	1.500
Certificate of Good Standing	200

Tabelle 20: Kostenübersicht Offshore-Gesellschaft im RAKFTZ

Diskrete Geldanlagen im Doppelpack:
Trusts und Offshore-Gesellschaften

In der gängigen Anlegerpraxis ist ein häufiges Zusammenspiel zwischen *Offshore-Gesellschaften* und Trusts zu beobachten. Der Trust ist allerdings keine Offshore-Gesellschaft, kann aber eine solche beherrschen. Eine Offshore-Gesellschaft wird durch Eintragung in ein öffentliches Register begründet, der Trust dagegen wie gesehen ausschließlich durch privatschriftliche Vereinbarung geschaffen. Was aber den Trust von der Offshore-Gesellschaft primär unterscheidet, ist, dass eine Offshore-Gesellschaft von Gesellschaftern bestimmt, gehalten und kontrolliert wird, während der Trust zugunsten von Personen mit in aller Regel keiner nennenswerten Einflussnahme existiert. Des Weiteren ist die Offshore-Gesellschaft im Gegensatz zum Trust eine juristische Person und kann Eigentümer der Vermögensrechte (Bankguthaben, Immobilien etc.) werden, welche ihr der diskrete Geldanleger übertragen hat.

Bleibt der Geldanleger nun im Besitz der Aktien der Gesellschaft, fallen diese und auch das gesamte Firmenvermögen in die Erbmasse. In Fällen, in denen dies nicht erwünscht ist, verhindert die Zwischenschaltung eines Trusts dieses Problem: Werden nämlich die Aktien im Trust gehalten, sind sie aus dem persönlichen Vermögen des diskreten Geldanlegers ausgeschieden. Des Weiteren ist es einfacher, für die Nachfolger die Kontrolle über das Vermögen zu übernehmen, weil die Vermögen im Namen eines „unsterblichen Firmenmantels" gehalten werden.

Ist eine Offshore-Gesellschaft nicht Vermögensbestandteil eines Trusts, müssen diskrete Geldanleger Folgendes beachten:

- Gesetzliche Erbeinschränkungen (Pflichtteilsrechtsbestimmungen) finden weiterhin Anwendung.[251]
- Es gelten die am Sitz der Gesellschaft maßgeblichen Erbschaftsformalitäten, verbunden mit einer eventuellen Notwendigkeit einer Offenlegung von Vermögenswerten.
- Besitz und Kontrolle über das Vermögen bleiben grundsätzlich unverändert. Das Vermögen bleibt Devisenbeschränkungs- und Enteignungsrisiken ausgesetzt.

---

[251] Vgl. dazu Teil XVI, Abschnitt: Mit Stiftungen und Trusts kann zwingendes nationales Pflichtteilsrecht im Prinzip nicht umgangen werden.

Exempted Companies werden insbesondere dort in eine Trust-Vermögensstruktur eingebunden, wo Immobilienvermögen aus Ländern vorhanden ist, die das Common Law nicht anwenden und den Trust nicht als selbstständiges Rechtssubjekt anerkennen. In solchen Ländern belegenes Immobilienvermögen würde sich ohne Zwischenschaltung einer Cayman Island Company nicht wirksam in einen Cayman Islands Trust einbringen lassen.

Teil XIV
Diskrete Geldanlagen über eine Liechtenstein-Stiftung

Die Liechtenstein-Stiftung eröffnet dem diskreten Geldanleger gleich mehrere Vorteile: Zum einen erscheint dieser im gewöhnlichen Geschäftsverkehr mit der das Stiftungsvermögen verwaltenden Bank nach außen hin nicht auf. Zum anderen entledigt die Stiftung den diskreten Geldanleger von dem seit Juli 2005 zu erhebenden EU-Steuerrückbehalt in Liechtenstein. Und schließlich eröffnet die Liechtenstein-Stiftung – richtige Konzeption vorausgesetzt – auch individuelle Wege für eine dem Stifterwillen entsprechende Vermögensnachfolgeplanung.

Allgemeines

Die Liechtenstein-Stiftung ist eine selbstständige juristische Person ohne Mitglieder, jedoch mit eigener Organisation, die durch Widmung von Vermögen (Stiftungsgut) zu einem bestimmt bezeichneten Zweck errichtet wird. Das der Stiftung übertragene Vermögen (das Stiftungsgut) wird zweckgebunden durch den Stiftungsrat zugunsten der Begünstigten verwaltet und scheidet aus dem Eigentum des Stifters aus. Ist die Stiftung errichtet, erlangt das für einen bestimmten Zweck gewidmete Stiftervermögen eigene Rechtspersönlichkeit.

Kennzeichnend für eine Liechtenstein-Stiftung zur diskreten Vermögensverwaltung ist der so genannte Mandatsvertrag zwischen dem Stifter (diskreten Geldanleger) und dem Treuhänder (dem rechtlichen Stifter bzw. dem fiduziarischen Mitglied des Stiftungsrates); man bezeichnet solche Stiftungen auch als „kontrollierte Stiftung". Der Mandatsvertrag ermöglicht es dem Stifter, über das Stiftungsvermögen nach Belieben schalten und walten zu können. Bei der kontrollierten Stiftung ist der diskrete Geldanleger als wirtschaftlicher Stifter quasi das faktische Organ der Stiftung, denn er bindet den Stiftungsrat (das eigentliche Organ der Stiftung) durch den Mandatsvertrag an seine Instruktionen und behält somit die Kontrolle über Stiftung und Stiftungsvermögen.

Der diskrete Geldanleger als Stifter stellt auch im Regelfall den einzigen Erstbegünstigten der Stiftung dar. Sind andere Begünstigte als Nachfolger benannt, so sind diese namentlich bestimmt und auch die Bezugsrechte an Vermögen und Ertrag genau festgelegt. Nach dem Ableben des diskreten Geldanlegers als Erstbegünstigter treten an seine Stelle die bestimmten Nachfolgebegünstigten, das sind im Allgemeinen Ehefrau und Kinder, mit entsprechend vordefinierten Anteilsquoten. Zudem ist die im Beistatut einer kontrollierten Stiftung festgesetzte Begünstigungsregelung zu Lebzeiten des diskreten Geldanlegers (Stifters) durch diesen abänderbar und wird meistens erst nach seinem Ableben unwiderruflich. Es liegt auf der Hand, dass diese Form der Stiftung in der vollen Zurechnung der Vermögenswerte resultiert, d.h. das Stiftungsvermögen wird weiterhin als Vermögen des diskreten Geldanlegers angesehen werden, sowohl in steuerrechtlicher wie auch in zivilrechtlicher Hinsicht.

Diskrete Errichtung

Allgemeines

Liechtenstein-Stiftungen werden im Regelfall von einer behördlich konzessionierten Treuhandgesellschaft fiduziarisch gegründet. Die Treuhandgesellschaft übernimmt – als (rechtliche) Stifterin fungierend – die Ausarbeitung von *Stiftungsurkunde* und *Stiftungsstatuten*, versieht die Dokumente mit ihrer beglaubigten Unterschrift, erstattet Meldung an die liechtensteinische Steuerverwaltung und reicht die notwendigen Dokumente in der Eigenschaft als *Repräsentant* beim Öffentlichkeitsregisteramt ein.

Die Stiftungserrichtung wird in aller Regel *zweifach beurkundet*: durch eine *Stiftungsurkunde* und durch die *Statuten,* wobei die „beigeschlossenen Statuten" in der Stiftungsurkunde zum integrierenden Bestandteil der Stiftungsurkunde erklärt werden. Die Stiftungsurkunde und die Statuten müssen schriftlich (beglaubigt) abgefasst sein. Im Allgemeinen geben die Statuten Auskunft über Name, Sitz/Gerichtsstand der Stiftung, Zweck oder Gegenstand, die namentliche Bezeichnung der zu Mitgliedern des Stiftungsrats bestellten Personen und die Art und Weise, wie ein anderer Vorstand bestellt wird, eine Bestimmung über die Verwendung des Vermögens im Fall der Auflösung der Stiftung (sofern eine solche vorgesehen ist) sowie Näheres über die Statutenänderung, Umwandlung und Auflösung der Stiftung. Die Begünstigtenregelung und weitere Bestimmungen (z.B. betreffend die Stellung und Kompetenzen des Protektors) sowie Reglemente (organisatorische Aspekte) werden vom Stifter anlässlich der Gründung in gesonderten Urkunden (Beistatuten) erlassen und nicht veröffentlicht bzw. nicht beim Öffentlichkeitsregisteramt hinterlegt.

Zur Gründung einer Liechtenstein-Stiftung sind mindestens 30.000 Schweizer Franken erforderlich. Eine Liechtenstein-Stiftung ist *errichtet,* sobald das Vermögen verpflichtend zugesichert und die Stiftungsurkunde ausgefertigt wurde. In den meisten Fällen wird die Dauer der Stiftung unbeschränkt sein. Das Stiftungsvermögen sollte jederzeit durch Zuwendungen des Stifters oder Dritter (Zustiftungen) vermehrt werden können.

Der diskrete Geldanleger bestimmt als *Stifter* die Organisation einer Stiftung in erster Linie durch Ernennung der ersten Stiftungsratsmitglieder, durch Festlegung von Einzelheiten über die Verwaltung und Verwendung des Stiftungsvermögens (Stifterwille) und Nennung der *Begünstigten.*

Begünstigte können am Ertrag und/oder an der Substanz des Stiftungsvermögens genussberechtigt sein. Begünstigte können namentlich bestimmt oder aus einem definierten Begünstigtenkreis heraus bestimmbar sein. Die Begünstigten haben gegenüber dem Stiftungsrat das Recht, die Einhaltung der Bestimmungen in den Statuten zu fordern. Die Begünstigten können insbesondere die ordnungsgemäße Erfüllung der vom Stifter vorgegebenen Geldanlagepolitik verlangen. Zur Durchsetzung dieser Rechte steht den Begünstigten beim liechtensteinischen Landgericht das Rechtsfürsorgeverfahren zu. Die Begünstigten genießen bei der kontrollierten Stiftung außerdem umfassende Auskunfts- und Informationsrechte bezüglich ihrer Begünstigungs- und Anwartschaftsrechte.

Oberstes Organ der Liechtenstein-Stiftung ist der Stiftungsrat. Dem *Stiftungsrat* obliegen sämtliche Verwaltungs-, Vertretungs- und Verfügungsrechte. Der Stiftungsrat verwaltet das Stiftungsvermögen getreu den Vorgaben des diskreten Geldanlegers (getreu dem Stifterwillen). Die Bestellung der Stiftungsratsmitglieder erfolgt in aller Regel gemäß den Statuten. Dort ist meist festgelegt, dass die Mitglieder erstmals vom Stifter auf unbestimmte Zeit bestellt werden. Mitglied im Stiftungsrat kann jede natürliche oder juristische Person werden, unabhängig von einer In- oder Ausländereigenschaft oder einem Wohnsitz in Liechtenstein. Wenigstens ein zur Geschäftsführung und Vertretung befugtes Stiftungsratsmitglied muss allerdings ein dauernd im Inland wohnhafter Staatsangehöriger eines EWR-Mitgliedstaates sein und die inländische Berufszulassung als Rechtsanwalt, Rechtsagent, Treuhänder oder Wirtschaftsprüfer besitzen.[252] Die Mitglieder des Stiftungsrates erscheinen namentlich auf der Stiftungsurkunde sowie in der Amtsbestätigung, die das Öffentlichkeitsregisteramt bei Hinterlegung der Gründungsurkunden ausstellt.

Ein *Protektor* kann auf Wunsch des diskreten Geldanlegers bestimmt werden. Der Protektor stellt als Innenorgan das Bindeglied zwischen den Mitgliedern des Stiftungsrates und der Familie bzw. der begünstigten Personen dar. Aufgabe eines Protektors ist die Kontrolle des Stiftungsrats dahingehend, ob die Mitglieder Stiftungszweck und Stifterwillen ausreichend respektieren und entsprechend umsetzen. Der Protektor hat üblicherweise ein Vetorecht, d.h. alle wichtigen Beschlüsse des Stiftungsrates bedürfen zu ihrer Gültigkeit der Zustimmung des Protektors, der selbstverständlich als

---

[252] Art. 180a PGR.

Verbindungsperson zur begünstigten Familie auch Empfehlungen ausspre-
chen darf. Weisungs- oder Instruktionsrechte gegenüber den Stiftungsrats-
mitgliedern stehen einem Protektor allerdings vorzugsweise nicht zu.

Der *Repräsentant* ist kein Organ einer Stiftung, jedoch für jede Stiftung zwingend. Denn gemäß Art. 239 des liechtensteinischen Personen- und
Gesellschaftsrechts (PGR) haben inländische Verbandspersonen (und dazu
zählen auch Stiftungen) einen dauernd im Inland wohnhaften Staatsange-
hörigen eines EWR-Mitgliedstaates zur Vertretung gegenüber den Behörden zu bestellen. Der Repräsentant nimmt als Zustellungsbevollmächtigter
sämtlichen Schriftverkehr entgegen.

Diskrete Hinterlegung der Stiftungsstatuten

Ein weiterer Aspekt, der Liechtenstein-Stiftungen für die diskrete
Familienvermögensplanung so aktiv macht, ist folgender: Während zum
Nachweis der Existenz einer sonstigen juristischen Personen wie beispielsweise einer Aktiengesellschaft ein Blick in das Öffentlichkeitsregister genügt, erhalten Dritte über die Existenz einer Familienstiftung keinerlei
Kenntnis. Familienstiftungen erlangen nämlich Rechtspersönlichkeit auch
ohne Registrierung und sind von einer Eintragungspflicht in das Öffentlichkeitsregister ausgenommen; es genügt die Hinterlegung der Stiftungsgrün-
dungsurkunden beim Öffentlichkeitsregisteramt. Etwa 95 Prozent aller
Liechtenstein-Stiftungen – so schätzt man dort – sind hinterlegt. Die hinterlegten Urkunden sind selbstverständlich nicht öffentlich zugänglich (genauso wie auch hinterlegte Testamente nicht von jedermann eingesehen
werden können). Den einzigen Nachweis über die Existenz einer hinterlegten Stiftung bildet eine Amtsbestätigung, die das Öffentlichkeitsregisteramt dem Hinterleger aushändigt.

Wie diskret ist die Stiftung gegenüber der das Stiftungsvermögen verwaltenden Bank?

In Liechtenstein ist die Pflicht zur Identifizierung eines jeden Konto-
und Wertpapierdepoteröffners sowie – allgemein gehalten – die Identifizierung des Vertragspartners bei der Aufnahme einer Geschäftsbeziehung für
Finanzgeschäfte durch das *Gesetz über die beruflichen Sorgfaltspflichten bei*

Finanzgeschäften[253] und der die Art und Weise der Identifizierung näher bestimmenden *Sorgfaltspflichtverordnung*[254] für alle auf dem Gebiet der Vermögensverwaltung tätigen natürlichen und juristischen Personen rechtsverbindlich geworden. Wird nun eine kontrollierte Stiftung dem diskreten Wertpapierdepot vorgeschaltet, lautet zwar das Konto- und Wertpapierdepot auf den Namen der Stiftung. Gemäß Art. 21 Abs. 1 der Verordnung zum liechtensteinischen Sorgfaltspflichtgesetz[255] ist aber der diskrete Geldanleger als Stifter dem kontoführenden Kreditinstitut gegenüber namentlich zu nennen. Bekannt zu geben ist auch der Begünstigtenkreis (z.b. Mitglieder der Familie des Stifters) sowie ein ggf. bestellter Protektor mit dem Hinweis, ob dieser instruktionsberechtigt ist oder nicht.

Gleiches gilt auch für die Schweiz. Wird ein Kreditinstitut in der Schweiz mit der Verwaltung des Stiftungsvermögens betraut, ist es nach dem dortigen Geldwäschegesetz verpflichtet, den wirtschaftlich Berechtigten von *Sitzgesellschaften* grundsätzlich festzustellen. Bei Sitzgesellschaften handelt es sich um Gesellschaften ohne eigentlichen Geschäftsbetrieb, die ihren Sitz wegen steuerrechtlicher Vergünstigungen an bestimmten, für sie vorteilhaften Orten errichtet haben.[256] In der Schweiz wird der Ausdruck „Sitzgesellschaft" dabei so weit interpretiert, dass auch liechtensteinische Verbandspersonen wie Stiftungen oder Treuhänderschaften darunter fallen. Juristische Form, Zweck oder Sitz ist dabei ohne Bedeutung. Die Schweizer Vermögensverwaltungsbank muss in allen Fällen feststellen, welche Person oder welche Gruppe von Personen die Gesellschaft, die Stiftung oder den Trust usw. dominiert oder einen entscheidenden Einfluss ausübt. Die Feststellung dieses „wirtschaftlich Berechtigten" erfolgt in der Praxis durch Vorlage von Ausweiskopien über die Identität des Stifters durch den Treuhänder.

---

[253] LGBl. Nr. 116 v. 22. August 1996 i.d.F. LGBl 2002 Nr. 62.

[254] LGBl. Nr. 236 v. 11. Dezember 2000 i.d.F. LGBL 2002 Nr. 58.

[255] Vom 11. Dezember 2000, LGBl. 2000 Nr. 236. Die Vorschrift lautet: „Bei Personenverbindungen oder Vermögenseinheiten, für die es keine bestimmte wirtschaftlich berechtigte Person gibt, wie z.B. beim Discretionary Trust, muss der Vertragspartner eine Erklärung vorlegen, die diesen Sachverhalt bestätigt. Die Erklärung muss zudem Angaben über den effektiven, nicht den treuhänderischen Gründer sowie, falls bestimmbar, über die Personen enthalten, die dem Vertragspartner oder ihren Organen Instruktionen erteilen können, und die Personen oder den Personenkreis, die als Begünstigte in Frage kommen. Allfällige Kuratoren, Protektoren und sonstige eingesetzte Personen müssen ebenfalls in der Erklärung aufgeführt werden."

[256] Albisetti (Hrsg.), Handbuch des Geld-, Bank- und Börsenwesens der Schweiz, Thun 1987.

In allen Fällen übersendet das liechtensteinische Treuhandbüro als Treuhänder die erforderlichen Legitimationsunterlagen aber im Regelfall an die so genannte „Security-Abteilung" der Bank. Der das Stiftungsvermögen betreuende Anlageberater der Bank oder das „Schalterpersonal" verfügt so im Regelfall über keinerlei Einsichtsrechte in die Legitimationsunterlagen und hat auch im Regelfall keine Zugangsbefugnis zur Security-Abteilung. Das betreffende Bankpersonal hat daher auch keinerlei Kenntnis von Name und Identität des Stifters; dieser scheint im gewöhnlichen Geschäftsverkehr und bei der EDV-Verarbeitung nicht auf.

Kosten und Steuern

Einmalige Gründungskosten

Als einmalige Gründungskosten einer der diskreten Geldanlage dienenden liechtensteinischen Stiftung fällt in erster Linie das Gründungshonorar des behördlich konzessionierten Treuhänders an. Dieses ist Vereinbarungssache und vom Beratungsaufwand abhängig. In der Regel beläuft sich das Gründungshonorar auf 2.500 bis 3.000 Schweizer Franken (zzgl. 7,6 Prozent Mehrwertsteuer). Die Honorare für allfällige Beratungen (Systemanalyse, steuerliche Abklärungen) sowie für die Erstellung der Beistatuten, Reglemente etc. werden von den Beratern nach Aufwand separat in Rechnung gestellt.

Weitere Position der Gründungskosten bildet die *Wertstempelgebühr* (Emissionsabgabe/Gründungsgebühr) in Höhe von zwei Promille des der Stiftung gewidmeten Vermögens, jedoch mindestens 200 Schweizer Franken (diese Gebühr ist auch bei jeder statutarischen Kapitalerhöhung fällig).[257] Zustiftungen, das spätere Widmen und Einbringen von Vermögenswerten ohne gleichzeitige Erhöhung des statutarischen Stiftungsvermögens (statutarisches Kapital) unterliegen keiner weiteren Vergebührung.

Außerdem fallen *Registergebühren* (Hinterlegungsgebühren) von etwa 500 Schweizer Franken an (je nach Gründungskapital). Für Buchhal-

---

[257] Es handelt sich hier um eine einmalige Vermögensverkehrssteuer, die die Rechtsbegründung oder die Rechtserweiterung zum Gegenstand hat. Der Nachweis der Entrichtung der Gründungs- oder Wertstempelgebühr ist Voraussetzung dafür, dass das Öffentlichkeitsregisteramt die Bestätigung über die Hinterlegung ausstellt.

tungs- und Sekretariatsarbeiten sind je nach Umfang Stundensätze von 160 Schweizer Franken üblich.

Für die Beglaubigung von Unterschriften, die Erteilung der Eintragungs- bzw. Hinterlegungsbewilligung (Bewilligungsgebühr), Handelsregisterauszüge (bei Eintragung) oder Amtsbestätigungen (bei Hinterlegung) müssen diskrete Geldanleger mit zusätzlichen 200 bis 300 Schweizer Franken rechnen.

Jährliche Verwaltungskosten

Für die laufende Verwaltung einer diskreten Stiftung muss der diskrete Geldanleger folgende Kostenpositionen einplanen:

- Stiftungsratshonorar: Für die Übernahme des Stiftungsratsmandats durch das Advokaturbüro fallen etwa 2.500 bis 3.500 Schweizer Franken im Jahr an Gebühren an (zzgl. 7,6 Prozent Mehrwertsteuer). Die Honorarsätze gelten in aller Regel unabhängig von der Anzahl der Stiftungsräte, die die behördlich konzessionierte Treuhandgesellschaft zur Verfügung stellt. Bei erhöhter Komplexität oder Verantwortung können der Stiftung auch höhere Sätze in Rechnung gestellt werden.
- An Repräsentanz- und Domizilgebühr (Domizilhonorar) kommen noch mal 500 bis 800 Schweizer Franken zzgl. MWSt. hinzu.
- Für eine Kontrollstelle werden ca. 500 bis 1.000 Schweizer Franken zzgl. MWSt im Jahr verrechnet.

In den obigen Kosten nicht berücksichtigt sind die Kosten der von der Stiftung beauftragten Bank für die Übernahme einer eventuellen Vermögensverwaltung.

Steuern

Die Liechtenstein-Stiftung kann zumindest nach liechtensteinischem Steuerrecht *schenkungsteuerfrei* errichtet werden. Denn zum einen befindet sich der Wohnsitz oder gewöhnliche Aufenthalt des diskreten Geldanlegers (Stifters) im Regelfall nicht in Liechtenstein, zum anderen können Stifter aus Hochsteuerländern nachweisen, dass eine der liechtensteinischen Erbanfalls- oder Schenkungsteuer gleichartige ausländische Steuer – nämlich die jeweils geltende Schenkungsteuer nach heimischem Steuerrecht – zu Lasten fällt (bzw. fallen würde), was ebenfalls einen Befreiungsgrund von der „fürstlichen" Schenkungsteuer darstellt.

An laufenden Steuern fällt Kapitalsteuer nach folgender Staffel an:

Stiftungskapital	Promillesatz vom Stiftungskapital
bis 2 Millionen	1
2 bis 10 Millionen	0,75
über 10 Millionen	0,5
Mindestkapitalsteuer/Jahr*	CHF 1.000

* Derzeit wird nach gängiger Praxis nur die jährliche Mindestkapitalsteuer erhoben.

Tabelle 21: Kapitalsteuern in Liechtenstein

Tipps zur Errichtung und Organisation

- Wie viele Mitglieder des Stiftungsrates braucht die Stiftung?

Das liechtensteinische Personen- und Gesellschaftsrecht verlangt mindestens ein Mitglied im Stiftungsrat. Bei namhaften Treuhandunternehmen sind zwei Mitglieder des Stiftungsrates üblich. Die Honorarsätze für das Stiftungsratsmandat gelten in der Regel unabhängig von der Anzahl der vom Treuhandunternehmen zur Verfügung gestellten Stiftungsratsmitglieder.

- Wenn der langjährige Vermögensverwalter in den Stiftungsrat bestellt werden soll:

Gegen die Ernennung eines dem Stifter bekannten und vertrauten Vermögensverwalters als Stiftungsratsmitglied ist grundsätzlich nichts einzuwenden. Der Vermögensverwalter sollte in solchen Fällen durch die Stiftung (nicht durch den Stifter!) zur Vermögensverwaltung ermächtigt werden, allerdings ohne Recht, über das Vermögen zu verfügen.

- Beistatuten widerruflich gestalten:

Im Interesse einer höchstmöglichen Flexibilität sollten die Beistatuten widerrufbar sein. So kann der Stiftungsrat immer den aktuellen und geänderten Erfordernissen der Begünstigten entsprechend handeln.

- Beschlussfähigkeit und Mehrheitserfordernis:

Die Beschlussfähigkeit legen diskrete Geldanleger in den Statuten fest. Im Allgemeinen gilt einfache Mehrheit als vereinbart, soweit keine qualifizierte Mehrheit statutarisch vorgeschrieben ist.

- Internes Rechnungswesen sollte ein Muss sein!

Zwar unterliegen nur eingetragene Stiftungen einschlägigen Rechnungslegungsvorschriften. Doch sollten diskrete Geldanleger auch für ihre hinterlegte Familienstiftung auf ein lückenloses Rechnungswesen Wert legen. Dies schon deshalb, um eine strikte Trennung von Stiftungskapital, Kapitalgewinn/-verlust und Ertrag zu erreichen. Der Stiftungsrat muss jederzeit in der Lage sein, die Vermögenssituation der Stiftung getrennt nach diesen Kriterien festzustellen.

Rechtsformvergleich: Liechtenstein-Trust (Treuhänderschaft) versus Liechtenstein-Stiftung

	Liechtenstein-Trust	Liechtenstein-Stiftung
Charakteristik	Entwickelt im angelsächsischen Common Law. Von England gem. angelsächsischer Common Law Jurisdiction rezipiert mit bestimmten Abänderungen.	Entwickelt im kontinentaleuropäischen Zivilrecht. Wurde zu einer Spezialität Liechtensteins, da dessen Personen- und Gesellschaftsrecht (PGR) die reine voraussetzungslose Familienunterhaltsstiftung zur Nachfolgeplanung zulässt (kein Verbot des Familienfideikommissum in Liechtenstein).
Beschreibung	Das Konzept besteht aus der Übergabe von Vermögenswerten (Trust Property) von einer Person (Settlor) an eine andere oder an eine Gesellschaft (Trustee als Eigentümer), damit diese zum Wohle der Begünstigten (den Beneficiaries) verwaltet oder verwendet werden. Der Trust hat keine Rechtspersönlichkeit und kann somit nicht Eigentümer der betreffenden Vermögenswerte sein.	Widmung von Vermögen zu einem bestimmten Zweck durch den Stifter. Das Vermögen wird verselbständigt, die Stiftung erlangt Rechtspersönlichkeit und wird Eigentümerin der Vermögenswerte. Die Stiftung wird vom Stiftungsrat verwaltet.
Rechtsfähigkeit	Keine eigene Rechtsfähigkeit, mangels Rechtspersönlichkeit keine jur. Person.	Eigene Rechtsfähigkeit als jur. Person.

Eigentümerstellung	Trustee = rechtlicher Eigenümer: Trustee ist als Rechtsträger des Vermögens aktiv und passiv legitimiert.	Stiftung = rechtliche Eigentümerin: Stiftung ist als Eigentümer des Vermögens aktiv und passiv legitimiert.
Einflussnahme auf Verfügungen über die Vermögenswerte	Im Prinzip steht dem Trustee „Discretion"(Ermessen) im Entscheid betreffend Ausschüttungen zu. Der Settlor darf seine diesbezüglichen Wünsche in sog. „Letter of Wishes" anbringen, welcher aber keine rechtlich bindende Wirkung haben darf. Der Settlor kann sich gewisse Rechte im Trust Deed vorbehalten.	Bei der kontrollierten Stiftung verfügt der Stifter aufgrund eines bestehenden Mandatsverhältnisses (zwischen Stifter und Stiftungsrat) über Weisungsrechte gegenüber dem Stiftungsrat. Kein Weisungsrecht bei Konzipierung der Stiftung als (Ermessens-)Stiftung.
Begünstigtenstellung	Begünstigte = equitable rights.	Begünstigte haben bei der kontrollierten Stiftung einen klagbaren Rechtsanspruch auf satzungsmäßige Leistungen (Begünstigungsberechtigte).
Errichtung	Keine amtlichen Errichtungsformalitäten.	Satzung und Vorstand obligatorisch.
Laufzeit	Unbegrenzt, d.h. Liechtenstein kennt keine Rule against Perpetuities (sofern der Trust auf Dauer errichtet ist). Der Treugeber kann sich ein Widerrufsrecht vorbehalten.	Unbegrenzt sofern die Stiftung auf Dauer errichtet ist. Der Stifter kann sich bei der kontrollierten Stiftung ein Widerrufsrecht vorbehalten.
Steuern	Pauschalsteuer von CHF 1.000.	Pauschalsteuer von CHF 1.000.

Tabelle 22: Liechtenstein Trust (Treuhänderschaft) versus Liechtenstein-Stiftung

Teil XV
Die Besteuerung diskreter Geldanlagen

Diskrete Geldanleger mit Wohnsitz in einem Hochsteuerland können sich der Besteuerung von Einkünften aus diskreten Kapitalanlagen in steuerneutralen Anlageländern nicht entziehen. Die Steuerpflicht begründet sich aus dem in Hochsteuerländern allgemein geltenden Welteinkommensprinzip, wonach diskrete Geldanleger auch Erträge aus einem Depot in der Schweiz oder Luxemburg ihrem Welteinkommen hinzurechnen müssen. Ausnahmen vom Welteinkommensprinzip bestehen lediglich dort, wo Doppelbesteuerungsabkommen dem jeweils anderen Land als dem Wohnsitzland das Besteuerungsrecht zusprechen. Dennoch bringen Geldanlagen in steuerneutralen Ländern einen – ganz legalen – Steuervorteil der Steuerstundung. So können im Ausland erwirtschaftete und keinem Quellensteuerabzug, resp. einer EU-Zinssteuer oder einem EU-Steuerrückbehalt, unterliegende Kapitaleinkünfte bis zur endgültigen Steuerveranlagung vollständig reinvestiert werden. Einzelheiten hinsichtlich der Neuregelung der Zinsbesteuerung im europäischen Raum und der Frage, wie sich durch geeignete „Immunisierungsmaßnahmen für das diskrete Depot" die EU-Zinssteuer oder der in Schweiz und Liechtenstein fällige EU-Steuerrückbehalt vermeiden lassen, erfährt der diskrete Geldanleger ebenfalls in diesem Teil. Steuerliche Hinweise für deutsche Geldanleger mit Zweitwohnsitz in Österreich sowie für österreichische Geldanleger mit Konten/Depots in einem anderen EU-Mitgliedsland oder der Schweiz runden die Ausführungen in diesem Teil ab.

Prinzip der Welteinkommensbesteuerung

Am Prinzip der Welteinkommensbesteuerung kommen diskrete Geldanleger aus Hochsteuerländern nicht vorbei. Das deutsche als auch das österreichische Steuerrecht knüpfen die Steuerpflicht einer natürlichen Person, welche der diskrete Geldanleger verkörpert an das so genannte Welteinkommensprinzip. Hat der diskrete Geldanleger einen *Wohnsitz* oder *gewöhnlichen Aufenthalt* in Deutschland oder Österreich, ist Steuerobjekt das „Welteinkommen" des diskreten Geldanlegers. Und dazu gehören auch Kapitalerträge aus diskreten Nummernkonten aus der Schweiz oder Liechtenstein.

Was unter „Wohnsitz" oder „gewöhnlicher Aufenthalt" zu verstehen ist, ergibt sich aus den §§ 8 und 9 der deutschen Abgabenordnung (AO) bzw. aus § 26 der österreichischen Bundesabgabenordnung (BAO). Zur Begründung einer unbeschränkten Steuerpflicht muss danach zunächst einmal eine Wohnung vorhanden sein und es müssen Umstände vorliegen, die darauf schließen lassen, dass diese Wohnung durch den Inhaber beibehalten und als solche auch genutzt wird. Auf Ausstattung und Art der Wohnung und der Tatsache, dass die Wohnung dem diskreten Geldanleger gar nicht gehört, kommt es nicht an. Ein Wohnsitz setzt auch nicht voraus, dass der diskrete Geldanleger von dort aus seiner täglichen Arbeit nachgeht. Ebenso wenig ist es erforderlich, dass der Geldanleger sich während einer Mindestzahl von Tagen oder Wochen im Jahr in der Wohnung aufhält.

Den gewöhnlichen Aufenthalt hat jemand dort, „wo er sich unter Umständen aufhält, die erkennen lassen, dass er an diesem Ort oder in diesem Gebiet nicht nur vorübergehend verweilt" (§ 9 Satz 1 AO, sinngemäß § 26 Abs. 2 BAO). Als Aufenthalt kommt grundsätzlich jede körperliche Anwesenheit in Betracht. Der gewöhnliche Aufenthalt setzt nicht das Innehaben einer Wohnung voraus.

Im Unterschied zum Wohnsitz, den ein diskreter Geldanleger an mehreren Orten gleichzeitig haben kann, weil es bei ihm nicht auf die ständige Nutzung einer Wohnung oder gar einer Mindestwohnzeit ankommt, kann eine Person ihren gewöhnlichen Aufenthalt nur an einem Ort haben: Denn es kann sich niemand gleichzeitig an zwei Orten aufhalten, und zwar so aufhalten, dass darin nicht nur ein vorübergehendes Verweilen zu sehen ist.

Grundsätzlich spricht eine Verweildauer von *mehr als sechs Monaten* dafür, dass diese nicht vorübergehend ist. Dementsprechend ist ein zeitlich zusammenhängender Aufenthalt von mehr als sechs Monaten Dauer als „gewöhnlich" anzusehen. Die Sechs-Monats-Grenze gilt allerdings primär der Vermeidung von Auslegungsschwierigkeiten und ist für diskrete Geldanleger kein Garant für Steuerfreiheit. Denn für den tatsächlichen Aufenthalt kommt es auf eine Mindestdauer nicht an. Vielmehr ist auf die *Aufenthaltsumstände* abzustellen. Kurzfristige Unterbrechungen bleiben außer Acht; jedoch können mehrere oder gar viele kurzfristige Unterbrechungen einen Aufenthalt zu einem nicht mehr zusammenhängenden machen. Nur dann wäre der diskrete Geldanleger unter Umständen seine Steuersorgen los.

Steuerstundungseffekt: legaler Vorteil der diskreten Auslandsgeldanlage

Diskrete Geldanleger können folgenden Steuertrick mit dem Namen „Steuerstundungseffekt" ganz legal nutzen: Der deutsche Anleger eröffnet ein Konto/Depot im Ausland und lässt dort alle seine Kapitalerträge generierenden Wertpapiere, auf die er in seinem Wohnsitzstaat Zinsabschlagsteuer oder sonstige Quellensteuern abgezogen bekommen würde, einbuchen bzw. übertragen. Der österreichische Anleger verlegt alle kapitalertragsteuerpflichtigen Anlageprodukte ins Ausland. In Ländern, in denen die EU-Zinssteuer in Form der Quellensteuer erhoben wird,[258] legt der Anleger seiner Auslandsbank eine von seinem Wohnsitzfinanzamt ausgestellte steuerliche Ansässigkeitsbescheinigung vor. Die Bank geht dann zum optionalen Meldeverfahren über und stellt das Depot steuerfrei. Bis zur Fälligkeit der Einkommensteuer, sprich bis zu einem Monat nach dem Tag, an dem der Geldanleger den Steuerbescheid für das vorangegangene Jahr erhält, kann der diskrete Geldanleger die jeweiligen Kapitalerträge ohne Steuerabzug sofort wieder in kurzfristige Anlagen reinvestieren. In der Regel kann sich je nach Abgabe der Steuererklärung so ein Zeitraum von eineinhalb bis zwei Jahren ergeben.

Beispiel:

Angenommen, der deutsche diskrete Geldanleger erhält auf festverzinsliche Wertpapiere, die er im Depot bei seiner Hausbank hat, einen Zinsertrag von 25.000 Euro

---

[258] Vgl. hierzu unten Abschnitt: Das Quellensteuer-Abzugsverfahren in Luxemburg, Belgien und Österreich.

im Jahr. In diesem Fall würden in Deutschland sofort 7.912,50 Euro an Zinsab-schlagsteuer abgezogen (Steuersatz incl. Solidaritätszuschlag = 31,650 Prozent). Bei Tafelpapieren würde sogar ein Steuerobolus von 9.231,25 Euro (Steuersatz 36,925 Prozent) abverlangt. Angenommen, der Anleger reinvestiert die 9.231,25 Euro sofort für zwei Jahre zu 4 Prozent, hat er daraus 9.984,52 Euro bzw. über 750 Euro Zinsen verdient. Selbstverständlich sind auch die Mehrzinsen steuerpflichtig! Doch knapp die Hälfte davon bleibt dem Anleger allemal, und zwar ganz legal.

Meldung und Besteuerung diskreter Kapitaleinkünfte nach der EU-Zinsrichtlinie

Allgemeines

Die mit 1. Juli 2005 eingeführte EU-Zinssteuer bzw. das Schweizer Äquivalent – der EU-Steuerrückbehalt – hat nach wenigen Monaten bereits erste Früchte getragen. Bei der schweizerischen Steuerverwaltung sind für das zweite Halbjahr 2005 rund 138 Millionen Schweizer Franken (etwa 88 Millionen Euro) an Zinssteuern von EU-Bürgern eingegangen, von denen 103 Millionen Franken (rund 67 Millionen Euro) an die betreffenden EU-Mitgliedstaaten abgeführt werden.[259] Liechtenstein hat im selben Zeitraum ca. 4 Mio. Euro an EU Zinssteuer abgeführt.

Die am 3. Juni 2003 beschlossene EU-Zinsrichtlinie[260] beruht auf dem Konsens, den der Europäische Rat auf seiner Tagung vom 19. und 20. Juni 2000 in Santa Maria da Feira und der Rat „Wirtschaft und Finanzen" (ECO-FIN) auf seinen Tagungen vom 26. und 27. November 2000, 13. Dezember 2001 und 21. Januar 2003 erzielt haben. Am 24. Juni 2005 verabschiedete der Rat der Europäischen Union schließlich jene „Green Light-Note", welche die Anwendung der vereinbarten Maßnahmen in den 25 EU-Mitgliedstaaten, in fünf europäischen Drittländern und den relevanten abhängigen oder assozi-ierten Gebieten der Mitgliedstaaten ab dem 1. Juli 2005 bewirkte.[261]

Die Richtlinie gibt den Mitgliedstaaten die selektive Kontrolle einer Kategorie der Erträge aus beweglichem Kapitalvermögen (nämlich die Be-

---

[259] Quelle: Bericht der Bundesregierung in ihrer Antwort (16/1257) auf eine kleine Anfrage von Bündnis 90/Die Grünen (16/1104) zur Anwendung der EU-Zinsertragsteuerrichtlinie.

[260] Richtlinie 2003/48/EG des Rates Amtsblatt der Europäischen Union Nr. L 157/38 vom 26.6.2003.

[261] Siehe hierzu unten Tabelle 23: Anwendung der EU-Zinsrichtlinie in Ländern außerhalb der Europäi-schen Union sowie den abhängig und assoziierten Gebieten.

steuerung von Sparerträgen) zwecks Sicherstellung der Besteuerung vor. Die EU-Zinsrichtlinie erfasst solche Zinsen, welche von einer Zahlstelle in der EU gutgeschrieben werden, und darunter nur Zinsen, die an einen Empfänger mit steuerlicher Ansässigkeit in einem anderen EU-Mitgliedstaat als dem Staat fließen, in dem sich das Konto/Depot befindet. Die Richtlinie soll es damit letztendlich ermöglichen, dass Erträge in Form von Zinszahlungen, welche an wirtschaftliche Eigentümer ausgezahlt werden, die natürliche Personen und in einem anderen Mitgliedstaat ansässig sind, nach den steuerlichen Vorschriften dieses Ansässigkeitsstaates effektiv besteuert werden.

Wie jedes Regelwerk enthielt auch die EU-Zinsrichtlinie diverse Lücken. So entwickelten Banken so genannte „Ein-Mann-Fonds", die mit einem liquiden Mindestvermögen von etwa 1 Million Schweizer Franken arbeiten. Diskreten Geldanlegern wird es so ermöglicht, sein Privatvermögen juristisch von seiner natürlichen Person zu trennen, um sich so der Steuerlast der EU-Zinsrichtlinie zu entledigen.

Solche „Ein-Mann-Fonds" sind ins Visier der EU-Steuerbehörden von Hochsteuerländern geraten. Erträge aus einem beispielsweise in Liechtenstein gegründeten „Ein-Mann-Fonds" eines in Deutschland ansässigen diskreten Anlegers unterliegen in Deutschland in jedem Fall der Einkommensteuerpflicht. Strittig ist gegenwärtig, ob die Erträge aus diesen Fonds in den Anwendungsbereich des Abkommens fallen, das die EU mit Liechtenstein geschlossen hat.

Land/Gebiet	Steuerabzug	Zinsinformation von Deutschland zu erteilen	Alternative zum Steuerabzug
Andorra	Ja	Nein	Bei Bescheinigung der Heimatbehörde
Liechtenstein	Ja	Nein	Ermächtigung zur Informationserteilung
Monaco	Ja	Nein	Ermächtigung zur Informationserteilung
San Marino	Ja	Nein	Ermächtigung zur Informationserteilung
Schweiz	Ja	Nein	Ermächtigung zur Informationserteilung

Abhängige und assoziierte Gebiete			
Anguilla	Nein	Ja, zur Zeit einseitig	
Cayman Islands	Nein	Werden einseitig erteilt	
British Virgin Islands	Übergangsweise ja	Ja	Methodenwahlrecht
Montserrat	Nein	Sind wechselseitig zu erteilen	
Turks- und Caico-Islands	Übergangsweise ja	Ja	Methodenwahlrecht
Kanalinseln und Isle of Man	Übergangsweise ja	Ja	Methodenwahlrecht
Aruba und Niederländische Antillen	Übergangsweise ja	Ja	Methodenwahlrecht

Tabelle 23: Anwendung der EU-Zinsrichtlinie in Ländern außerhalb der Europäischen Union sowie den abhängig und assoziierten Gebieten (Quelle: Anlage IV zum Einführungsschreiben zur Zinsinformationsverordnung des deut. Bundesfinanzministeriums, BStBl. 2005 I S. 29)

Automatisiertes Meldeverfahren/Informationssystem

Das Meldeverfahren/Informationssystem stellt die Besteuerung der steuerpflichtigen Leistung an den Leistungsempfänger durch eine Kontrollmitteilung der Zahlstelle an die für den diskreten Geldanleger zuständige Steuerbehörde sicher.[262] Von der EU-Zinsbesteuerung erfasst ist jede *natürliche Person*, die eine Zinszahlung vereinnahmt oder zu deren Gunsten eine Zinszahlung erfolgt (so genannter „wirtschaftlicher Eigentümer") und die in einem anderen Mitgliedstaat steuerlich ansässig ist.

Wirtschaftlicher Eigentümer einer steuerbaren Leistung im Sinne der EU-Zinsrichtlinie ist der diskrete Geldanleger als natürliche Person, soweit dieser eine Zinszahlung vereinnahmt oder zu seinen Gunsten eine Zinszahlung erfolgt. Handelt eine die steuerbare Leistung empfangende natürliche Person als Stiftungsrat oder Trustee, ist sie verpflichtet, der Zahlstelle Name

---

[262] Vgl hierzu ausführlich: Götzenberger, Anton-Rudolf, Der gläserne Steuerbürger, Herne/Berlin 2006, Teil II, Abschnitt 5.

und Anschrift der betreffenden Einrichtung – also z.b. der Stiftung – mitzuteilen. Ist die die steuerbare Leistung empfangende natürliche Person nur als
Treuhänder tätig, ist der Zahlstelle die Identität und der Wohnsitz des Treugebers, welcher hier der wirtschaftliche Eigentümer der steuerbaren Leistung ist, mitzuteilen.[263] Liegen einer Zahlstelle jedoch Informationen vor, die
den Schluss nahe legen, dass die natürliche Person, die eine Zinszahlung vereinnahmt oder zu deren Gunsten eine Zinszahlung erfolgt (der Kontoinhaber), möglicherweise nicht der wirtschaftliche Eigentümer ist – was insbesondere bei Treuhandverhältnissen und Strohmannkonten der Fall ist –, so ist
die Zahlstelle verpflichtet, „angemessene Schritte" zur Feststellung der Identität des wirtschaftlichen Eigentümers zu unternehmen.

Der EU-Zinsbesteuerung unterfallen alle Zinszahlungen ungeachtet
ihrer Herkunft, die durch eine innerhalb des Hoheitsgebietes, auf das der
EG-Vertrag gemäß seinem Art. 299 Anwendung findet, gelegene Zahlstelle
(im Regelfall die kontoführende Bank) gezahlt werden. Dies bedeutet, dass
auch solche Zinsen erfasst sind, die aus Quellen Dritter, also Nicht-EU-Mit-
gliedsländern stammen, sofern diese in Erfüllung der Schuld eines außerhalb der EU ansässigen Schuldners bezahlt werden. Allerdings gilt auch
hier wieder die Einschränkung, dass die Zinszahlungen an eine natürliche
Person bezahlt werden müssen, die auch der „effektive Empfänger", d.h. der
Endempfänger ist. Des Weiteren muss es sich um eine „grenzüberschreitende Zinszahlung" handeln, d.h. Zahlstelle und der effektive Empfänger
müssen in verschiedenen EU-Mitgliedstaaten ansässig sein.

Gemäß Art. 6 Abs. 1 der EU-Zinsrichtlinie gelten als meldepflichtige
Zinszahlung im Einzelnen:

- Auf ein Konto eingezahlte oder einem Konto gutgeschriebene Zinsen, die mit Forderungen jeglicher Art zusammenhängen, unabhängig davon, ob sie hypothekarisch gesichert sind oder nicht, und
  unabhängig davon, ob sie ein Gewinnbeteiligungsrecht beinhalten oder nicht (darunter fallen insbesondere Erträge aus Anleihen[264] einschließlich der mit diesen Titeln verbundenen Prämien
  und Gewinne);

[263] Vgl. Art. 2 Abs. 1 Buchst. b EU-RL.
[264] Das sind festverzinsliche, langfristige Schuldverschreibungen, die sowohl von der öffentlichen Hand
(Bund, Länder, Gemeinden) als auch von privaten Unternehmen (Industrieobligationen) ausgegeben
werden.

- bei Abtretung, Rückzahlung oder Einlösung von Forderungen im obigen Sinne aufgelaufene oder kapitalisierte Zinsen;
- kapitalisierte Zinsen sowie der Zinsanteil aus dem Verkauf von sog. Zero- oder Discountbonds;
- direkte oder über eine Einrichtung im Sinne von Artikel 4 Abs. 2 laufende Zinserträge, die ausgeschüttet werden;
- aufgelaufene oder kapitalisierte Zinsen, die bei Verkauf, Rückzahlung oder Einlösung von Anteilen an Investmentfonds usw. realisiert werden[265].

Privatdarlehen bzw. Zinsen aufgrund von Darlehensbeziehungen zwischen natürlichen Personen, die nicht im Rahmen einer geschäftlichen Tätigkeit handeln, sind von der EU-Zinsbesteuerung ausgeschlossen. Dies gilt unabhängig von der Ansässigkeit des Zinsschuldners sowie des Zinsgläubigers.

Umgekehrt gilt: Der Informationsaustausch kommt nicht zur Anwendung, wenn,

- die maßgebliche Zahlstelle und der Empfänger der Zinszahlung im gleichen EU-Staat ansässig sind und folglich keine grenzüberschreitende Zinszahlung vorliegt,
- die maßgebliche Zahlstelle in einem Drittstaat und somit außerhalb der Steuerhoheit der Europäischen Union bzw. ihrer Mitgliedstaaten liegt.

Liegen meldepflichtige Zinszahlungen vor, erteilt die *Zahlstelle* der zuständigen Behörde des Mitgliedstaates ihrer Niederlassung folgende Auskünfte:

- Identität und Wohnsitz des Leistungsempfängers, sofern als der wirtschaftliche Eigentümer festgestellt,
- Name und Anschrift der Zahlstelle,
- Kontonummer des wirtschaftlichen Eigentümers oder, in Ermangelung einer solchen, Kennzeichen der Forderung, aus der die Zinsen herrühren,
- den Zinsbetrag, wobei die Zinsen getrennt aufzuführen und Folgendes anzugeben ist:
  - bei auf ein Konto gutgeschriebenen Zinszahlungen: der Betrag der gezahlten oder gutgeschriebenen Zinsen;

---

[265] Siehe im Einzelnen Art. 6 Abs. 4 Buchst. d der Richtlinie.

– bei aufgelaufenen oder kapitalisierten Zinsen: entweder der Betrag der Zinsen oder der dort bezeichneten Erträge oder der volle Betrag des Erlöses aus der Abtretung, der Rückzahlung oder der Einlösung.

Die von der Zahlstelle der für sie zuständigen Behörde gemeldeten Daten werden anschließend von der Meldestelle automatisch einmal jährlich an die zuständigen Behörden des Mitgliedstaates weitergeleitet, in dem der diskrete Geldanleger und wirtschaftliche Eigentümer ansässig ist.

Bei einem Trustverhältnis[266] gilt stets der Trustee als wirtschaftlicher Eigentümer im Sinne der Richtlinie oder der Trustee ist Zahlstelle. Der Trustee ist dann Zahlstelle, wenn er verpflichtet ist, die aus dem Trustvermögen fließenden Erträge als solche direkt den Berechtigten zukommen zu lassen. Dies trifft insbesondere auf Trusts der Typen „fixed interest trust", „life interest trust", „interest in possession trust" zu. Beim „discretionary trust" gilt grundsätzlich der Trustee als wirtschaftlicher Eigentümer. Erklärt der Trustee gegenüber der Zahlstelle schriftlich, eine Drittperson sei nutzungsberechtigt, und gibt er deren Identität bekannt, gilt diese Drittperson als der wirtschaftliche Eigentümer.

Das Quellensteuer-Abzugsverfahren in Luxemburg, Belgien und Österreich

Luxemburg, Belgien und Österreich erteilen keine Kontrollmeldungen, sondern erheben bei Vorliegen derselben Voraussetzungen wie für die Erstattung einer Kontrollmeldung stattdessen eine Quellensteuer[267], deren Höhe während eines Übergangszeitraumes bis 2011 in folgenden Stufen ansteigen soll:

- 15 Prozent für Zinserträge vereinnahmt bis 30. Juni 2008,
- 20 Prozent für Zinserträge vereinnahmt ab 1. Juli 2008 bis 30. Juni 2011,
- 35 Prozent für Zinserträge vereinnahmt ab 1. Juli 2011.

---

[266] Siehe hierzu Teil XII.

[267] Von Quellensteuer spricht man, wenn das Steuergesetz den Schuldner oder den Vermittler einer Leistung verpflichtet, auf dieser Leistung eine Steuer zu entrichten und diese Steuer durch Kürzung der Leistung, um den Steuerbetrag auf den Leistungsempfänger zu überwälzen. Der Begriff „Quellensteuer" kennzeichnet somit nicht eine bestimmte Steuerart, sondern eine besondere Erhebungstechnik.

Das heißt im Klartext, dass für diskrete Geldanleger mit Konten und Depots in den genannten Ländern die Diskretion gegen Entrichtung einer Quellensteuer gewahrt bleibt.

Zur Vermeidung einer doppelten Belastung von unter die Regelungen der EU-RL fallenden Zinserträge erteilen die Wohnsitzstaaten von Anlegern mit Konten/Depots in Luxemburg, Belgien und Österreich eine Steuergutschrift in Höhe der nach innerstaatlichem Recht einbehaltenen Steuer; zu viel gezahlte Quellensteuer (im Vergleich zur nach innerstaatlichem Steuerrecht geschuldeten Steuer auf die Erträge) wird vom Wohnsitzstaat rückerstattet. Letzteres funktioniert jedoch naturgemäß nur bei Erträgen aus so genannten „offenen", also dem Finanzamt gegenüber offiziell deklarierten, Vermögenswerten.

Besteuerung diskreter Geldanlagen in der Schweiz und im Fürstentum Liechtenstein

Exkurs: Funktionsweise der Schweizer Verrechnungssteuer

Die Schweiz erhebt gegenwärtig auf bestimmte Kapitalerträge eine so genannte Verrechnungssteuer. Die Verrechnungssteuer ist eine Quellensteuer nach dem Schuldnerprinzip: Die Steuer wird nicht beim Empfänger, sondern beim Schuldner der steuerbaren Leistung erhoben. Dieser ist verpflichtet, die Verrechnungssteuer durch entsprechende Kürzung der steuerbaren Leistung auf den Empfänger zu überwälzen mit der Folge, dass nur Erträge aus schweizerischer Quelle Gegenstand der Steuer sein können. Zinserträge aus von Nicht-Schweizer-Schuldnern emittierte Wertpapiere bleiben unbesteuert. Letzteres ist nicht im Sinne der Hochsteuerländer in der Europäischen Union.

Die Erhebung der Verrechnungssteuer dient vielmehr folgenden Zwecken:

1. Die Verrechnungssteuer soll die in der Schweiz ansässigen Steuerpflichtigen veranlassen, ihr Vermögen und die daraus fließenden Erträge bei den direkten Steuern korrekt zu deklarieren (sog. Sicherungsfunktion);

2. Die Verrechnungssteuer soll für Steuerschummler und für Ausländer eine definitive Belastung darstellen; Letztere können eine

Rückerstattung nur erlangen, wenn ein Doppelbesteuerungsabkommen (DBA) zwischen ihrem Ansässigkeitsstaat und der Schweiz eine volle oder teilweise Rückerstattung vorsieht.

Die Rückerstattung der Verrechnungssteuer an einen ausländischen Leistungsempfänger setzt eine Mitwirkung der Steuerbehörden seines Wohnsitzstaates voraus, die damit Kenntnis von den schweizerischen Kapitalerträgen erlangen. Die als Quellensteuer auf Kapitalerträge erhobene schweizerische Verrechnungssteuer beträgt 35 Prozent der steuerbaren Leistung; sie wird erhoben auf:

- den Ertrag beweglichen Kapitalvermögens (Dividenden aus Schweizer Aktien und Partizipationsscheinen, Erträge aus schweizerischen Anlagefonds, Zinsen der von einem Schweizer Emittenten ausgegebenen Obligationen und Zinsen der bei einer Schweizer Bank angelegten Gelder),
- auf Lotteriegewinne und
- auf Versicherungsleistungen.

Stammt der Kapitalertrag aus einer schweizerischen Quelle, so fällt die Verrechnungssteuer immer an. Das schweizerische Verrechnungssteuersystem erfasst somit sämtliche Ausschüttungen der oben erwähnten Kapitalerträge auch an Ausländer. Für die Steuererhebung spielt weder die Person des Empfängers, d.h. ob es sich um eine natürliche oder juristische Person oder um einen In- oder Ausländer handelt, noch die Zahlstelle, d.h. ob überhaupt eine Zahlstelle eingesetzt wird und ob diese im Inland oder im Ausland liegt, eine Rolle.

Umgekehrt fällt die Verrechnungssteuer nie an, wenn Kapitalerträge aus einer ausländischen Quelle, namentlich von einem ausländischen Schuldner stammen und zugunsten eines in der EU ansässigen diskreten Geldanlegers gutgeschrieben werden. Sofern eine schweizerische Zahlstelle (das depotführende Schweizer Kreditinstitut) einem in der EU ansässigen Kontoinhaber, welcher als natürliche Person und Endempfänger der wirtschaftliche Eigentümer der Erträge i.S. der EU-Zinsrichtlinie ist, steuerpflichtige Kapitalerträge im Sinne der EU-Richtlinie unmittelbar für dessen Rechnung gutschreibt, vereinnahmt der diskrete Geldanleger die Kapitalerträge „brutto für netto", sofern der Zins nicht aus schweizerischer (und folglich die Verrechnungssteuer nicht greift), sondern aus ausländischer Quelle fließt und nicht mit einer ausländischen Quellensteuer belastet ist. Praktisch handelt es sich hierbei um die Zinsen aus Obligationen ausländischer Emittenten und um die Erträge aus ausländischen Anlagefonds.[268] Denn in allen anderen von der EU-Richtlinie erfassten Zinsen aus Anleihen und Kundenguthaben[269] aus schweizerischer Quelle fällt Verrechnungssteuer an. Analoges gilt auch für schweizerische Anlagefonds. Der Ertrag aus von einem Schweizer Emittenten oder von einer ausländischen Fondsgesellschaft in Verbindung mit einem Schweizer Finanzintermediär ausgegebenen Anteile an einem Anlagefonds unterliegt der Verrechnungssteuer, und zwar ungeachtet dessen, ob es sich dabei um Zinsen oder um Dividenden handelt.

Der EU-Steuerrückbehalt

● Allgemeines

Die Zwecksetzung der Verhinderung einer Umgehung der EU-Zinsbesteuerung durch Einführung gleichwertiger Maßnahmen in der Schweiz wurde dadurch erreicht, dass die Schweiz auf Basis der staatsvertraglichen Vereinbarung mit der EU deren Zinsbesteuerungsmodell übernommen hat und die schweizerischen Banken als Zahlstellen ab dem 1. Juli 2005 einer gleichen steuerlichen Verpflichtung, wie die EU-Zahlstellen unterworfen werden. Kernstück des Abkommens zwischen der Schweiz und der EU ist, auf Zinszahlungen, welche eine auf dem Gebiet der Schweiz gelegene Zahlstelle einer natürlichen Person mit steuerlichem Wohnsitz in einem EU-Mitgliedstaat auf ein Konto gutschreibt oder für dessen Rechnung vereinnahmt, einen so genannten „EU-Steuerrückbehalt" einzubehalten, welcher im Rahmen des Revenue-Sharing größtenteils[270] anonym an die betreffenden EU-Mitgliedsländer abzuführen ist. Zur technischen Abwicklung dient Form 150.[271]

---

[268] Schweizerische Obligationen und Festgelder bei Schweizer Banken werden von der schweizerischen Verrechnungssteuer erfasst, soweit eine schweizerische Zahlstelle zugleich Schuldnerin der Zinserträge ist.

[269] Eine Schweizer Bank ist als Schuldnerin für alle Zinsauszahlungen auf Kundenguthaben, die bei ihr gehalten werden, verrechnungssteuerabzugspflichtig. Bei Kundenguthaben eines EU-Ansässigen spielt es keine Rolle, ob die Bank Zahlstelle für die daraus entrichteten Zinserträge ist oder nicht, weil sie bereits als Schuldnerin die Verrechnungssteuer von 35 Prozent abziehen und zwingend auf den Zinsempfänger und somit auch auf EU-Ansässige überwälzen muss.

[270] Der Steuerrückbehalt wird zu 75 Prozent an die Mitgliedstaaten abgeführt, in denen die Steuerpflichtigen ihren Wohnsitz haben.

[271] Vgl. Abbildung 17: Form 150 zur anonymen Erfassung und Abführung des EU-Steuerrückbehalts in Schweiz und Liechtenstein.

Unter EU-Steuerrückbehalt wird generell die Erhebung einer Kapitalertragsteuer verstanden, wobei die Steuerpflicht weder an bestimmte qualitative Merkmale beim Schuldner noch beim Empfänger der steuerbaren Leistung, sondern an die Funktion als Zahlstelle anknüpft, indem die Zahlstelle der steuerbaren Leistung den Steuerabzug vorzunehmen und diese Steuer durch Kürzung der Leistung um den Steuerbetrag auf den Leistungsempfänger zu überwälzen hat. In der Schweiz gelten als Zahlstelle in erster Linie die Banken, Effektenhändler, übrige Zahlstellen (Zahlstellen kraft Vereinnahmung) und natürliche und juristische Personen, Personengesellschaften und Betriebstätten ausländischer Gesellschaften, die im Rahmen ihrer Geschäftstätigkeit regelmäßig oder gelegentlich zinstragende Vermögenswerte von Dritten entgegennehmen, halten, anlegen oder übertragen oder lediglich Zinsen zahlen. Übrige Zahlstellen sind insbesondere Fondsleitungen, Versicherungseinrichtungen, Vermögensverwalter, Treuhänder, Anwälte und Notare sowie Gesellschaften und Betriebstätten ausländischer Unternehmen, die im Rahmen ihrer Geschäftstätigkeit regelmäßig oder auch nur gelegentlich zinstragende Vermögenswerte halten oder Zinsen auf Forderungen zahlen, bei denen sie nicht selber Schuldner sind.[272]

Erfolgt eine Zinszahlung über mehrere Intermediäre, die vom Schuldner oder von der betroffenen Person mit der Zahlung oder Einziehung von Zinsen beauftragt sind, so gilt als Zahlstelle der letzte Intermediär, der die Zinsen direkt der betroffenen Person zahlt oder zu deren unmittelbaren Gunsten einzieht. Alternativ sieht das Abkommen vor, dass ausländische Bankkunden selber zwischen dem Steuerrückbehalt und einer Meldung an die Steuerbehörden wählen können (freiwillige Meldung).[273]

Der Rückbehalt soll mithin aus ausländischen Quellen (andernfalls würde die schweizerische Verrechnungssteuer greifen) fließende Zinszahlungen, welche von einer schweizerischen Zahlstelle an eine natürliche Person mit Ansässigkeit in der EU entrichtet werden, erfassen. Das nach dem Quellensteuer-Prinzip funktionierende Modell entspricht dem von der EU definierten Anliegen, wonach eine angemessene Besteuerung von Zinszah-

---

[272] Wegleitung zur EU-Zinsbesteuerung der Eidgenössischen Steuerverwaltung (Steuerrückbehalt und freiwillige Meldung) vom 24. Juni 2005, Rz. 6 ff.
[273] Vgl. Eidgenössisches Finanzdepartement (www.efd.admin.ch), Rohstoff zum Vertragsinhalt, 4. Juni 2003.

lungen an EU-Bürger nicht über einen Drittstaat umgehbar sein soll. Die Zwangsabgabe stellt ein Mittel zur Absicherung der EU-Zinsbesteuerung durch die Schweiz auf Basis einer Quellensteuer dar; ein Instrument, welches dem Bankgeheimnis der Schweiz Rechnung trägt. Die Schweiz wendet im Sinne der Nichtdiskriminierung denselben Steuersatz an wie die drei EU-Länder, welche für die Quellensteuerlösung optiert haben.[274]

- **Bemessungsgrundlage für den EU-Steuerrückbehalt**

Direkte Zinserträge

Auf direkte Zinserträge erhebt die Schweiz den Steuerrückbehalt grundsätzlich anteilig für den Zeitraum, während dessen der diskrete Geldanleger das Forderungswertpapier hält. Somit findet also im Gegensatz zum für die Schweizer Verrechnungssteuer geltenden Fälligkeitsprinzip eine Pro-rata-Besteuerung statt. Das heißt insbesondere auch, dass die bei einem Verkauf eines Forderungspapiers vereinnahmten Stückzinsen dem Rückbehalt voll unterliegen. Sofern der Zeitraum, während dessen die Forderung gehalten wurde, nicht ermittelt werden kann (das wäre beispielsweise bei unterjährig eingebuchten Tafelpapieren der Fall), wird der diskrete Geldanleger so behandelt, als wenn er die Forderung während der ganzen Zinsperiode gehalten hätte. Bei periodischen Zinsen und bei Stückzinsen auf periodischen Zinsen gilt in diesen Fällen der Zeitpunkt der letzten Zinszahlung als Erwerbszeitpunkt, bei Diskontpapieren der Zeitpunkt der Emission.[275]

Ausbezahlte oder einem Konto gutgeschriebene Zinsen unterliegen im Zeitpunkt der Auszahlung bzw. Gutschrift dem Steuerabzug. Der Abzug erfolgt anteilig für den Zeitraum, während dessen die Forderung gehalten wurde.

---

[274] Vgl. hierzu Abschnitt: Das Quellensteuer-Abzugsverfahren in Luxemburg, Belgien und Österreich in diesem Teil.

[275] Vgl. Wegleitung zur EU-Zinsbesteuerung der Eidg. Steuerverwaltung (Steuerrückbehalt und freiwillige Meldung) vom 24. Juni 2005, Rz. 146 ff.

Beispiel 1[276]

Eine Anleihe hat einen jährlich am 30.6. fällig werdenden Zinscoupon. Am 31.3. 2007 findet ein Besitzwechsel statt. Beim Käufer, der die Obligation am 30.6. 2007 hält, unterliegt der auf drei Monate (pro rata) entfallende Zinsanteil dem Rückbehalt.

Diskrete Geldanleger aufgepasst

- Werden Wertpapiere veräußert, soll die Bank für die Ermittlung des maßgeblichen Einstandspreises und der maßgeblichen Haltedauer grundsätzlich nach der Methode „first in – first out" (FIFO) vorgehen. Wurde der Bestand in einem bestimmten Wertpapier in zwei oder mehreren Käufen aufgebaut, so gelten immer diejenigen Wertpapiere als veräußert, die am längsten gehalten wurden. Andere im Geschäftsleben anerkannte Methoden wie „last in – first out" (LIFO), „highest in – first out" (HIFO) oder Durchschnittspreis („Average") lässt die eidgenössische Steuerverwaltung[277] ebenfalls zu, sofern die Zahlstelle die gewählte Methode nachhaltig und gegenüber allen betroffenen Personen einheitlich zur Anwendung bringt.

- Bei Wertpapierverkäufen darf die Bank nur den auf die Haltedauer der Anleihe entfallenden Stückzins dem EU-Steuerrückbehalt unterwerfen!

Beispiel 2[278]

Eine Anleihe hat einen jährlich am 30.6. fällig werdenden Zinscoupon. Am 30.9.2006 veräußert der diskrete Geldanleger A die Obligation an B. Die von B an A bezahlten Stückzinsen für drei Monate unterliegen dem Rückbehalt. B veräußert seinerseits die Obligation am 31.3.2007 an den diskreten Geldanleger C. Bei dieser Transaktion vereinnahmt B von C einen Stückzins für den Zeitraum 30.6.2006 bis 31.3.2007 (neun Monate). Die Bank darf hier dem diskreten Geldanleger B jedoch nur von den auf die effektive Haltedauer von sechs Monaten entfallenden Stückzinsen einen EU-Rückbehalt abziehen.

[276] Vgl. Wegleitung zur EU-Zinsbesteuerung der Eidg. Steuerverwaltung (Steuerrückbehalt und freiwillige Meldung) vom 24. Juni 2005, Rz. 149 ff.
[277] Vgl. Wegleitung zur EU-Zinsbesteuerung der Eidg. Steuerverwaltung (Steuerrückbehalt und freiwillige Meldung) vom 24. Juni 2005, Rz. 186 ff
[278] Vgl. Wegleitung zur EU-Zinsbesteuerung der Eidg. Steuerverwaltung (Steuerrückbehalt und freiwillige Meldung) vom 24. Juni 2005, Rz. 152.

Im Fall der vorzeitigen Rückzahlung einer Anleihe unterliegt ein eventuelles Rückzahlungsagio im Zeitpunkt der Rückzahlung dem EU-Steuerrückbehalt; eine Rückzahlungsprämie gilt demgegenüber nicht als Zinszahlung, sondern als dem Rückbehalt nicht unterliegender Schadenersatz.

Aufgelaufene oder kapitalisierte Zinsen

Aufgelaufene oder kapitalisierte Zinsen fallen bei so genannten Diskontpapieren an. Als Diskontpapiere gelten Anleihen mit einem im Voraus festgelegten Emissions- und Rückzahlungspreis. Die für die Ermittlung des Rückbehalts maßgebliche Bemessungsgrundlage errechnet sich aus dem auf die Haltedauer entfallenden Zinsanteil. Bei Diskontpapieren mit einem variablen Rückzahlungspreis ist für die Berechnung des Zinsanteils während der Laufzeit der garantierte Rückzahlungspreis maßgebend. Nur die Differenz zwischen diesem und einem höheren Rückzahlungsbetrag wird im Zeitpunkt der Rückzahlung durch den Steuerrückbehalt erfasst.

Aufgelaufene Zinsen bei Reorganisationen und Umtausch von Schuldtiteln

Zinserträge, die in Folge einer Reorganisation und eines Umtauschs von Schuldtiteln anfallen, erfasst die Zahlstelle für den Rückbehalt im Zeitpunkt des Umtauschs auf dem bzw. den Basisvaloren. Das gilt sowohl für zwangsweisen wie auch für freiwilligen Umtausch.

Ausschüttungen steuerpflichtiger Investmentfonds

Dem EU-Steuerrückbehalt unterliegen als Thesaurierungsfonds[279] ausgerichtete Investmentfonds, wenn der Fonds mehr als 40 Prozent seines Anlagevermögens in zinsabwerfende Produkte investiert hat. Als Ausschüttungsfonds ausgerichtete Investmentfonds unterliegen der EU-Zinssteuer bzw. dem EU-Steuerrückbehalt, wenn sie mehr als 15 Prozent ihres Fondsvermögens in zinsabwerfende Produkte investiert haben (Art. 6 Abs. 6 EU-RL). Bei ausschüttenden Fonds, die mehr als 15 Prozent, jedoch maximal 40 Prozent ihres Vermögens in zinssteuerpflichtige Anlagen investieren, sind die Ausschüttungen, jedoch nicht die Erträge bei Verkauf, Rückzahlung oder Einlösung der Fondsanteile von der EU-Zinssteuer bzw. dem EU-Steuerrückbehalt betroffen.

---

[279] Zum Begriff siehe unten Abschnitt: Investmentfonds in diesem Teil.

Ausschüttungen steuerpflichtiger Anlagefonds werden mit demjenigen Teil dem EU-Rückbehalt unterworfen, der sich auf vom Fonds vereinnahmte Zinsen bezieht. Wird die Zinskomponente der Ausschüttung nicht separat ausgewiesen, unterliegt die ganze Ausschüttung dem Rückbehalt. Der Rückbehalt wird anteilig für den Zeitraum erhoben, während dessen der Anteilschein von der betroffenen Person gehalten wurde. Kann die Schweizer Bank den Zeitraum, während dessen der Anteilschein vom diskreten Geldanleger gehalten wurde, nicht feststellen, wird sie den Anleger so behandeln als hätte dieser den Anteilschein im Zeitpunkt der letzten Ausschüttung erworben.

Als rückbehaltpflichtiger Zins gilt die positive Differenz zwischen Erwerbspreis und Preis bei Verkauf, Rückzahlung oder Einlösung der Fondsanteile. Der EU-Steuerrückbehalt ist somit eine reine Differenzbesteuerung. Kann ermittelt werden, in welchem Umfang der Wertanstieg auf vom Fonds vereinnahmte Zinsen aus direkten und indirekten Anlagen zurückzuführen ist, darf die Schweizer Bank auf diese Komponente Bezug nehmen, sofern dieser Betrag kleiner ist als der nach der Differenzmethode ermittelte Wert.[280] Kann der Erwerbspreis nicht ermittelt werden, gilt der bei Verkauf, Rückzahlung oder Einlösung erzielte Nettoerlös als Zins.

Verrechnungssteuerpflichtige Kapitalanlageprodukte

Die Verrechnungssteuer schließt die Erhebung des EU-Steuerrückbehalts aus. In der Schweiz sind somit sämtliche Finanzprodukte vom EU-Steuerrückbehalt ausgenommen, sofern der Schuldner (Emittent) des Finanzproduktes in der Schweiz ansässig ist und dieser Verrechnungssteuer abzuführen hat. Im Umkehrschluss werden Schweizer Finanzprodukte vom Steuerrückbehalt erfasst, wenn diese von der Verrechnungssteuer befreit sind. Dies ist beispielsweise bei gegen Bankenerklärung (Affidavit) von der Verrechnungssteuer freigestellte Schweizer Investmentfonds der Fall. Diese sind vom Steuerrückbehalt erfasst, unabhängig davon, ob die Verrechnungssteuer faktisch erhoben wird oder nicht. Anlagefonds, die keine Bankenerklärung (Affidavit) im Sinne der Verrechnungssteuergesetzgebung abgeben können, weil mehr als 20 Prozent der Fondserträge aus inländischer Quelle stammen, gelten hingegen als Einnahmen aus schweizeri-

---

[280] Vgl. Wegleitung zur EU-Zinsbesteuerung der Eidg. Steuerverwaltung (Steuerrückbehalt und freiwillige Meldung) vom 24. Juni 2005, Rz. 163.

scher Quelle und damit als dem Anwendungsbereich der EU-Zinsbesteuerung entzogene verrechnungssteuerpflichtige Kapitalanlageprodukte. Für in der Schweiz verrechnungssteuerpflichtige Finanzprodukte behalten auch die liechtensteinischen Banken den EU-Steuerrückbehalt nicht ein. Zwar gibt es im Fürstentum Liechtenstein neben dem EU-Steuerrückbehalt keine weiteren Quellensteuern auf Kapitalerträge. Da jedoch die Verrechnungssteuer bereits vom Schweizer Emittenten abgeführt wird und somit bei der Zahlstelle nur ein um die Verrechnungssteuer verminderter Zinsertrag ankommt, wären die Zinsen bei Abzug des EU-Steuerrückbehalts zweimal besteuert.

Übernahme des EU-Steuerrückbehalts im Fürstentum Liechtenstein

Das Fürstentum Liechtenstein hat die Regelungen der Schweiz zum EU-Steuerrückbehalt vollumfänglich übernommen. Verrechnungssteuerpflichtige Zinserträge sind daher auch in Liechtenstein vom EU-Steuerrückbehalt nicht betroffen. Konten, die auf Namen eines Liechtenstein-Trusts (Treuhänderschaft) lauten, unterliegen wie Konten auf Namen einer liechtensteinischen Stiftung als juristische Person nicht dem EU-Steuerrückbehalt.

Alternatives Meldeverfahren

Diskrete Geldanleger können ihre Bank in Schweiz oder Liechtenstein ausdrücklich ermächtigen, dem Steuerrückbehalt unterliegende Zinszahlungen an die eidgenössische bzw. liechtensteinische Steuerverwaltung zu melden. Der Rückbehalt entfällt in diesem Fall. Zur Meldung der steuerpflichtigen Kapitalerträge gilt Form 151.[281] Eine einmal erteilte Ermächtigung bleibt bis zum Eintreffen des ausdrücklichen Widerrufs durch die betroffene Person oder seine Rechtsnachfolger bei der Zahlstelle gültig.[282] Pro betroffene Person (Vertragspartei) ist grundsätzlich eine Meldung zu erstellen. Bei entsprechender Ermächtigung erteilen die Banken ihren Steuerverwaltungen jährlich bis spätestens am 31. März des auf die Zinszahlung folgenden Jahres Meldung.

---

[281] Vgl. Abbildung 18: Form 151 zur alternativen EU-Zinsmeldung.
[282] Die Gültigkeit des Widerrufs setzt voraus, dass die betroffene Person oder seine Rechtsnachfolger den an Stelle der Meldung geschuldeten Steuerrückbehalt gegenüber der Zahlstelle sicherstellen.

Erträge / Begünstigte	Dividenden und Kapitalgewinne auf Aktien	Zinserträge auf Sparkonto bei CH Bank	Zinserträge auf Obligationen von CH Emittenten	Zinserträge auf Obligationen von ausl. Emittenten	Zinserträge aus Anlagefonds
Natürliche Personen mit Ansässigkeit in einem Mitgliedstaat der EU *→ werden von der EU-Richtlinie betroffen*	**CH-Schuldner:** CH Verrechnungssteuer auf Dividenden (gem. DBA i.d.R. teilweise rückforderbar); Kapitalgewinne nicht besteuert **Ausländischer Schuldner:** evtl. ausländ. Quellensteuer auf Dividenden; Rückforderung gem. anwendbarem Drittstaaten-DBA; Kapitalgewinne gem. ausl. Recht besteuert → *Dividenden und Kapitalgewinne werden von der EU-Richtlinie nicht erfasst*	(gemäß DBA ganz oder teilweise rückforderbar) → *Die EU-Richtlinie erfasst keine Zinserträge, die von Schweizer Schuldnern geschuldet werden*		**Neu:** EU-Steuerrückbehalt → *Die EU-Richtlinie erfasst **neu** Zinserträge, die von ausländischen Schuldnern geschuldet und von einer Zahlstelle in der Schweiz ausbezahlt werden*	**CH-Fonds:** **Neu:** EU-Steuerrückbehalt bei Schweizer Affidavit-Fonds mit mindestens 80% Ertrag aus ausländischen Quellen; Voraussetzungen: mehr als 40%, später 25% Zinsertrag bei Thesaurierungsfonds, mehr als 15% Zinsertrag bei Ausschüttungsfonds. Kein EU-Steuerrückbehalt bei übrigen Schweizer Fonds, aber wie bisher schweizerische Verrechnungssteuer auf Ausschüttungen und bei Titelrückgabe auf zurückbehaltene Erträge. **Ausländische Fonds:** **Neu:** EU-Steuerrückbehalt bei ausländischen Fonds; keine Verrechnungssteuer, evtl. ausländ. Quellensteuer Voraussetzungen: mehr als 40%, später 25% Zinsertrag bei Thesaurierungsfonds, mehr als 15% Zinsertrag bei Ausschüttungsfonds.
Natürliche Personen mit Ansässigkeit in der CH *→ werden von der EU-Richtlinie nicht betroffen*	**CH-Schuldner:** Verrechnungssteuer (bei Vornahme der vorgeschriebenen steuerlichen Deklaration Rückerstattung oder Anrechnung in der Schweiz) **Ausländischer Schuldner:** evtl. ausländ. Quellensteuer, Rückforderung und pauschale Steueranrechnung in der Schweiz gem. anwendbarem DBA. Steuerliche Deklaration in der Schweiz vorgeschrieben. Auf US-Dividenden erfolgt US-Steuerrückbehalt	CH-Verrechnungssteuer (bei Vornahme der vorgeschriebenen steuerlichen Deklaration Rückerstattung oder Anrechnung in der Schweiz)		Evtl. ausländ. Quellensteuer, Rückforderung und pauschale Steueranrechnung in der Schweiz gem. anwendbarem DBA. Steuerliche Deklaration in der Schweiz vorgeschrieben. Auf verzinsliche Obligationen von US-Schuldnern zieht die CH-Bank den US-Steuerrückbehalt ab, der bei steuerlicher Deklaration rückerstattet oder angerechnet wird.	**CH-Fonds:** Schweizerische Verrechnungssteuer auf Ausschüttungen und bei Titelrückgabe auf zurückbehaltenen Erträgen (bei Vornahme der vorgeschriebenen Deklaration und Versteuerung in der Schweiz Rückerstattung oder Anrechnung). **Ausländische Fonds:** Evtl. ausländ. Quellensteuer, Rückforderung und pauschale Steueranrechnung in der Schweiz gem. anwendbarem DBA. Steuerliche Deklaration in der Schweiz vorgeschrieben.

Abbildung 16: EU-Steuerrückbehalt in der Schweiz und dem Fürstentum Liechtenstein (Quelle: Eidgenössisches Finanzdepartement [EFD] – das EFD weist darauf hin, dass es sich um eine vereinfachende schematische Darstellung für die Medienberichterstattung handelt und daraus keine Rechtsansprüche abgeleitet werden können)

Eidgenössische Steuerverwaltung
Administration fédérale des contributions
Amministrazione federale delle contribuzioni

Hauptabteilung Direkte Bundessteuer, Verrechnungssteuer, Stempelabgaben
Division principale de l'impôt fédéral direct, de l'impôt anticipé, des droits de timbre
Divisione principale imposta federale diretta, imposta preventiva, tasse di bollo
3003 Bern Eigerstrasse 65 ✆ 031 322 71 50
http://www.estv.admin.ch

Dossier
Incarto S-

Form. **150**

Name und Adresse der Zahlstelle - Nom et adresse de l'agent payeur - Nome e indirizzo dell'agente pagatore

EU-Steuerrückbehalt
in der Schweiz gemäss Zinsbesteuerungsgesetz (ZBstG)
vom 17.12.2004

Retenue d'impôt UE
en Suisse en vertu de la loi sur la fiscalité de l'épargne
(LFisE) du 17.12.2004

Ritenuta di imposta UE
in Svizzera in virtù della legge sulla fiscalità del risparmio
(LFR) del 17.12.2004

✆ _____ Ref./Réf./Rif.: _____

E-Mail: _____

Dieses Formular ist bis spätestens am 31. März des auf die steuerbaren Zinszahlungen folgenden Kalenderjahres einzureichen.
Cette formule est à envoyer au plus tard jusqu'au 31 mars de l'année civile suivant les paiements des intérêts imposables.
Questo modulo deve essere inviato al più tardi entro il 31 marzo dell'anno civile successivo ai pagamenti d'interessi imponibili.

Steuerabrechnung für das Jahr endend am
Décompte de l'impôt pour l'année se terminant le
Conteggio d'imposta per l'anno terminato il . . . . **31.12.**

	Code ESTV/AFC				Code ESTV/AFC	
BE	601	CHF		MT	614	CHF
DK	602	CHF		NL	615	CHF
DE	603	CHF		AT	616	CHF
EE	604	CHF		PL	617	CHF
FI	605	CHF		PT	618	CHF
FR	606	CHF		SK	619	CHF
GR	607	CHF		SI	620	CHF
GB	608	CHF		ES	621	CHF
IE	609	CHF		SE	622	CHF
IT	610	CHF		CZ	623	CHF
LV	611	CHF		HU	624	CHF
LT	612	CHF		CY	625	CHF
LU	613	CHF				

Total/Totale/Totale CHF _____

* Bitte nachfolgende Zahlungsanweisungen beachten.
Veuillez tenir compte des instructions de paiement ci-dessous.
Vogliate osservare le istruzioni di pagamento citate in seguito.

Datum / Date / Data _____

Unterschrift
Signature
Firma _____

Abbildung 17: Form 150 zur anonymen Erfassung und Abführung des EU-Steuerrückbehalts in Schweiz und Liechtenstein

:::: **Eidgenössische Steuerverwaltung**
Administration fédérale des contributions
Amministrazione federale delle contribuzioni

Hauptabteilung Direkte Bundessteuer, Verrechnungssteuer, Stempelabgaben
Division principale de l'impôt fédéral direct, de l'impôt anticipé, des droits de timbre
Divisione principale imposta federale diretta, imposta preventiva, tasse di bollo

3003 Bern Eigerstrasse 65 ☎ 031 322 71 50
http://www.estv.admin.ch

Dossier
Incarto S-

Form. **151**

Name der Zahlstelle - Nom de l'agent payeur - Nome dell'agente pagatore

EU-Zinsmeldung
in der Schweiz gemäss Zinsbesteuerungsgesetz (ZBstG)
vom 17.12.2004

Adresse/Adresse/Indirizzo

Déclaration d'intérêts UE
en Suisse en vertu de la loi sur la fiscalité de l'épargne
(LFisE) du 17.12.2004

Dichiarazione d'interessi UE
in Svizzera in virtù della legge sulla fiscalità del risparmio
(LFR) del 17.12.2004

Postleitzahl/Numéro postal/Codice postale   Wohnort/Domicile/Domicilio

CH

☎ _____ Ref./Réf./Rif.: _____

E-Mail: _____

Dieses Formular ist bis spätestens am 31. März des auf die Zinszahlungen folgenden Kalenderjahres zu übermitteln.
Cette formule est à transmettre au plus tard jusqu'au 31 mars de l'année civile suivant les paiements des intérêts.
Questo modulo deve essere trasmesso al più tardi entro il 31 marzo dell'anno civile successivo ai pagamenti d'interessi.

Meldungstyp*
Type d'annonce*
Tipo di notifica*

Laufnummer*
Numéro continu*
Numero in circolazione*

Meldung an EU-Mitgliedstaat
Déclaration à un Etat membre UE
Dichiarazione per lo Stato membro UE

Land*
Pays*
Paese*

Zinsmeldung für das Jahr endend am
Déclaration d'intérêts pour l'année se terminant le
Dichiarazione d'interessi per l'anno terminato il

31.12.

Identität und Wohnsitz des Nutzungsberechtigten
Identité et résidence du bénéficiaire effectif
Identità e residenza del beneficiario effettivo

Name
Nom
Cognome

Vorname
Prénom
Nome

Adresse
Adresse
Indirizzo

Land*
Pays*
Paese*

Postleitzahl
Numéro postal
Codice postale

Wohnort
Domicile
Domicilio

Kundennummer*
Numéro du client*
Numero del cliente*

Zinsbetrag (ohne Kommastellen)
Montant d'intérêt (sans décimales)
Importo d'interesse (senza virgola)

Währungscode*
Code de la monnaie*
Codice della valuta*

Datum / Date / Data _____

Unterschrift
Signature
Firma _____

* Erläuterungen auf Folgeseite / Indications sur page suivante / Spiegazioni sulla pagina seguente

Abbildung 18: Form 151 zur alternativen EU-Zinsmeldung

EU-zinssteuerfreie und nicht meldepflichtige diskrete Geldanlagen

Zielgerichtete Immunisierungsmaßnahmen für das diskrete Depot

In der Anlegerpraxis stellt es keine große Schwierigkeit dar, den EU-Steuerrückbehalt in der Schweiz und Liechtenstein durch entsprechende *Immunisierungsmaßnahmen* für das Depot zu vermeiden. So sind die EU-Zinssteuer und der EU-Steuerrückbehalt in der Schweiz und Liechtenstein schon dadurch vermeidbar, dass Kontoinhaberin eine juristische Person ist oder das Konto/Depot außerhalb des Geltungsbereiches der EU-Zins-RL eröffnet und geführt wird. Bei auf natürliche Personen lautende Konten und Depots ist der Steuerabzug dadurch umgehbar, dass an sich steuerbare Kapitalerträge in steuerfreie Einkommensarten (beispielsweise in Erträge aus Beteiligungsrechten) umgewandelt werden. Sowohl die EU-Zinssteuer als auch der Steuerrückbehalt entfallen ebenso in jenen Fällen, in denen das Wertpapierdepot als „Einmalprämie" in eine liechtensteinische Lebensversicherung eingebracht wird. Selbstverständlich ist auch im Mantel einer Lebensversicherungspolice eine individuelle Depot- und Vermögensverwaltung durch den Anleger (Versicherungsnehmer), wie in Teil X dargestellt, ohne eine EU-Zinssteuer möglich. Anleihen, die unter das so genannte „Grandfathering" fallen, unterliegen nicht dem Steuerabzug. Und bei Investmentfonds kommt es für die Anwendung des EU-Steuerrückbehalts auf den Anteil der zinsbringenden Anlageprodukte im Fondstopf an.

Grandfathering-Anleihen und Grandfathering-Fonds

Der Begriff Grandfathering steht für Vertrauensschutz oder Rückwirkungsverbot. Das – auch in Deutschland mit Verfassungsrang ausgestattete – Rückwirkungsverbot gewährleistet, dass der Gesetzgeber nicht zum Nachteil von Investoren in bestehende Rechtspositionen eingreifen darf. Für die neue Besteuerung von Zinserträgen nach Maßgabe der EU-RL kann selbstverständlich nichts Abweichendes gelten. Gemäß Art. 15 Abs. 1 EU-RL sollen Anleihen sowie andere umlauffähige Schuldtitel, die erstmals *vor dem 1. März 2001* begeben wurden oder bei denen die zugehörigen Emissionsprospekte vor diesem Datum genehmigt wurden, von der Anwendung der EU-RL ausgenommen sein, wenn ab dem 1. März 2002 keine Folgeemissionen dieser umlauffähigen Schuldtitel mehr getätigt worden sind. Unbedeutend ist hierbei, welche Restlaufzeit das jeweils vor diesem Stichtag ausgegebene Papier hat. Diskrete Geldanleger, die entsprechende Umschichtungen ihrer Portefeuilles vornehmen, können so entweder bis zur Fälligkeit und Rückzahlung der Anleihen oder spätestens bis Ende der Übergangsfrist dem Meldeverfahren bzw. Steuerabzug entgehen. Diskreten Geldanlegern, die selbst nicht nach solchen Anleihen selektieren können oder wollen, bietet sich der Kauf spezieller EU-zinssteuerfreier Rentenfonds an.

Das Grandfathering soll während des für die Länder Luxemburg, Österreich und Belgien gewährten Übergangszeitraumes[283], jedoch längstens bis zum 31. Dezember 2010 gelten. Sofern der für den Quellensteuerabzug der drei Länder geltende Übergangszeitraum über den 31. Dezember 2010 hinaus verlängert wird, gilt das Grandfathering gemäß Art. 15 Abs. 1 Satz 2 EU-RL nur dann fort,

- wenn die betreffenden Anleihen und Schuldtitel Bruttozinsklauseln und Klauseln über die vorzeitige Ablösung enthalten oder
- die Zahlstelle des Emittenten des Wertpapiers in einem Mitgliedstaat niedergelassen ist, der die Quellensteuer erhebt (das sind Luxemburg, Österreich und Belgien), und die Zahlstelle die Zinsen unmittelbar an einen wirtschaftlichen Eigentümer mit Wohnsitz in einem anderen Mitgliedstaat zahlt.

Die Vorschrift über das Grandfathering der EU-RL hindert die Mitgliedstaaten allerdings nicht daran, Erträge aus den unter das Grandfathering fallenden Anleihen und Schuldtitel nach ihren nationalen Rechtsvorschriften der Besteuerung zu unterwerfen (Art. 15 Abs. 2 EU-RL). Letzteres ist in Hochsteuerländern wie Deutschland oder Österreich der Fall.

Options- und Wandelanleihen

In der Schweiz sowie im Fürstentum Liechtenstein werden bei Options- und Wandelanleihen nur ein allfällig periodischer Zins sowie ein Emissionsdisagio bzw. Rückzahlungsagio vom EU-Steuerrückbehalt erfasst.

---

[283] Siehe oben in diesem Teil Abschnitt: Das Quellensteuer-Abzugsverfahren in Luxemburg, Belgien und Österreich.

Investmentfonds

● **Thesaurierungsfonds**

Thesaurierungsfonds sind Investmentfonds, die ihre jährlich erwirtschafteten Erträge nicht ausschütten, sondern im Fondsvermögen zur Wiederanlage belassen. Erträge aus Thesaurierungsfonds gelten nur dann als melde- bzw. steuerabzugspflichtige Zinszahlung, wenn der Fonds mehr als 40 Prozent seines Anlagevermögens in zinsabwerfende Produkte investiert hat.[284] Maßgebend für die Bestimmung der Prozentanteile ist die in den Vertragsbedingungen oder in der Satzung der betreffenden Organismen oder Einrichtungen dargelegte Anlagepolitik bzw. die tatsächliche Zusammensetzung des Vermögens des Fonds. Beides kann aus dem betreffenden Fondsprospekt entnommen werden.

Für thesaurierte Erträge von Investmentfonds gilt hinsichtlich der EU-RL keine Zuflussfiktion. Die Zahlstelle nimmt eine Meldung bzw. den Quellensteuerabzug zu dem Zeitpunkt vor, in dem die Erträge durch Abtretung, Rückzahlung oder Einlösung der Fondsanteile realisiert werden. Thesaurierte Zinsen, die von einem Fonds in einer Periode vereinnahmt werden, in der er aufgrund der Geringfügigkeitsregeln von der EU-Zinsbesteuerung ausgenommen ist, werden im Fall eines Verkaufs, der Rückzahlung oder der Einlösung des Fonds zu einem Zeitpunkt, in dem er von dieser nicht ausgenommen ist, dem der EU-Zinsbesteuerung unterliegenden Zinsertrag zugerechnet. Die Zurechnung erfolgt erstmals ab dem Zeitpunkt, in dem der Fonds nicht mehr von der EU-Zinsbesteuerung ausgenommen ist.[285]

Die Bank in Schweiz und Liechtenstein erhebt keinen Einbehalt, wenn der Fonds nicht mehr als 40 Prozent seines Anlagevermögens (bei Thesaurierungsfonds) bzw. höchstens 15 Prozent seines Fondsvermögens (Ausschüttungsfonds) in zinsabwerfende Produkte investiert. Gemäß Art. 6 Abs. 7 EU-RL soll die 40-Prozent-Grenze ab dem 1. Januar 2011 auf 25 Prozent sinken. Generell kein Einbehalt erfolgt auf Ausschüttungen reiner Aktienfonds oder Immobilienfonds.

---

[284] Art. 6 Abs. 1 Buchst. d EU-RL.

[285] Vgl. Wegleitung zur EU-Zinsbesteuerung der Eidg. Steuerverwaltung (Steuerrückbehalt und freiwillige Meldung) vom 24. Juni 2005, Rz. 165.

- **Ausschüttungsfonds**

Für Zinserträge aus Ausschüttungsfonds können die Mitgliedstaaten bei der Umsetzung der Richtlinie in nationales Recht Erträge aus Anteilen solcher Ausschüttungsfonds von der Definition der Zinszahlung und damit vom Anwendungsbereich der EU-RL ausschließen, die höchstens 15 Prozent ihres Fondsvermögens in zinsabwerfende Produkte investiert haben (Art. 6 Abs. 6 EU-RL). Bei Fonds, die mehr als 15 Prozent, jedoch maximal 40 Prozent ihres Vermögens in zinssteuerpflichtige Anlagen investieren, sind die Ausschüttungen, jedoch nicht die Erträge bei Verkauf, Rückzahlung oder Einlösung der Fondsanteile von der EU-Zinssteuer bzw. dem EU-Steuerrückbehalt betroffen.

- **Aktienfonds**

Ausschüttungen aus Anteilscheinen reiner Aktienfonds sind generell vom sachlichen Geltungsbereich der EU-Zinsrichtlinie ausgenommen.

Derivate und strukturierte Finanzinstrumente

Derivate im engeren Sinn (Optionen, Forwards, Futures und Swaps) sind von der EU-Zinssteuer bzw. dem EU-Steuerrückbehalt ausgenommen. Bei strukturierten Finanzinstrumenten richtet sich die Steuerpflicht nach dem Umfang des jeweils integrierten Kapitalschutzes. Jede Zusicherung der Rückzahlung eines Mindestbetrags des eingesetzten Kapitals gilt als Kapitalschutz und löst die EU-Zinssteuer aus. Wurde dem diskreten Geldanleger eine feste Entschädigung zugesichert (Minimalcoupons, Emissionsdisagio, Rückzahlungsagio) gilt diese als rückbehaltpflichtiger Zins. Die Qualifikation einer nicht im Voraus zugesicherten Entschädigung hängt von der Art der Bezugsgröße (Basiswert, Underlying) ab: Bei Bezugsgrößen wie Anleihen, Zinsen, Inflation oder Kreditrisiken gelten Entschädigungen als steuer- und rückbehaltpflichtiger Zins. Bei Bezugsgrößen wie Equity (Aktien, Aktienindices oder -baskets), Metalle, Warentermingeschäfte, Währungen, Wechselkurse etc. gelten Entschädigungen nicht als steuer- und rückbehaltpflichtiger Zins. Bei Anlagefonds als Bezugsgröße ist wiederum zu unterscheiden: Generieren die Fonds Zins, gelten die Entschädigungen unter Ausschluss der nachgewiesenen Kapitalgewinne als Zins. Sofern die Fonds keinen Zins generieren, sind auch die Entschädigungen kein Zins und nicht steuer- bzw. rückbehaltpflichtig. Ist Bezugsgröße ein Zertifikat, gelten Entschädigungen als Zins, sofern das Zertifikat Zins im Sinne des Abkommens generiert. Sofern die Basiszertifikate keinen Zins generieren, sind auch die Entschädigungen kein Zins und nicht steuer- bzw. rückbehaltpflichtig.

Reverse Convertibles

Reverse Convertibles sind Derivate, deren Rückzahlung entweder in bar oder durch physische Lieferung eines Basiswerts erfolgt. Eine Barrückzahlung erfolgt dann, wenn der Kurs des Basiswerts am Ende der Laufzeit über dem im Voraus festgelegten Ausübungspreis liegt. Zu einer physischen Lieferung (oder allenfalls zu einer Barauszahlung) kommt es, wenn der Kurs des Basiswerts unter dem Ausübungspreis liegt.

Bei Reverse Convertibles gilt nur jede über separate Coupons im Voraus zugesicherte feste Entschädigung als steuerpflichtiger Zins. Bei einer Aufteilung der Entschädigung in Prämien- und Zinskomponente gilt die Prämie nicht als Zins. Der diskrete Geldanleger umgeht die EU-Zinssteuer sowie den in Schweiz und Liechtenstein geltenden EU-Steuerrückbehalt[286] mit Reverse Convertibles somit dann, wenn er Papiere mit nicht im Voraus zugesicherten Entschädigungen kauft, welche von der Art der Bezugsgröße nicht der EU-Zinssteuer und auch nicht dem EU-Steuerrückbehalt in Schweiz und Liechtenstein unterliegen. Darunter fallen alle Reverse Convertibles, deren nicht im Voraus zugesicherte Entschädigung nicht auf Obligationen, Zins, Inflation oder Kreditrisiken beruhen, sondern z.B. auf Aktien, Aktienindices oder -baskets, Metalle, Commodities, Währungen, Wechselkurse oder auch Anlagefonds oder Zertifikate, sofern die Fonds nach den oben dargestellten Kriterien[287] bzw. die Zertifikate nach den anschließend dargestellten Eigenschaften keinen Zins generieren.

Zertifikate

Ein Zertifikat verbrieft dem diskreten Geldanleger die Teilnahme an der Kursentwicklung anderer Wertpapiere und Finanzprodukte. Der Inhaber eines Zertifikats partizipiert zum Beispiel an der Kursentwicklung eines festgelegten Index (Indexzertifikat) oder eines speziell zusammengestellten Korbes (Basketzertifikat).

---

[286] Vgl. Wegleitung zur EU-Zinsbesteuerung der Eidg. Steuerverwaltung (Steuerrückbehalt und freiwillige Meldung) vom 24. Juni 2005, Rz. 176 ff.
[287] Siehe oben Abschnitt Investmentfonds.

Die Steuerpflicht von Kapitalerträgen aus Zertifikaten gemäß der EU-Zinssteuer-Richtlinie richtet sich nach der Art des dem Zertifikat zugrunde liegenden Basiswertpapiers bzw. der Zusammensetzung des Baskets. *Österreichische Banken* unterscheiden hier zwischen

- Zertifikaten mit Kapitalgarantie, und
- Zertifikaten ohne Kapitalgarantie.[288]

Zertifikate mit Kapitalgarantie sind solche Zertifikate, bei denen die Rückzahlung eines Mindestbetrages des eingesetzten Kapitals zugesichert ist. Erträge kapitalgarantierter Zertifikate stellen Zinsen im Sinne der EU-RL dar und führen zum Quellensteuerabzug nach folgender Maßgabe:

- Alle im Voraus garantierten Zinsen oder sonstige Vergütungen für die Kapitalüberlassung (Minimalkupon, Emissionsdisagio, Tilgungsagio etc.) gelten als steuerpflichtige Zinsen.

- Bei allen anderen nicht garantierten Erträgen hängt die Steuerpflicht von der Art ihrer Bezugsgröße (Basiswert, Underlying) ab.
  - Handelt es sich bei der Bezugsgröße um Anleihen, Zinssätze, Inflationsraten, gelten die Erträge als Zinsen i.S.d. österreichischen EU-Quellensteuergesetzes (EU-QuStG) und generieren dort wie auch in den übrigen EU-Ländern sowie der Schweiz, Liechtenstein und jenen Drittländern, die die Quellensteuermethode anwenden, einen Quellensteuerabzug.
  - Handelt es sich bei der Bezugsgröße um Equities (Aktien, Aktienindices oder Aktienbaskets, Metalle, Währungen, Wechselkurse etc.) stellt der Ertrag keine Zinsen i.S.d. EU-QuStG dar. Ein Steuerabzug erfolgt weder in Österreich noch in anderen Ländern.
  - Handelt es sich bei der Bezugsgröße um Kapitalanlagefonds, hängt es davon ab, ob die Fonds Zinserträge i.S.d. EU-Zinssteuer-RL erzielen oder nicht. Nur insoweit die Erträge der Fonds aus Zinszahlungen i.S.d. EU-RL resultieren, stellen die Erträge des Zertifikates quellensteuerpflichtige Zinsen dar.

Zertifikate auf Aktien/Aktienindices unterliegen grundsätzlich keiner EU-Zinssteuer und in der Schweiz/Liechtenstein keinem EU-Steuerrückbehalt. Zertifikate auf Anleihenindices oder Anleihebaskets gelten als

---

[288] Vgl. Information der Steuersektion zur EU-Quellensteuer und Kapitalertragsteuer des österr. BMF vom 1. August 2005.

Derivate und generieren keinen Zins (unterliegen somit nicht der EU-Zins-steuer), wenn der Index beziehungsweise der Basket aus mindestens fünf unterschiedlichen Anleihen verschiedener Emittenten zusammengesetzt ist. Der Anteil einer einzelnen Anleihe darf nicht mehr als 80 Prozent des Index bzw. Baskets betragen. Bei dynamischen Zertifikaten muss die 80-Prozent-Grenze während der gesamten Laufzeit eingehalten werden. Bei statischen Zertifikaten sind Änderungen der Gewichtung, die sich nach der Emission ergeben, unschädlich.

Zertifikate auf Fondsindices oder Fondsbaskets gelten als Derivate und unterliegen nicht der EU-Zinssteuer, wenn der Index beziehungsweise Basket aus mindestens fünf unterschiedlichen Fonds zusammengesetzt ist. Der Anteil eines einzelnen Fonds darf dabei nicht mehr als 80 Prozent betragen.

Bei Zertifikaten auf gemischte Indices oder Baskets, die sowohl Anleihen als auch Fonds beziehungsweise neben Anleihen und/oder Fonds noch weitere Bezugsgrößen enthalten, muss die Regel, wonach der Index oder der Basket mindestens fünf unterschiedliche Anleihen bzw. Fonds jeweils unterschiedlicher Emittenten enthalten muss, sowohl für die Anleihen als auch für die Fonds eingehalten werden. Zertifikate auf Metalle, Commodities, Währungen, Wechselkurse und dergleichen unterliegen wie Aktienzertifikate nicht der EU-Zinssteuer.

Swaps

Auch Swapgeschäfte sind vom EU-Steuerrückbehalt nicht betroffen. Die zwischen Swap-Parteien geleisteten Zahlungen gelten nicht als Zinsen im Sinne des Abkommens, auch wenn sie sich wie z.B. bei einem Interest Rate Swap auf Zinszahlungen beziehen.

Finanzprodukt/ Depot/Konto	Unterliegt dem Steuerrückbehalt	Unterliegt nicht dem Steuerrück-behalt
Konto/Depot einer juristi-schen Person (z.B. einer Person liechtensteinischen Rechts wie Stiftung/Trust)		X
Konto/Depot auf Name einer Lebensversicherung		X
Konto/Depot außerhalb des Geltungsbereichs der EU-Zinssteuer-RL		X

Investmentfonds (ohne Akti-enfonds)	Je nach Anlagepolitik und Anteil an zinstra-genden Investitionen	
Aktienfonds		X
Immobilienfonds		X
Altanleihen „Grandfathering"		X
Finanzprodukte, die der Schweizer Verrechnungs-steuer unterliegen		X
Options- und Wandelanleihen	Nur Zins-/Disagio-anteile	
Zertifikate auf Aktienindices/Baskets		X
Zertifikate auf Anleiheindi-ces/Baskets und Fondsindices/Baskets	Index/Basket be-steht nicht aus min-destens fünf unter-schiedlichen Anlei-hen (Emittenten) bzw. Fonds	Index/Basket be-steht aus mindes-tens fünf unter-schiedlichen Anlei-hen (Emittenten) bzw. Fonds

Tabelle 24: Zusammenfassende Übersicht zum EU-Steuerrückbehalt in der Schweiz und im Fürstentum Liechtenstein

Steuerliche Hinweise für diskrete Geldanleger mit Wohnsitz außerhalb der Europäischen Union

EU-Bürgern mit Wohnsitz außerhalb der EU wird in Österreich, Belgien, Luxemburg, in der Schweiz und in Liechtenstein generell keine EU-Zinssteuer bzw. kein EU-Steuerrückbehalt abgezogen, wenn sie ihrer Bank gegenüber einen Wohnsitz außerhalb der EU mittels einer Wohnsitzbescheinigung nachweisen können. Eine Meldung von unter die EU-Zinsrichtlinie fallende Kapitalerträge entfällt ebenfalls.

Geben diskrete Geldanleger allerdings einen Wohnsitz in den abhängigen bzw. assoziierten Gebieten an, die die EU-Zinssteuer ebenfalls anwenden wie Aruba, die Niederländischen Antillen, Guernsey, Isle of Man, Jersey die British Virgin Islands, die Cayman Islands oder Montserrat an, behalten österreichische Banken ebenfalls die EU-Zinssteuer ein.[289]

---

[289] Vgl. Richtlinien zur Durchführung der EU-Quellensteuer des österreichischen Bundesministerium für Finanzen Gz. BMF -010221/0370/ IV/8/2005, Rz. 90.

Steuerliche Hinweise für deutsche Geldanleger mit österreichischem Zweitwohnsitz und diskreten Konten in Österreich

Kapitalertragsteuerabzug (KESt)

Deutsche diskrete Geldanleger mit österreichischem Zweitwohnsitz unterliegen in Österreich keiner EU-Zins-(Quellen-)Steuer. Vorausgesetzt, es handelt sich bei dem Zweitwohnsitz nicht „bloß" um einen gelegentlich besuchten inländischen Zweitwohnsitz, fehlt es in diesem Fall an einer grenzüberschreitenden Zinszahlung, da Zahlstelle und der effektive Empfänger im selben EU-Mitgliedstaat „Österreich" ansässig sind.

Deutsche diskrete Geldanleger mit Zweitwohnsitz in Österreich unterliegen dafür aber der österreichischen Kapitalertragsteuer in Höhe von 25 Prozent; die österreichische Kapitalertragsteuer (KESt) schließt die Erhebung der EU-Quellensteuer nach dem österreichischen EU-Quellensteuergesetz (EU-QuStG) aus. Nur österreichische Zeitwohnsitze, welche nicht mehr als 70 Tage im Jahr benutzt werden, lösen keine unbeschränkte österreichische Steuerpflicht und damit auch keine KESt aus.[290] Will ein deutscher diskreter Geldanleger mit Zweitwohnsitz die unbeschränkte Steuerpflicht in Österreich vermeiden und beruft er sich auf die 70-Tage-Regelung, ist er verpflichtet, ein Verzeichnis zu führen, aus dem die Anzahl der Tage der inländischen Wohnungsbenutzung ersichtlich ist. Dabei sind die Aufzeichnungen bei Eheleuten getrennt zu führen, denn beide Ehepaare müssen die 70-Tage-Grenze einhalten; Überschneidungen sind insoweit nicht schädlich.

Freistellung vom Kapitalertragsteuerabzug nach der österreichischen Doppelbesteuerungs-Entlastungsverordnung

Österreich hat mit Wirksamwerden des neuen Doppelbesteuerungsabkommens 2000 zum 1.1.2003 das Besteuerungsrecht für Zinserträge ausländischer Anleger ohne Wohnsitz in Österreich verloren. Nach den neuen Bestimmungen sind Zinseinkünfte von in Deutschland ansässigen Geldan-

---

[290] § 1 Abs. 1 der österreichischen Zweitwohnsitzverordnung (BGBl. II Nr. 528/2003) lautet: „Bei Abgabepflichtigen, deren Mittelpunkt der Lebensinteressen sich länger als 5 Kalenderjahre im Ausland befindet, begründet eine inländische Wohnung nur in jenen Jahren einen Wohnsitz im Sinn des § 1 des Einkommensteuergesetzes 1998, in denen diese Wohnung allein oder gemeinsam mit anderen inländischen Wohnungen an mehr als 70 Tage benutzt wird."

legern von der inländischen Abzugsbesteuerung (der KESt) zu entlasten. Nach der in 2005 neu in Kraft getretenen Doppelbesteuerungs-Entlastungsverordnung[291] kann diese Entlastung in unmittelbarer Anwendung des Doppelbesteuerungsabkommens direkt vom Vergütungsschuldner (vom abfuhrpflichtigen Kreditinstitut) herbeigeführt werden (Entlastung an der Quelle). Eine solche Entlastung an der Quelle ist dann durchzuführen[292], wenn der diskrete Geldanleger eine von seiner (ausländischen) Steuerverwaltung ausgestellte Ansässigkeitsbescheinigung unter Verwendung des Vordrucks ZS-QU1 vorlegt. Sofern die von der österreichischen Bank an den einzelnen Einkünfteempfänger geleisteten Vergütungen 10.000 Euro im Kalenderjahr nicht übersteigen und in Österreich kein Wohnsitz des diskreten deutschen Geldanlegers besteht, kann die Entlastung an der Quelle von der Bank dem Grunde nach auch dann vorgenommen werden, wenn der diskrete Geldanleger anstelle einer Ansässigkeitsbescheinigung eine schriftliche Erklärung vorlegt, die folgende Angaben enthält:[293]

- Familien- und Vornamen,
- Erklärung, dass sich in Österreich kein weiterer Wohnsitz (keine Wohnstätte) befindet,
- Die Anschriften aller in verschiedenen ausländischen Staaten unterhaltenen Wohnungen sowie die Bezeichnung jener Wohnung, an der sich der Mittelpunkt der Lebensinteressen befindet,
- Die Erklärung, dass keine Verpflichtung zur Weitergabe der Einkünfte an andere Personen besteht,
- Die Erklärung, dass die Einkünfte nicht einer vom Einkünfteempfänger unterhaltenen inländischen Betriebstätte zufließen,
- Art und Höhe der bezogenen Vergütung

Deutsche diskrete Geldanleger mit nachgewiesenem österreichischen[294] Zweitwohnsitz können aufgrund der erforderlichen Erklärung, dass sich in Österreich kein weiterer Wohnsitz (keine Wohnstätte) befindet, naturgemäß keine solche Erklärung abgeben und ihrer Bank auch keine Ansässigkeitsbescheinigung vorlegen. Die Bank kann damit von der Entlas-

[291] DBA-Entlastungs-VO, Österr. BGBl. II Nr. 2005/92.
[292] Vgl. § 2 Abs. 1 DBA-Entlastungs-VO.
[293] Vgl. § 2 Abs. 2 DBA-Entlastungs-VO.
[294] Vgl. anschließend Abschnitt: Österreichische „Endbesteuerung" des Kapitalvermögens und Erbschaftssteuerabgeltung.

tung an der Quelle nach der DBA-Entlastungs-VO keinen Gebrauch machen. Deutsche diskrete Geldanleger mit nachgewiesenem österreichischen Zweitwohnsitz können einbehaltene österreichische Kapitalertragsteuer allerdings im Rückerstattungsverfahren zurückerhalten. Denn auch hinsichtlich der „Zweitwohnsitzer" gilt, dass Österreich mit Inkrafttreten des neuen DBA das Besteuerungsrecht verloren hat.

Österreichische „Endbesteuerung" des Kapitalvermögens und Erbschaftsteuerabgeltung

● Allgemeines

Ist eine unbeschränkte Steuerpflicht in Österreich – z.B. wegen der Endbesteuerung des Kapitalvermögens, welche auch die Erbschaftsteuer mit einschließt – gewollt, kann diese dadurch erreicht werden, dass der deutsche diskrete Geldanleger mit Zweitwohnsitz in Österreich kein Aufenthaltsverzeichnis führt. Hat der deutsche diskrete Geldanleger einen steuerlich relevanten österreichischen Hauptwohnsitz, unterliegen folgende Kapitalerträge der österreichischen KESt (damit nicht der EU-Quellensteuer); sind damit endbesteuert und das Vermögen (Investment) ist zugleich erbschaftsteuerfrei.

Im Klartext: Wird bereits endbesteuertes Kapitalvermögen vererbt (nicht aber zu Lebzeiten verschenkt), fällt hierfür keine zusätzliche Erbschaftsteuer mehr an.

Bei der Bestimmung der Kapitalerträge, die als endbesteuerungsfähig gelten, ist grundsätzlich zu unterscheiden, ob sich das Vermögen auf einem Depot in Österreich befindet oder ob die Veranlagung außerhalb von Österreich getätigt wurde. Endbesteuerungsfähige Kapitalerträge, die im Inland (Österreich) bezogen werden, sind:

- Dividenden aus Aktien, unabhängig davon, ob es sich um eine österreichische oder ausländische AG handelt;
- Ausschüttungen einer österreichischen GmbH;
- entsprechende Ausschüttungen aus Genussrechten und Genossenschaftsanteilen:
- Zuwendungen von österreichischen Privatstiftungen;
- Erträge aus Forderungswertpapieren, unabhängig davon, ob es sich um einen österreichischen oder ausländischen Emittenten handelt

(bei Emission der Wertpapiere vor dem 31.12.1983 in Schilling oder Euro bzw. vor dem 31.12.1988 in anderer Währung wird die Kapitalertragsteuer [KESt] nicht automatisch abgezogen – der Investor kann aber die Option des freiwilligen KESt-Abzuges wählen);

- Erträge aus Zertifikaten (Daueremissionen). Lediglich jene Papiere, die die Bestimmungen des § 124b Zi 85 EStG erfüllen und bis spätestens 1. August 2005 geschlossen wurden, unterliegen nicht der KESt;
- Zinsen aus Einlagen;
- Erträge aus einem inländischen Investmentfonds;
- Ausschüttungen aus einem ausländischen Investmentfonds;
- Ausschüttungsgleiche Erträge aus einem ausländischen Investmentfonds, sofern er dieselben Meldungen tätigt wie ein inländischer Investmentfonds (blütenweiße Investmentfonds oder Meldefonds).

Bei Immobilienfonds ist zu beachten, dass diese nur insoweit von der Erbschaftssteuer befreit sind, als im Fondsvermögen erbschaftsteuerfreie Kapitalanlagen enthalten sind. Immobilienvermögen in einem Fonds unterliegt hingegen der Erbschaftsteuer. Die Bemessungsgrundlage richtet sich hier nicht nach dem dreifachen Einheitswert, sondern dem gemeinen Wert (Verkehrswert). Für Veranlagungen in Wertpapiervermögen eines Immobilienfonds gilt hinsichtlich dieses Teils die Endbesteuerung mit erbschaftsteuerfreier Wirkung.

Befindet sich die kuponauszahlende Stelle (Bank) im Ausland, und zieht diese Stelle mangels Inlandsbezug keine KESt ab, tritt bei steuerlichem Wohnsitz in Österreich an die Stelle der KESt die so genannte Sondereinkommensteuer. Der Steuersatz dieser Sondereinkommensteuer entspricht demjenigen der KESt. Die Sondereinkommensteuer steht auch hinsichtlich ihrer erbschaftsteuerlichen Wirkung der KESt gleich, sodass obiges Kapitalvermögen unabhängig davon, ob sich dieses im Depot einer österreichischen oder einer ausländischen Bank befindet, steuerfrei vererbt werden kann. Man spricht in diesem Fall von „Quasi-Endbesteuerung".

„Quasi-endbesteuert" sind insbesondere:

- Zinsen aus Einlagen bei einer ausländischen Bank;
- Erträge aus Forderungswertpapieren (auch von österreichischen Emittenten), die auf ein Depot bei einer ausländischen Bank gutgeschrieben werden;

- Dividenden aus Aktien einer ausländischen AG, die auf ein ausländisches Depot zufließen;
- Ausschüttungen einer ausländischen GmbH;
- Ausgeschüttete Erträge aus ausländischen Investmentfonds, die auf ein ausländisches Depot erfolgen;
- Ausschüttungsgleiche Erträge aus ausländischen Investmentfonds bei in- oder ausländischem Depot (ausgenommen echt endbesteuerte Meldefonds).

Im Klartext bedeutet dies, dass auch das diese Erträge generierende und sich im Depot einer Bank außerhalb Österreichs befindliche Kapital steuerfrei vererbt werden kann, wenn der diskrete Geldanleger mit letztem Wohnsitz in Österreich verstorben ist. In den Genuss der österreichischen Endbesteuerungsregelung können also auch deutsche diskrete Geldanleger und deren deutsche Erben mit Kapitalvermögen kommen, das nicht auf österreichischen, sondern z.b. deutschen Bankkonten und Wertpapierdepots belegen ist. Denn für die Begründung des österreichischen Besteuerungsrechts für Einkünfte aus Kapitalvermögen ist nicht Voraussetzung, dass das Wertpapiervermögen von einer österreichischen Bank verwaltet wird. Schließlich lassen sich auch solche Forderungswertpapiere erbschaftsteuerfrei erben, die im Inland (in Österreich) belegen sind und deren Kapitalerträge nicht der KESt unterliegen (z.b. bei Emission der Wertpapiere vor dem 31.12.1983 in Schilling oder Euro bzw. vor dem 31.12.1988 in anderer Währung), für die der Erblasser jedoch einen freiwilligen Abzug in Höhe von 25 Prozent geleistet und der auszahlenden Stelle (Bank) eine entsprechende Ermächtigung erteilt hat (Optionserklärung zum freiwilligen KESt-Abzug).

Damit unterliegt das von einem deutschen diskreten Geldanleger mit letztem (Haupt-)Wohnsitz im Sinne des deutsch-österreichischen Doppelbesteuerungsabkommens in Österreich hinterlassene endbesteuerte Kapitalvermögen, welches auf österreichischen, aber auch ausländischen (z.b. deutschen) Konten und Depots gutgeschrieben ist, bei Erwerben von Todes wegen weder in Österreich noch in Deutschland einer Erbschaftsbesteuerung. Der Grund hierfür liegt im Besteuerungsrecht Österreichs für bewegliches Kapitalvermögen nach dem ErbSt-DBA Österreich.

● **Steueroptimaler Wohnsitz in Österreich gemäß ErbSt-DBA**

Das österreichische Besteuerungsrecht begründet sich ausschließlich durch Wohnsitznahme bzw. durch einen gewöhnlichen Aufenthalt in Österreich. Verzieht ein deutscher diskreter Geldanleger unter Aufgabe seines bisherigen deutschen Wohnsitzes nach Österreich und bricht er mit dem Wegzug quasi alle Brücken ab, erfüllt der neue österreichische Wohnsitz ohne nähere Prüfung die Voraussetzungen für einen Hauptwohnsitz im Sinne des deutsch-österreichischen Doppelbesteuerungsabkommens. Sein Bankvermögen unterliegt damit der Endbesteuerung und kann erbschaftsteuerfrei vererbt werden.

Problematischer wird es aber, wenn ein verstorbener Deutscher als Wahlösterreicher zwei Wohnsitze hatte, nämlich in Österreich und in Deutschland. In diesem Fall kommen deutsche Erwerber (Erben) des vom Erblasser hinterlassenen endbesteuerten Kapitalvermögens nur dann in den Genuss der Steuerfreiheit nach dem ErbSt-DBA-Österreich, wenn der Erblasser seinen Hauptwohnsitz tatsächlich einschließlich des Mittelpunktes seiner Lebensinteressen nach Österreich verlegt hat, und nicht bloß eine Ferienwohnung innehatte, die er weniger als 70 Tage nutzte.

Mittelpunkt der Lebensinteressen ist regelmäßig der Familienwohnsitz. Zur Begründung des Mittelpunktes der Lebensinteressen kommt es auf folgende Entscheidungskriterien an:

- Wo hält sich der Lebensgefährte auf und wo gehen die Kinder zur Schule?
- An welche Adresse wird die Post gesandt?
- Falls staatliche Leistungen beansprucht werden: von welchem Staat und unter welcher Adresse?
- Wo befinden sich die persönlichen Gegenstände?
- Welche Wohnung lässt angesichts der Wasser-, Strom- und Telefonrechnung auf die regelmäßige Nutzung schließen?

Deutsche Wahlösterreicher, welche in beiden Staaten Wohnsitze haben, müssen den Mittelpunkt ihrer Lebensinteressen nach Österreich verlegen, um dort den DBA-Wohnsitz zu haben und diesen mittels einer Ansässigkeitsbescheinigung durch das österreichische Finanzamt ihrem deutschen Finanzamt nachweisen.

Liegen die mittelbaren Lebensinteressen eines deutschen diskreten Geldanlegers in Österreich und liegt damit auch der DBA-Wohnsitz (auf den es für die Besteuerung ankommt) dort, ist der deutsche Fiskus hinsichtlich der Erbschaftsteuer auf endbesteuertes Kapitalvermögen ausgebremst. Die deutschen Erbschaftsteuer-Finanzämter können dann höchstens noch mit dem Progressionsvorbehalt aufwarten, also ein in Deutschland belegenes Vermögen (sofern noch eins da ist), das besteuert werden darf, mit demjenigen Steuersatz besteuern, der gelten würde, wenn auch das österreichische Vermögen in Deutschland dem steuerpflichtigen Gesamterwerb hinzuzurechnen wäre. Selbst die Folgen einer Wegzugsbesteuerung – für deutsche Staatsbürger ist es die nach dem Wegzug für weitere fünf Jahre bestehende Steuerpflicht nach deutschem Erbschaft- und Schenkungsteuerrecht als „Inländer" – können ebenso wie die erweiterte beschränkte Steuerpflicht nach dem deutschen Außensteuergesetz ausgeschaltet werden, wenn der Erblasser seinen Ruhewohnsitz in Österreich wählt.

Die Gründe: Im ErbSt-DBA Österreich gilt die so genannte „Freistellungsmethode". Diese besagt, dass derjenige Staat das Besteuerungsrecht hat, der Wohnsitzstaat im Sinne des DBA ist. Der andere Vertragsstaat (also Deutschland im Fall eines DBA-Wohnsitzes in Österreich) darf freigestelltes Erbvermögen nur im Zusammenhang mit anderen Erwerben, deren Besteuerung ihm zugeordnet ist, im Rahmen des Steuertarifes berücksichtigen (Progressionsvorbehalt).

Zweitwohnsitze, die nicht den Mittelpunkt der Lebensinteressen bilden und auch weniger als 70 Tage im Jahr genutzt werden, gewähren dem deutschen Wahlösterreicher und seinen Erben keinen DBA-Schutz. Überträgt der Wahlösterreicher endbesteuertes Kapitalvermögen von Todes wegen an seine in Deutschland lebenden Angehörigen, steht das Besteuerungsrecht gem. ErbSt-DBA Österreich ausschließlich Deutschland zu. In diesem Fall entsteht deutsche Erbschaftsteuer. Eine Anrechnung von in Österreich auf das Kapitalvermögen gezahlte Kapitalertragsteuer auf die deutsche Erbschaftssteuer kommt im Rahmen des § 21 dErbStG nicht in Betracht. Die österreichische Kapitalertragsteuer mit Abgeltungscharakter für die Erbschaftssteuer ist im Hinblick auf ihre Erhebungsform eine Steuer auf das Einkommen und keine Erbschaftssteuer.

● Ganzheitliche Steuer- und Vermögensoptimierung

Diskrete Geldanleger aus Deutschland, die ihren Mittelpunkt der Lebensinteressen nach Österreich verlegen, können ihre Steuer- und Vermögensstruktur noch dadurch optimieren, dass sie sämtliches in Deutschland belegenes Inlandsvermögen – auf dieses Vermögen kann Deutschland auch nach dem Wohnsitzwechsel weiterhin zugreifen – rechtzeitig umstrukturieren. Dies kann etwa durch Liquidierung des unbeweglichen deutschen Inlandsvermögens und der Wahl einer geeigneten Anlageform in Österreich erfolgen, welche der günstigen Endbesteuerung unterliegt. Sofern kein liquidierbares oder bewegliches Vermögen vorhanden ist, kann durch entsprechende steuerliche Gestaltung, die mittels Schuldenzuordnung den Wert eines in Deutschland belegenen Wirtschaftsgutes von Deutschland nach Österreich verlagert, beispielsweise durch Liquiditätsentzug mit anschließender Darlehenszuführung bei einer Personengesellschaft, eine Steuer- und Vermögensoptimierung erreicht werden.

Steuerliche Hinweise für Geldanleger mit Wohnsitz in Österreich und diskreten Konten in einem anderen EU-Mitgliedsland

§ 11 Abs. 2 EU-Quellensteuergesetz (EU-QuStG) regelt in Österreich, wie die Vermeidung einer Mehrfachbesteuerung der im Zahlstellenmitgliedstaat mit Quellensteuer belasteten Kapitalerträge zu erfolgen hat. Österreich rechnet danach eine in einem anderen Mitgliedstaat einbehaltene EU-Zinssteuer auf die nach österreichischem Recht von den Kapitalerträgen zu erhebende Einkommensteuer (Kapitalertragsteuer) an. Soweit die im Mitgliedstaat der Zahlstelle einbehaltene Quellensteuer die auf die Kapitalerträge entfallende inländische Einkommensteuer übersteigt, erhält der diskrete österreichische Geldanleger eine Gutschrift. Sind EU-quellensteuerpflichtige Zinserträge noch mit weiteren Quellensteuern belastet und gewährt Österreich aufgrund zwischenstaatlicher oder innerstaatlicher Vorschriften[295] eine (teilweise) Anrechnung dieser Quellensteuern, ist wie folgt zu verfahren:[296]

1. In einem ersten Schritt erfolgt eine Anrechnung von ausländischen Quellensteuern, soweit dies aufgrund von zwischenstaatlichen bzw. innerstaatlichen Vorschriften vorgesehen ist.

---

[295] Vgl. § 48 BAO bzw. die dazu ergangene VO BGBl. II Nr. 473/2002.
[296] Vgl. Richtlinien zur Durchführung der EU-Quellensteuer, Bundesministerium für Finanzen BMF 010221/0370-IV/8/2005 Tz. 11.

2. In einem zweiten Schritt hat eine Anrechnung der vom Zahlstellenmitgliedstaat einbehaltenen EU-Quellensteuer zu erfolgen. Übersteigt die im Mitgliedstaat der Zahlstelle einbehaltene EU-Quellensteuer den nach innerstaatlichem Recht zu erhebenden Steuerbetrag, erfolgt eine Gutschrift an den Steuerpflichtigen.

Beispiel[297]

Die Zahlstelle Z in Belgien zahlt Zinsen in Höhe von 100 aus einer in einem Drittstaat begebenen Forderung an den in Österreich ansässigen wirtschaftlichen Eigentümer Ö. Von den Zinsen ist im Drittstaat eine Quellensteuer von 25 Prozent einbehalten worden. Belgien behält eine EU-Quellensteuer von 15 Prozent ein (15 Prozent von 100, eine einbehaltene Quellensteuer mindert nicht die Bemessungsgrundlage für die EU-Quellensteuer). An den Anleger erfolgt von der Zahlstelle Z nach Abzug der Quellensteuern im Drittstaat bzw. Belgien eine Zinszahlung von 60 (100 – 25 – 15). Die Zinserträge hat der österreichische Anleger in Österreich gem. § 37 Abs. 8 Z 3 EStG 1988 mit 25 Prozent zu versteuern (Endbesteuerung). Im ersten Schritt ist die im Drittland einbehaltene Quellensteuer in DBA-konformer Höhe (lt. DBA Drittland z.B. 15 Prozent) anzurechnen. Soweit die im Drittstaat einbehaltene Quellensteuer die lt. DBA anrechenbare Quellensteuer übersteigt (hier 10 Prozent), ist sie gutzuschreiben.

Im zweiten Schritt erfolgt die Anrechnung der im Mitgliedstaat der Zahlstelle einbehaltenen EU-Quellensteuer auf die verbleibende österreichische Einkommensteuer; und soweit die EU-Quellensteuer die österreichische Einkommensteuer übersteigt, ist sie dem Geldanleger gutzuschreiben.

Österreichische Einkommensteuer gem. § 37 Abs. 8 Z 3 EStG 1988 (25 Prozent von 100)	25
lt. DBA Österreich-Drittstaat anrechenbare Quellensteuer	−15
Anrechenbare EU-Quellensteuer	−15
Gutschrift	5

---

[297] Vgl. Richtlinien BMF a.a.O. Tz. 11.

Übersicht über EU-quellensteuerpflichtige Einkünfte in Österreich

Verzinsliches Kapital-vermögen, unabhängig davon, ob es (inkl. der Zinsen) in EURO oder in Fremdwährung denominiert ist	Ertrag	EU-Quellen-steuerpflicht
Geldeinlagen bei Banken (z.B. Girokonten, Termineinlagen, Festgelder, Sparbücher, Widmungseinlagen)	Zinsen (inkl. besonderer Entgelte wie z.B. Prämien, Boni), bei vorzeitiger Auflösung stellen Vorschusszinsen rückgängig gemachte Zinsen dar	Ja
Geldeinlagen bei Banken (z.B. Sparbriefe, Kapitalsparbücher)	Zinsen (die regelmäßig am Ende der Laufzeit ausbezahlt werden), bei vorzeitiger Auflösung stellen Vorschuss-Zinsen rückgängig gemachte Zinsen dar	Ja
Wertpapierleihegeschäfte über Forderungen	Ausgleichszahlung	nein
	Leihegebühr	Nein
Pensionsgeschäfte (Kostgeschäfte), egal ob Mitgliedschaftsrechte oder Forderungswertpapiere Gegenstand sind	Ausgleichszahlung	nein
	Unterschiedsbetrag zwischen Kauf- und Rückkaufpreis	Nein
Währungs- oder Zinsenswaps	Ausgleichszahlung	Nein
Zerobonds (Nullkuponanleihen)	Unterschiedsbeträge, Stückzinsen	Ja
Forderungswertpapiere (z.B. Schuldverschreibungen, Anleihen, Staatsanleihen, Aktienanleihen, Pfandbriefe, Schatzscheine, Kassenobligationen, Ergänzungskapitalanleihen, Certificates of Deposits, Commercial Papers), unabhängig davon, ob Private oder Public Placements vorliegen	Kupon-Zinsen oder Stückzinsen Unterschiedsbetrag	Ja
Optionsanleihen	Zinsen	Ja
	Wert des Optionsrechts	Nein

Verzinsliches Kapital-vermögen, unabhängig davon, ob es (inkl. der Zinsen) in EURO oder in Fremdwährung denominiert ist	Ertrag	EU-Quellen-steuerpflicht
Forderungswertpapiere, egal ob periodische Zinsen anfallen oder nicht (Zerobonds), die unter die Grandfathering-Bestimmung des § 12 EU-QuStG fallen	Kupon-Zinsen oder Stückzinsen, Unterschiedsbeträge	Nein
Obligationsähnliche Genussrechte sofern sie nicht in wirtschaftlicher Betrachtungsweise als Indexpapiere zu qualifizieren sind	Ausschüttungen, Unterschiedsbeträge	Ja
Echte stille Gesellschaften	Gewinnanteile oder Abschichtungsüberschüsse	Ja
Forderungen gegenüber Wirtschaftsbeteiligten, die Nichtbanken sind, egal ob die Zinsen laufend oder einmalig anfallen	Zinsen, mit Ausnahme von Verzugszinsen	Ja
Mitgliedschaftsrechte (z.B. Aktien, GmbH-Anteile, Genossenschaftsanteile) oder ähnliche Rechte (z.B. Substanz-Genussrechte oder Partizipationsscheine i.S.d. BWG oder VAG)	Ertrag (z.B. Ausschüttungen)	Nein
Anspruch als Begünstigter einer österreichischen Privatstiftung	Zuwendung	Nein
Versicherungsvertrag	Versicherungsleistung	Nein
Derivate (z.B. Futures, Optionen, Swap-Handel), egal ob sie verbrieft sind oder nicht	Erlöse bzw. Einnahmenüberschüsse	Nein
Inländischer ausschüttender OGAW – 15%-Grenze überschritten	Zinsenbestandteil der tatsächlichen Ausschüttung bzw. die im Rücknahmepreis enthaltenen abgegrenzten Zinsen, soweit diese nicht aus Grandfatherpapieren stammen	Ja

Verzinsliches Kapitalvermögen, unabhängig davon, ob es (inkl. der Zinsen) in EURO oder in Fremdwährung denominiert ist	Ertrag	EU-Quellensteuerpflicht
Inländischer ausschüttender OGAW – 15%-Grenze unterschritten bzw. erreicht		Nein
Inländischer OGAW – 40%-Grenze überschritten	Zinsenbestandteil der ausschüttungsgleichen Erträge bzw. die im Rücknahmepreis enthaltenen abgegrenzten Zinsen, soweit diese nicht aus Grandfatherpapieren stammen	Ja
Inländischer thesaurierender OGAW – 40%-Grenze unterschritten bzw. erreicht		Nein
Inländischer Immobilien-Investmentfonds		Nein
Ausländischer Immobilien-Investmentfonds		Nein
Ausländischer ausschüttender Investmentfonds (in einem EU-MS aufgelegt, der betreffende MS hat von der 15%-Option Gebrauch gemacht) – 15%-Grenze überschritten	Zinsenbestandteil der tatsächlichen Ausschüttung bzw. der ausschüttungsgleichen Erträge bzw. die im Rücknahmepreis enthaltenen abgegrenzten Zinsen	Ja
Ausländischer ausschüttender OGAW (in einem EU-MS aufgelegt) – 15%-Grenze unterschritten bzw. erreicht und der Auflagestaat hat von der 15%-Option Gebrauch gemacht		Nein
Ausländischer thesaurierender Investmentfonds (egal wo er weltweit aufgelegt ist) – 40%-Grenze unterschritten bzw. erreicht		Nein
Ausländischer thesaurierender Investmentfonds (egal wo er weltweit gesehen aufgelegt ist) – 40%-Grenze überschritten	Zinsenbestandteil der ausschüttungsgleichen Erträge bzw. die im Rücknahmepreis enthaltenen abgegrenzten Zinsen	Ja

Tabelle 25: Übersicht über EU-quellensteuerpflichtige Einkünfte in Österreich (Quelle: Richtlinien zur Durchführung der EU-Quellensteuer, Österr. BMF Gz 010221/0370-IV/8/2005 Rz 55 ff.)

Teil XVI
Mit dem Leben endet auch die Diskretion

Deutsche Banken sind beim Tod eines Kontoinhabers verpflichtet, den Erbschaftsteuerstellen Kontostände, Wertpapiervermögen und auf Verlangen sogar noch die vereinnahmten Zinsen mitzuteilen. Auch ein angemietetes Schließfach bleibt den hiesigen Finanzbehörden über den Tod hinaus nicht verborgen. Zwar ist es hierzulande weniger strikt wie in Belgien, wo die erstmalige Öffnung eines Schließfachs durch die Erben nur im Beisein eines Bankbevollmächtigten möglich ist, der sogleich eine Liste über den Inhalt anfertigt und an die belgischen Finanzbehörden schickt. Doch dürften peinliche Fragen der Finanzbehörden an die Erben oder an die übrigen Anmieter – den Safeinhalt betreffend – nicht ausbleiben.

Meldepflichten von Banken beim Tod eines Kontoinhabers oder Mitwirkungspflichten bei Aufstellung des Nachlassinventars kennt man auch in anderen Ländern, beispielsweise in Österreich und der Schweiz. Doch betreffen diese genau wie im Beispiel der „Öffnungsprozedur" Belgischer Safes nur solche Bankkunden, die dort der Steuerpflicht unterliegen. Diskrete deutsche Geldanleger, die nur ein Konto in Österreich oder der Schweiz haben, sind hiervon ebenso wenig betroffen wie solche, die diskretes Geld über einen Trust oder über eine liechtensteinische Stiftung angelegt haben. Denn diese Instrumente leben auch nach dem Tod ihres Gründers diskret weiter.

Anzeigepflichten deutscher Kreditinstitute und der ausländischen Zweigniederlassungen deutscher Banken

Allgemeine Anzeigepflichten in Inlandsfällen

Deutsche Kreditinstitute, die Postbank, Bausparkassen und private Vermögensverwalter müssen gemäß § 33 Abs. 1 des Erbschaftsteuergesetzes (ErbStG) alle in Gewahrsam befindlichen Vermögensgegenstände und Kontoguthaben eines verstorbenen Kontoinhabers dem für die Verwaltung der Erbschaftsteuer zuständigen Finanzamt anzeigen, sofern der Wert der Wirtschaftsgüter 2.500 Euro übersteigt. Die Meldepflicht umfasst nicht nur die eigenen Konten des Verstorbenen, sondern auch diejenigen, über die er zeichnungsberechtigt war oder für die er einer anderen Person Vollmacht über den Tod hinaus erteilt hat.

Durch die Anzeigepflicht nach § 33 ErbStG kommt es in allen Fällen zur Aufdeckung von diskreten Geldern. Der Informationsweg vollzieht sich dabei so, dass das Kreditinstitut den Erbschaftsteuerstellen der Finanzämter innerhalb eines Monats nach Kenntniserlangung vom Tod eines Kunden Angaben erteilt über:

- Höhe der Guthaben und anderer Forderungen (Nennbeträge) einschließlich der Guthaben auf Gemeinschaftskonten sowie die jeweiligen Kontonummern,
- Zinsen und Stückzinsen für das Jahr des Todes bis zum Todestag,
- Nennbetrag, Kurswert bzw. Rücknahmepreis von Wertpapieren, Anteilen, Genussscheinen des Erblassers – auch solche in Gemeinschaftsdepots –,
- die Tatsache, dass der Erblasser ein Schließfach unterhalten hat sowie der Versicherungswert, sofern der Bank bekannt.

Maßgebend ist der jeweilige Kontostand zu Beginn des Todestags[298]. Dadurch soll verhindert werden, dass Verfügungsberechtigte am Todestag bei Schaltereröffnung die Konten plündern, ehe dem Kreditinstitut der Todesfall bekannt wird. Über den Inhalt eines Schließfachs braucht die Bank nichts mitzuteilen. Die Finanzverwaltung bringt hierzu Näheres bei den Erben in Erfahrung.

---

[298] Schreiben BdF IV C 3-S.3844-1206/88 v. 2.3.1989.

Erbschaftsteuerliche Anzeigepflichten der ausländischen Zweigniederlassungen

Die Anzeigepflicht nach § 33 ErbStG gilt auch für ausländische Zweigniederlassungen deutscher Banken, wie der BFH entschieden hat[299]. „Die Anzeigepflicht solle die Finanzämter über das Vorliegen eines Erwerbsvorgangs unterrichten und damit die möglichst vollständige steuerliche Erfassung aller Erwerbe sicherstellen. Wären Auslandsniederlassungen deutscher Banken der Anzeigepflicht enthoben, könnten sich inländische Bankkunden faktisch der Erbschaftsbesteuerung entledigen", so der BFH.[300] Damit haben die höchsten Finanzrichter Einwendungen, das sog. Territorialitätsprinzip beschränke Maßnahmen der Eingriffsverwaltung auf das nationale Hoheitsgebiet, außerdem könne das Bankgeheimnis eines Staates, in dem sich die Zweigniederlassung befindet, zu einer Pflichtenkollision für den jeweiligen Bankmitarbeiter führen, nicht bestätigt. Der BFH räumt zwar ein, dass der inländischen Finanzverwaltung hinsichtlich des Vermögens, das bei – rechtlich selbstständigen – ausländischen Banken angelegt ist, nur sehr eingeschränkte Verifikationsmöglichkeiten zur Verfügung stehen und dies in verfassungsrechtlicher Hinsicht jedoch aufgrund des völkerrechtlichen Territorialitätsprinzips hinzunehmen ist.[301] Soweit das Völkerrecht aber eine Kontrollmöglichkeit zulässt, ist der Gesetzgeber gehalten, die tatsächliche Durchsetzung der materiellen Steuerpflicht nicht durch eine gegenläufige rechtliche Ausgestaltung des Erhebungsverfahrens zu behindern. Der BFH sah darüber hinaus „keine Anhaltspunkte dafür, dass der Gesetzgeber der Regelung des § 33 Abs. 1 ErbStG einen Inhalt hat geben wollen, der mit diesen verfassungsrechtlichen Vorgaben nicht vereinbar wäre".

Ausländische Bankgeheimnisse und sonstige Regelungen, die der Zweigstelle nach dortigem Recht eine solche Meldung untersagen würden, stehen der Meldepflicht ebenfalls nicht entgegen, weil die Meldepflicht „allein nach deutschem Steuerrecht zu beurteilen ist". Der diskrete Geldanleger bzw. dessen Erben können also in solchen Fällen nicht auf das örtliche Bankgeheimnis vertrauen. Ergänzend weist der BFH in diesem Urteil dar-

---

[299] Urt. v. 31. Mai 2006 II R 66/04.
[300] Vgl. Pressemitteilung Nr 70/2006 vom 13.12.2006.
[301] BFH-Urteil vom 7. September 2005 VIII R 90/04, BFHE 211, 183, BStBl II 2006, 61; Verfassungsbeschwerde unter dem Az. 2 BvR 2077/05 anhängig.

auf hin, dass sich auch die Bankenaufsicht durch die Bundesanstalt für Finanzdienstleistungsaufsicht – wie sich aus § 8 Abs. 3 KWG ergibt – auf die Zweigniederlassungen einer inländischen Bank in anderen Mitgliedstaaten der Europäischen Union (EU) oder des Europäischen Wirtschaftsraums (EWR) erstreckt. Ebenso wenig sah der BFH durch die Ausdehnung der Meldepflichten einen Verstoß gegen die gemeinschaftsrechtlichen Grundfreiheiten der Niederlassungsfreiheit, Dienstleistungsfreiheit oder der Freiheit des Kapitalverkehrs. Denn die ausländische Niederlassung dient nicht als Anknüpfung für die Auferlegung einer zusätzlichen Pflicht. So werden deutsche Banken, deren Geschäftsbetrieb sich sowohl auf das Inland als auch auf das Gebiet eines anderen EU-Mitgliedstaats erstreckt, hinsichtlich der Anzeigepflicht genauso behandelt „wie ein Kreditinstitut, dessen Geschäftsbetrieb sich auf das Inland beschränkt".

Auch Maßnahmen der Steuerfahndung, durch die eine Bank zur Erfüllung der Anzeigepflicht nach § 33 Abs. 1 ErbStG bezüglich ihrer nichtselbständigen ausländischen Zweigniederlassungen gegenüber den zuständigen Erbschaftsteuerfinanzämtern angehalten werden soll, sind von Gesetzes wegen gedeckt.

Hinweise für deutsche diskrete Geldanleger: Vor unangenehmen Mitteilungen sind die Erben am besten geschützt, wenn Auslandsgeldanlagen über eine im Ausland ansässige Bank abgewickelt werden und gar nicht erst ein deutsches Kreditinstitut bemüht wird. Sofern es aber doch eine deutsche Bank sein soll, sollte sich der Geldanleger vergewissern, ob die kontoführende Stelle eine eigene unabhängige Tochtergesellschaft ist oder eine (meldepflichtige) nichtselbstständige ausländische Zweigniederlassung. Nur so kann verhindert werden, dass im Fall des Todes des Geldanlegers Meldungen über den Vermögensstand an den deutschen Fiskus gehen!

Bank	Filiale, Ort
CC Bank	Zweigstelle Österreich
Deutsche Bank	Filiale Wien
Dresdner Bank	Niederlassung Wien
Evang. Kreditgenossenschaft	Filiale Wien
ING Diba Direktbank	Austria
RBS (RD Europe)	Zweigniederlassung Österreich
Sal Oppenheim	Niederlassung Wien
Salzburg München Bank	Zweigniederlassung Salzburg
Sparkasse Allgäu	Hauptzweigstelle Riezlern (Kleinwalsertal)
State Street Bank	Filiale Wien
Steyler Bank	

Tabelle 26: Deutsche Banken, deren Töchter beim Tod ihrer Kunden Kapitalanlagen nach Deutschland melden (Quelle: Capital 6/05 S. 113)

Kontrollmitteilungen der deutschen Erbschaftssteuerstellen

Die Erbschaftssteuerstellen informieren das für Einkommen und Vermögen eines deutschen Erblassers und eines deutschen Erwerbers zuständige Wohnsitzfinanzamt mittels Kontrollmitteilung über das hinterlassene Bankguthaben, sofern der Nachlass die folgenden Mindestbeträge übersteigt:[302]

Kontrollmitteilung für die Steuerakten	Bruttowert/Reinwert des Nachlasses	zum Nachlass/Erwerb gehörendes Kapitalvermögen
des Erblassers	mehr als 250.000 €	mehr als 50.000 €
des Erwerbers	mehr als 250.000 €	mehr als 50.000 €

Tabelle 27: Mindestwerte für Kontrollmitteilungen

Die Kontrollmitteilungen werden unabhängig davon erteilt, ob es zu einer Steuerfestsetzung gekommen ist oder nicht. Den Erbschaftsteuerstellen bleibt es vorbehalten, Kontrollmitteilungen auch bei niedrigeren Beträgen oder bei gegebenem Anlass zu übersenden, z.B. wenn eine Schenkung erst im Rahmen einer Außenprüfung oder Fahndung aufgedeckt wurde.

---

[302] Quelle: Erlass des FinMin Saarland v. 21.9.2001, B/5-2-169/2001, S. 3900.

428

Mit den Kontrollmitteilungen schließt sich der Informationskreis vom Kreditinstitut über die Erbschaftssteuerstelle zum Wohnsitzfinanzamt und alle diskreten Vermögenswerte kommen durch Vergleich mit den Angaben des Verstorbenen in den vorangegangenen Einkommensteuererklärungen ans Tageslicht. Dem Fiskus hinterzogene Kapitalerträge aus der diskreten Geldanlage des Erblassers müssen von den Erben nachdeklariert und bis zu zehn Jahre nachversteuert werden.

Auch deutsche Standesämter, Gerichte und Notare melden

Nach § 34 ErbStG sind Gerichte, Standesämter und Notare verpflichtet, alle ausgeführten Beurkundungen, Zeugnisse und sonstige Anordnungen, die für die Festsetzung einer Erbschaftssteuer von Bedeutung sein können, der jeweiligen Erbschaftssteuerstelle anzuzeigen. So sind Standesämter verpflichtet, alle Sterbefälle mitzuteilen. Hierzu ist eine monatliche Totenliste zu führen, die binnen zehn Tagen nach Ablauf des Monats dem zuständigen Finanzamt anzuzeigen ist.

Gerichte und Notare melden unter anderem die Erteilung von Erbscheinen, die Erteilung von Testamentsvollstreckerzeugnissen und Zeugnissen über die Fortsetzung der Gütergemeinschaft sowie Beschlüsse über Todeserklärungen und die Anordnung von Nachlasspflegschaften und Nachlassverwaltungen. Anzeigen können jedoch unterbleiben, wenn anzunehmen ist, dass außer einem Hausrat im Wert von nicht mehr als 5.200 Euro nur noch ein sonstiger Nachlass (also evtl. ein diskretes Konto) im Wert von nicht mehr als 5.200 Euro vorhanden ist.

Rechtsgrundlage	Meldepflichtige(r)	Anzeigepflichtige Meldetatbestände
§ 1 ErbStDV	Testamentvollstrecker/ Vermögensverwahrer und Vermögensverwalter	• Versicherungswert von Schließfächern • Zinsen für Forderungen und Wertpapiere
§ 2 ErbStDV	Wertpapieremittenten	• Verwandtschaftsverhältnisse • Kennnummern von Aktien

§ 3 ErbStDV	Versicherungsunternehmen	● Verwandtschaftsverhältnisse beim Versicherungsnehmerwechsel ● Name und Anschrift des neuen Versicherungsnehmers ● Eingezahlte Prämien oder Kapitalbeträge ● Rückkaufswerte
§ 4 ErbStDV	Standesämter	● Durchschriften von Eintragungen in das Sterbebuch
§ 6 ErbStDV	Gerichte bei Todeserklärungen	● Beglaubigte Abschriften der Beschlüsse über Todeserklärungen
§ 7 ErbStDV	Gerichte	● Beruf und Familienstand des Erblassers ● Anschriften der Beteiligten und Verhältnis zum Erblasser ● Höhe und Zusammensetzung des Nachlasses
§ 9 ErbStDV	Auslandsstellen (diplomatische Vertreter und Konsuln des Bundes)	● Im Ausland beurkundete Sterbefälle von Deutschen ● Bekannt gewordene Sterbefälle von Deutschen ihres Amtsbezirks ● Zuwendungen ausländischer Erblasser an in Deutschland unbeschränkt steuerpflichtigen Personen

Tabelle 28: Meldepflichtige und Meldetatbestände beim Tod deutscher diskreter Geldanleger nach deutscher Erbschaftssteuer-Durchführungsverordnung

Meldepflichten der Banken beim Tod eines Kontoinhabers in anderen Ländern

Meldepflichten von Banken in anderen Ländern gelten für den deutschen diskreten Geldanleger allerdings nur, wenn dieser außer einem Konto noch einen Wohnsitz im betreffenden Land hat und somit der dortigen Besteuerung unterliegt.

Kontoinhaber in Luxemburg haben mit solchen Meldungen keine Probleme. Die dortigen Banken melden nämlich nichts. Von den Erbschaftssteuern her gesehen ist das Großherzogtum mit Sätzen zwischen fünf und 15 Prozent sowieso eine Steueroase. Erbschaften in gerader Linie sind in Höhe des gesetzlichen Erbteils genauso steuerfrei wie Erbanfälle zwischen Ehegatten, wenn beide oder nur ein Ehegatte Kinder hat. Und der diskrete deutsche Geldanleger ohne Wohnsitz in Luxemburg zahlt sowieso nichts, das heißt höchstens eine Nachlasssteuer („droit de mutation par décès"), falls er ein Grundstück im Großherzogtum haben sollte.

Keine Meldungen gibt es außerdem auf den Channel Islands. Das Inselreich kennt mit Ausnahme der sog. „probate duty" in Höhe eines halben Prozents für sonstige Hinterlassenschaften und ein Prozent bei Immobilien keine Erbschafts- und Schenkungsteuer.

In Liechtenstein werden zwar Erbschaftssteuern erhoben, meldepflichtig sind aber nach dem dortigen Gesetz über die Landes- und Gemeindesteuern nicht die Banken, sondern die Erben selbst. Diesen verbleibt eine Frist von zwei Wochen. Da davon auszugehen ist, dass der gewöhnliche diskrete Geldanleger keine in Liechtenstein steuerpflichtigen Erben haben wird, bleibt die Diskretion über ein Liechtenstein-Konto auch über den Tod hinaus erhalten.

Österreichs Banken müssen nach § 25 Abs. 1 des „Erbschafts- und Schenkungssteuergesetzes" beim Tod eines Kontoinhabers das Finanzamt für Gebühren und Verkehrssteuern in Kenntnis setzen. Meldepflichtig ist hierbei auch das Ableben eines ausländischen Kontoinhabers, wenn dieser in Österreich steuerpflichtig war (zum Beispiel im Fall eines Zweitwohnsitzes). Mitzuteilen sind jeweils die Höhe der auf österreichischen Einzelkonten, Gemeinschaftskonten und -depots hinterlassenen Vermögenswerte. Für die Anzeigeerstattung gilt eine Frist von einem Monat nach Kenntnis des Todesfalls. Das österreichische Bankgeheimnis darf durchbrochen werden.

Entschärft sein mag die Wirkung solcher Todesfallmeldungen allerdings durch das Endbesteuerungsgesetz 1993. Seither gilt nämlich in Österreich wie bereits gesehen die Erbschaftsteuer durch die Abführung der 25-prozentigen Kapitalertragsteuer als abgegolten. Es ist daher davon auszugehen, dass solche Meldungen nur noch zur stichprobenweise Überwachung der Einkommensteuern auf das Vermögen von Interesse sind, was auch die Vermutung zulässt, dass der Eifer einer exakten Auswertung der Meldungen zum Zweck der deutschen Rechtshilfe nachgelassen haben dürfte.

In der Schweiz ordnet das geltende Zivilrecht (Art. 553 ZGB) die Aufnahme eines Inventars für bestimmte Erbgänge an. Die Kantone können darüber hinaus die Inventarisierung auch in anderen Fällen (also kurz gesagt für alle Erbgänge) anordnen. Das amtliche Inventar dient zur Feststellung der Höhe des Nachlasses und bildet unter anderem die Grundlage für die Annahme oder Ausschlagung einer Erbschaft und für die Erhebung der Erbschaftsteuern. Das Inventar wird vom zuständigen Erbschaftsamt aufgenommen.

Darüber hinaus wird bei unbeschränkter (ordentlicher) Steuerpflicht in der Schweiz ein steuerrechtliches Inventar aufgenommen, welches sich nach den Steuergesetzen von Bund und Kantonen richtet. Ein Inventar wird auch aufgenommen bei beschränkter (außerordentlicher) Steuerpflicht, wenn z.B. der Erbgang dem Schweizer Recht unterstellt wird oder Grundstücke in der Schweiz liegen. Kreditinstitute sind in diesen Fällen verpflichtet, Auskunftsbegehren der kantonalen Behörden zu entsprechen. Verstirbt ein Kontoinhaber, steht das Bankgeheimnis der generellen Inventarpflicht nicht entgegen. Eine Inventarpflicht besteht auch vonseiten des Bundes, um Fälle früherer Steuerhinterziehungen aufzuspüren. Voraussetzung für die Inventarpflicht ist allerdings, dass der diskrete Geldanleger mit letztem Wohnsitz in der Schweiz verstorben ist und somit dort der Erbschaftssteuerpflicht unterlag. Hatte der diskrete Geldanleger also nur Geld in der Schweiz, wohnte er aber nicht dort, besteht für sein hinterlassenes Konto auch keine Inventar- oder Meldepflicht.

In Belgien ist es Banken nach dem dortigen Recht („Obligations imposées à des tiers en vue d´assurer la juste perception des droits de succession dûs par suite du décès d´habitants du royaume") strikt untersagt, das Bankguthaben an den Erben auszuzahlen, bevor nicht den Finanzbehörden eine beglaubigte Liste über die am Todestag vom Verstorbenen gehaltenen Vermögenswerte übergeben wurde. Die belgischen Banken müssen ferner bei erstmaliger Öffnung von Schließfächern verstorbener Kunden Kenntnis vom gegenwärtigen Inhalt nehmen und die Finanzbehörden hierüber informieren. Ein Schließfach darf nach dem Tod des Mieters nur in Anwesenheit eines Bankenvertreters geöffnet werden, welcher verpflichtet ist, eine Liste über den Inhalt des Schrankfaches aufzustellen und diese den Finanzbehörden zu übergeben.

Wie aber bereits aus der oben zitierten Überschrift zum XI. Kapitel des belgischen „Code des droits de succession" zu entnehmen ist, gelten solche Inventaraufstellungs- und Meldepflichten nur für Konten belgischer Staatsbürger („habitants du royaume") mit Wohnsitz in Belgien. *Fazit*: Für ein diskretes Konto in Belgien besteht keine Pflicht zur Erstattung von Meldungen an belgische Finanzbehörden. Solche Mitteilungen würden sogar – weil gesetzlich nicht verlangt – gegen das Bankgeheimnis verstoßen.

Wenn mit diskreten Geldanlageinstrumenten Vermögenswerte am Nachlass vorbeigesteuert werden sollen

Die Probleme deutscher diskreter Geldanleger mit dem Pflichtteil

Vielleicht hat sich der eine oder andere Leser dieses Buches für eine diskrete Geldanlage gerade deswegen entschieden, weil er sich noch im Grabe umdrehen würde, wenn seinen Abkömmlingen, Eltern oder dem nicht geschiedenen Ehegatten bei seinem Tod etwas von seinem Vermögen zufallen würde. Und vielleicht hat ein anderer Leser gerade deswegen in Luxemburg, in Österreich oder der Schweiz ein Konto eröffnet, weil dort die „Kontonachfolgeregelungen" großzügig sind: Bei diskreten Gemeinschaftskonten behält der überlebende Mitinhaber die Verfügungsmacht über das Konto und die Erben erfahren – soweit sie nicht mit den Kontomitinhabern identisch sind – nichts. Aus welchen Gründen auch immer der diskrete Geldanleger solche Entschlüsse gefasst haben mag: Gerade diese Personen leer ausgehen zu lassen, wird am schwierigsten zu erreichen sein. Denn die genannten Angehörigen verkörpern die nach deutschem Erbrecht so genannten „drei Pflichtteilsberechtigten".

Werden Kinder, Eltern und der Ehegatte von der Erbfolge ausgeschlossen, steht den Enterbten ein so genannter Pflichtteil zu. Dieser beträgt grundsätzlich die Hälfte des gesetzlichen Erbteils. Es gibt nur wenige Möglichkeiten, einem nach deutschem Erbrecht Berechtigten seinen Pflichtteil zu entziehen. Zum Schutz eines Pflichtteilsberechtigten sind im Bürgerlichen Gesetzbuch zahlreiche Vorschriften verankert, die dem Erblasser in aller Regel keinen Spielraum lassen. Werden Pflichtteilsberechtigte zwar nicht enterbt, wird diesen aber nur ein sehr geringer Erbteil zugesprochen, bestimmt § 2305 BGB, dass diese wenigstens ihren Pflichtteil bekommen sollen. Hierzu können die Berechtigten einen so genannten *Pflichtteilsrestanspruch* oder Zusatzpflichtteil geltend machen, der der Differenz zwischen der Hälfte des gesetzlichen Erbteils – also des Pflichtteils – und dem jeweils tatsächlich zugewiesenen Nachlassvermögen entspricht.

Werden einem Pflichtteilsberechtigten so viele Auflagen gemacht, dass sein Erbe unterm Strich betrachtet nichts mehr wert ist, gelten solche Anordnungen nach § 2306 BGB als nicht gegeben. Pflichtteile könnten auch mit einem Vermächtnis beschwert oder durch Einsetzung eines Nacherben vermindert werden. In allen Fällen führt dies aber nicht zum Erfolg, solange die Nachlasszuwendung die Hälfte des gesetzlichen Erbteils (also den Pflichtteil) nicht übersteigt.

§ 2307 BGB verhindert, dass Pflichtteilsberechtigte mit kleinen Vermächtnissen abgespeist werden können, und § 2325 Abs. 1 BGB spricht einem Pflichtteilsberechtigten ein Recht auf Ergänzung seines Pflichtteils zu, wenn der Erblasser einem Dritten Geschenke gemacht hat, die den Nachlass verringerten. Der Anspruch des Berechtigten erhöht sich in diesen Fällen um den Betrag, um den der Pflichtteil höher ausfallen würde, „wenn der verschenkte Gegenstand dem Nachlass hinzugerechnet wird". Unberücksichtigt bleiben nur so genannte „Anstandsschenkungen", also solche Geschenke, mit denen der Erblasser einer sittlichen Pflicht oder einer auf den Anstand zu nehmenden Rücksicht entsprochen hat, und Schenkungen, die zur Zeit des Erbfalls bereits *zehn Jahre* zurückliegen. § 2325 BGB wird auch bei Vermögensverlagerungen ins Ausland entsprechend anzuwenden sein, so etwa, wenn jemand sein gesamtes Vermögen ins pflichtteilssichere Ausland transferiert (beispielsweise in die USA, wo man kein Pflichtteilsrecht kennt).

Soll „bestimmten Personen" Erbvermögen *diskret* zukommen, verlangt dies – von der steuerlichen Seite einmal abgesehen – eine sehr gründliche Überlegung. Der deutsche Bundesgerichtshof ist bisher allen Tendenzen entgegengetreten, die es Erblassern ermöglichen sollen, „erhebliche Teile ihres Vermögens zum Nachteil von Pflichtteilsberechtigten oder Vertragserben durch Rechtsgeschäft unter Lebenden am Nachlass vorbei an ihnen genehmere Personen weiterzuleiten"[303].

---

[303] BGH Urt. v. 27. Nov. 1991, NJW 1992, 564.

Kontoverfügung und Vollmachtserteilung auf den Todesfall

„Was der Banker nicht weiß, macht ihn nicht heiß." Dies gilt ganz besonders in Sterbefällen. Der Schweizer Banker oder der liechtensteinische Vermögensverwalter sind nicht verpflichtet, vor jeder Transaktion einen Kontoinhaber oder einen Bevollmächtigten zu befragen, ob denn der oder die anderen Kontoinhaber bzw. ob denn der Vollmachtgeber noch lebt. Kontoinhaber oder Bevollmächtigte sind der Bank gegenüber keinerlei Erklärungen über Leben oder Tod einer bestimmten Person schuldig.

Wird ein diskretes Oder-Konto in Liechtenstein hinterlassen, bei dem neben dem diskreten Geldanleger auch der Ehegatte einzelzeichnungsberechtigt ist, kann die Ehefrau nach dem Tod des Kontoinhabers über das gesamte Kontoguthaben verfügen. Dies gilt beim Oder-Konto zumindest so lange, als die Bank vom Tod eines Kontomitinhabers nichts weiß und im guten Glauben handelt. Im Fall des Todes eines Kontoinhabers treten an die Stelle des Verstorbenen dessen Erben. Wird die Bank über den Todesfall unterrichtet und ist nicht eindeutig klärbar, welche Personen am Vermögen erbberechtigt sind und welcher Anteil am Kontoguthaben dem überlebenden Kontoinhaber zusteht (weil etwa die Einlage nicht exakt auseinanderdividiert werden kann), wird die Bank ohne Klärung der Eigentumsverhältnisse Verfügungen über das Konto nur noch im begrenzten Umfang zulassen.

In Deutschland geht die Steuerrechtsprechung davon aus, dass Oder-Konten und Oder-Depots von Ehegatten bei der Feststellung des steuerpflichtigen Erwerbs beiden Ehegatten grundsätzlich jeweils zur Hälfte zuzurechnen sind.[304] An solchen Grundsätzen wird sich auch der Liechtenstein-Banker oder Vermögensverwalter in der Schweiz orientieren. *Konkret*: Hat der diskrete Geldanleger zusammen mit seiner Ehefrau ein diskretes Konto in Liechtenstein oder der Schweiz errichtet, wird die Ehefrau im Sterbefall nur noch über die Hälfte des diskreten Geldes verfügen können, wenn gemeinsame Kinder vorhanden sind. Die Rechtsnachfolger des verstorbenen Oder-Kontoinhabers müssen ihre Eigentumsansprüche durch Erbschein nachweisen können.

In der Schweiz ist die Vorlage eines in Deutschland ausgestellten Erbscheines zur Legitimation und Übertragung der Verfügungsmacht an einem diskreten Nummernkonto ausreichend. Denn nach einer Vereinba-

---

[304] Finanzgericht Düsseldorf, Urt. v. 19. Juli 1995, 4 K 7813/91.

rung zwischen Deutschland und der Schweiz[305] sind u.a. auch ausländische Erbscheine anerkennungsfähig. Problematischer wird die Angelegenheit allerdings, wenn es sich um einen Deutschen handelt, der nicht mit letztem Wohnsitz in Deutschland verstorben ist oder Vorbesitzer des diskreten Nummernkontos ein Nichtdeutscher war, der mit letztem Wohnsitz in Deutschland verstorben ist. Verstirbt ein Deutscher ohne Testament mit letztem Wohnsitz in der Schweiz, und bestehen bei den Schweizer Behörden (nicht bei den Erben selbst) Zweifel, ob der Deutsche Erben hinterlassen hat oder nicht oder ob alle Erben bekannt sind, erfolgt ein öffentlicher Erbenaufruf nach Maßgabe des schweizerischen Zivilgesetzbuches aus dem Jahre 1907. Eine solche öffentliche Bekanntmachung lautet etwa so:

„Das Friedensgericht des Kreises ... / Schweiz gibt hiermit die Nachlasseröffnung bekannt von: ..., Tochter von ..., deutsche Staatsbürgerin, geb. am ..., zu Lebzeiten wohnhaft in ... / Schweiz.

Alle sich erbberechtigt glaubende Personen werden gebeten, sich als Erben zu melden beim: Friedensrichter des Kreises ..., Ch-..., innerhalb eines Jahres vom Datum der dritten Veröffentlichung an, und unter Vorlegung von Dokumenten, die ihre Erbberechtigung bescheinigen."

Im Regelfall folgen zwei bis drei Publikationen in einer oder mehreren Zeitungen der Stadt bzw. Region, wo die Gesuchten vermutlich wohnen oder zuletzt gewohnt haben.[306] Nun, jeder, der den Namen der oder des Verstorbenen liest und diskrete Nummernkonten vermutet, von denen etwas zu holen ist, kann beim Friedensrichter vorsprechen. Von Diskretion kann dann keine Rede mehr sein!

Die einfachste Art, diskrete Schweizer Konten „zu vererben" ist sicherlich die Erteilung einer lebzeitigen Kontovollmacht mit Verfügungsbefugnis zu Lebzeiten und nach dem Tod. Hat der diskrete Geldanleger als Kontoinhaber einer bestimmten Person allgemeine Vollmacht über sein Schweizer Nummernkonto erteilt, gilt diese auch über seinen Tod hinaus, und zwar so lange, bis die Erben unter Nachweis der Rechtsnachfolge wider-

---

[305] Vereinbarung vom 4. November 1985 über den Austausch von Zivilstandsurkunden/Personenstandsurkunden sowie über die Beschaffung von Ehefähigkeitszeugnissen, BGBl. 1988 II 127, 467.

[306] Karrer in: Honsell/Vogt/Geiser, Kommentar zum Schweizerischen Privatrecht, Basel/Frankfurt am Main 1998, Zu Art. 554 ZGB.

rufen. Eine Ausnahme wäre nur dann gegeben, wenn die Vollmachtserteilung zu Lebzeiten des Vollmachtgebers keine Gültigkeit mehr erlangt hätte und die Erben als Rechtsnachfolger die Vollmacht mit sofortiger Wirkung widerrufen hätten. Ein Bevollmächtigter über ein Nummernkonto kann allerdings schon zu Lebzeiten Einzahlungen oder Abhebungen in irgendwelcher Form tätigen, alle Abrechnungen, Quittungen, Entlastungen oder Übertragungen unterzeichnen, Schecks ausstellen und Aufträge zur Vermögensverwaltung erteilen oder das Konto/Depot schließen. Die Gefahr, eines Tages vor einem abgeräumten Konto zu stehen, ist also gegeben.

Einem Vollmachtsmissbrauch schon zu Lebzeiten können diskrete Geldanleger im Prinzip nur mit einer so genannten „Vollmachtserteilung auf den Todesfall" entgegentreten. Vollmachten, die überhaupt erst nach dem Tod des Vollmachtgebers in Kraft treten sollen, sind allgemein als Umgehung der erbrechtlichen Formvorschriften anzusehen und können daher nur Rechtskraft entfalten, wenn sie in der Form erteilt werden, die für ein Testament vorgeschrieben sind (das heißt volle Eigenschriftlichkeit oder notarielle Beurkundung). Solche Vollmachten sind daher in der Schweiz nicht anerkannt und auch nicht üblich.

In Liechtenstein akzeptieren einzelne Banken Vollmachtserteilungen auf den Todesfall und verzichten somit auf die Vorlage eines Erbscheins, jedenfalls soweit es sich nur um geringeres Vermögen bis etwa 500.000 Euro handelt. Der Hintergrund liegt darin, dass Pflichtteilsansprüche Dritter, die die Bank nicht kennt, im Einzelfall verletzt werden können. Denn in Verbindung mit einer solchen Vollmacht erhalten Dritte für den Fall des Todes des diskreten Geldanlegers die „unbeschränkte Zeichnungs- und Verfügungsvollmacht" über Konten/Depots, und zwar je nach den Vorgaben durch Einzel- oder Kollektivzeichnungsrecht.

Ob die Bank Vollmachten auf den Todesfall akzeptiert, ist im Einzelfall abzuklären. Diskrete Geldanleger, die „Vollmacht auf den Todesfall" erteilen, werden der Formvorschriften halber immer gebeten, das Vollmachtsformular handschriftlich – nach Vorlage – zu erstellen (Eigenschriftlichkeit des Testaments). Bei größeren Vermögen empfiehlt sich jedoch immer die Gründung einer Stiftung zur Nachfolgeregelung des diskreten Vermögens.

Mit Stiftungen und Trusts kann zwingendes nationales Pflichtteilsrecht im Prinzip nicht umgangen werden

- **Gesetzliche Beschränkungen im internationalen Privatrecht**

Die Übertragung von Erbvermögen vom Settlor auf den Trustee begründet bei lebzeitiger Errichtung eines Trusts ein schuldrechtliches Rechtsgeschäft, dessen Gültigkeit nach dem jeweiligen Recht am Trustsitz – also nach ausländischem Recht – zu beurteilen ist. Mit Errichtung eines Trusts und der Übertragung des Vermögens auf den Trustee wird dieser Rechtsträger eines vom Nachlass des diskreten Geldanlegers ausgeschiedenen Vermögens. Denn das Trustvermögen gehört im Zeitpunkt des Todes in rechtlicher Hinsicht dem Trustee. Die Wahl des Rechts eines anderen Staates kann aber *solche Bestimmungen* nicht berühren, von denen nach dem Recht jenes Staates, dem der Erblasser angehört, durch Vertrag *nicht abgewichen* werden kann. Danach bleiben zwingende und nicht abdingbare Vorschriften des deutschen Rechts anwendbar. Und hierzu gehört auch das Pflichtteilsrecht.

Das Internationale Privatrecht knüpft im Erbfall stets an personenbezogene Umstände wie die Staatsangehörigkeit des Erblassers an. Neben den personenbezogenen Umständen spielt die Belegenheit des Erbvermögens – also der Ort, an dem sich die Werte befinden – zumindest bei Grundstücken eine entscheidende Rolle. Nachdem aber deutsche Grundstücke sowieso nicht als diskretes Vermögen in einen Trust einzubringen sind, ist dies Nebensache. Dennoch knüpft im Erbfall die Rechtsfolge an einen zeitlich fixierten und begrenzten Tatbestand an, nämlich an den Tod. Maßgebend ist daher das Heimatrecht des diskreten Geldanlegers als Erblasser im Augenblick des Todes. Und das für Deutsche nach Heimatrecht obligatorische Erbstatut regelt nun einmal auch das Pflichtteilsrecht.

Setzt der diskrete Geldanleger beispielsweise als Letztbegünstigter seines Trusts, der im Zeitpunkt seines Todes aufgelöst werden soll, eine Person ein, die bei gesetzlicher Erbfolge deutschen Rechts nichts erben würde, und beeinträchtigt er dadurch pflichtteilsberechtigte nahe Angehörige, können sich diese – sofern noch Pflichtteilsergänzungsansprüche innerhalb der Zehnjahresfrist geltend gemacht werden können – an dem Letztbegünstigten schadlos halten. Die hintergangenen Pflichterben hätten Anspruch auf die Hälfte ihres gesetzlichen Erbteils, das auf das Trustvermögen entfallen würde.

Deutsches Pflichtteilsrecht kann auch nicht umgangen werden, wenn Vermögen einer Auslandsstiftung wie etwa einer liechtensteinischen Stiftung zugewendet wird. So bestimmt das liechtensteinische Personen- und Gesellschaftsrecht ausdrücklich, dass eine Stiftung „von den Erben oder den Gläubigern gleich einer Schenkung angefochten werden" kann.[307] Und bezüglich des Treuhandgeschäfts heißt es, dass es grundsätzlich unwiderruflich sei, allerdings „unter Vorbehalt der Anfechtung … Dritter nach den Vorschriften … des Erbrechts oder der Anfechtungsordnung und gegebenenfalls nach Schenkungsrecht".

Freilich ist in allen Fällen zunächst einmal Voraussetzung, dass die hintergangenen Erben von der Existenz solcher Verbandspersonen und besonderen Vermögenswidmungen Kenntnis erlangen. Ist dies aber der Fall, gilt Folgendes:

1. Angenommen, der deutschem Erbstatut unterliegende diskrete Geldanleger hat unter den Begünstigten bestimmte pflichtteilsberechtigte Personen benannt und bestimmte andere pflichtteilsberechtigte Personen ausgeschlossen: Dann können die nicht in den Begünstigtenkreis aufgenommenen pflichtteilsberechtigten Personen auf Herausgabe der Hälfte ihres gesetzlichen Erbteils klagen.

2. Angenommen, in der Stiftung befinden sich 20 Mio. Euro; erbberechtigt sind Sohn A und Sohn B; Sohn A ist Begünstigter, Sohn B nicht: Sohn B stehen 25 Prozent = 5 Mio. Euro aus dem Stiftungsvermögen zu, und zwar so lange, als Sohn A stiftungsbegünstigter ist.

3. Angenommen, der dem deutschen Erbstatut unterliegende diskrete Geldanleger hat keine pflichtteilsberechtigten Personen als Begünstigte benannt: In diesem Fall sind die Pflichtteilsrechte der ausgeschlossenen pflichtteilsberechtigten Personen nach Ablauf von zehn Jahren seit der Vermögenswidmung verjährt. Während der zehnjährigen Verjährungsfrist gilt das zu 1. Gesagte analog; jeweils unter der Voraussetzung, dass es tatsächlich zu einer Vermögenswidmung gekommen ist und die Stiftung kein Scheingeschäft war.

● **Mit einem Bahamas, Brunei oder einem Jersey Trust kann der diskrete Geldanleger andere Wege gehen**

Zwar machen nationale Pflichtteilsrechte auch vor diskreten Anlageinstrumenten wie einem Trust auf den Bahamas oder der Kanalinsel Jersey

---

[307] Art. 560 PGR.

nicht halt. Ist das „Erbgut" aber außerhalb Deutschlands angesiedelt, werden die Pflichtteilsberechtigten schon der „Erreichbarkeit" wegen erhebliche Mühen haben, an das Trustvermögen zu gelangen. Und führt man sich noch den Discretionary Trust vor Augen, bei dem die Begünstigten frei bestimmt werden und keinen Einfluss auf die Verteilung von Trusteinkommen und Trustvermögen ausüben können, stellt sich die Frage, was ein Letztbegünstigter einem Pflichtteilsberechtigten erstatten muss, wenn außer ihm auch noch das Internationale Komitee des Roten Kreuzes anfallsberechtigt ist und nur der Trustee entscheidet, wie viel jeder kriegt? Die Anfechtung einer auf einen ausländischen Vermögenstrust erfolgten Vermögensübertragung setzt die *Nichtigkeit* des Trusts voraus. Nichtigkeit kann nach dortigem Recht entweder in der Vermögensübertragung selbst begründet sein, so etwa, wenn gegen geltendes Konkurs- und Insolvenzrecht verstoßen wurde oder weil der Trust keine Begünstigten hat oder bestimmte Beneficiaries in rechtswidriger Weise unterstützt.

Der Jersey Court kann darüber hinaus einen auf Jersey begründeten Trust für nichtig erklären, wenn der Trust unter Zwang, etwa unter Einfluss von Drohungen seitens Dritter gegründet wurde, der Trust auf betrügerische Weise errichtet worden ist oder die Gründung auf einem Missverständnis beruht. Verfügungsbeschränkungen gegen einen ausländischen Settlor oder nach ausländischem Recht bestehende Pflichtteilsansprüche haben allerdings seit Einfügung des neuen Art. 8A im Rahmen der 1989er Reform des Jersey-Trustrechts keinerlei Wirkung auf die Rechtmäßigkeit eines zu Lebzeiten errichteten Jersey Trusts. Errichtet ein nicht auf Jersey Ansässiger einen Trust zu Lebzeiten, wird ihm seither kraft Gesetzes unterstellt, dass er die freie Verfügungsgewalt über das eingebrachte Trustvermögen innehatte, sofern er im Zeitpunkt der Errichtung nach dem Recht seines Wohnsitzstaates voll geschäftsfähig war. Des Weiteren brachte die „States of Jersey Jurisdiction" in Art. 8A Abs. 2 Buchst. b Trusts (Jersey) Law unmissverständlich zum Ausdruck, dass ausländische den Settlor beschwerende Erbfolgeregelungen („forced heirship") weder den Vermögenstransfer selbst noch die Anerkennung des Trusts bzw. seine rechtmäßige Errichtung in Frage stellen können.[308]

---

[308] Art. 8A Abs. 2 Buchst b lautet: „no rule relating to inheritance or succession (including, but without prejudice to the generality of the foregoing, forced heirship, „légitime" or similar rights) of the law of his domicile or any other system of law shall affect any such transfer or disposition or otherwise affect the validity of such trust."

Ähnliches gilt auf den Bahamas. Führt sich der diskrete Geldanleger den „Trusts (Choice of Governing Law) Act 1989" in der aktuellen Fassung aus 1996 (Amendment) vor Augen, liest er in Section 9 Interessantes über „Heirship rights".[309] Danach berührt ausländisches Pflichtteilsrecht die Besitzverhältnisse von unbeweglichem Vermögen auf den Bahamas sowie von beweglichem Vermögen (wo auch immer verstreut) nicht. Mit anderen Worten: Ausländisches Pflichtteilsrecht braucht einen Bahamas Trustee nicht zu interessieren und bringt auch den Trust nicht zu Fall, dessen Errichtung bleibt in jedem Fall rechtsgültig. Dasselbe gilt für den Vermögensübertragungsakt auf den Trust.

Schließlich ist auch die Anfechtung eines Brunei Trusts wegen Verkürzung eines Pflichtteilsanspruchs nach ausländischem Recht zumindest hinsichtlich beweglichen Vermögens gemäß Section 108 der „International Trust Order, 2000" grundsätzlich nicht möglich.

● Die Rolle von Asset Protection Trusts

Asset Protection Trusts verfolgen primär die Politik der Vermögenssicherung eines Settlors, und zwar vor dem Zugriff Dritter. „Dritte" in diesem Sinne können Gläubiger oder sonstige Anspruchsberechtigte sein, zum Beispiel die Unterhaltsberechtigten oder die geschiedene Ehefrau des Trusterrichters und Begünstigten. Gleichfalls lassen sich mit Asset Protection Trusts nationale Erbrechtsbeschränkungen (Pflichtteilsrechte) zwar nicht legal, aber definitiv doch umgehen, wenn der Settlor oder die Beneficiaries nach Errichtung des Asset Protection Trusts über kein sonstiges pfändbares Vermögen mehr verfügen (also auch die Wohnung samt Möbel in eine vom Trust beherrschte Offshore-Gesellschaft eingebracht ist und der Settlor mit seinen Beneficiaries dort nur noch zur Miete wohnt).[310] Asset Protection Trusts erweisen sich auch dann als „effizient", wenn der Settlor befürchtet, wegen Vertragsbruch oder infolge von Fahrlässigkeit zur Haftung gezogen zu werden oder ihm infolge eines Machtwechsels im eigenen Land die Enteignung droht.

---

[309] Section 9 lautet: „An heirship right conferred by foreign law in relation to the property of a living person shall not be recognised as

(a) affecting the ownership of immovable property in the Bahamas or movable property wherever situate fort the purpose of paragraphs (a) and (b) of subsection (2) of section 7 or for any other purpose; or

(b) constitution an obligation or liability for the purpose of the Fraudulent Disposition Act, 1991 or for any other purpose."

[310] Für Rechnung seines eigenen Trusts.

Verstößt ein Settlor durch Errichtung eines Asset Protection Trusts gegen das für ihn maßgebende nationale Recht, wird man die Errichtung des Trusts in dem betreffenden Land zwar für nichtig erklären; befindet sich aber das Vermögen bereits „offshore", müssen sich Gläubiger, Pflichterben und sonstige Anspruchsberechtigte an die jeweilige „Offshore-Jurisdiction" wenden, um die Pfändung und Herausgabe des Trustvermögens zu erreichen.

Aussicht auf Erfolg hätte ein solches Unterfangen aber nur dann, wenn die Errichtung des Asset Protection Trusts selbst gegen die Offshore-Jurisdiction verstoßen hätte. Dies wäre nach Jersey-Recht beispielsweise der Fall, wenn der Trust allein in der Absicht errichtet wurde, Vermögen aus dem Verfügungsbereich des Settlors abzuziehen, ihn somit künstlich zahlungsunfähig zu machen, um am Ende Gläubiger zu schädigen.

In Fällen des betrügerischen Konkurses wäre außerdem noch die Möglichkeit gegeben, den Settlor nach am Sitz des Trusts geltendem Recht für Bankrott zu erklären. Doch wenn ein Deutscher auf Jersey einen Asset Protection Trust errichtet und sonst mit der dortigen Justiz nicht in Konflikt gekommen ist, wie soll dann Bankruptcy (Désastre) (Jersey) Law Anwendung finden?[311]

Den Gläubigern bleibt in solchen Fällen nur die Hoffnung, dass der Jersey Court den Trust selbst für nichtig erklärt oder der ausländischen Justiz Rechtshilfe gewährt. Im Gegensatz zu anderen Offshore-Jurisdictions, wie den Cook Islands, den Cayman Islands, den Bahamas, Gibraltar oder den Turks & Caicos Inseln, um nur einige wenige zu nennen, hat Jersey keine Asset Protection Trusts begünstigenden Rechtshilfebeschränkungen erlassen. Die Beschlagnahme und Herausgabe von unter dem Schutz eines Asset Protection Trusts platziertem Vermögen würde sich wie in allen anderen Rechtshilfefällen nach der „Evidence (Proceedings in Other Jurisdictions) (Jersey) Order" bestimmen.

Was aber die Errichtung eines solchen Trusts auf Jersey betrifft, so wird sich der aufmerksame Leser an dieser Stelle wieder an Art. 8A der Trusts (Jersey) Law erinnern, der oben bereits ausführlich dargestellt wurde: Errichtet ein nicht auf Jersey Ansässiger einen Trust zu Lebzeiten, wird ihm kraft Gesetzes unterstellt, dass er die freie Verfügungsgewalt über das eingebrachte Trustvermögen innehatte, sofern er im Zeitpunkt der Errichtung nach dem Recht seines Wohnsitzstaates voll geschäftsfähig war.

---

[311] Matthews Paul/Sowden Terry, The Jersey Law of Trusts, London 1992, S. 140.

Und was deutsche diskrete Geldanleger zum Abschluss noch wissen sollten: Steueransprüche des deutschen Fiskus aus diskreten Schenkungen verjähren praktisch nie

Für Schenkungen aller Art gilt eine Erwerbsanzeigepflicht gegenüber den Finanzbehörden, und zwar im Zeitpunkt des tatsächlichen Vermögensübergangs. Anzeigepflicht besteht also ab dem Zeitpunkt, ab dem das diskrete Geld in Empfang genommen wird. Dann beginnt auch die Anzeigefrist, die drei Monate beträgt. Nach Eingang der Erwerbsanzeige setzt die Finanzbehörde die Schenkungsteuer fest. Solche Steueransprüche können aber unter Umständen noch Jahrzehnte später geltend gemacht werden, weil die Verjährungsfrist (Festsetzungsverjährung) wegen der *Anlaufhemmung* erst sehr viel später zu laufen beginnt.

Die Festsetzungsfrist für Steueransprüche beginnt grundsätzlich mit Ablauf des Kalenderjahres zu laufen, in dem die Steuer entstanden ist. Schenkungsteuer entsteht mit dem Zeitpunkt der Ausführung der Zuwendung. Schenkt A dem B diskretes Geld im Kalenderjahr 01, würde die Festsetzungsfrist also mit Ablauf des Jahres 01 beginnen. Unter normalen Umständen (unterstellt, es läge keine Steuerhinterziehung vor) wären die Steueransprüche im Kalenderjahr 05 verjährt. Ist aber eine Erwerbsanzeige unterlassen worden, beginnt die Festsetzungsfrist wegen der *Anlaufhemmung* nicht vor Ablauf des Kalenderjahres, in dem der Schenker gestorben ist.

Konkret: Die Verjährungsfrist (Festsetzungsfrist) beginnt erst mit dem Tod des Schenkers zu laufen, wenn keine Erwerbsanzeige erstattet wurde. Der Grund hierfür mag darin zu sehen sein, dass größere vom Erblasser zu Lebzeiten getätigte Zuwendungen vielfach erst im Zuge einer Erbauseinandersetzung ans Tageslicht geraten. Das Finanzamt rechnet also fest damit, dass hintergangene Erben „reinen Tisch" machen und das diskrete Schweizer Konto ausplaudern, das plötzlich auf den Namen der heimlichen Freundin des Erblassers umgeschrieben worden ist. Solche geheimen Schenkungen werden dann nachbesteuert, auch wenn sie bereits länger als zehn Jahre zurückliegen.

ANHANG

Gesetzessammlung zum automatisierten Kontenabruf, den zusammenfassenden Jahresbescheinigungen und zum Prüfungsrecht der Finanzämter nach § 50b EStG sowie den Bargeldkontrollen

§ 24c Kreditwesengesetz

„(1) [1] Ein Kreditinstitut hat eine Datei zu führen, in der unverzüglich folgende Daten zu speichern sind:

1. die Nummer eines Kontos, das der Verpflichtung zur Legitimationsprüfung im Sinne des § 154 Abs. 2 Satz 1 der Abgabenordnung unterliegt, oder eines Depots sowie der Tag der Errichtung und der Tag der Auflösung,

2. der Name, sowie bei natürlichen Personen der Tag der Geburt, des Inhabers und eines Verfügungsberechtigten sowie der Name und die Anschrift eines abweichend wirtschaftlich Berechtigten (§ 8 Abs 1 des Gesetzes über das Aufspüren von Gewinnen aus schweren Straftaten).

[2] Bei jeder Änderung einer Angabe nach Satz 1 ist unverzüglich ein neuer Datensatz anzulegen. [3] Die Daten sind nach Ablauf von drei Jahren nach der Auflösung des Kontos oder Depots zu löschen. [4] Im Fall des Satzes 2 ist der alte Datensatz nach Ablauf von drei Jahren nach Anlegung des neuen Datensatzes zu löschen. [5] Das Kreditinstitut hat zu gewährleisten, dass die Bundesanstalt jederzeit Daten aus der Datei nach Satz 1 in einem von ihr bestimmten Verfahren automatisiert abrufen kann. [6] Es hat durch technische und organisatorische Maßnahmen sicherzustellen, dass ihm Abrufe nicht zur Kenntnis gelangen.

(2) Die Bundesanstalt darf einzelne Daten aus der Datei nach Absatz 1 Satz 1 abrufen, soweit dies zur Erfüllung ihrer aufsichtlichen Aufgaben nach diesem Gesetz oder dem Gesetz über das Aufspüren von Gewinnen aus schweren Straftaten, insbesondere im Hinblick auf unerlaubte Bankgeschäfte oder Finanzdienstleistungen oder den Missbrauch der Institute durch Geldwäsche oder betrügerische Handlungen zu Lasten der Institute erforderlich ist und besondere Eilbedürftigkeit im Einzelfall vorliegt.

(3) [1] Die Bundesanstalt erteilt auf Ersuchen Auskunft aus der Datei nach Absatz 1 Satz 1

1. den Aufsichtsbehörden gemäß § 9 Abs. 1 Satz 3 Nr. 2, soweit dies zur Erfüllung ihrer aufsichtlichen Aufgaben unter den Voraussetzungen des Absatzes 2 Satz 1 erforderlich ist,

2. den für die Leistung der internationalen Rechtshilfe in Strafsachen sowie im Übrigen für die Verfolgung und Ahndung von Straftaten zuständigen Behörden oder Gerichten, soweit dies für die Erfüllung ihrer gesetzlichen Aufgaben erforderlich ist,

3. der für die Beschränkungen des Kapital- und Zahlungsverkehrs nach dem Außenwirtschaftsgesetz zuständigen nationalen Behörde, soweit dies für die Erfüllung ihrer sich aus dem Außenwirtschaftsgesetz oder Rechtsakten der Europäischen Gemeinschaften im Zusammenhang mit der Einschränkung von Wirtschafts- oder Finanzbeziehungen ergebenden Aufgaben erforderlich ist.

[2] Die Bundesanstalt hat die in den Dateien gespeicherten Daten im automatisierten Verfahren abzurufen und sie an die ersuchende Stelle weiter zu übermitteln. [3] Die Bundesanstalt prüft die Zulässigkeit der Übermittlung nur, soweit hierzu besonderer Anlass besteht. [4] Die Verantwortung für die Zulässigkeit der Übermittlung trägt die ersuchende

Stelle. [5] Die Bundesanstalt darf zu den in Satz 1 genannten Zwecken ausländischen Stellen Auskunft aus der Datei nach Absatz 1 Satz 1 nach Maßgabe des § 4b des Bundesdatenschutzgesetzes erteilen. [6] § 9 Abs. 1 Satz 5, 6 und Abs. 2 gilt entsprechend. [7] Die Regelungen über die internationale Rechtshilfe in Strafsachen bleiben unberührt.

(4) [1] Die Bundesanstalt protokolliert für Zwecke der Datenschutzkontrolle durch die jeweils zuständige Stelle bei jedem Abruf den Zeitpunkt, die bei der Durchführung des Abrufs verwendeten Daten, die abgerufenen Daten, die Person, die den Abruf durchgeführt hat, das Aktenzeichen sowie bei Abrufen auf Ersuchen die ersuchende Stelle und deren Aktenzeichen. [2] Eine Verwendung der Protokolldaten für andere Zwecke ist unzulässig. [3] Die Protokolldaten sind mindestens 18 Monate aufzubewahren und spätestens nach zwei Jahren zu löschen.

(5) [1] Das Kreditinstitut hat in seinem Verantwortungsbereich auf seine Kosten alle Vorkehrungen zu treffen, die für den automatisierten Abruf erforderlich sind. [2] Dazu gehören auch, jeweils nach Vorgaben der Bundesanstalt, die Anschaffung der zur Sicherstellung der Vertraulichkeit und des Schutzes vor unberechtigten Zugriffen erforderlichen Geräte, die Einrichtung eines geeigneten Telekommunikationsanschlusses und die Teilnahme an dem geschlossenen Benutzersystem sowie die laufende Bereitstellung dieser Vorkehrungen.

(6) [1] Das Kreditinstitut und die Bundesanstalt haben dem jeweiligen Stand der Technik entsprechende Maßnahmen zur Sicherstellung von Datenschutz und Datensicherheit zu treffen, die insbesondere die Vertraulichkeit und Unversehrtheit der abgerufenen und weiter übermittelten Daten gewährleisten. [2] Den Stand der Technik stellt die Bundesanstalt im Benehmen mit dem Bundesamt für Sicherheit in der Informationstechnik in einem von ihr bestimmten Verfahren fest.

(7) [1] Das Bundesministerium der Finanzen kann durch Rechtsverordnung Ausnahmen von der Verpflichtung zur Übermittlung im automatisierten Verfahren zulassen. [2] Es kann die Ermächtigung durch Rechtsverordnung auf die Bundesanstalt übertragen.

(8) Soweit die Deutsche Bundesbank Konten für Dritte führt, gilt sie als Kreditinstitut im Sinne der Absätze 1, 5 und 6."

§ 93b, § 93 Abs 7, 8 deutsche Abgabenordnung

§ 93b Automatisierter Abruf von Kontoinformationen

(1) Kreditinstitute haben die nach § 24c Abs. 1 des Kreditwesengesetzes zu führende Datei auch für Abrufe nach § 93 Abs. 7 und 8 zu führen.

(2) Das Bundeszentralamt für Steuern (BZSt) darf auf Ersuchen der für die Besteuerung zuständigen Finanzbehörden bei den Kreditinstituten einzelne Daten aus den nach Absatz 1 zu führenden Dateien im automatisierten Verfahren abrufen und sie an die ersuchende Finanzbehörde übermitteln.

(3) Die Verantwortung für die Zulässigkeit des Datenabrufs und der Datenübermittlung trägt in den Fällen des § 93 Abs. 7 die ersuchende Finanzbehörde, in den Fällen des § 93 Abs. 8 die ersuchende Behörde oder das ersuchende Gericht.

(4) § 24c Abs. 1 Satz 2 bis 6, Abs. 4 bis 8 des Kreditwesengesetzes gilt entsprechend.

§ 93 Auskunftspflicht der Beteiligten und anderer Personen

[...]

(7) Die Finanzbehörde kann bei den Kreditinstituten über das Bundeszentralamt für Steuern (BZSt) einzelne Daten aus den nach § 93b Abs. 1 zu führenden Dateien abrufen, wenn dies zur Festsetzung oder Erhebung von Steuern erforderlich ist und ein Auskunftsersuchen an den Steuerpflichtigen nicht zum Ziele geführt hat oder keinen Erfolg verspricht.

(8) Knüpft ein anderes Gesetz an Begriffe des Einkommensteuergesetzes an, soll die Finanzbehörde auf Ersuchen der für die Anwendung des anderen Gesetzes zuständigen Behörde oder eines Gerichtes über das Bundeszentralamt für Steuern (BZSt) bei den Kreditinstituten einzelne Daten aus den nach § 93b Abs. 1 zu führenden Dateien abrufen und der ersuchenden Behörde oder dem ersuchenden Gericht mitteilen, wenn in dem Ersuchen versichert wurde, dass eigene Ermittlungen nicht zum Ziele geführt haben oder keinen Erfolg versprechen.

§ 9 Wertpapierhandelsgesetz (WpHG)

(1) Kreditinstitute, Finanzdienstleistungsinstitute mit der Erlaubnis zum Betreiben des Eigenhandels, nach § 53 Abs. 1 Satz 1 des Gesetzes über das Kreditwesen tätige Unternehmen mit Sitz in einem Staat, der nicht Mitglied der Europäischen Union und auch nicht Vertragsstaat des Abkommens über den Europäischen Wirtschaftsraum ist, sowie Unternehmen, die ihren Sitz im Inland haben und an einer inländischen Börse zur Teilnahme am Handel zugelassen sind, sind verpflichtet, der Bundesanstalt jedes Geschäft in Wertpapieren oder Derivaten, die zum Handel an einem organisierten Markt in einem Mitgliedstaat der Europäischen Union oder in einem anderen Vertragsstaat des Abkommens über den Europäischen Wirtschaftsraum zugelassen oder in den geregelten Markt oder Freiverkehr einer inländischen Börse einbezogen sind, spätestens an dem auf den Tag des Geschäftsabschlusses folgenden Werktag, der kein Samstag ist, gemäß Absatz 2 mitzuteilen, wenn sie das Geschäft im Zusammenhang mit einer Wertpapierdienstleistung oder als Eigengeschäft abschließen. Die Verpflichtung nach Satz 1 gilt auch für den Erwerb und die Veräußerung von Rechten auf Zeichnung von Wertpapieren, sofern diese Wertpapiere an einem organisierten Markt gehandelt werden sollen, sowie für Geschäfte in Aktien und Optionsscheinen, bei denen ein Antrag auf Zulassung zum Handel an einem organisierten Markt oder auf Einbeziehung in den geregelten Markt oder in den Freiverkehr gestellt oder öffentlich angekündigt ist. Die Verpflichtung nach den Sätzen 1 und 2 gilt auch für inländische Stellen, die ein System zur Sicherung der Erfüllung von Geschäften an einem organisierten Markt betreiben, hinsichtlich der von ihnen abgeschlossenen Geschäfte. Die Verpflichtung nach den Sätzen 1 und 2 gilt auch für Unternehmen, die ihren Sitz im Ausland haben und an einer inländischen Börse zur Teilnahme am Handel zugelassen sind, hinsichtlich der von ihnen an einer inländischen Börse oder im Freiverkehr im Zusammenhang mit einer Wertpapierdienstleistung oder als Eigengeschäft geschlossenen Geschäfte.

(1a) Von der Verpflichtung nach Absatz 1 ausgenommen sind Bausparkassen im Sinne des § 1 Abs. 1 des Gesetzes über Bausparkassen und Unternehmen im Sinne des § 2 Abs. 1, 4 und 5 des Gesetzes über das Kreditwesen, sofern sie nicht an einer inländischen Börse zur Teilnahme am Handel zugelassen sind, sowie Wohnungsgenossenschaften mit Spareinrichtung. Die Verpflichtung nach Absatz 1 findet auch keine Anwendung auf Geschäfte in Anteilscheinen einer Kapitalanlagegesellschaft oder einer ausländischen Investmentgesellschaft, bei denen eine Rücknahmeverpflichtung der Gesellschaft besteht, sowie auf Geschäfte in Derivaten im Sinne des § 2 Abs. 2 Nr. 1 Buchstabe b und d.

(2) Die Mitteilung hat auf Datenträgern oder im Wege der elektronischen Datenfernübertragung zu erfolgen. Sie muss für jedes Geschäft die folgenden Angaben enthalten: Bezeichnung des Wertpapiers oder Derivats und Wertpapierkennnummer, Datum und Uhrzeit des Abschlusses oder der maßgeblichen Kursfeststellung, Kurs, Stückzahl, Nennbetrag der Wertpapiere oder Derivate, die an dem Geschäft beteiligten Institute und Unternehmen im Sinne des Absatzes 1, die Börse oder das elektronische Handelssystem der Börse, sofern es sich um ein Börsengeschäft handelt,

Kennzeichen zur Identifikation des Geschäfts

Kennzeichen zur Identifikation des Depotinhabers oder des Depots, sofern der Depotinhaber nicht selbst nach Absatz 1 zur Meldung verpflichtet ist, (gültig ab 1. April 2003)

Kennzeichen für Auftraggeber, sofern dieser nicht mit dem Depotinhaber identisch ist. (gültig ab 1. April 2003)

Geschäfte für eigene Rechnung sind gesondert zu kennzeichnen.

(3) Das Bundesministerium der Finanzen kann durch Rechtsverordnung, die nicht der Zustimmung des Bundesrates bedarf, nähere Bestimmungen über Inhalt, Art, Umfang und Form der Mitteilung und über die zulässigen Datenträger und Übertragungswege erlassen, zusätzliche Angaben vorschreiben, soweit diese zur Erfüllung der Aufsichtsaufgaben der Bundesanstalt erforderlich sind, zulassen, dass die Mitteilungen der Verpflichteten auf deren Kosten durch die Börse oder einen geeigneten Dritten erfolgen, und die Einzelheiten hierzu festlegen, für Geschäfte, die Schuldverschreibungen oder bestimmte Arten von Derivaten zum Gegenstand haben, zulassen, dass Angaben nach Absatz 2 nicht oder in einer zusammengefassten Form mitgeteilt werden, die in Absatz 1 genannten Institute und Unternehmen von der Mitteilungspflicht nach Absatz 1 für Geschäfte befreien, die an einem organisierten Markt in einem anderen Mitgliedstaat der Europäischen Union oder in einem anderen Vertragsstaat des Abkommens über den Europäischen Wirtschaftsraum abgeschlossen werden, wenn in diesem Staat eine Mitteilungspflicht mit gleichwertigen Anforderungen besteht, bei Sparkassen und Kreditgenossenschaften, die sich zur Ausführung des Geschäfts einer Girozentrale oder einer genossenschaftlichen Zentralbank oder des Zentralkreditinstituts bedienen, zulassen, dass die in Absatz 1 vorgeschriebenen Mitteilungen durch die Girozentrale oder die genossenschaftliche Zentralbank oder das Zentralkreditinstitut erfolgen, wenn und soweit der mit den Mitteilungspflichten verfolgte Zweck dadurch nicht beeinträchtigt wird.

(4) Das Bundesministerium der Finanzen kann die Ermächtigung nach Absatz 3 durch Rechtsverordnung auf die Bundesanstalt übertragen.

§ 45d EStG: Mitteilungen an das Bundeszentralamt für Steuern (BZSt)

(1) Wer nach § 44 Abs. 1 dieses Gesetzes und § 7 des Investmentsteuergesetzes zum Steuerabzug verpflichtet ist oder aufgrund von Sammelanträgen nach § 45b Abs. 1 und 2 die Erstattung von Kapitalertragsteuer beantragt, hat dem Bundeszentralamt für Steuern (BZSt) bis zum 31. Mai des Jahres, das auf das Jahr folgt, in dem die Kapitalerträge den Gläubigern zufließen, folgende Daten zu übermitteln: [2] [Bis 31.12.2003: Wer nach § 44 Abs. 1 dieses Gesetzes und § 38b des Gesetzes über Kapitalanlagegesellschaften sowie § 18a des Auslandinvestment-Gesetzes [3] zum Steuerabzug verpflichtet ist oder aufgrund von Sammelanträgen nach § 45b Abs. 1 und 2 die Erstattung von Kapitalertragsteuer beantragt [4] , hat dem Bundeszentralamt für Steuern (BZSt) bis zum 31. Mai des Jahres, das auf das Jahr folgt, in dem die Kapitalerträge den Gläubigern zufließen, folgende Daten zu übermitteln:]

1. Vor- und Zunamen sowie das Geburtsdatum der Person – gegebenenfalls auch des Ehegatten-, die den Freistellungsauftrag erteilt hat (Auftraggeber),
2. Anschrift des Auftraggebers,
3. bei den Kapitalerträgen, für die ein Freistellungsauftrag erteilt worden ist,
   a) die Zinsen und ähnlichen Kapitalerträge, bei denen vom Steuerabzug Abstand genommen worden ist,
   b) die Dividenden und ähnlichen Kapitalerträge, bei denen die Erstattung von Kapitalertragsteuer und die Vergütung von Körperschaftsteuer beim Bundeszentralamt für Steuern (BZSt) beantragt worden ist,

c) die Kapitalerträge im Sinne des § 43 Abs. 1 Nr. 2, bei denen die Erstattung von Kapitalertragsteuer beim Bundeszentralamt für Steuern (BZSt) beantragt worden ist,

d) die Hälfte der Dividenden und ähnlichen Kapitalerträge, bei denen nach § 44b Abs. 1 in der Fassung des Gesetzes vom 23. Oktober 2000 (BGBl. I S. 1433) die Erstattung von Kapitalertragsteuer beim Bundeszentralamt für Steuern (BZSt) beantragt worden ist,

4. Namen und Anschrift des Empfängers des Freistellungsauftrags.

Die Datenübermittlung hat nach amtlich vorgeschriebenem Datensatz auf amtlich vorgeschriebenen maschinell verwertbaren Datenträgern zu erfolgen. Im Übrigen findet § 150 Abs. 6 der Abgabenordnung entsprechende Anwendung. Das Bundeszentralamt für Steuern (BZSt) kann auf Antrag eine Übermittlung nach amtlich vorgeschriebenem Vordruck zulassen, wenn eine Übermittlung nach Satz 2 eine unbillige Härte mit sich bringen würde.

(2) [5] Die Mitteilungen dürfen nur zur Durchführung eines Verwaltungsverfahrens oder eines gerichtlichen Verfahrens in Steuersachen oder eines Strafverfahrens wegen einer Steuerstraftat oder eines Bußgeldverfahrens wegen einer Steuerordnungswidrigkeit verwendet werden.

(2) [6] [Bis 30.6.2002: (3)] Das Bundeszentralamt für Steuern (BZSt) darf [7] [Bis 30.6.2002: Abweichend von Absatz 2 darf das Bundeszentralamt für Steuern (BZSt)] den Sozialleistungsträgern die Daten nach Absatz 1 mitteilen, soweit dies zur Überprüfung des bei der Sozialleistung zu berücksichtigenden Einkommens oder Vermögens erforderlich ist oder der Betroffene zustimmt. Für Zwecke des Satzes 1 ist das Bundeszentralamt für Steuern (BZSt) berechtigt, die ihm von den Sozialleistungsträgern übermittelten Daten mit den vorhandenen Daten nach Absatz 1 im Wege des automatisierten Datenabgleichs zu überprüfen und das Ergebnis den Sozialleistungsträgern mitzuteilen.

[1] § 45d geändert durch Steuersenkungsgesetz. Anzuwenden ab 1.1.2002.

[2] Geändert durch Gesetz zur Modernisierung des Investmentwesens und zur Besteuerung von Investmentvermögen (Investmentmodernisierungsgesetz). Anzuwenden ab 1.1.2004.

[3] Eingefügt durch Steueränderungsgesetz 2001. Anwendbar für Mitteilungen aufgrund der Steuerabzugspflicht nach § 18a Auslandinvestmentgesetz auf Kapitalerträge, die den Gläubigern nach dem 31.12.2001 zufließen; vgl. § 52 Abs. 53 . Anzuwenden ab 1.1.2002.

[4] Eingefügt durch Steueränderungsgesetz 2001. Anwendbar für Mitteilungen aufgrund der Steuerabzugspflicht nach § 18a Auslandinvestmentgesetz auf Kapitalerträge, die den Gläubigern nach dem 31.12.2001 zufließen; vgl. § 52 Abs. 53 . Anzuwenden ab 1.1.2002.

[5] Abs. 2 aufgehoben durch Viertes Finanzmarktförderungsgesetz. Bisheriger Abs. 3 wird neuer Abs. 2. Anzuwenden bis 30.6.2002.

[6] Geändert durch Viertes Finanzmarktförderungsgesetz. Bisheriger Abs. 3 wird neuer Abs. 2. Anzuwenden ab 1.7.2002.

[7] Geändert durch Viertes Finanzmarktförderungsgesetz. Anzuwenden ab 1.7.2002.

§ 50b EStG: Prüfungsrecht der Finanzbehörden (Fassung: IStG 2007)

[1]Die Finanzbehörden sind berechtigt, Verhältnisse, die für die Anrechnung oder Vergütung von Körperschaftsteuer, für die Anrechnung oder Erstattung von Kapitalertragsteuer, für die Nichtvornahme des Steuerabzugs, für die Ausstellung der Jahresbescheinigung nach § 24c oder für die Mitteilungen an das Bundeszentralamt für Steuern nach § 45e von Bedeutung sind oder der Aufklärung bedürfen, bei den am Verfahren Beteiligten zu prüfen. [2] Die §§ 193 bis 203 der Abgabenordnung gelten sinngemäß.

Gesetzesgrundlage zu den Bargeld-Grenzkontrollen des deutschen Zolls: § 12 Zollverwaltungsgesetz

(1) Auf Verlangen der Zollbediensteten haben Personen Bargeld oder gleichgestellte Zahlungsmittel im Wert von 15.000 Euro oder mehr, die sie in die, aus den oder durch die in § 1 Abs. 3a Satz 1 bezeichneten Gebiete verbringen oder befördern, nach Art, Zahl und Wert anzuzeigen sowie die Herkunft, den wirtschaftlich Berechtigten und den Verwendungszweck darzulegen. Abweichend von der Wertangabe in Satz 1 gilt bis zum 31. Dezember 2001 ein Wert von 30.000 Deutsche Mark. Institute im Sinne des § 1 Abs. 4 des Geldwäschegesetzes und ihre Beauftragten sind von den Verpflichtungen nach Satz 1 ausgenommen. Zur Ermittlung des Sachverhaltes haben die Zollbediensteten die Befugnisse nach § 10. Im Bereich der Grenzen zu anderen Mitgliedstaaten der Europäischen Union findet § 10 Abs. 1 entsprechende Anwendung.

(2) Die Zollbediensteten können, wenn Grund zu der Annahme besteht, dass Bargeld oder gleichgestellte Zahlungsmittel zum Zwecke der Geldwäsche verbracht werden, das Bargeld oder die gleichgestellten Zahlungsmittel bis zum Ablauf des dritten Werktages nach dem Auffinden sicherstellen und in zollamtliche Verwahrung nehmen, um die Herkunft oder den Verwendungszweck aufzudecken. Fällt der dritte Werktag auf einen Samstag, so endet die Frist mit Ablauf des nächsten Werktages. Diese Frist kann durch Entscheidung eines Richters einmalig bis zu einem Monat verlängert werden. Zur Bekanntmachung der Entscheidung genügt eine formlose Mitteilung. Zuständig ist der Richter bei dem Amtsgericht, in dessen Bezirk die Sicherstellung erfolgt ist. Die zuständigen Strafverfolgungsbehörden sind von der Sicherstellung unverzüglich zu unterrichten.

(3) Die zuständigen Zollbehörden dürfen, soweit dies zur Erfüllung ihrer Aufgaben nach § 1 Abs. 3a und nach den Absätzen 1 und 2 erforderlich ist, personenbezogene Daten erheben, verarbeiten und nutzen. Die Zollbehörden können diese Daten an die zuständigen Strafverfolgungsbehörden und die Verwaltungsbehörde nach § 31a Abs. 5 übermitteln, soweit dies zur Erfüllung ihrer Aufgaben oder der des Empfängers erforderlich ist. Die Übermittlung personenbezogener Daten an andere Finanzbehörden ist zulässig, soweit ihre Kenntnis zur Durchführung eines Verwaltungsverfahrens in Steuersachen oder eines Strafverfahrens wegen einer Steuerstraftat oder eines Bußgeldverfahrens wegen einer Steuerordnungswidrigkeit von Bedeutung sein kann.

(4) Für Streitigkeiten wegen Maßnahmen nach Absatz 1 und 2 Satz 1 und Absatz 3 ist der Finanzrechtsweg gegeben.

Gesetzesgrundlage mit Anhang zum Bankgeheimnis Singapur: Ergänzende Erläuterungen Third Schedule Part I bis III

THIRD SCHEDULE
PART I

FURTHER DISCLOSURE NOT PROHIBITED

First column	*Second column*	*Third column*
Purpose for which customer information may be disclosed	**Persons to whom information may be disclosed**	**Conditions**
1. Disclosure is permitted in writing by the customer or, if he is deceased, his appointed personal representative.	Any person as permitted by the customer or, if he is deceased, his appointed personal representative.	
2. Disclosure is solely in connection with an application for a grant of probate or letters of administration in respect of a deceased customer's estate.	Any person whom the bank in good faith believes is entitled to the grant of probate or letters of administration.	
3. Disclosure is solely in connection with — (a) where the customer is an individual, the bankruptcy of the customer; or (b) where the customer is a body corporate, the winding up of the customer.	All persons to whom the disclosure is necessary for the purpose specified in the first column.	*Note: Court may order the proceedings to be held in camera [see section 47 (3) and (4)].*
4. Disclosure is solely with a view to the institution of, or solely in connection with, the conduct of proceedings —	All persons to whom the disclosure is necessary for the purpose specified in the first column.	*Note: Court may order the proceedings to be held in camera [see section 47 (3) and (4)].*

(a) between the bank and the customer or his surety relating to the banking transaction of the customer;

(b) between the bank and 2 or more parties making adverse claims to money in an account of the customer where the bank seeks relief by way of interpleader; or

(c) between the bank and one or more parties in respect of property, whether movable or immovable, in or over which some right or interest has been conferred or alleged to have been conferred on the bank by the customer or his surety.

5. Disclosure is necessary for —

Any police officer or public officer duly authorised under the specified written law to carry out the investigation or prosecution or to receive the complaint or report, or any court.

(a) compliance with an order or request made under any specified written law to furnish information, for the purposes of an investigation or prosecution, of an offence alleged or suspected to have been committed under any written law; or

(b) the making of a complaint or report under any specified written law for an offence alleged or suspected to have been committed under any written law.

6. Disclosure is necessary for compliance with a garnishee order served on the bank attaching moneys in the account of the customer.

All persons to whom the disclosure is required to be made under the garnishee order.

7. Disclosure is necessary for compliance with an order of the Supreme Court or a Judge thereof pursuant to the powers conferred under Part IV of the Evidence Act (Cap. 97).	All persons to whom the disclosure is required to be made under the court order.	
8. Where the bank is a bank incorporated outside Singapore, the disclosure is strictly necessary for compliance with a request made by its parent supervisory authority solely in connection with the supervision of the bank.	The parent supervisory authority of the bank incorporated outside Singapore.	(a) No deposit information shall be disclosed to the parent supervisory authority.
		(b) The parent supervisory authority is prohibited by the laws applicable to it from disclosing the customer information obtained by it to any person unless compelled to do so by the laws or courts of the country or territory where it is established.
9. Disclosure is in compliance with the provisions of this Act, the Deposit Insurance Act 2005 or any notice or directive issued by the Authority to banks.	The Authority or any person authorised or appointed by the Authority.	

PART II
FURTHER DISCLOSURE PROHIBITED

First column	*Second column*	*Third column*
Purpose for which customer information may be disclosed	**Persons to whom information may be disclosed**	**Conditions**
1. Disclosure is solely in connection with the performance of duties as an officer, or a professional adviser of the bank.	Any —	
	(a) officer of the bank in Singapore;	
	(b) officer designated in writing by the head office of the bank; or	
	(c) auditor, lawyer, consultant or other professional adviser appointed or engaged by the bank under a contract for service.	
2. Disclosure is solely in connection with the conduct of internal audit of the bank or the performance of risk management.	In the case of —	
	(a) a bank incorporated outside Singapore —	
	(i) the head office or parent bank of the bank;	
	(ii) any branch of the bank outside Singapore designated in writing by the head office of the bank; or	
	(iii) any related corporation of the bank designated in writing by the head office of the bank; or	
	(b) a bank incorporated in Singapore —	
	(i) the parent bank; or	
	(ii) any related corporation of the bank designated in writing by the head office of the bank.	

3. Disclosure is solely in connection with the performance of operational functions of the bank where such operational functions have been out-sourced.	Any person including the head office of the bank or any branch thereof outside Singapore which is engaged by the bank to perform the out-sourced functions.	If any out-sourced function is to be performed outside Singapore, the disclosure shall be subject to such conditions as may be specified in a notice issued by the Authority or otherwise imposed by the Authority.
4. Disclosure is solely in connection with — (a) the merger or proposed merger of the bank or its financial holding company with another company; or (b) any acquisition or issue, or proposed acquisition or issue, of any part of the share capital of the bank or its financial holding company, whether or not the merger or acquisition is subsequently entered into or completed.	Any person participating or otherwise involved in the merger, acquisition or issue, or proposed merger, acquisition or issue, including any of his lawyers or other professional advisers (whether or not the merger or acquisition is subsequently entered into or completed).	
5. Disclosure is solely in connection with the restructure, transfer or sale, or proposed restructure, transfer or sale, of credit facilities (whether or not the restructure, transfer or sale is subsequently entered into or completed).	Any transferee, purchaser or any other person participating or otherwise involved in the restructure, transfer or sale, or proposed restructure, transfer or sale, including any of his lawyers or other professional advisers (whether or not the restructure, transfer or sale is subsequently entered into or completed).	No customer information, other than information relating to the relevant credit facilities, shall be disclosed.

6. In the case of a customer who has been issued with a credit or charge card by a bank in Singapore, disclosure is strictly necessary for notification of the suspension or cancellation of the card by the bank by reason of the customer's default in payment to the bank.	Any financial institution in Singapore which issues credit or charge cards.	No customer information, other than information relating to the following, may be disclosed:
		(a) the customer's name and identity;
		(b) the amount of the debt outstanding on the customer's credit or charge card;
		(c) the date of suspension or cancellation of the customer's credit or charge card, as the case may be.
7. Disclosure is strictly necessary —	Any —	(a) No deposit information shall be disclosed.
(a) for the collation, synthesis or processing of customer information by the credit bureau for the purposes of the assessment of the credit-worthiness of the customers of banks; or	(a) credit bureau of which the bank is a member;	(b) The disclosure by any credit bureau to any person referred to in paragraph (b) of the second column shall be subject to such conditions as may be specified in a notice issued by the Authority or otherwise imposed by the Authority.
(b) for the assessment, by other members of the credit bureau specified in the second column, of the credit-worthiness of the customers of banks.	(b) other member of the credit bureau that is —	
	(i) a bank or merchant bank; or	
	(ii) a person, or a person belonging to a class of persons, recognised by the Authority, by notification published in the Gazette, as authorised to receive the information,	

	where that member receives such information from the credit bureau.	
8. Disclosure is strictly necessary for the assessment of the credit-worthiness of the customer in connection with or relating to a bona fide commercial transaction or a prospective commercial transaction.	Any other bank or merchant bank in Singapore.	No customer information, other than information of a general nature and not related to the details of the customer's account with the bank, shall be disclosed.
9. Disclosure is solely in connection with the promotion, to customers of the bank in Singapore, of financial products and services made available in Singapore by any financial institution specified in the second column.	Any financial institution in Singapore which is licensed or otherwise regulated by the Authority.	No customer information, other than the customer's name, identity, address, and contact number shall be disclosed.
10. Disclosure is solely in connection with the payment of compensation to insured depositors under the Deposit Insurance Act 2005.	(a) The deposit insurance agency; or (b) any person authorised or appointed by the deposit insurance agency to perform its functions under the Deposit Insurance Act 2005.	(a) The disclosure by the deposit insurance agency to any person referred to in paragraph (b) of the second column shall be subject to such conditions as may be specified in a notice issued by the Authority or otherwise imposed by the Authority. (b) The disclosure by any person referred to in paragraph (b) of the second column to any other person referred to in the same paragraph shall be subject to such conditions as may be specified in a notice issued by the Authority or otherwise imposed by the Authority."; and

PART III
INTERPRETATION

In this Schedule, unless the context otherwise requires —

„appointed personal representative", in relation to a deceased person, means a person appointed as executor or administrator of the estate of the deceased person;

„credit bureau" means a credit bureau recognised as such by the Authority by notification in the *Gazette* for the purposes of this Schedule;

„deposit insurance agency" has the same meaning as in section 2 (1) of the Deposit Insurance Act 2005;

„insured depositor" has the same meaning as in section 2 (1) of the Deposit Insurance Act 2005;

„lawyer" means an advocate and solicitor of the Supreme Court of Singapore, or any person who is duly authorised or registered to practise law in a country or territory other than Singapore by a foreign authority having the function conferred by law of authorising or registering persons to practise law in that country or territory;

„merchant bank" means a merchant bank approved as a financial institution under section 28 of the Monetary Authority of Singapore Act (Cap. 186);

„public officer" includes any officer of a statutory board;

„specified written law" means the Companies Act (Cap. 50), the Criminal Procedure Code (Cap. 68), the Goods and Services Tax Act (Cap. 117A), the Income Tax Act (Cap. 134), the Internal Security Act (Cap. 143), the Kidnapping Act (Cap. 151) and the Prevention of Corruption Act (Cap. 241);

„surety" in relation to a customer of a bank, includes any person who has given the bank security for the liability of the customer by way of a mortgage or a charge.

Stichwortverzeichnis